스토리텔링으로 본

문학과 종교

II

양 병 현

펴내면서

필자가 1995년 한국문학과 종교학회 창립 발기인으로서 문학과 종교 연구를 접하기 시작한지 많은 시간이 흘렀다. 또한 대학에서 교양강좌로 문학과 종교를 가르치기 시작한지도 벌써 7년이 넘는다. 그간 문학과 종교 강좌에 대한 적절한 텍스트를 선정하지 못해 고민이 되었던 시기도 있었다. 지난 1월에 『문학과 종교』 1권을 출간하여 문학과 종교 연구에 대한 이론서를 마련하였다.

필자가 생각한 『문학과 종교』에 대한 텍스트는 전체 3권이었다. 『문학과 종교』 1권의 출간으로 그동안의 소망을 이루었다. 본래 문학과 종교 텍스트를 이론과 실제로 부제를 달고자 하였으나 아무래도 교양강좌의 성격도 있고 하여 그 부제를 달지 않았다. 1권이 이론에 치우쳤다면 본서는 2권으로 실제 부분에 치중되어 있다.

이제 2권을 정리하여 문학과 종교의 실제연구를 출간하고자 한다. 2권은 1권의 이론서를 보완하는 의미가 크다. 이처럼 2권은 1권에 비하여 실제 연구 사례를 접할 수 있도록 구체적인 연구 실제에 초점을 맞추었다. 본 2권은 동서양의 스토리들을 문학과 종교적인 관점으로 살펴보고자 하였다.

문학과 종교에 대한 논의가 매우 무거워 보여 1권에서처럼 스토리텔링이란 수식어를 달았다. 물론 스토리텔링은 이야기말하기의 영어적 표현이다. 굳이 영어를 쓴 이유는 모던적 감각을 살리고서 싶어서이다. 또한 스토리가 주는 뉘앙스가 문학과 종교의 문제를 조금은 흥미를 줄 수 있어서이다.

본서의 내용은 대부분 필자가 문학과 종교 분야를 다루면서 수업에서 다루던 내용들이다. 다만 스토리텔링이란 수식어에 맞도록 문학과 종교수업에서 늘 출발이 되고 있는 문학에 대한 부분을 스토리텔링으로 정리하여 보았다. 그러한 출발점으로 움베르트 에코의 『장미의 이름』을 살펴보았다. 에코의 이 스토리는 그리스적 사고와 유대교적 사고와 기독교적 사고가 어울려진 서구 종교사상의 뿌리를 다루고 있다. 에코의 스토리는 종교 자체에 대한 논란을 떠나 모두 서구문화의 뿌리라 할 헬레니즘, 헤브라이즘, 기독교사상을 깊이 성찰해볼 수 있는 이야기이다.

그러므로 본서 2권은 문학과 종교에 대한 심층 연구로서 에코의 스토리를 토대로 서구 문화의 스토리를 살펴보았다. 우선 에코의 『장미의 이름』을 다루었고, 이어 그리스 스토리의 종교성, 유대 스토리의 종교성, 기독교 스토리의 종교성을 다루었다. 그리고 폭넓게 이슬람 스토리의 종교성, 힌두 스토리의 종교성 그리고 불교 스토리의 종교성을 다루었다.

보다 보편적인 차원에서 문학이라는 것을 이해하고 종교적인 것을 개별 성격에 따라 적용하는 방법을 취하였다.

본서가 다소 부족한 부분이 있지만 일반서적으로서 뿐만 아니라 종교 관련 분야에 도움이 되었으면 한다. 필자로서는 무엇보다 문학과 종교 강좌에 대한 실제 연구서를 마련할 수 있게 되었다. 전문가는 물론 일반 독자도 그간의 이 분야에서 동서양의 스토리텔링과 종교성을 다양한 시각으로 접할 수 있을 것이다.

특히 고대 그리스 문화, 유대 문화, 기독교 문화, 이슬람 문화, 힌두 문화, 그리고 불교 문화는 물론 특정 종교와 관련된 문학 연구를 다양한 시각으로 살펴볼 수 있게 하였고, 인문학이란 보편적 시각으로 그 다양한 문화를 동시에 살펴볼 수 있게 하였다. 본 문학과 종교 연구가 동서양의 문학과 그 종교성에 관심이 있는 독자에게 매우 유익한 전문 교양도서가 될 것으로 생각한다.

문학과 종교 분야의 시리즈 연구를 이해하여 주시고 본서를 출판해 주신 한빛문화 정영기 사장에게 깊이 감사드리고자 한다. 그리고 나의 수업에 동참하였던 학생들은 물론 나의 인생의 동반자 김지숙 님, 우열, 한열 그리고 가족들에게 고마움을 전하고자 한다.

2008년 4월

글쓴이 양 병 현

차 례

머리말

현대인들은 과거에 비해 종교에 큰 관심을 갖고 있어 보이지 않는다. 오늘날 젊은이들 역시 형식 종교에 대한 관심이 크지 않지만 그렇다고 형식 종교를 가까이 하려는 젊은이도 그렇게 많지 않다. 하지만 형식 종교를 가까이 하지 않는다고 하여 우리에게 종교적인 체험이 아주 없다고 말하기 어렵다. 종교적인 체험은 원시사회에서부터 우리의 삶에 매우 밀접하게 관련이 있다. 그 종교적인 체험은 형식 종교이든 개인적인 차원이든 어떤 형태로든 우리의 삶에 개입하고 있지만 우리는 그것을 잘 모르고 있다.

종교적인 체험을 종교적이라는 표현으로 정리하려는 것 자체가 미덥지 않아 보일 수 있다. 그래서 나는 이를 종교성이라고 표현하려고 노력하였다. 종교성은 누구에게나 종교적인 차원의 체험을 늘 하고 있다는 뜻이기도 하다.

사실 영어 "religion"은 11세기 "religiun"으로부터 13세기 이래 사용해온 말로, 라틴어 "religio"로부터 온 단어이다. 주로 신 혹은 신성한 존재들 혹은 신성한 것, 경외감에 대하여 깊이 생각한다는 뜻이 강하다. 그 어원은 다소 모호하다. "re"는 다시(again)의 뜻이고 "ligare"는 묶다 혹은 연결하다의 뜻이다. 그래서 여러 의견은 있지만 대체적으로 다시 선택하고 다시 생각해보다 혹은 신중하게 고려하다의 뜻이 있다.

종교나 종교성에 대한 정의는 제1권에 충분히 하였기 때문에 본서에서는 다시 하지 않겠다. 다만 다시 선택하고 다시 신중하게 고려해야 한다는 뜻을 "religio" 혹은 "religion"의 어원으로 설명하고 있기 때문에 종교적인 의미를 다시 살펴보고자 할 뿐이다.

두산백과사전을 보면 종교는 "무한(無限)·절대(絶對)의 초인간적인 신을 숭배하고 신앙하여 선악을 권계하고 행복을 얻고자 하는 일"이다. 조금 더 자세하게 보면 "인간의 정신문화 양식의 하나로 인간의 여러 가지 문제 중에서도 가장 기본적인 것에 관하여 경험을 초월한 존재나 원리와 연결지어 의미를 부여하고 또 그 힘을 빌려 통상의 방법으로는 해결이 불가능한 인간의 불안·죽음의 문제, 심각한 고민 등을 해결하려는 것이다."

초인간적인 신을 숭배하는 일은 그렇다고 치더라도 선악을 권계하고 행복을 얻고자하는 것은 오늘날을 살아가는 우리에게도 여전히 필요한 요소이다. 다만 신이나 초인간적인 신을 찾고 숭배하는 문제는 세속사회에서 보다 초자연세계에서 혹은 제도 종교에서 찾고 있어 보인다. 그러나 권선징악과 행복을 얻고자 하는 것이 종교의 목표라면, 혹은 초월한 존재나 원리와 연결하여 우리의 경험에 의미를 부여하는 일은 반드시 형식 종교에서만 얻는 것은 아니다.

물론 죽음의 문제 등 궁극에 관한 문제를 해결해주는 것은 없을지 모른다. 이 또한 죽음을 어떻게 받아들일 것인가, 이 죽음에 비추어 현재의 삶을 어떻게 살 것인가, 그리고 무엇으로 살 것인가는 그 접근 방식과 정의에 따라 우리가 논의할 수 있는 쟁점사항이다.

죽음은 우리에게 최종의 것으로 인식된다. 죽음 다음에는 무엇이 있을까. 죽음 다음에 어떻게 되는 것인가. 혹은 지금 무엇을 가지고 어떻게 살아야 올바른 것인가. 영원히 사는 법은 없을까. 사는 동안이나마 행복하게 즐겁게 사는 것이 천국이나 낙원이 아닌가. 정신적 육체적 스트레스는 어떻게 풀어야 늘 행복하고 즐겁게 살 수 있을까.

이러한 본질적이고 궁극적인 문제를 해결할 엄두도 나지 않지만, 매일 일상에서 우리의 행복을, 우리의 고통을 해소하고 육신이나 정신에 어떤 도움이 되는 길은 없을까. 늘 우리는 그러한 일상의 행복을 추구하고 싶어 하고 고통을 해소하는 길을 찾고 싶어 한다. 물론 행복의 조건은 다양하다. 조건은 다를 수 있지만 세속세계에서 살아가는 동안 우리가 꿈꾸는 것을 채워주고 마음을 충족시켜주고 평화를 주는 그 무엇일 것이다. 거기에 죽어서도 영원한 행복 세계로 가고 영원히 살고 싶어 하는 열망일 것이다.

하지만 세속세계는 우리의 꿈을 채워주지 못하거나 마음의 평화를 주지 않는다. 늘 불만과 고통이 따라 다닌다. 불안과 걱정이 우리의 일상의 삶의 형태이다. 우리는 항상 그러한 일상의 불안과 걱정을 털어버릴 그 무엇을 찾는다. 꿈과 행복한 경험은 늘 우리에게 정신적 여유와 현실을 살아 갈 원동력을 제공한다. 아마 죽음도 그 꿈이나 행복한 경험 속에서 잠시일지 모르겠지만 어떤 구원의 계시를 받을 수 있다.

여러 가지 형식 중에 이야기만큼 오래되고 우리의 삶에 밀접한 꿈이나 행복한 경험도 드물다. 이야기 속에는 그러한 행복추구와 고통해소가 가능한 길이 많다. 우리는 새로운 행복을 매일 추구하고 고통을 덜어내는 과업을 일상처럼 행하며 살고 있음에도 우리 자신은 잘 모르고 산다. 소위 나에게 즐겁고 행복한 것을 찾는 것이 곧 종교성 체험의 뿌리이다.

현대인들은 종교에 대해 과거보다 사회내부에서 중요한 사회적 기능을 찾지 못하고 있다. 종교는 어쩌면 이제 개인적인 문제에 답하여할 원시적 형태로 돌아가고 있는지 모른다. 자신의 존재와 자신을 둘러싸고 있는 환경을 어떻게 이해하고 무엇으로 어떻게 살아가야할 것인가는 자신이 속한 지역과 집단과, 즉 지정학적이고 문화적이고 역사적인 상황 속에 어떻게 살아갈 것인가의 문제일 수 있다.

개인의 삶과 환경은 불가분의 관계나 함수관계에 있다. 이러한 함수관계로 나의 가치관, 인생관, 세계관, 우주관을 갖게 되며 나의 삶의 여정을 찾는다. 이야기는 개인의 꿈과 바램을 이루어주는 소망성취의 종교적인 체험을 말할 수 있다. 환경에서는 얻지 못한 그 무엇, 내가 살고 싶어 하는 그 무엇, 내가 갖고 싶어 하는 그 무엇, 이렇게 되었으면 하는 소망의 세상, 바램의 세상, 꿈의 세상, 이상의 세상, 당위의 세상, 가치의 세상 등은 이야기 속에서 무한히 그려볼 수 있는 것들이다. 그래서 이야기는 꿈의 세계이며 동시에 행복한 경험을 주는 세계이다.

그 꿈을 가상세계에서만 찾아보려던 인간의 노력은 변하고 있다. 물질세계에서 현실화하려는 인간의 욕망은 이제 실물세계에서 그 꿈을 이루려고 하고 있다. 유비쿼터스 환경은 다소 익숙해진 용어이다. 언제 어디서 원하는 것을 얻으며 살아갈 수 환경이라면 굳이 행복추구나 고통해소를 종교에서 찾을 이유가 적어진다. 물질이 전부일 수 있고 또한 특정하게 자기가 원하는 것이 전부일 수도 있다. 물질이나 특정하게 자기가 원하는 것을 늘 성취할 수 있는 환경이라면 행복은 멀리 있어 보이지 않는다. 이 유비쿼터스적 물질의 망은 우리가 원하는 것을 언제 어디서든 구할 수 있는 조건을 우리에게 주려고 한다.

스토리의 세계는 그러한 유비쿼터스적 실물 네트웍에서 더욱 즐겁게 쾌락을 준다. 손안의 미디어, IPTV(Internet Protocol TV), DMB (Digital Mobile Broadcasting) 등 미디어 망과 온라인 이야기 자원의 망은 함께 연결되어 언제 어디서든 개인의 즐거움과 쾌락을 은밀하게 제공한다.

이런 점에서 볼 때 종교의 선악 문제는 과거보다 매우 심각하게 현대인의 삶을 지배하지 않아 보인다. 그렇지만 종교성의 뿌리는 매우 깊어 우리의 현실에서 완전히 사라졌다고 보기 어렵다. 여전히 종교성의 뿌리는 우리의 일상의 삶을 지배하고 있고 우리에게 영향을 미치고 있다. 현실의 경우 어느 특정 종교가 지배하는 사회나 국가가 우리 주변에 있고 여전히 우리 주변에 강력하게 존재하며 개인의 삶을 지배하고 있다.

동양인들 그리고 서구인들 역시 종교가 의식이나 무의식에서 사라진 것은 아니다. 직접적이지 않지만 늘 우리가 즐기는 스토리라는 표현 양식에서 종교의 특성은 매우 상징적으로 드러나고 있다. 즉, 이야기라는 표현 양식을 통해 인간의 선악 의식이나 윤리적 시각은 과거만큼 명시적이지 않지만 오늘날에도 적지 않게 상징적으로 제시되고 있는 점이 주목된다.

나는 기독교 선악의 문제나 동양의 종교철학적 사상이 과거처럼 현대에 여전히 뿌리 깊게 논의되고 있다는 점에 관심을 갖는 것은 아니다. 다만 종교적 관점이나 경험을 떠나 우리 사회의 위기를 진단하고 대체할 윤리관을 달리 찾기 어렵다는 점이다. 동양종교나 동양학에서 자주 언급되는 신비주의를 서구인들은 겉으로는 꺼려한다. 하지만 그들도 속으로는 이를 생활화하고 싶어 한다. 과거에 초월적인 신비주의는 사회에 대한 윤리나 책임의식을 개인에게 약화시키는 의미가 크다고 보아 서구인들은 신비주의를 별로 탐탁하게 생각하지 않는다.

물론 상당부분 사실이지만 동양에 관한 것이라고 하여 서구인들이 꺼려하는 신비주의만 있지는 않다. 그럼에도 불구하고 서구인들이 동양의 고도의 정신문화와 이로 인한 개인의 사회적 윤리를 긍정적으로 평가하게 된 것은 그나마 최근의 일이다.

새로운 형식의 현대적 윤리관을 찾고자 서구인들이 동양에 눈길을 돌리고 있지만 여전히 선악의 문제에 집착하는 현상은 어제 오늘만의 일은 아니다. 아마 미래에도 계속될 것이다. 시대와 문화의 차이에 따라 그 양상이나 표현 방식은 다소 차이가 있을 수 있지만 가장 현대적이라 할, 첨단기술이 지배하고 있는 현대에 종교성의 형태가 더욱 다양하게 나타나는 현상에 주목할 필요가 있다.

동양의 신비주의와 사회적 윤리의 문제 역시 개인의 정신생활과 자기가 속한 집단에 대한 가치의 문제이기에 서구인들 역시 선악의 문제는 아니라고 하더라도 무엇인가 행복추구와 고통해소라는 가치 있는 것을 발견한다.

스토리텔링은 동, 서양을 떠나 각기 나름의 사회나 문화적인 배경을 토대로 종교성의 문제를 직접적이거나 상징적으로, 혹은 때로는 우화적으로 다루고 있다. 스토리 문학이 상상의 틀이라면, 종교는 자체의 상징성을 폭 넓게 표현하는 수사학의 범주에 속한다. 결과적으로 이야기의 내러티브 구조는 권선징악의 문제 등 근원적인 인간의 행복추구와 고통해소라는 과제를 매우 효과적으로 전달하고 있다.

동양적 이야기라 하여 새로운 것은 아니다. 이야기의 기본 속성은 그렇게 크게 차이가 나지 않는다. 다만 이야기의 내용전개와 캐릭터 간의 상호작용이 특정한 종교적 입장을 따라 움직인다. 비록 특정한 종교적 입장이 구체적으로 드러나지 않는다고 하더라도 이야기 내용과 캐릭터가 움직이는 방향이 어떻게 결정되느냐에 따라 종교성이라 할 수 있는 나름의 행복추구와 고통해소를 보여준다.

인도의 대서사시인 『마하바라타』와 『라마야나』는 힌두교의 원리가 주제이지만 모두 인도의 위대한 스토리로 잘 알려져 있다. 이야기의 내용과 구조는 늘 우리가 보고 듣는 형태이다. 『마하바라타』는 바라타족 형제간의 왕권 다툼과 전쟁에 관한 이야기이다. 물론 호머의 대서사시인 『일리야드』와 『오디세이』 만큼 캐릭터들과 긴박한 에피소드에서 오는 긴장감은 없지만 무엇으로 어떻게 살라는 인도적 메시지가 이야기의 방향을 결정하고 있다. 이 이야기들은 인도인의 생활과 신앙에 밀착되어 있다. 하지만 종교성에 관한 메시지를 이야기로 전달하고 있는 점에서 이야기의 힘은 커 보인다.

본장에서 기술하겠지만 『마하바라타』는 인도의 한 왕국에서 일어난 사건으로 왕권은 주로 장남에게 주어지게 되었으나 장남이 맹인인 관계로 차남에게 왕권이 승계된다. 아마도 이 이야기는 사실일 가능성이 크다. 인도인들은 이 사실적인 사건을 오랜 시간에 걸쳐 자신들의 이야기 방식으로 묶고 어떤 해결점을 제시한다. 이야기는 세속 생활에서 무엇으로 어떻게 살아가야 정당하고 정의롭다는 것을 말하고 있다. 다만 이러한 이야기를 왕족과 신들의 이야기로 풀어내는 방식에서 서구와는 다른 종교적 특성을 보이고 있을 뿐이다.

왕족이니 인도의 카스트 계급 중에서 당연히 크샤트리아 계층이 주인공일 것이고 여기에 정신적 조언자로 브라만 승려 계층이 등장하며 이들은 종교적인 메시지를 계율처럼, 혹은 법처럼 설명하고 있다. 물론 이들의 현실적인 수호신은 유일신이며 절대 신인 브라흐마이겠지만, 이야기 속에는 훨씬 인간적인 모습의 신이 늘 등장한다. 인도의 경우 세속적 형태로 잘 등장하는 신의 이름은 비슈누이다. 비슈누는 왕족들의 문제를 해결해 주는 수호신이다.

고대 인도의 경우 맹인이 왕권을 계승할 수 없다는 힌두의 법이 존재한다. 법에 따라 당연히 동생에게 왕권이 계승되나 어느 시대 어느 공간에서처럼 법대로 되기보다 인간 사이의 갈등이 주 문제이다. 당연히 장님인 형이 낳은 자식들이 반발한다. 본래 아버지의 왕권이었으니 자신들이 왕위를 물려받아야 한다고 주장을 한다. 그러자 이 사촌 형제들 간에 왕권다툼이 벌어진다. 조금 우스운 대목이기는 하지만 이들은 내기를 한다. 이기는 자가 일정기간 왕국을 통치하고 진자는 그 기간 동안 나라를 떠나 돌아오지 않기로 하고 게임을 시작한다.

그런데 장님이었던 형 측의 아들이 속임수를 써 차남 측의 아들들을 이긴다. 결국 차남 측이 망명길을 떠나게 된다. 기간이 다 되어 이들은 고향에 돌아가 장님 측 형에게 왕위를 되돌려 받고자 한다.

그러나 누가 왕위를 돌려주겠는가! 셰익스피어 비극에 나오는 영국의 수많은 왕족들의 왕권을 둘러싼 피비린내 나는 싸움 장면을 연상시키기도 하지만, 중국이나 우리나라의 고대사부터 조선시대까지 왕권에 대한 형제간의 싸움은 흔한 현실이다. 당나라 태종, 조선 초기의 왕자들의 전쟁 등 형제간의 권력싸움은 왕족들에게만 있는 것은 아니다. 형제간의 재산을 둘러싼 싸움은 성서에도 많고 우리 주변에도 흔하게 듣는 스토리이다. 돌려주고 싶지 않으니 싸움이 일어날 수밖에 없다.

스토리의 내용에는 비슈누의 화신 크리슈나가 싸움을 망설이는 아르주나에게 크샤트리아 왕족 계급으로서 마땅히 사회와 나라의 정의를 위해 싸워야한다는 의무를 설명한다. 아르주나는 할 수 없이 자신의 의무를 다하기 위해 싸움에 나서며 18일 간의 전쟁으로 결국 승리한다. 하지만 스토리를 보면 전쟁보다는 왕족의 의무와 그들의 정의를 설명하고 있는 인물이 비슈누의 화신인 크리슈나이다. 비슈누의 개입은 결국 크리슈나를 통해 인간인 아르주나에게 정신적 평화와 세속적 행동을 정당화시켜 주는 형식이다.

그래서 아르주나는 친인척들을 전쟁에서 죽일 수 있는 명분을 자신의 수호신인 비슈누로부터 담보한다. 세속적인 인간관계에 신들이 인간으로 변신하여 개입하는 장면은 그리스 신화에서 너무 익숙한 장면이다. 인도에 관한 스토리들은 대체로 세속적으로 해야 할 일과 종교적으로 순례자의 길을 인생의 후반에 모색하는 줄거리가 대부분이다.

인도에는 지금도 그러하지만 수도사처럼 일상을 멀리하고 산속으로 고행의 길을 나서는 많은 순례자들이 있다. 이들은 세상의 일을 벗어버리고 영원한 자유를 찾기 위해 산으로, 특히 히말라야 산으로 들어가는 고행자들이다. 그러기 위해 고대 인도 왕들은 자식들에게 왕권을 물려주고 영원한 해탈의 길에 나선다.

『라마야나』 이야기 역시 라마에 관한 의무와 도덕성과 순례자의 길을 다루고 있다. 이야기의 주제는 역시 너무나 익숙한 것들이다. 부부의 애정과 사랑이야기이다. 물론 고전이기 때문에 도덕적 메시지가 있다. 여성에 대한 요구나 의무가 더 많아 부부로서 여성이 지켜야 할 순결과 정절에 관한 내용을 다루고 있다. 아마도 한때 사실적인 내용이었지만 인구에 회자되다 보니 인도의 신화와 전설, 특히 인도인들의 종교사상이 스토리를 잘 포장하였을 것으로 보인다.

코살라 왕국의 왕자 라마가 원숭이 왕의 도움으로 마왕에 잡혀간 아내 시타를 구한다는 것이다. 역사적 인물로 알려진 라마를 비슈누 신의 화신으로 그려 놓아 신의 모습과 활동을 형상화시켜 놓았다. 이런 '없음을 있음화'하는 작업은 눈에 보이지 않는 비슈누가 라마의 이야기 속으로 환생하는 과정이다. 라마는 세속인간이지만 그만큼 모범이 되는 이상형이어서 비슈누가 환생한 것으로 스토리의 구조와 언어는 풀어내고 있다. 이로 보아 스토리는 세속적인 것에 성스러운 종교적 의의를 부여하는 작업이다.

스토리 속에서 인간 라마는 숭배의 대상으로 승격된다. 후세의 인도인들에게 라마는 부부주제에 있어 남성의 기능과 역할, 여성의 순결과 정절의 문제를 해소해 줄 이상적 신으로 숭배되며, 이들은 보통 인간을 구원하는 대상으로 이야기 속에 그려진다.

전체적인 줄거리는 라마의 부인 시타가 마왕에게 잡혀간 후 라마는 부인을 구출하기 위해 온갖 노력을 다한다. 라마는 인도 남성의 우상이며 모범이다. 그의 행동과 말은 남자로서 부부로서 일상의 남성들이 본 받아야할 대상이다. 후에 그가 비슈누의 형태로 이야기 속의 신화나 전설에서 신격화된 것은 우연이 아니다. 비슈누는 물론 질서의 신이다. 라마를 따르는 일은 기존 체계의 질서유지를 유지한다는 의미하기도 한다.

인도의 이 스토리는 라마 중심의 질서를 세속의 도덕률로 삼고 궁극적인 종교적 가르침을 전달하는 데 기여한다. 물론 그의 정숙한 아내 시타 역시 여성들이 지켜야할 정절의 모범이며 우상으로 숭배를 받고 있다.

이야기는 일반적으로 호의적인 캐릭터와 비호감형 캐릭터가 어떤 주제를 중심으로 대립한다. 캐릭터 사이의 긴장과 갈등은 이야기의 핵심 요소이다. 라마와 마왕사이가 그러하다. 두 대립된 캐릭터 사이를 보면 일반적으로 적대적인 캐릭터가 힘이 세고 강력하여 좋은 캐릭터는 혼자 이를 물리칠 수 없다. 보통 마법의 힘이나 마술의 힘을 빌린다. 마지막으로 위험에 빠졌던, 혹은 마술이나 마법에 빠진 공주나 왕비를 마법을 풀고 구하게 된다. 이야기 속의 세계는 다시 좋은 캐릭터 중심으로 질서와 평화를 찾게 된다.

불교 이야기로는 『삼사라』로 티베트지역의 산물이다. 1980년대 이야기로 먼 옛날이야기가 아니다. 삼사라는 인도의 산스크리트어 'samsara'로 일종의 세상을 가리키는 용어이다. 주로 우리가 잘 아는 불교의 업이라고 하며 세상의 법칙이라고도 볼 수 있다.

불교는 인도의 힌두교에서 나온 종교이다. 마치 기독교가 유대교로부터 나온 이치와 같다. 인도의 절대 신 브라흐마는 유대교의 신 여호와 혹은 야훼의 속성을 가진 유일신이다. 다만 브라흐마는 유일신이면서도 범신론적 속성을 동시에 갖고 있어 인도인들은 이 브라흐마와의 합일을 최고의 정신단계로 추구하고자 한다.

이러한 성과 속의 합일을 이룬 부처와 예수를 통해 불교나 기독교 두 종교 모두 단순한 추상적인 신으로부터 사람중심의 세속화에 성공한 종교들이다. 부처나 예수는 모두 인간이면서 신의 속성을 갖고 있는 점에서 비슈누의 화신인 라마나 비슈누의 화신인 크리슈나의 아르주나에 비교할 수도 있다. 부처 역시 인도의 힌두교에서는 이처럼 신이 화신한 인간으로 보고 있다.

스토리는 그러한 위대한 인물들, 혹은 신의 화신인 인물들을 기억하고 기념하는 세속의 의사소통 형태이다. 세속의 언어로 신화를 만들어 내는 이야기는 새로운 위대한 인물들, 혹은 평범한 인물들이라고 하더라도 구원의 행동과 의미를 창출하는 우화나 은유일 수 있다. 즉, 신화란 '부재를 있음화'하는 일련의 의식행위와 닮아 있다.

이야기 『삼사라』의 '삼사라'는 타이틀이면서도 인도인들의 세상을 보는 시각을 알 수 있는 용어이다. 이 "삼사라"는 인도인들의 인간관과 세계관을 말하고 있다. 삼사라는 우리가 사는 세상을 가리키는 인도인의 용어이며 그들의 인간관과 세계관을 설명하는 개념이다. 인도인들은 이 삼사라가 어떤 규칙에 의해 움직인다고 믿고 있다. 그 규칙은 "업"(業)이라는 개념에서 비롯된다.

이 "업"은 인도 힌두교의 원리 중의 하나로 불교가 사용하고 있는 윤회사상을 말한다. 영어로 'reincarnation'에 해당되는 개념으로 예수의 성육신의 정도는 아니지만 인간은 죽어서 저승에 있다가 다시 우리가 사는 현세인 이승으로 돌아오게 된다는 의미이다. 이런 원칙은 현세에 사는 인간은 그 전생의 삶과 필연적으로 인과관계가 있다고 설명한다.

그래서 인간은 죽은 후 육신은 소멸되고 영혼은 저승에서 떠돌다 인간의 육신을 빌려, 혹은 부모를 선택하여 자신의 혼에 육신의 형태를 다시 넣어 태어날 뿐이다. 하지만 이 태어난 형태는 죽기 전 어떤 사회계층에 있었느냐에 따라 결정되어 개인이 임의로 정할 수 없다.

모든 것으로부터의 해방, 자유, 영원한 삶, 이것은 종교성의 기본 정신이다. 그러기 위해 다른 모든 스토리 속의 캐릭터들처럼 인도 캐릭터들 역시 현실에서 꿈을 꾼다. 하지만 꿈만 꾸어서 될 일은 아니고 오랜 기간의 고행과 자기 정진을 요구한다. 그 끝에 인간이 세상과 우주에 대한 깨달음을 얻는 순간 인간의 영혼은 육체로부터 물질세계로부터 자유로워진다. 이 경지가 브라흐마 신과 합일의 경지인 신비한 체험이다.

동양적인 특성이 강한 인도의 신비주의 스토리와 종교성의 문제는 인간이 스스로 신이 되어 영혼이 자유롭게 해방되는 이야기들이다. 이러한 특성으로 서구인들은 동양인들을 신비주의자로 보았던 듯싶다. 무엇인가 알 수 없는 이상한 정신세계를 세속세계와 분별하지 못하고 항상 이어져 있다는 사고를 서구인들은 받아들이기 어려웠던 듯싶다.

유대교와는 달리 기독교는 예수 재림이라는 종교 사상이 있다. 예수가 세속에 재림하여 이미 죽은 자는 물론 산자를 모두 심판한다는 종교적 원리가 기독교를 지배한다. 그러기 위해 이승에서 사는 인간은 언제 올지 모를 예수의 재림에 대비하여야 하고, 항상 깨어 있고 혼인잔치에 초대될 손님으로 준비하고 있어야한다.

이로보아 기독교에는 신과 인간의 합일사상은 없고, 인간은 죽은 이후까지도 항상 대기하며 최후의 심판 날까지 어디에선가 기다려야 한다. 윤회사상이 없기 때문에 한번 살고 죽으면 그로 끝이다. 이처럼 기독교의 역사관은 직선적이다. 따라서 한번 살 때 잘 살아야 한다. 기회가 다시없다.

불교 이야기 『삼사라』에도 역시 부부간의 신애의 주제가 나온다. 주인공 캐릭터 타쉬는 일찍이 어려서 사찰에 들어가 승려가 되는 길을 걷는다. 승려는 인도사회에서 최고의 대우를 받는 계층이며 직업이다. 인도의 브라만 계층이 이에 속하며 불교에서는 인도의 카스트 계급을 거부하며 신분의 이동이 매우 자유롭다. 다만 어떻게 살았느냐에 따라 이승과 저승을 오고 가며 여러 형태의 생명체로 반복하여 태어나기는 하지만 힌두교의 카스트계급 중심의 윤회사상을 그대로 추종하지는 않는다.

주인공 타쉬와 페마와의 사랑은 불교적 원칙에 따라 부부의 비극으로 그려진다. 마지막에 헤어지기 때문이다. 히말라야 산자락 토굴에서 무려 3년 3월 3일의 고행을 닦고 깨달음을 터득하고도 타쉬는 마을에서 우연히 마주친 아름다운 처녀 페마에 정신이 홀려 사원에 돌아 온 후 잊지 못해 몽정을 거듭한다. 너무 어려서 동자로 사찰에 들어왔던 타쉬는 청년으로서 성적 욕망에 대한 시험을 거치지 않았던 타쉬에게 페마는 새로운 도전이었다. 육체의 욕구라는 미망에 빠져 결국 세속으로 환속하여 그녀와 결혼을 한다.

가정을 갖고 행복하게 살지만 세속의 삶은 만만치 않다. 서로 속이고 사랑하고 섹스를 하고 욕정을 이기지 못해 다른 여인과 정을 통하며 인생의 무의미를 느낀다. 다시 승려로 돌아가고 싶어 사찰로 돌아가지만 다시 페마로부터 무책임한 그의 행동에 대해 신랄한 비판을 받게 된다. 진리는 어느 곳에도 있거늘 무슨 진리를 깨닫겠다고 사찰로 돌아가는 것이냐는 페마의 말에 다소 당혹스러워하는 타쉬의 모습에서 세속적 이야기의 힘과 삶의 윤리와 가치를 우리는 경험한다.

무엇을 가지고 어떻게 살아야 할 것인가는 『삼사라』 이야기의 주제이도 하다. 페마야 말로 타쉬를 순수한 열정으로 사랑한 여인이며 온갖 시련에도 불구하고 세속의 삶을 지키려는 자세를 보여준다. 그곳에 참된 인간과 진정한 삶에 대한 진리가 있다고 하며, 그들의 삶은 그러한 진리를 살아가는 과정 자체라고 할 때 스토리는 불교적 삶에 대한 진정한 과정이 무엇이어야 하는가를 말해주고 있다. 세속과 육신을 떠나서 어떤 진리도 무의미한 것처럼 보인다. 물론 이야기는 어떤 삶이 옳다고 강요하지는 않고 다소 모호하게 결말이 난다.

지금까지 살펴 보건데 스토리의 수사학이란 스토리텔링을 통해 그 말하고자 하는 주제의 효과를 극대화시키는 작업이라 할 수 있다. 실제로 종교의 본질 세계보다 무엇으로 어떻게 살아야하는 것인가를 보여주는 스토리의 세계는 동, 서양이나 크게 다를 것이 없다. 다만 인간의 상상력 세계에 종교성의 주제가 어떻게 개입하고 있는가를 통해 개인의 정신생활과 집단 윤리와 가치가 다르게 나타날 수 있다. 따라서 스토리텔링 형식은 이야기 나름의 현실적 문맥이 환유의 구조이고, 종교적인 주제는 은유에 해당되는 수사학의 양대 기본 틀이다.

『장미의 이름』, 『다빈치 코드』, 『마하바라타』, 『라마야나』 혹은 『삼사라』 등은 현실이라는 리얼리즘 경향의 환유의 틀에서 특유의 종교적 메시지를 전달하고 있다. 이처럼 리얼리스틱하게 느껴지는 이야기 세계는 캐릭터들과 그들의 삶과 사회 현상이 유기적으로 같이 움직이며 특정한 종교적 주제를 재미있게 말한다.

그래서 이러한 스토리 내의 유기적인 구조는 우리의 감성은 물론 육체에 대한 신비로움에까지도 우리를 인도한다. 스토리텔링은 이런 수사학의 견지에서 종교적 제의의 한 형태일 수 있다. 무엇보다 스토리 속에서 종교적 경험을 통해 상징적이지만 구원의 문제가 확대되며, 현실세계로 혹은 본질세계로 우리의 경험을 끌어 들인다. 따라서 이야기는 때로 특정한 종교의 이데올로기 양식일 수 있지만 스토리 속에 구원의 경험과 형식이 존재하고 있는 것을 부정하기 어렵다.

본서의 시작에 움베르토 에코의 『장미의 이름』 이야기를 우선으로 하였다. 이 스토리는 고대 이야기의 보고라 할 그리스적 요소를 강조한다. 또한 이 스토리는 유대적 요소 그리고 기독교적 요소를 함께 공유하고 있다. 물론 그리스 이야기하면 그리스 신화가 있다. 그리스인들의 구원의 경험과 형태는 스토리에서 어떻게 나타날까. 그 비극적 형식이나 희극적 형식은 무엇일까. 에코의 스토리는 비극과 희극에 대한 종교적 대응을 잘 보여준다.

그리스 사람들은 왜 그렇게 비극과 희극을 연출하는 신화 만들기를 좋아하였을까. 우리도 신화가 있다. 단군신화, 고구려 건국신화인 주몽에 관한 신화, 신라의 건국신화인 알에서 태어난 박혁거세의 신화 등이 있다. 일반적으로 신화는 천강신화 구조가 대표적이라고 한다. 하늘에서 신이 내려온다는 전설이다. 그런데 주몽과 박혁거세 신화는 천강신화라기 보다 알에서 태어난 것이 특징이다. 다소 희극적으로 보이지만 세속과의 갈등을 피하고자 한 연유에서 비롯되었다고 보여진다.

주몽은 성이 고씨인데 알에서 태어났다는 것은 『삼국유사』를 쓴 일연이나 삼국사기를 쓴 김부식의 잘못된 표현일 수 있다. 아마 신라의 박혁거세가 알에서 태어난 신화를 갖고 있기 때문에 유추하여 고주몽 역시 알에서 태어났다는 전설을 그대로 옮겼을 것으로 보인다. 그러한 배경에는 세속적인 것과 성스러운 것 사이를 분별하고자 한 노력의 결과일 수 있다. 즉, 인간적인 요소와 초자연적인 요소간의 갈등이 현실에 존재한다는 뜻이기도 하다.

아무튼 신화의 내용을 보건데 신화란 한 민족의 태생적 근원이나 한 국가의 태생적 근원을 설명하는 초자연적인 것들이다. 그리스 신화 역시 그리스 민족이나 그리스 나라의 태생적 근원을 전설형식으로부터 점차 천강신화로 옮겨졌지 않았을까 추정해 볼 수 있다.

그렇다고 하더라도 그리스 신화에 얽힌 신과 인간의 이야기는 너무 흥미진진하게 사실적으로 쓰여 있다. 그래서 그리스 이야기를 고대 신화와 종교성을 살펴보는 훌륭한 예로 더 좋은 것을 찾기 어렵다. 고대 신에 대한 인간의 대응을 보며 플라톤은 신들을 너무 코믹하고 우스꽝스럽게 비극시인들이 그리는 바람에 신의 권위와 위상이 땅에 떨어졌다고 비판한 적이 있다. 아마 그 유명한 『공화국』에서 일 것이다. 신은 신다워야 하며 인간의 모범과 모델이 될 정도로 이상적인 형태이어야 한다는 것이 그의 지론이다. 그래야 인간이 그 전형을 모방하고 추종할 수 있어야 한다고 보고 있다.

그렇게 우려할 정도로 그리스 신화에 나오는 신들은 거의 인간화되어 있다. 쉽게 이야기 하면 재미있게 신들의 세계와 그들의 일상이 우리의 일상 세계처럼 생생하게 그려져 있다. 그렇다고 그리스 사람들이 신들을 무서워하지 않거나 두려워하지 않는 것은 아니다.

제우스, 로마식으로 쥬피터는 최고의 신으로 가장 두려운 신이지만 여전히 부인인 헤라 여신, 로마식으로 주노 모르게 다른 여신과 사랑을 즐기고 인간인 여성을 범하는 존재이다. 그래서 반은 신이고 반은 인간이 태어난다. 온전한 신을 또한 제우스의 능력으로 만들 수도 있다.

대표적인 신들만 보면 아폴로, 다이애나, 아프로디테인 비너스, 헤르메스, 사생아인 디오니소스 등이다. 이중에서 아폴로와 디오니소스는 재미있는 발상의 신들이다. 절대 신인 제우스 아래로 제우스의 화신인 전자는 이성과 질서를 숭상하는 신이며 후자는 감성과 혼란을 숭상하는 신이다. 전자는 창조의 신이며 후자는 파괴의 신이다. 전자는 기득권층의 신이며 후자는 하층계층의 신이다. 전자는 지배계층이 믿고 소망을 비는 수호신이며 후자는 피지배계층이 믿고 소망을 비는 수호신이다. 그런데 전자는 적자이며 후자는 사생아이다.

우리의 고대 신화에도 단군의 부친 환웅은 서자이다. 왜 서자인지 알 수 없지만 혈통의 문제와 관련이 있어 보인다. 서자 신인 환웅의 부친은 환인이다. 환인에 대한 특별한 언급은 없다, 다만 하늘을 지배하는 제우스신과 같은 존재이다. 그 아들이 여럿 있으나 서자인 환웅이라 표현하는 내용으로 보아 웅이 곰을 상징하듯이 참을성과 고통을 인내하는 인간의 모습이다. 아마 신보다 인간의 전형에 가까워 서자라고 하지 않았나 보이며 인간과 신의 관련성에 대한 고대인들의 사고방식을 추정할 수 있다.

환은 절대적인 신이지만 웅은 곰이니 그 결합은 서자로 초자연적 존재만은 아니며 세속적인 존재의 의미를 가진 다소 반신반인의 의미를 가지고 있어 보인다. 아무래도 지배계층의 수호신일 것이다. 단군왕검이 그 대표적인 인물이다.

언어는 말이나 문자이다. 말과 문자로 신의 이름을 짓고 형상화하여 신에 대하여 서술한 매체는 언어이다. 언어 이외로 신들을 형상화하여 전달할 수단은 많지 않다. 그림, 음악, 조각, 건축 등이 있으나 상상속에 있는 신들을 표현하는 매체로 언어만큼 좋은 수단은 되지 못한다. 그래서 이야기는 언어를 통해 부재한, 없는 존재를 있음으로 한 이미지를 만들어낸다. 즉, 상상 속에 있는 이미지를 그려내는 수단으로는 언어가 제격이다. 언어로 형상화되어야 상상 속에 있는 존재가 우리 앞에 현실처럼 살아 움직인다.

그 신들의 활동을 신화라고 한다. 신들의 이야기이다. 이야기는 이처럼 신들의 이야기를, 혹은 인간의 이야기를 신에 대한 이야기로 표현한 데서 간접적인 방식임으로 은유라 할 수 있다. 은유는 A를 B로 표현하는 수사 방식이다. A의 메시지를 B 형식으로 표현하는 수사학의 방식인 은유는 어떤 틀이 있어야 전달이나 소통이 가능하다.

A 메시지를 전달하는 B 형식의 경우 이를 표현하는 언어 자체도 일정한 규칙이 있지만 A 메시지를 전달하기 위해서는 B 나름의 형식이 있어야 가능하다. 이런 저런 구조와 전개 방식이 일정하여야 A 메시지는 소통 형식 내에서 생성되며 전달된다. A를 직접 전달하면 단순한 메시지 전달 밖에 안된다. 그러다 보면 재미가 없고 딱딱하며 듣는 사람이 오래 못 견디게 된다.

그래서 재미가 있도록 A 메시지를 잘 각색해야 한다. 사탕을 바르듯이 달콤하고 재미있게 즐겁게 B 형식을 통해 A를 전달하는 방식이 이야기 수사의 핵심이다. 물론 B 형식에는 일정한 패턴이 있다. 이야기를 전달하는 일정한 형식을 말한다. 고전적으로 시작, 전개, 클라이맥스, 하강, 결론이다. 다시 말하면, 배경, 갈등의 시작, 절정이나 파국, 해결, 결론의 순서이다.

여기에 각 사건이나 에피소드들은 서로 연결성이 있어야 하며 A 메시지를 떠나 엉뚱하게 만들어져서는 안된다. 물론 별개의 에피소드들이 모자이크처럼 구성될 수도 있다. 하지만 이 경우도 각 에피소드들은 A 메시지를 동반하고 있어야 한다.

이러한 형식을 소위 의식이라고 부를 수 있다. 의식은 일정한 틀이 있다. 노래, 기도, 주문, 예식, 설법, 기도, 소식, 노래 등의 순서이다. 컬트의식 또한 비주류이고 독창적이기는 하지만 주술 형식이라고 하더라도 그 자체의 의식이라 할 틀은 유지한다. 이러한 틀과 같은 형식은 어떤 행동이나 말이나 소통을 위한 필요한 장치이거나 절차이다. 절차에 하자가 있어서는 곤란하듯이 의식도 하자가 있어서는 의미나 권위가 손상이 된다.

이야기에서 틀, 형식, 의식이란 일정한 패턴이라고 할 수 있지만 에피소드나 사건은 매번 다르게 전개될 수 있다. 똑 같은 이야기란 없다는 뜻이다. 그렇다고 A 메시지가 특별히 달라진 것은 없다. 종교적 메시지의 경우, 혹은 구원의 메시지 경우 특별하게 달라진 것은 없다. 다만 시기와 공간에 따라 이를 전달하는 에피소드와 사건은 다소 다르다. 표현 방식이나 효과도 다르다. 캐릭터도 다르다. 모두 다른 전개를 보이며 유사한 메시지를 계속해서 반복적으로 되풀이한다. 그래서 의식은 반복적 과정이지만 문맥이 달라 인간은 나름의 변신을 모색한다.

물론 삶의 변신 역시 길게 보면 매번 유사한 패턴을 유지한다. 모르고 일을 저지르고 알고도 저지르고 하지만 이러한 패턴을 통해 새로운 힘을 얻고 다시 일상으로 돌아가는 방식이다. 하지만 이 반복된 패턴은 매우 중요하다. 쌓인 것을 매번 걸러 내야하기 때문이다. 누적된 스트레스를 걸러 내는 작업이다. 그 누적은 개인이나 집단이 하고 싶어 하는 육체적, 심리적 욕구나 욕망이지만 현실에서 이루지 못하기 때문에 오는 스트레스 형태이다.

그래서 스토리 세계에서는 현실보다 잘살고 싶고, 건강하고 싶고, 오래 살고 싶고, 부자 되고 싶고, 잘생기고 싶고, 예뻐지고 싶고, 다 가지고 싶고, 다 누리고 싶고, 영웅이 되고 싶고, 리더가 되고 싶고, 최고의 자리에 오르고 싶고, 승리자가 되고 싶은 꿈과 욕망이 그려진다.

그리고 늘 행복하고 고통이 없는 세계를 그리고자 한다. 영원한 것은 없을까. 이야기는 이런 소망을 담고 있다. 이상을 담고 있고, 바람직한 가치, 해야 할 당위성을 담고 있다. 도덕과 윤리를 담고 있고, 절대적 가치를 담고 있고, 영원을 향한 구원을 담고 있다. 그래서 이야기는 종교적 의식을 치르는 행위와 비슷한 영육의 정화작용을 부여한다. 이야기의 종교성은 그러한 영육의 정화작용, 즉 종교성을 향한 인간의 몸짓이며 글짓이다.

신화는 이처럼 인간의 종교성을 향한 몸짓이며 글짓으로 신들을 통해 이루고 싶어 하는 인간의 소망을 그리고 있으며, 그 신들로부터 현실이나 미래를 보장받고 싶어 하는 수호천사를 기대한다. 그리스 사람들에게 신들은 수호신들이다. 계층마다 개인마다 수호천사를, 수호신을 갖고 있다. 마음속으로 혹은 집단적으로 자신들의 바램을 이루어줄 어떤 대상을 간절하게 원할 때가 있다. 그때 초자연적인 존재, 마술의 존재, 마법의 존재를 찾는다.

인간의 능력을 넘어서는 그곳에 인간의 소망을 담은 신들에게 복을 빈다. 이루어 달라고. 살려 달라고. 위기에 처한 이 순간을 잘 처리해 달라고. 우리의 신화나 그리스 신화는 이러한 원시사회의 토테미즘과 주술 신앙을 잘 보존하고 있는 이야기 형태이다.

환인이나 환웅, 혹은 제우스신은 절대존재이며, 아무도 그 권위에 대하여 도전하지 못한다. 어느 하나 정도는 절대적인 기준이 있어야 하는 바램에서다. 인간 사이와 사회는 갈등이 매번 존재하며 충돌이 있다. 도덕과 윤리를 정하거나 경우에 따라 법이나 엄격한 규칙을 만들어 모두 따르도록 규범화하고 있다. 그러나 인간사회는 불완전하기 때문에 규정이나 법도 만들기가 끝이 없고 도덕과 윤리도 지키지 않으면 그만이므로 절대적인 존재나 절대 정의를 지켜주는 대상을 탄생시킨다.

신은 절대 존재이기 때문에 인간의 형상을 많이 기대하기는 어렵다. 그리고 그러한 절대 존재는 인간에게 필요한 정의를 보여주어야 하지만 인간의 소망이 너무 다양함으로 거기에 어울리는 하부 신들이 필요하다. 환웅처럼 그리스 신화에도 적자인 아폴로와 서자인 디오니소스가 있다. 적자는 적통과 정통을 말하며 서자는 그에 도전하는 대항의 힘이다. 이성과 감성, 질서와 혼돈, 정통과 이단, 백과 흑, 빛과 어둠, 용기와 비겁, 진리와 거짓, 예언과 주술, 지식과 사술, 혹은 남성과 여성 등 헤아릴 수 없는 이분법적 구도에서 그림자처럼 어떤 위협적인 존재가 늘 등장한다.

19세기 철학자 니이체(Friedrich Nietzsche)는 서구 역사가 아폴로의 역사였다고 한다. 이성, 질서, 정통, 백, 빛, 진리, 예언, 지식, 용기 등의 가치가 서구의 지배적인 가치였으며 서구 형이상학은 그러한 가치를 형상화한 역사로 대표적인 신으로 아폴로를 끌어들였다고 한다. 20세기 프랑스 철학자 쟈크 데리다(Jacque Derrida)는 이러한 이분법이 가지고 있는 오랜 서구 형이상학 질서를 전복시키고자 니이체가 중시한 디오니소스적 혼돈 가치에 관심을 가졌다.

니이체나 데리다 등은 그러한 서자인 디오니소스적 '혼돈' 요인과 요소들을 재평가함으로써 서구 역사를 '혼돈' 중심으로 다시 쓰고 싶어 하였다. 니이체는 질서 중심의 아폴론 문화의 지배를 인간의 비극 탄생이라고 불렀다. 그래서 그는 선과 악을 넘는 지평 저 넘어 인간의 본성을 원시 그대로 표현할 수 있는 세상을 그리고 있었다. 그의 이야기의 대표적 인물인 짜라투스트라는 광야에서 울부짖을 수밖에 없는 그러한 니이체의 광인이다. 니이체의 스토리는 디오니소스 '혼돈' 문화를 재창출하여 인간과 세계를 균형 있게 그리려는 노력의 일환이다.

데리다는 모든 스토리는 근원이나 질서에 대한 이분법이 자리하고 있다며, 그 계급구조를 소멸시키는 방법으로 기존의 중심 가치를 주변 가치로 검증하는 방법을 택하였다. 그는 방법론으로 먼저 계급구조가 어떻게 이루어지고 있는지를 살펴보았다. 그리고 그 계급구조를 해체, 분열시키며 주변가치를 중심가치로 복원하는 작업을 주도하였다.

스토리텔링에 있어서 이러한 이분법적 가치구도는 매우 중요한 모티브에 해당된다. 특히 그리스 이야기들은 이러한 이분법적인 가치구도를 전형적으로 보여준다. 이야기의 전범에 해당되는 고전이다. 이야기는 먼저 표면을 지배하고 있는 가치체계나 가치세계가 있고, 이를 수행하는 캐릭터가 있고, 이를 수호하는 신이 함께 움직인다. 하지만 그 이면에 억압당하는 가치체계나 가치세계가 있고, 이를 수행하는 캐릭터가 있고 이를 수호하는 신이 별도로 움직인다.

그래서 이야기의 흐름은 처음에 표면을 지배하는 가치가 우월하게 위치를 점하고 있고, 억압당하는 가치가 하위 위치를 점하는 계급구조를 이루고 있다. 전반적인 흐름은 전자가 이야기를 주도하며 사건마다 우세한 위치를 점한다. 하지만 이야기의 반전은 후자에게 무게를 실어주며 전자를 뒤집고 최후의 승자로 남는다. 전체적으로 전자는 힘이 세며 후자가 이길 수 없다. 하지만 결말에는 후자가 전자를 이기고 결국 승리하게 된다.

전자는 후자의 도덕과 정의의 측면에서 문제가 있어 보인다. 그래서 전체적인 이야기를 지배하고 있어 보이지만 언제인가 곧 서로의 위치가 바뀌게 된다. 후자는 약하지만 선하고 정의로우며 올바른 길을 보여주는 에피소드들과 사건을 끌고 간다.

전자의 캐릭터들을 후원하는 수호신들과 후자의 캐릭터들을 후원하는 수호신들은 가치중립을 지키기 어렵지만 때로는 가치중립적이다. 계속해서 경고의 메시지를 보내는 이러한 수호신들은 캐릭터의 인간적 한계를 지적하며 개선을 요구하지만, 인간은 그렇게 신들의 소망대로 움직여주지 않는다. 바람직한 방향으로 이상적인 인간이 되기 어렵다는 의미이며, 신처럼 예지의 능력과 초월적인 능력도 없다. 그래서 추락하며 비극적인 인간이 탄생한다.

아폴론 같은 인간은 추락할 여지가 적다. 미리 예언을 듣고, 소위 신탁을 듣고, 신의 말을 듣고 움직이며 덜 비극적인 상황으로 자신을 끌어갈 수 있다. 미리 앞일을 들었으니 대처할 방법이 생기고 사건을 판단하는 데 보다 합리적이고 이성적일 수 있다. 그런데 이런 신탁을 미리 듣고 실천하고자 노력을 하여도 어느 순간 이성을 잃을 때가 있다. 통제가 안될 때가 순간적으로 발생을 한다. 그때가 인간이 이성을 잃고 감정에 휩쓸릴 때이다.

이러한 감성이 인간의 운명을 지배한다. 그래서 감성은 인간을 가리키며 이성은 신을 가리킨다. 신의 이성은 인간의 이성을 향해 항상 깨어있기를 바라지만 인간은 종종 이를 저버린다. 신의 분노가 표현되는 이러한 순간은 반드시 응징이 따른다. 응징이 없으면 누구나 아무 때나 하고 싶은 데로 분노를 표출하며 남에게 해를 입히기 십상이다. 이를 응징할 적절한 수단이 필요하다. 그래야 그 결과의 피해가 적지 않다는 것을 알려 주어야 한다.

권선징악이라 할 이야기의 일반적인 주제는 그리스 이야기에도 전형적으로 적용된다. 선을 권장하는 주체도 신일 수밖에 없다. 악을 징계하는 주체도 신일 수밖에 없다. 하지만 인간 사이를 규제할 필요 때문에 권선징악과 신들의 이야기를 끌어 올 수밖에 없다. 인간들로는 권위를 세우기가 어렵다. 신의 정의는 인간의 정의나 신분을 넘어 공평하고 평등하게 이루어 질 것으로 기대하는 연유에서다.

인간 사회는 불평등하며 불공정하기 때문에 계층 간에 혹은 개인 간의 갈등은 끊임이 없다. 혹은 집단 간에 조직 간의 불공정한 게임은 현실이다. 우리가 신 앞에서는 모두 정당하게 생각하고 공정한 게임을 이루어지기를 바라지만 그저 소망뿐이다. 신은 개입하는 것처럼 보이지만 실제로는 개입하지 않는다. 그 게임을 지배하고 있는 층이나 그 게임의 룰을 지배하고 있는 층이 현실이다. 다만 그 룰을 유지하고 정당화하는 근거로 그 나름의 철학적, 종교적 체제를 끌어 들인다. 스토리는 이러한 룰을 가르치는 규범서로 지속적으로 일반인들을 가르친다. 가장 좋은 가르침의 방법은 이야기이다.

에코의『장미의 이름』, 브라운의『다빈치 코드』, T. S. 엘리엇의『황무지』, 부처의『본생경』, 티베트의『삼사라』, 인도의『바가바드기타』, 예수의 우화, 밀턴의『실낙원』, 셰익스피어의『오델로』, 중국의『삼국지』, 황석영의『장길산』, 조정래의『태백산맥』, 이문열의『서울의 오디세이』, 대하드라마『이순신』,『주몽』,『대조영』,『대왕 세종』,『이산』,『태왕사신기』등 셀 수 없이 만들어내는 이야기의 정체는 무엇일까. 단지 우리를 재미있고 즐겁게 오락을 주고자 한 것일까.

여기에서 다시 반복하지만 "문학과 종교"의 명제는 종교적인 주제가 아무리 뛰어난다고 하여도 문학으로서 오락적 의미 이상의 가치를 주지 못한다면 훌륭하다고 할 수 없다. 스토리는 스토리로 하여금 종교적 의미를 살펴볼 수 있는 형태여야 한다. 적어도 종교적 의미는 없다고 하더라도 스토리를 통해 위안을 받는 경험 형태는 존재한다.

이러한 위안이라는 종교적 의미가 반드시 형식 신앙이 될 필요는 없다. 스토리에는 어떠한 초월적 실재와 체험이 진지하게 내재될 수 있다. 따라서 종교적 차원으로 이끌어 지는 인간에 관한 이야기는 결국 성과 속이 함께 움직이기 마련이다. 결과적으로 스토리텔러나 스토리가 어떤 특정한 종교와 신앙을 가지고 있는 것은 별 문제가 되지 않는다.

스토리 내에는 인간으로서의 행위 그리고 인간에 대한 문제, 즉 존재의 회의, 부정, 죽음, 고통, 허무 등 인간의 고통이 있을 수 있지만, 종교인뿐만 아니라 비종교인들 역시 고통해소와 행복추구라는 보다 포괄적인 의미를 이야기가 제공해준다.

이야기의 중심에는 캐릭터의 정신적, 육체적 쾌락이 매우 중요하다. 쾌락은 우리의 욕망의 형태로 인간의 근원을 설명하는 원형의 모습이다. 프로이드나 융 등 현대 심리학에서 뿐만 아니라 고대 이야기들에는 "욕망"이 중심 모티브로 작용한다. 현대는 욕망의 시대라고 한다. 현대의 욕망은 세련되고 다져진, 문화적으로 포장이 되어 있지만 그 이면에는 원시 형태의 본래의 모습과 그간 진화되어온 수 많은 마스크를 쓰고 있다. 그래서 그 욕망은 자연 그대로, 원시 형태로 고대 이야기들이 잘 보존하고 있고 노출시키고 있어 고전 이야기들은 재미가 있고 흥미를 준다.

이야기 속 캐릭터의 다양한 욕망 형태는 인간관, 세계관, 그리고 우주관, 종교관을 살펴 볼 수 있는 근원이라 할 수 있다. 그리고 그 욕망의 근원적 형태를 확인하는 작업은 이야기의 방향, 곧 이야기의 종교성을 말하며 이야기 나름의 행복추구와 고통해소의 과정을 살펴보는 일이라 볼 수 있다.

제1장 움베르토 에코의 『장미의 이름』

움베르토 에코의 『장미의 이름』 스토리는 어떤 방향으로 캐릭터와 사건 전개를 끌고 갈까. 그리스적 방식은 일반적으로 인간중심이라고 말한다. 에코의 이야기는 그리스 사람들과 그리스 사회의 종교성을 떼놓고 말하기 어렵다. 그러므로 에코의 이야기는 그리스적 방식인 인간중심의 종교적 성찰을 살펴보는 데서 출발한다.

그리스적 방식이 쇠퇴하고 유대교와 기독교적 방식이 강력한 영향을 발휘하던 소위 서구의 중세시대는 신 중심 시기라고 말한다. 그리고 서구의 르네상스시기를 다시 인간성의 회복을 중시하는 시기라고 하고 이때를 그리스적 방식을 복원하는 의미로 쓴다. 이후 서구 역사는 인간성의 성장시기로 기록하고 있다. 이렇게 보아 에코의 이야기 방식은 그리스적 방식과 유대교적 방식과 기독교적 방식이 혼재되어 있다. 어떤 형식으로 이야기를 접근하든지 이러한 세 가지 종교적 방식이 에코의 이야기를 지배하고 있다.

에코의 이야기 줄거리는 중세 말, 그리고 르네상스 초기의 14세기 초, 그것도 발상지라 할 수 있는 이탈리아 북부에 있는 한 수도원을 배경으로 하고 있다. 당연히 종교적인 이야기가 주를 이룰 것으로 예상되지만 인간에 관한 이야기가 중심에 깔려 있다. 그것은 중세와 르네상스라는 과도기에 이야기의 배경이 시작되고 있는 연유에서다.

우선 중세의 유대교적 배경은 신중심이고 신이 모든 것을 지배한다는 일단의 사고에서 출발한다. 인간은 신에게 의지하여야만 구원을 받을 수 있고 신의 길만이 유일한 진리의 길이며 모든 가치의 기준이 된다. 또 다른 신에 대한 이야기는 생각할 수도 없고 불경죄로 그 처벌을 면하기 어렵다. 그러므로 그리스 이야기에 나오는 신은 이교도의 믿음이고 유일신에 대한 신성모독이 된다. 그 결과는 생명을 담보로 하여야 한다.

주인공 캐릭터 윌리엄 신부와 그의 제자 앗소는 이 수도원에서 열기로 되어 있는 종교회의에 참석하고자 이 수도원에 간다. 당시 종교적 당파는 여러 있었지만 로마 교황청에서 인정하는 두 개의 종파가 있다. 하나는 전통적으로 로마 교회를 중시하는 베네딕트파와 성직자나 수도사를 중시하는 프란시스코파다. 모두 성인 베네딕트와 성인 프란시스코를 추모하는 의미에서 발전한 종파에 해당된다. 전자는 교황 베네딕트이고 후자는 수도사 프란시스코이다. 전자는 아무래도 제도권을 중시하고 후자는 종교적 본질을 중시하는 차이가 있다. 물론 모두 가톨릭의 정신을 따르고 이를 실천하는 목표는 같다고 할 수 있다.

달리 제도 종교가 처음 생겨날 때를 상상해 보면 처음에 종교적인 목표나 목적이 있었을 것이며 이를 실천하고 실행하는 일이 무엇보다 중요하였을 것이다. 하지만 이를 명시할 교리가 필요한 것은 당연하다. 그래서 시간이 지나면서 경전이 만들어지고 기록을 만들며 이론을 만들고 점차 이를 강화시켜 어느 누구도 손대기 어려운 신성한 성서로 혹은 교리서로 발전시킬 것이다. 그리고 이 경전대로 종교적인 의식을 중시하는 관습과 관례가 중시되고 이러한 분야에만 종사하는 일단의 집단이 생길 것이다.

이 집단은 물론 성직자 집단이다. 옛날 오래 전부터 제사를 치르는 계층으로 신을 만나는 성스러운 사람들로 이 집단은 존경과 숭배를 받게 되고 인간의 영혼을 다스리는 일을 전담하게 되었다. 이들을 위해 일정한 제물이 주어졌고 일정한 재물이 바쳐졌다. 하지만 점차 그 세력이 커져 지배층이 만들어졌다. 이러한 지배층은 다시 그 권력을 가속화할 수 있는 여러 장치를 만들어 갔고 보다 화려해지고 비대해지며 일반인들의 삶에 적극 개입하였다.

초기에 일반인들은 개인적이었던 종교적 관계를 성직자에게 위임하고 모든 종교적인 권위를 넘겨주며 이들로부터 위안과 구원을 받고자 하였다. 허나 점차 일반인들은 성직자들이 만든 제도와 거리감이 생기기 시작하였으며 본래 개인의 종교적 성찰을 중시하던 종교적인 본질은 훼손당하고, 개인의 정신까지 의심을 받고 심판을 받았다.

제도 종교는 점차 개인의 삶과 멀어져 갔다. 제도 종교는 제도를 중요시하고 의식을 중요시하고 교리를 중요시하며 조직을 중요시 하였다. 개인으로 일반 사람이나 성직자들은 제도권의 일부나 조직의 개별 단위로 전락하여 그 안에서 움직였다. 조직의 수장의 명은 곧 절대적이었다. 특히 종교는 그 본질적이고 근원적인 힘을 하늘이나 신에게 두고 있어 조직의 수장은 곧 하늘이나 신의 명을 수행하는 자로 그의 결정과 명은 절대적이었다.

『장미의 이름』 이야기에 나오는 세 당파인 베네딕트, 프란시스코 그리고 해로운 조직으로 몰린 소위 경전을 엉뚱하게 해석하고 엉뚱한 행동을 하는 집단으로 몰린 돌치노가 있다. 우선 이 세 당파는 인간과 종교의 변천사와, 혹은 인간과 단체 변천사와 너무나 유사하다.

베네딕트 당파는 기존의 제도중심의, 교리중심의, 조직중심의, 체제중심의, 소위 유력 당과 당론 중심의 보수파라 볼 수 있으며 그 수장의 힘은 조직의 힘으로 막강하며 때로는 절대적이고, 개인의 생사여탈권을 갖기까지 한다. 프란시스코는 제도나, 교리나, 조직이나, 체제, 소위 당과 당론은 인정하지만 개혁을 하자는 측이다. 조직의 처음 정신으로 되돌아가자는 주의를 강조한다. 그래서 이들은 개인의 정신을 우선 강조하고 그 다음에 그 정신을 바탕으로 조직을 움직이기를 원한다.

프란시스코 당파도 처음에는 베네딕트 교리나 당론을 잘못 해석한 행위로 인하여 이단으로 몰렸을 것이다. 이단이란 기존의 정통파의 해석과는 다른 해석을 내 놓는 것을 말한다. 예수에 대한 새로운 해석을 말한다. 처음에 이들 역시 해당행위, 혹은 해교행위로 위협을 받았거나 아니면 죽음을 면하지 못하였을 것이다. 하지만 시간이 지나면서 기존의 조직이나 해석에 반대하는 사람들이 늘어 가면 추종하는 머리수가 많아지고 하나의 세력으로 성장하기 마련이다. 자연히 인정하지 않을 수 없어 이들을 받아들인다.

『장미의 이름』에서도 프란시스코파들은 예수의 청빈을 강조하며 성직자나 수도사들의 청렴을 가장 으뜸으로 중시한다. 그래서 수도사들의 청빈과 가난을 무엇보다 강조한다. 하지만 베네딕트 당파는 로마 교회의 교황을 수장으로 받들며 교회중심의 정통 해석을 무엇보다 강조하며 교회를 움직이기 위해 혹은 반그리스도적인 적을 상대하기 위해 교회도 재산이 있어야 한다고 강조한다.

『장미의 이름』에서 보면 베네딕트파의 의복은 화려하며, 교회의 권위와 해석을 무엇보다 중요하게 강조한다. 이야기의 말미에 보면, 당파들이 모여서 해소해야 할 당면 문제는 조금은 코믹하게 비치지만 예수가 생전에 입었던 의복이 예수의 재산이냐 아니냐 하는 것이며, 이를 결정하기 위해 이해 당파들이 수도원에 소집되기로 되어 있었다.

베네딕트파는 당연히 예수가 입었던 의복은 예수의 재산이니 교회가 재산을 소유할 권리가 있고, 교리에 위배되지 않는다는 것이며, 무엇보다 교회의 권위를 위해 재산은 필요하다고 강조한다. 하지만 프란시스코파는 예수가 입었던 의복은 예수의 재산 개념이 아니며, 오로지 예수는 청빈과 가난을 실천으로 하고 고귀하고 숭고한 정신을 보여주었기에 이를 실천하는 것이 무엇보다 중요하다고 강조한다.

결국 프란시스코파는 교회의 부패와 타락, 성직자의 부패와 타락을 비판하며, 교회가 그렇게 큰 건물과 재산을 소유해야 할 이유가 없다고 주장하고 성직자의 수도와 청빈을 강조한다. 그래서 이들은 탁발승 비슷한 남루한 의복을 입고 나타난다.

돌치노 당파는 요즘 말로 극단주의자로 할 수 있다. 혹은 근본주의자로 테러리스트라 할 수 있다. 이들은 본래 조직의 정신을 그대로 행동으로 옮기는 자들이다. 그 목표를 위해 이들은 살인행위도 서슴치 않는다. 이들은 테러집단이다. 『장미의 이름』에서도 이들은 교회가 재산을 가질 이유가 없고 민중에게 그 재산을 나누어 주어야 한다며 직접 가난한 자들에게 수도원의 식량을 나누어 주고 부패한 성직자는 과감히 살해하는 과격한 행동주의자들이다. 그래서 이들은 음지에서 활동을 하고 부정한 부자들을 살해하여 그 재산을 가난한자에 나누어 주는 일까지 행한다.

돌치노 당파의 구성원들은 예수 스스로 소외되고 가난한 자들에게 기적을 베풀며 식량을 나누어 주었듯이 본래의 예수의 정신을 행동으로 옮겨야 한다며 기존 종교의 제도를 비판하고 부패한 성직자를 개혁이라는 차원보다 훨씬 극단적인 행동으로 처벌하려고 한다. 이들은 요즘의 이슬람 과격주의자들이나 근본주의자들의 성격과 유사하다. 당연히 이들은 정통파들에게 이단으로 몰린다.

단체의 생리를 살펴보면 잘 알 수 있다. 개인이나 개인들이나 혹은 그 개인의 좋은 취지에 공감하거나 동참하여 단체나 조직을 만들게 된다. 이들은 처음에 좋은 정신과 본질을 목표로 하여 공감대를 형성하고 이를 실천하고자 단체를 결성하고 조직을 만든다. 점차 단체의 목표와 성격을 규정할 이론과 규칙을 만들고 체계적인 목적과 방향을 정한다.

점차 그 조직이 성장하면 개인의 위치나 목소리는 그 조직의 한 부분이 되어버리고 조직의 요강과 구조는 강화되고 조직만 중요하게 인식된다. 그러다보니 조직은 그 본래의 정신을 점차 훼손하게 되고 이 조직을 움직이는 개인이나 추종세력에 의해 조직이 움직이게 된다. 당연히 본래 이 조직을 결성하기 이전의 정신은 훼손되거나 변질된다.

이에 따라 반성의 움직임이 생기며 반발하는 개인이나 집단이 생긴다. 이들은 원래 조직을 결성할 때의 정신으로 되돌아가자며 현 지배계층을 개혁대상으로 몰아붙이거나 비판하는 새로운 개혁그룹으로 성장한다. 이러한 개혁 그룹에서 행동으로 옮기는 개인들이 또한 생긴다. 과격주의자들이다.

이 세 종류의 집단은 어떠한 조직이나 단체나 사회에 있기 마련이다. 기존의 제도를 중요시하는 보수 수구파들, 기존의 제도를 바꾸려는 진보 개혁파들, 아예 모든 것을 뒤집어 없애려는 극렬 행동파들을 말한다.

본래의 정신으로 되돌아가자는 프란시스코의 본질은 인간의 정신을 그러한 종교의 근본에 두어야 한다는 생각을 하고 있었다. 인간의 종교성의 핵심은 행복추구와 고통해소라는 것에 있기에 인간의 희로애락은 모든 삶의 기본이며 출발이 되어야 한다는 입장으로, 그들은 종교의 출발 정신을 중시한다.

이러한 생각은 반드시 기독교 종교만을 가리키는 것은 아니다. 그래서 고대 종교들, 특히 사람이 숭배 대상이 아닌 종교는 이러한 인간의 삶 자체를 매우 중요시하고 있다. 그리스 신화, 힌두교 신화나 유대교 신화 등은 인간의 삶을 종교적 차원으로 설명하려는 개인의 종교체험을 그 출발에 두고 있다.

그리스 종교는 그리스 신화에 잘 나와 있다. 그 중에서 아리스토텔레스의 웃음의 미학이라 할 「희극론」은 고대인들의 고대 종교의 특성을 잘 보여준 예라 할 수 있다. 인간의 희로애락의 근원은 인간의 심리현상이나 육체적 욕구에 두고 있다. 이 심리나 육체를 충족시켜주고 구원해 줄 어떤 신비적인 힘, 혹은 초자연적 힘이 필요하다는 것과 혹은 그 존재를 만들고 그 존재를 통해 인간과 삶을 이해하려는 욕구를 중시하게 된다.

초자연적이고 신비스러운 힘이나 존재가 있다고 보기는 하지만 인간의 이해 범위내로 끌어내려 이들을 즐기고 웃으며 재미있어 하고 그 공포로부터 벗어나고자 한다. 그래서 신화나 전설은 세속의 이야기 형태이다. 이야기는 인간의 삶에 개입한 듯 보이는, 혹은 자연현상을 움직이는 어떤 힘이나 존재가 있다고 생각하는 데서 출발한다. 결국 그 힘과 존재를 비로소 세속이 이해할 수 있는 단계로 끌어 내린 것이 세속의 이야기이다. 그 이야기는 신들의 사고와 행동이 나오지만 이 또한 세속이 살아가는 방식을 설명하고 있다.

모든 이야기의 중심에는 캐릭터의 심리와 육체적인 감성이 매우 중요하게 나타난다. 인간의 근원성은 현대 심리학에서 뿐만 아니라 고대 이야기들에도 "욕망"이 중요한 모티브이다. 심리적 욕망, 육체적 욕망 등 현대는 욕망의 시대라고 한다. 그 욕망은 고대 원시인들에게 너무나 자연스러운 인간의 형태로 인간다움을 말하는 근원적 실체로 추정이 된다.

고대인들의 욕망은 그리스 신화에 나오는 흥미 있는 이야기 프쉬케(Psyche)가 있다. 심리학이 여기서부터 유래되었을 정도로 인간의 심리와 육체와 관한 욕망의 실체를 고대인들의 시각을 통해 그 근원적 형태를 찾아 볼 수 있다 이 이야기는 심리학의 근원을 알 수 있을 뿐만 아니라 인간의 심리와 육체의 관계를 욕망으로 이해하였던 고대인들의 인식 구조를 알 수 있고, 이를 설명하고자 신화나 전설의 이야기 방식을 쓴 점이 흥미롭다. 물론 심리나 육체 역시 신비의 대상이어서 우리가 느끼고 알 수 있도록 그 언어를 통해 이야기 형식으로 접근하였다고 보여 진다.

심리학은 영어 단어 "psychology"를 번역한 언어이다. 영어 단어는 그리스어인 "psyche"가 그 어원으로 알려져 있다. 물론 한국어로는 사이키, 사이코 등 다양하지만 발음 그대로 프쉬케로 달리 영어로 psycho는 정신병자를 의미하기도 한다. 일반적으로 정신이나 영혼이란 뜻으로 쓰인다. 영어 단어 사이코는 정신병자를 가리키면서 인간의 정신이나 영혼을 의미하는 형용사로 쓰이고 있다. 따라서 정신병리 현상은 정신적이기도 하지만 육체적인 병과 관련이 깊다는 사실이며, 인간의 영혼은 정신과 육체를 아우르는 총체적인 의미가 강하다. 그 영혼의 핵은 무엇인가가 고대인들의 수수께끼였던 셈이다.

잘 알려진 데로, 프쉬케 혹은 사이키는 그리스 신화에 여성의 이름으로 나온다. 왜 남성이 아니고 여성이었을까. 아마 여신 숭배 사상의 한 단면으로 보인다. 여성은 출산과 생산을 관장하고 있어 인간의 혼도 여성으로부터 비롯된다고 생각하였을 수도 있고, 여성이 남성보다 인간의 혼과 밀접한 관계를 갖고 있다고도 보여진다.

고대 그리스인들이 본 인간의 혼은 여성의 성격을 갖고 있었으며, 인간의 특성 중 세 번째로 중요하다고 보았던 듯싶다. 인간의 특성

중 인간의 혼은 어떤 환경에서 만들어지고 있다고 그리스인들은 생각하였을까.

우리가 잘 아는 셋째 딸이다. 셋째 딸은 보지도 않고 데려가라는 우리네 속담이 있듯이, 생기기도 어찌나 아름답고 품성도 고았다. 미적으로 본다면 육체는 팔등신에 하등의 결함도 없었을 것이고 심리는 완전한 결정체로 미움과 질투도 없는 아름다운 마음, 혹은 행복한 상태, 고통이 없는 상태 그대로였을 것이다. 좋은 일에는 마가 낀다는 생각을 그리스인들도 생각하였다고 보여 진다.

여성으로서 완벽하여 신처럼 보여 신의 이름을 붙이고 싶지만 결정적인 오류가 하나 있어 보였다. 너무나 순수하다 보니 그 열정 자체도 순수하지만 육체로 인하여 그 열정이 더렵혀질 수도 있고 쉽게 유혹에 빠져 타락해 질 수도 있었다. 하지만 육체의 행위를 순수한 열정으로 보지 못한 그리스 사회가 문제였을 것이다. 그보다 성의 문란이 조금은 문제가 될 수 있다고 그리스 사회를 주도하는 남성들이 생각할 수도 있다. 문제의 근원은 남성들 본인이 될 수 있음에도 여성을 묶어두기 위한 논리로 여성의 육체의 순결과 정절을 문제 삼고자 영혼의 순수함을 강조할 수 있다.

여신 숭배 시대에는 여신의 육체와 관련된 성 행위는 물론 출산과 생산 모두 영혼 활동의 일부로 간주된 성스러운 의식이었다고 한다. 하지만 소유와 지배에 관한 권리와 욕구가 새로운 사회 구도를 만들어내었을 것으로 보인다. 아무래도 출산과 생산과 관련된 인간의 성행위만으로, 그리고 행복의 중심인 쾌락의 문제로만 사회문제를 볼 수 없게 되었다는 뜻이다. 사회구도는 점차 조직화되어 가고 그 과정에서 남성 중심의 권리와 힘의 논리가 필요하여졌을 것으로 보인다. 사회의 지배 구도는 여성 중심의 행복추구와 고통해소보다 질서 중심의 잘 조직화된 조직과 체제에서 더 찾고 싶어 하는 심리가 만들어낸 산물일 수 있다.

물론 그 초기에는 여성들 자신의 주도권 문제도 큰 기여를 하였을 것으로 보인다. 더 큰 힘을 갖는 여신들의 권리와 지배권은 다른 여신들, 혹은 다른 여성들에게 계층과 갈등의 골을 심화시켰을 것이다.

그래서 이 그리스 신화는 세력이 큰 여신인 아프로디테, 혹은 비너스가 새로운 강호 여성인 프쉬케와 충돌하게 되었다. 여성으로서 결정체가 있다면 그러한 형태는 어떤 모습일까. 그러한 형태가 가능할까. 사람들의 상상력에는 여성이 그렇게 되었으면, 혹은 여성의 완벽한 모습을 마음속으로 그렸을 것이다. 그런 완벽한 모습의 여성은 이 세상에는 없고, 상상 속의 인물은 가능함으로 상상 속의 이미지를 신격화하여 이름을 비너스라 붙였다.

그리고 이 비너스라는 이름에 온갖 여성의 완벽성을 부여하여 이야기로 풀어내려고 하였다. 육체는 눈이 부실정도로 완벽하며 성적인 욕망은 순수한 그대로 육체에 나타났다. 몸매는 결함이 없으며 온갖 부위는 완벽 그대로이며 성적인 대상으로도 완벽하였다. 세상 모두를 지배할 정도의 미를 갖추고 여성과 남성 사회를 지배하게 되었다.

그러다가 새로운 라이벌이 등장하자 충돌과 변화가 일어났다. 비너스는 아들이 있었다. 자신의 분신으로, 자신의 여러 요소 중 핵심의 하나인 활동을 해줄 인격체로 에로스 혹은 큐피드를 두었다. 이 에로스 역시 인간의 영혼을 설명하는 이름이며 대상이다. 여성에게 이 에로스는 무엇일까.

이야기이니 필요로 하는 대상에 이름을 붙이고 의인화시켜 인간 속성의 하나를 캐릭터에 부여하였다. 인간 영혼의 한 속성인 에로스는 여성적인 것보다 남성적인 것에 더 가깝다고 생각한 고대 그리스인들에게 성적 욕망은 그 출발이 여성이라기보다 남성에 있다고 보았던 듯싶다. 여성의 성적 욕구는 남성의 에로스로부터 그 동력을 받으며, 인간의 영혼은 남성의 에로스로부터 생동감을 갖게 된다.

에로스는 사이키의 근원으로 보인다. 에로스 없는 프쉬케는 사랑을 받지 못하는 모양이다. 프쉬케는 아름다움이 있지만 에로스의 사랑을 받지 못하면 완성되지 못하거나 에로스를 기다리거나 유혹해야 하는 과제가 주어진다. 그래서 완벽한 여신인 비너스의 힘의 원천은 그 남성적 에로스에서 비롯된다. 에로스 없는 비너스는 생각해볼 수도 없다. 비너스가 여신일 때는 에로스는 여신 사제의 파트너이거나 그 여신의 성 의식의 상징적인 대상이다.

프쉬케 역시 에로스는 피할 수 없는 운명을 갖게 된다. 여신 제사장 비너스가 되기 위해 프쉬케 역시 그 과정을 겪어야 하였다. 여신 사제로서 프쉬케의 성적 과정은 그 파트너에 의해 시험을 받게 된다. 그리고 사제로서 지배력이 시험대에 오르게 된다.

그 시험의 첫 시작은 높은 산의 괴물 신에 있다. 높은 산이라 한다면 자연 그대로 노출된 환경에서 자신의 순수한 욕망이 시험을 받게 된다. 괴물은 육체적 욕망의 큰 힘을 말한다. 이 육체적 욕망을 지배할 수 있는 힘을 얻고자 프쉬케는 높은 산에 홀로 남았다. 그 높은 산은 에로스이다. 에로스가 가져오는 남성의 힘과 욕망을 지배할 수 있어야 한다. 프쉬케는 다행이도 밤에만 찾아오는 남성 파트너와 온갖 상상 속에서 행복의 시간을 가졌다. 황금으로 된 궁전에서 보이지 않는 시녀들의 보살핌을 받았고, 밤마다 나타나는 파트너와 행복한 삶을 살았다.

이제 어느 정도 안정이 되자 프쉬케는 심심해서 파트너에게 언니들을 데려 오겠다고 말하였다. 자신의 행복을 보여주고 싶어 하였을 것이다. 언니들의 설정은 흥미롭다. 같은 여성으로서 아직은 사제직에 오를 정도의 여신의 속성을 갖지 못한 존재로 보인다. 하나도 아니고 둘이라는 의미는 일반적으로 프쉬케만큼 새로운 여 제사장의 인물됨이 쉽지 않다는 의미일 수 있다. 이 두 여성 역시 시험의 대상이다. 세속적인 시험이 크게 작용한다. 세속은 낮의 환경을 말한다. 밤에는 어둠으로 성 의식은 가려져 있다.

언니들은 프쉬케의 파트너에 대한 관심이 컸다. 프쉬케를 숭배하는 남성 파트너에 대한 호기심으로 이런 저런 사항들을 물었다. 어떤 흠집을 찾기 위해서다. 그것도 밤에 행하는 의식으로부터 낮의 의식으로 변화를 모색할 때가 되었다. 그것은 세속의 시각으로부터 자유로움을 모색할 수 있는 권위와 권한을 갖게 되는 상태를 의미한다. 프쉬케의 남성 파트너는 아마 신이 될 정도의 능력을 보여주어야 할 것이다.

프쉬케는 아직 시기가 성숙되지 않았다고 답변한다. 파트너가 밤마다 오기 때문에 얼굴을 볼 필요도 없었고 굳이 보지 않았다고 말했다. 그러자 동생이 행복하고 일이 잘되고 있는 것에 시기를 느낀 두 언니들은 동생에게 밤에 불을 켜고 남편이 괴물인지를 알아보라고 했다. 이처럼 세속의 시각이나 리얼리즘은 잔인하였다. 비너스가 되기 위해서는 세속의 금단을 넘어야 하였다. 남성 에로스를 죽이라고 하였다.

프쉬케, 즉 사이키 행복의 출발이었던 남성 에로스 욕망은 세속의 경우 없어져야 할 운명을 갖게 된다. 그래야 진정으로 낮의 성 의식을 베푸는 여 제사장이 힘을 갖게 된다고 한다. 공개적인 성 의식이라 할 고대 여신 숭배 의식을 실행하기 위해서는 남성 에로스 욕망을 없애라는 세속의 요구이다. 보다 객관적인 통제력과 힘을 요구한다.

세속은 에로스가 괴물이라면 칼을 숨겨 놓았다가 죽이라고 한다. 남성 에로스가 지나치면 죽이라는 명이다. 여성을 타락시키고 성의 욕구를 그릇된 욕망으로 쾌락을 부추기면 죽이라는 세속의 요구이다. 지금까지 남성 에로스는 사이키에 충성을 다 하였고 순종을 하였다. 적어도 한 가지 조건만 충족시켜 준다면 얼굴을 보지 말아 달라는 조건이 있었다. 에로스의 겉모습과 표정을 보지 말 것이며 에로스의 본질과 그 진면목을 보아 달라는 것이다.

프쉬케는 이미 행복함으로 보지 않아도 그 에로스의 본질과 진면목을 알고 있어, 굳이 겉모습과 표정을 볼 이유가 없었다. 하지만 낮에는 그 에로스의 겉모습과 표정을 보아야 한다. 거쳐야 할 과정이기도 하고 한사코 거부할 수도 없다. 사이키는 낮이 두려웠다. 그래서 자신을 방어하기 위해서라도, 혹은 그 에로스의 모습과 표정이 추악할 것 같아 칼을 베개 밑에 숨겨 놓고 그날 밤 에로스를 기다렸다.

에로스의 평온한 모습과 편안한 모습이 궁금하였다. 결국 사이키는 자신의 성적 욕망의 얼굴을, 혹은 무의식 순간의 모습을 보고 싶었다. 무의식의 순간 욕망의 얼굴을 보고 싶었다. 등불을 들추어 에로스의 얼굴을 보았다. 그 순간 깜짝 놀란 에로스는 욕망의 그림자가 사라짐을 느꼈다. 행복의 쾌락은 순식간에 사라지고 의무만 남았다. 적나라하게 노출된 환경에서 여제사장이 해야 하는 출산과 생산만 있게 되고, 사이키의 행복이라 할 욕망의 쾌락은 없어져 버렸다.

약속을 어기고 자신을 죽이려고 칼까지 준비한 프쉬케를 버리고 에로스는 어머니 비너스가 있는 신의 세계로 돌아갔다. 프쉬케는 욕망과 쾌락의 얼굴을 낮의 성 의식에 가져오지 못하였다. 프쉬케는 산 넘고 바다 건너 남성 파트너 에로스를 찾아 헤매었지만 남는 것은 환멸이었다. 자기 파멸의 과정으로 프쉬케의 욕망은 헛된 꿈으로 남았다. 상상 속의 여신 비너스만큼 프쉬케는 생산과 출산, 그리고 욕망과 쾌락 모두를 갖기가 어려워졌다. 사실상 노력이 모두 허사였다.

이때 어느 신이 비너스에게 용서를 구하라고 하였다. 육체적인 아름다움과 정신적인 순수함 모두를 탐하였으니 스스로 신이 될 수 없다면 겸손하라고 가르쳤다. 그래서 프쉬케는 해당 비너스 여신에게 자비를 구하고 낮의 성적 쾌락을 얻고자 하였지만 갖은 고난이 이어지며 쉽지 않게 시험은 계속되었다. 비너스에게 돌아간 에로스에게 우선 잘 보이고 싶었다. 비너스를 닮고 싶어 비너스를 모방하였지만 이미 순수하였던 자연그대로의 프쉬케의 모습은 점차 힘을 잃어가고 있었다.

결국 비너스는 자신이 쓰던 화장품을 주었다. 대신 에로스를 기다리는 동안 뚜껑을 열어 보지 못하도록 명하였지만 프쉬케는 성급하니 그 뚜껑을 열고 말았다. 그 상자 속에는 에로스를 유혹할 수 있는 화장품은 없었다. 그럴 필요도 없었는지 모른다. 에로스의 흔적은 거기에 아무것도 없었다.

상징적이기는 하지만 프쉬케는 영원히 잠들게 되었다. 이미 남성 에로스는 사라졌고, 그 욕구조차도 없어져 프쉬케는 자연 상태 그대로 영원히 잠들어 버렸다. 숲 속에 잠든 미인이 되어 있었다. 마법의 힘과 남성 왕자의 힘이 필요하였지만 프쉬케는 낮에 존재의 의미는 사라졌고 에로스를 기다리기 위해 화장을 하여야 하였다. 하지만 허사였다.

남성 에로스는 여성 프쉬케가 여러 고난 속에서도 자신을 찾고 있음을 알았고, 자신이 없이는 죽은 것이나 다름없다고 생각하였다. 그래서 프쉬케의 잠든 영혼을 깨우고자 쿡 찔러 자극하였다. 그러자 프쉬케는 죽어 있던 욕망이 살아나고 있음을 느꼈다. 그녀는 신들의 도움으로, 특히 남성 에로스가 신들의 제왕인 제우스에게 간청해서 깨어났다.

제우스에 의해 프쉬케는 결국 신이 되었다. 프쉬케는 오랜 고난과 역경 끝에 신들의 도움으로 여신 비너스의 화신이 되고 두 언니의 세속 시험을 이기고 낮에도 여제사장의 성 의식을 베풀 수 있게 되었다.

에로스와 프쉬케 두 사람은 영원히 맺어져 출산과 생산을 하며 쾌락과 즐거움을 함께 나누었다. 그들은 자신들의 아이를 기쁨, 즐거움, 혹은 쾌락이라고 이름을 주었다. 기쁨, 즐거움, 혹은 쾌락 속에서 생산과 출산 활동은 영원한 여사제의 일로, 순간의 쾌락 속에서 영원의 힘을 갖게 되었다. 이미 시간과 공간을 초월한 셈이다. 프쉬케는 남성 에로스를 얻고 구원의 형태를 찾게 되었다. 행복추구와 고통해소는 프쉬케의 궁극적인 목표이다.

인간의 영혼인 프쉬케는 그리스어로 나비라는 의미가 있다. 나비의 생태는 영혼불멸의 상징으로 인간의 영혼을 가리킨다. 나비는 애벌레 생활로부터 누에고치 속에서 아름다운 날개를 파닥거리며 뛰쳐나온다. 그리고 밝은 대낮에 훨훨 날아다니며 따스한 햇살 아래 달콤하고 향기로운 대기와 자연에서 즐겁고 행복한 삶을 갖는다. 그리고 자연을 풍요롭게 만들고자 자신을 마지막으로 불꽃처럼 희생한다.

사실상 프쉬케는 갖은 고난을 거친, 누에고치 속의 순수한 육체적인 애벌레의 생활을 마치고 카타르시스(catharsis: 정화)된 후에야 진정하고 순수한 정신적 행복을 함께 누릴 수 있는 영혼의 상징인 것이다. 고난 뒤에 찾아오는 이 프쉬케의 행복의 순간은 육신과 정신의 정화로서, 비극과 희극의 동시 연출이라는 인간의 욕망의 정수이며 본질이며 상징이다.

그리스의 신화나 이야기들은 이 프쉬케, 즉 인간의 영혼의 구원이라는 메시지를 향해 있다. 인간의 영혼의 뿌리는 정신과 육체의 욕망에 있고 그 목표는 쾌락에 있다. 이 쾌락은 인간의 행복추구와 고통해소의 꿈을 상징한다. 인간이 무엇인가를 찾는 일은 이 쾌락을 얻는 일이며, 무엇으로 어떻게 얻을 수 있는 가를 찾아보는 미로와 같은 일이다.

아리스토텔레스의 「희극론」은 이 쾌락을 중요시하는 그리스인들의 꿈을 잘 설명하고 있어 보인다. 아리스토텔레스의 스승이라는 플라톤은 자신의 저서 『심포지움』(혹은 『대향연』) 이야기 말미에 소크라테스의 입을 빌려 희극과 비극은 하나라고 단언한다. 희극은 웃음과 즐거움을 추구하지만 비극은 고통과 슬픔을 그린다. 그렇다면 인간의 영혼이라 할 사이키는 정화하는 과정상 필수적으로 비극의 단계가 필요한 것처럼 보인다.

비극의 다음에 희극이 올까. 잘 알 수 없다. 처음부터 비극이 없으면 된다. 아리스토텔레스는 처음에 「비극론」을 썼다고 알려져 있다. 인간은 고통과 슬픔 속에서 더 위대한 모습을 만들어낼 수 있다고 그는 보았다. 그래서 비극의 영웅은 인간을 감동시키며 인간의 위엄과 존엄을 느끼게 한다. 하지만 그 영웅의 처절한 고통은 알 수 없는 운명이나 초자연적인 힘에 대한 공포와 두려움을 인간에게 주게 된다.

그래서 인간은 비극을 겪고 나야 겸손해지고 지혜로워지며 현명하고 슬기롭게 현실을 대처해 나가는 경험을 갖게 된다. 그리고 그 삶의 경험을 통해야 비로소 비극을 최소화하고 행복을 누릴 수 있다고 한다. 결국 아리스토텔레스에게 비극의 끝은 희극이다. 그리고 그는 인간의 도덕적 성숙과 완전한 인성을 찾게 되는 과정을 인생의 여정으로 강조하며, 인간의 경험을 무엇보다 중요시한다. 그리스 영웅들은 그래서 위대한 승리자의 모습으로 나타나며, 그 끝은 신처럼 숭고한 인간의 모습을 모델로 제시한다.

이러한 아리스토텔레스가 당연히 비극 다음의 희극에 관심을 가졌을 것이다. 그는 인간의 욕망이 불러오는 비극 끝에 쾌락과 즐거움을 가질 수 있는 비법을 완성해 놓았을 것이다. 그런데 그 저서가 현재 존재하지 않는다. 단지 그의 스승 플라톤은 인간의 감성을 지나치게 강조하는 비극을 싫어하였다. 처음부터 쾌락과 즐거움을 가질 수 있는 희극적 인간을 그는 추구한다. 이 플라톤의 희극적 인간의 모습과 아리스토텔레스의 희극이 맞닿아 있을 것이다.

플라톤의 경우 이 희극적 인간은 일반 사람보다는 냉철한 지성과 이성을 가진 철학인이어야 한다. 그래서 플라톤의 희극적 인간은 상상 속에서나 가능한 이상적인 인물형으로 도달하기가 쉽지 않다. 이미 인간은 성숙한 인간이 되어 있어야 한다. 그래야 살아가면서 인간 스스로 고통을 해소할 수 있는 능력을 스스로 갖게 되고 지혜롭게 대처할 수 있다. 즉 고통을 피할 수 있는 지적 능력과 현명하게 일을 합리적으로 대처할 수 있는 이성 능력을 갖춘 인물이 플라톤적 희극 인간형이다.

그러기 위해 플라톤의 희극적 인간형은 청소년기에 인성교육을 무엇보다 강조하며, 슬프고 고통 받는 나쁜 이야기를 되도록 멀리하고, 모범이 되고 모델이 되는 훌륭한 이야기를 가까이 하여야 한다. 플라톤의 희극은 인간은 처음부터 훌륭한 인격자로서 비극을 모르는 것이 낫다고 말한다. 그 훌륭한 인격자는 가히 신의 모습을 향하고 있으며 세속의 삶에서도 그러한 모습을 인간에게 요구하고 있다. 공자나 소크라테스 등 옛 성현의 모습을 연상하면 된다.

하지만 신을 먼저 요구하는 플라톤의 희극 인간 유형보다 인간을 먼저 요구하는 아리스토텔레스의 비극 유형에서 찾고 있는 것이 서구의 전통이다. 사실 인간은 희극적인 면보다 비극적인 면을 더 가지고 있다. 그럼에도 궁극적으로 희극을 추구하기 때문에 플라톤의 말처럼 비극과 희극은 하나이다.

원시사회에서는 비극과 희극이 나누어져 있지 않았을 것이다. 프쉬케의 희비극성은 처음에 희극이었다가 살다가보니 비극으로 전락하고 나중에 진정한 깨달음을 통해 희극으로 사는 방법을 터득하는 이치와 같다. 이때의 희극은 처음의 희극과는 그 성격과 본질이 다르다.

처음의 희극은 아무 것도 모르는 순수한 자연 상태로 원시성 그대로이다. 욕망은 그 힘을 있는 그대로 노출하며 우리의 쾌락을 만족시킨다. 주로 유아적 단계이거나 어린 시절을 가리킨다. 이때의 욕망은 심리 그대로 육체적인 욕구로 나오며 이를 거침없이 해소하는 단계이다. 원초적 욕망과 본능의 단계가 동일하며 사회적 질서도 이 동일한 단계로부터 찾고 있다.

하지만 문명의 세상은 보이는 것만이 전부는 아니며 거짓과 허위와 기만으로 가득 차 있다. 어른들은 타락과 부패와 더러운 욕망으로 가득하다. 어렸을 때 산은 산이었지만 성인에게 이제 산은 산이 아니다. 이제 물도 물이 아니다. 성철스님이 하시던 말씀 그대로다. 살면서 산은 산이 아니고 물은 물이 아니라는 진실을 반대로 배워야 산다. 하지만 나이가 들어 노년이 되면 다시 산이 산으로 보이고 물이 물로 보이는 이치는 이미 사물의 다양한 면들을 꿰뚫고 있는 통찰력 때문에 가능하다.

산은 산이고, 산은 산이 아니고, 다시 산은 산이라는 단계는 어려서, 나이 먹으면서, 늙으면서 깨닫게 되는 삶의 철학적, 종교적 단계의 성숙과정이다. 나이가 늙으면 육체적 욕망도 적어지고 세상 돌아가는 이치를 알게 되어, 사물의 여러 단면들을 모두 한 눈에 읽을 수 있는 통찰력이 생긴다. 이때는 굳이 산을 산이 아니라고 하더라도 문제 될 것이 없다. 산이 산이 아니라는 측면도 알고 있고, 산이라 하여도 산의 모습도 알고 있는 나이이기 때문이다.

아리스토텔레스의 경험론은 그래서 비극적이며 희극적이다. 그리스 정신은 이러한 비극성과 희극성을 동시에 강조한다. 그것도 인간 중심의 종교성을 강조하며 신은 그저 형상에 불과하거나 단지 개입만 할 뿐 살아가는 주체는 인간이다. 이 인간들은 프쉬케의 전형들이고, 육체의 욕망으로 비극에 빠지는 인물들이다. 그럼에도 여기에서 어떤 종교적인 구원의 모습을 찾는 희극형 인간을 그리고 있다.

에코의 『장미의 이름』에 나오는 아리스토텔레스의 「희극론」은 프란시스코파의 인간의 희로애락을 중시하는 윌리엄 신부와 베네딕트파의 신을 향한 경건함과 숭배를 무엇보다 강조하는 호르헤 신부간의 갈등의 중심에 있다. 이야기의 말미에 보면 이 호르헤 신부가 이 「희극론」을 수도원 도서관 깊은 곳에 감추고 이를 보는 것을 금하고 있는 핵심인물이다.

만약 이 「희극론」에 접근하여 만지는 일이 생기면 만진 인물들은 모두 죽는다. 호르헤 신부가 독약인 비소를 묻혀 놓았다. 결국 호르헤 신부가 에코 이야기에 나오는 연쇄 죽음의 범인으로 지목되지만, 그 배경에는 아리스토텔레스의 「희극론」을 둘러 싼 논쟁이 핵심이다.

이 「희극론」은 금지된 서적이다. 에코는 가톨릭교회가 이 서적을 금서로 지정하여 아무도 볼 수 없도록 아예 세상에서 없애 버렸다고 추정하고 싶어 한다. 유명한 수도원이나 연구차 그 복사본이 하나 정도는 있을 것이라고 추정하고 있는 윌리엄 신부의 입장이 에코의 상상력이다. 유일하게 이 수도원이 중세 최대의 부서를 자랑하는 도서관을 가지고 있기 때문에 이 서적에 관심이 있는 사람은 이 수도원을 주목한다.

윌리엄 신부는 각 당파 간에 교회가 재산을 가져도 좋을 것인가에 대한 신학적인 논의를 위해 프란시스코파의 하나로 이 수도원에 일찍 오지만, 내심 이 수도원이 가지고 있을 이 그리스 서적 「희극론」에 관심이 있었다.

오는 날부터 수도사들이 죽는걸 알았다. 우연의 일이지만 호기심이 많은 윌리엄 신부는 이 살인사건에 깊이 개입한다. 그 사건의 원인을 밝히는 과정에서부터 윌리엄 신부와 호르헤 신부는 숨고 숨기는 숨막히는 추리소설의 이야기를 전개한다. 두 신부의 캐릭터를 보면 호르헤 신부는 한마디로 자기신념이 강한 신부다. 그는 오로지 신을 가까이 하며 모든 삶을 신의 가르침으로 여기고 살아가는, 그에게 신앙은 일상과 같으며 천직으로 아는 나이가 많은 신부이다. 오히려 인간의 삶이나 운명은 인간의 선택에 있기보다 신이 정해준다는 신념으로 사는 신부다.

호르헤 신부에게 세상의 진실은 오직 하나다. 신의 가르침만이 모든 진실의 근원이며 절대적으로 믿고 따라야 하는 절대절명의 원리이다. 세속의 지식은 쓸모가 없다는 생각과 인간의 희로애락은 신앙생활에 저해될 뿐 아니라, 신에 대한 경건함과 권위를 해치는 일로 위험한 사상에 불과하다. 오로지 지식의 근원은 신뿐이다.

그리고 윌리엄 신부는 호르헤 신부와 반대되는, 인간 중심으로 세속의 지식을 소중하게 생각하는 논리적이며 이성적 사고형이다. 신에게 가기 위해, 신을 이해하기 위해 인간의 경험을 보다 소중히 하는 경험주의자다. 그는 보기에 현실적이고 융통성이 있다는 느낌을 갖게 한다. 중요한 예로, 웃음에 대한 두 신부의 첨예한 논쟁이 이야기의 중심을 이루고 있다.

호르헤 신부는 사람이 웃으면 원숭이처럼 얼굴이 일그러지고 추악한 모습으로 변하며, 품격이 손상된다고 한다. 윌리엄 신부는 이와 반대로 웃음은 인간의 기본 속성의 하나이며, 인간만이 웃을 줄 아는 존재라고 한다. 그는 옛 성현들도 웃으며 이교도의 고문을 이겨내고 순교의 길을 걸었다고 주장한다.

하나씩 죽어가는 수도원의 도서관 사서들로부터 윌리엄 신부는 수도원의 숨겨진 비밀을 캐고 진실을 알고 싶어 한다. 호르헤 신부측의 방해와 중단 압박에도 불구하고 이를 포기하지 않고 자신이 가진 고전지식을 동원하여 수도원에 숨겨진 중세의 비밀을 풀어내고자 한다. 그는 마침내 그 죽음이 금서에 묻어있는 독 때문이라는 사실을 알게 된다. 그리고 그 금서가 자신이 그렇게 찾았던, 이 세상에서 사라졌다고 보았던 아리스토텔레스의 「희극론」임을 알게 되고 너무나 기뻐한다.

결국 윌리엄 신부에 의해 손에 침을 바르고 책장을 넘겼던 사서들의 죽음과 이들을 죽음으로 몰고 간 독을 바른 사람은 호르헤 신부로 밝혀지며, 그 배경은 금서가 가진 웃음의 미학 때문이다.

웃음의 미학은 물론 희극에 두고 있다. 「희극론」이 세상에 알려지게 되면 아리스토텔레스의 명성으로 보아, 웃음을 공식 인정하게 된다는 호르헤 신부의 말은 심각하기에 앞서서 다소 코믹하게 들린다. 하지만 당시 중세 말에 이러한 호르헤 신부의 입장은 로마 교회의 입장이며 결코 교회의 권위에 도전하는 어떤 행위도 용인하지 못할 뿐 아니라, 이를 부정하거나 거부하는 행위는 이단으로 단죄한다. 호르헤 신부는 너무나 이 문제에 진지하였고, 이 서적을 금지하는 일은 성직자로서 사명을 다하는 일로 생각할 정도였다. 마치 중세 교회의 음모를 온몸으로 실천하는 상징적인 인물로 비칠 정도이다.

스토리의 방향은 당연히 윌리엄 신부를 호의적으로 호르헤 신부를 부정적으로 끌고 간다. 이로 보아 문학과 종교 문제의 경우 비극론이든 희극론이든 그리스 문학과 지식에 정통한 윌리엄 신부의 역할을 강조하는 스토리가 중심을 이룬다. 스토리의 비중으로 보아 이야기의 전개는 희극의 중요성을 제도 종교보다 우위에 두고 있다. 종교적 희열에서 찾는 희극보다 인간의 쾌락을 중요시하는 신앙을 우선하고 있다.

프로이드는 종교가 인간에게 공포와 두려움을 주어 보다 초월적인 존재인 신에게 의지하도록 인간을 끌어들인다고 한다. 그래서 그는 인간이 보다 이성과 의지로 살게 된다면 종교의 의미가 상당히 약화될 것으로 본다. 구원, 거듭나기, 의지, 안정 모두 종교는 이를 생명으로 하고 있다. 신에 대한 두려움과 공포가 없다면 종교는 그 존립의 틀이 없어지게 될 것이라는 호르헤 신부의 말에서 종교의 두렵고도 무서운 설계를 꿰뚫어 볼 수 있게 한다.

프로이드의 지적으로 보아 인간의 이성을 어둡게 하고 인간의 지적 능력을 막는 것이 종교라 한다면, 종교는 인간에게 지적 깨달음을 줄 수 있는 지식을 차단시키고 오로지 신에게 의지하도록 죄의식과 공포를 심어 주게 된다. 그러기 위해 금서는 교회의 계획된 음모로 일반인의 접근이 차단되고, 점차 역사에서 사라진 이유가 되었을 것으로 일부가 생각할 수 있다. 소위 대중을 무지하고 몽매하게 유도하고 오로지 신만을 숭배하는 신앙만을 강조한 신앙인들과 새로운 사상에 눈을 뜬 지식인들 사이에 종교의 맹신과 광기를 비판하는 계몽적인 이야기가 에코의 『장미의 이름』이다.

사실상 『장미의 이름』은 그리스적, 유대교적 그리고 기독교적 요소가 망라된 이야기이다. 에코의 풍부한 중세 지식과 흥미로운 스토리가 만나 삶이란 무엇인가를 한층 더 조명할 기회를 주고 있다. 이 이야기의 특징은 명백한 대립항들인 이단과 정통, 창녀와 처녀, 악마와 신, 어둠과 밝음, 죽음과 삶을 교차시키며 이야기의 구조를 지배한다. 상세히 들여다보면 대립항들이지만 가치관의 대립으로서 서로가 서로를 비추는 거울로써 존재하며 서로의 의미를 더욱 부각시키는 기능을 하고 있다.

이 이야기는 성서의 요한 묵시록을 바탕으로 수도원에서 일어나는 살인사건을 그리고 있지만 세속적 가치관의 중요성을 가르치고 있다. 겉보기에는 묵시록적 실마리들이 사건 해결과 큰 관련이 없어 보이지만 호르헤 신부를 중심으로 묵시록은 이야기의 주 배경이 되고 있다. 묵시록은 물론 인간과 이 세계의 종말을 예언하는 성서의 마지막 경전이다.

이야기 내의 대부분의 살인은 이 종말론을 상징하며 마치 세상이 이제 끝이 왔다고 수도사들은 두려워한다. 연쇄살인을 세속의 종말로 신의 저주로 접근하는 현대 종교적 행태와 많이 닮아 있다. 호르헤 신부는 그 세상의 종말과 함께 신의 섭리가 지배하는 새로운 세상이 온다며 회개하라고 강하게 설교한다. 엄숙하고 경건하게 기도하고 수도하는 자세로 신의 계시를 기다리라는 호르헤 신부를 통해 종교의 맹신주의와 광기가 번뜩인다.

살인은 이러한 종교적 맹신에 좋은 호재이다. 표면적인 살인은 대부분 종교적 광기가 불러온 산물이어서 인간의 악마적 근성을 부추기는 듯한 호르헤 신부는 윌리엄 신부의 어두운 자아에 해당된다. 교리의 정통 코드는 이단 해석에 대한 명쾌한 잣대로, 가난한 여인은 창녀나 마녀로, 인간은 악마로, 악마는 신의 모습으로, 어둠은 밝음으로, 그리고 죽음은 삶의 모습으로 그 빛과 그림자가 상호 어울려져 있다. 모두가 거울의 양면처럼 공생하며 공존하고 서로를 비추고 있다. 이야기는 그 양면성의 상호 위치를 전복시키는 방향으로 전개된다.

이야기의 처음에 정통은 이단으로, 이성은 광기로, 감성은 이성으로, 창녀는 성녀로, 악마는 신으로, 신은 악마로, 광기는 이성으로, 이단은 정통으로 뒤집어지며 거짓과 진실 게임은 이야기의 절정을 향해 움직인다. 그 해결의 실마리는 인간의 웃음을 공인시키고 신의 저주를 불러일으킬 수 있다는 아리스토텔레스의 「희극론」을 찾는 과정에서 풀어진다.

수도원은 마침내 「희극론」은 물론 인간의 지식을 모아 놓았던 거대한 장서와 함께 화염에 휩싸이게 된다. 모두 수도원에 묻힌 역사의 흔적들은 모두 타버리고 화염 속에서 호르헤 신부는 끝까지 그 「희극론」을 품에 안고 산화한다. 보기에 불꽃 속으로 사라져 가는 호르헤 신부와 장서들의 이미지는 인간의 숭고한 이미지와 더불어 장엄하여야 하지만 악마처럼 어둡게 비친다.

다른 면으로 보면 호르헤 신부는 성자로 추앙을 받을 인물이다. 그는 신앙과 믿음을 위해 자신의 목숨을 기꺼이 희생한 순교자이다. 누가 자신의 목숨을 바치면서까지 믿음을 지킬 수 있을 것인가. 호르헤 신부는 이를 몸소 실천한 인물이다. 그의 마른 얼굴과 검은 수도사의 복장은 그가 고도의 고난과 고통을 이겨 낸 존경스러울 정도의 고위 수도사임을 한눈에 알 수 있게 해준다. 눈은 흰자위가 많아 보이지만 세속의 지식도 풍부하게 섭렵한 인물로도 비친다.

호르헤 신부의 눈을 보면 그는 장님이다. 볼 수 없음에도 모든 것을 꿰뚫고 있는 그의 혜안은 아이러니컬하다. 모든 것을 꿰뚫고 있는 그의 혜안은 세속을 향해 있지 않다. 그는 이야기 속의 환상 세계, 자신만이 그리고 있는 환락의 세계로 세속 세계 저 넘어 어디엔가 향해 있다. 아마 천국의 낙원을 꿈꾸고 있을까? 그에게 보이지 않지만 세속은 추악하고 불결하고 타락한 세계이다. 그리고 온갖 거짓으로 가득 찬 허위의 세계이다. 볼 수 있어도 진실을 보지 못하는 눈을 자기 손으로 파버린 그리스의 신화적 영웅 『오이디푸스』와는 너무나 대조적인 인물이다.

그는 왜 그토록 세속의 웃음을 저주하며 증오하였을까. 물론 인간이 웃음을 찾게 되면 스스로 행복해지기 때문에 더 이상 신에 대하여 두려움과 공포를 갖지 않는다는 그의 주장은 설득력이 있다. 인간이 배가 부르고 따뜻해지면 문화생활을 즐기며 책을 가까이 하는 것은 기정사실이다. 그래서 과거 지배층들은 일반 민중을 고의로 우매하게 만들었다고 한다.

특히 가톨릭 국가에서는 그 정도가 심하였다. 아일랜드의 경우가 좋은 예이다. 고립된 섬의 환경 탓인지 아일랜드는 정통 가톨릭 국가로서 20세기 중반까지 일반 민중은 교육의 혜택을 거의 받지 못하였다. 오로지 신부나 종교에 종사하는 수도사나 일부 식자층을 빼고는 문자를 해독하지 못하였다고 한다. 말 그대로 문자와 지식의 독점은 특권 계층만이 점유하고 있었다. 그들은 눈은 있지만 볼 수 없었다. 성직자들은 눈은 있지만 눈을 감아 버렸다.

수도원의 사정도 마찬가지였다. 고위 수도사들 외에는 세속 문자와 지식을 접근하지 못하도록 금지시켰다. 수도원의 삶과 배경은 세속의 삶과 배경의 빛과 그림자였다. 수도원 내에서 벌어진 뜻밖의 연쇄 죽음은 세속 삶의 어두운 그림자였다. 결국 가장 성자로 비쳤던 호르헤 신부가 범인이었으며 그리스 문화와 지식을 숭배한 가장 이단으로 비쳤던 윌리엄 신부가 수사관으로서 승리자가 되었다.

살인 사건의 배후에 있었고 사건의 실마리였던 「희극론」은 문학에 관한 이론서로서 종교에 관한 어떤 자세 때문에 그토록 호르헤 신부가 죽음을 불사하면서까지 세상에 내 놓는 것을 막으려고 하였을까. 이와 관련된 '장미의 이름'은 과연 무엇일까.

이 이야기의 화자는 윌리엄 신부의 제자인 앗소이다. 젊었을 때 스승을 따라 이 수도원에 왔다가 지우지 못할 경험과 상처를 받았던 앗소는 훗날 노년에 이때의 기억을 되살려 장미와 관련된 서구의 오랜 신화를 벗겨보고자 하였다. 그는 프란시스코 파의 박식한 수도사인 바스커빌 사람 윌리엄의 밑에서 서기 겸 시자로 그를 따르던 10대 후반의 베네딕트 인물이었다.

그는 윌리엄을 대체로 이렇게 평가하고 있다. "당시 나는 윌리엄 신부가 무엇을 구하러 다니는지 알지 못했다. 솔직하게 말해서 나는 지금도 모른다...... 내 보기에 그분은 진리에 대한 목마름 때문에 유럽을 떠돌아다닌 것 같았다. 그리고 그에게 진리란 기다리는 순간에 나타나는 것이 아닐 수도 있어 보였다. 나는 신부님이 의혹이 드는 일에 유달리 집착했던 것으로 기억한다. 어쩌면 성직자의 의무이기도 하지만, 본래 천성적으로 좋아하던 학문에 굶주려 있던 분으로 보였다."

"윌리엄 신부의 외모는 외모에 별 관심이 없는 사람도 눈길을 끌 만큼 잘 생겼다. 키는 보통 사람보다 머리하나는 컸다. 그러나 몸이 잘 빠져서 키는 실제보다 더 커 보였다. 그의 눈은 늘 매섭고 빛났다. 가늘고 조금 아래로 기울어진 코 때문에 그의 얼굴은 늘 무엇을 살피는 사람처럼 긴장해 보였다. 이런 모습 때문에 신부님 앞에서 말을 머뭇거릴 때가 한 두 번이 아니었다."

그리고 앗소는 호르헤 신부를 이렇게 묘사하였다. "공허한 말, 웃음을 유발하는 언동을 입에 올리지 말라!" 늘 호르헤 신부는 위 사람으로서 아래 수도사들에게 설교조의 언사와 호통을 쳤다. 수도의 세월인지 몰라도 피부는 물론 눈동자까지도 하얗게 바랜 노인이었다. 한눈에 장님이라는 걸 알았다. 몸은 세월로 인해 수척한 모습이었으나 이상하게도 사지는 튼튼해보였고, 목소리의 위엄도 추상같았다."

"그는 눈이 온전한 사람처럼 앞의 상대를 노려보았다. 나는 그의 움직임을 유심히 살펴보았다. 그는 말을 할 때 장님임에도 불구하고 늘 몸을 움직였다. 목소리는 권위와 위엄이 있었고, 그의 말은 예언자의 계시처럼 들렸다."

"시편의 기자가 썼듯이 수도사는 침묵의 서원을 하였기에 마땅히 쓸 말도 자제해야 하는 것인데 그릇된 말이야 더 말할 필요가 있겠는가?"의 대목은 호르헤 신부의 본 모습을 한눈에 설명하고 있다.

이 둘의 논쟁은 이야기 중반 이후 '웃음'에 초점이 맞추어 있다. 이야기의 핵심은 「희극론」으로 웃음에 대한 논쟁이며, 연쇄 죽음과 살인도 이 웃음 때문에 일어나게 된다. 두 인물의 차이는 '웃음의 코드' 문제이다. '다빈치 코드'처럼 에코의 이 이야기는 '웃음의 코드'이다.

'웃음'을 인정하는 윌리엄 신부와는 달리 호르헤 신부의 입장은 아리스토텔레스의 비극을 잘 알고 있음에도 불구하고 '웃음'을 흉하게 생각하여 이를 본질적으로 싫어한다.

윌리엄 신부는 신은 가장 왜곡된 것을 통해서도 영광을 드러낸다고 하며 인간의 웃음의 역설을 평가한다. 진리가 끔찍하고 상식을 벗어난 모습일수록 인간의 상상력은 세속적인 재미를 즐기려 한다. 따라서 기괴한 형상으로 만들어진 비밀, 혹은 진리란 인간이 가장 싫어하는 것이지만 그 반대로 호기심이 가는 부분이다. 좋고 아름답고 선하고 좋은 모습에만 신이 역사하는 것이 아니라, 가장 흉하고 거친 모습에서 신의 존귀함은 드러난다고 한다.

반면에 호르헤 신부는 우리 신은 그런 어리석은 것들의 힘을 빌리지 않고도 우리에게 아름다고 좋은 길을 보여줄 수 있다고 설파하며 오로지 신은 영광스러운 모습, 좋은 모습만 가진 분으로 해석하고 있다.

윌리엄은 죄악도 신을 드러내는 증거가 되며, 웃음 또한 그렇다는 것을 증명하고자 한다. 호르헤는 웃음이 하느님의 위대한 피조물인 인간을 기괴한 웃음거리로 전락시킨다고 한다.

호르헤에게 희극이라고 하는 이교도들의 행동, 특히 그에게 그리스 문학은 온당한 이야기가 못된다. 예수는 희극이나 우화를 입에 담는 대신, 천국에 이르는 길을 빗댄 명쾌한 비유법을 썼다고 한다. 예수는 성서에 보면 우화, 즉 이야기의 천재이다. 그렇다고 웃음에 대한 이야기는 하지 않았다고 한다.

하지만 윌리엄에게 웃음이라는 것은 좋은 약이다. 사람의 기분을 바꾸어주고 육체에 낀 어둠을 거두어 준다고 한다.

다시 호르헤가 웃음이란 육체를 뒤흔들고 얼굴의 형상을 일그러뜨려 인간을 원숭이로 격하시키며, 웃음은 의심을 일으킨다고 말했더니 윌리엄은 의심도 약이 될 수 있다고 말하며 웃음에 대한 긍정적인 의견을 고집하였다. 윌리엄에 따르면 예수는 의심의 천재이다. 기존의 유대교의 정통 교리와 실천에 가장 큰 도전을 한 인물은 예수이다.

웃음에 관한 이들의 논쟁을 보면 인간의 이성은 신에 의해 창조된 것이지만 인간의 이성이 반드시 신의 이성을 만족시키는 것은 아니라며, 호르헤는 인간은 유사성과 차이성에 의한 나름의 이성의 힘으로 추론한 것만을 알 뿐이라고 주장한다.

그러한 둘의 웃음 논쟁은 아리스토텔레스의 「희극론」으로 절정을 맞는다. 윌리엄은 아리스토텔레스가 시학 제2부 「희극론」에서 웃음의 문제를 정성을 다하여 다루었다며, 그렇게 위대한 철인이 웃음을 다루었다면 웃음은 그만큼 중요하지 않겠느냐며 반론을 제기한다.

윌리엄은 아리스토텔레스는 웃음이라고 하는 것이 참으로 우리 삶에 바람직한 것일 수 있으며 진리의 도구일 수 있다는 말을 인용한다.

그러나 수도원의 도서관을 지키는 일이 자신의 의무였다고 하는 호르헤는 아리스토텔레스의 「희극론」은 기독교가 수세기에 걸쳐 축적

했던 지식의 일부를 삼킬 것이며, 웃음은 우리의 허약함, 부패, 육신의 어리석음을 드러내는 것에 지나지 않는다고 반론한다. 웃음은 과장되어 있고 세상의 문으로 과대포장 되어있다. 그래서 인간은 그 웃음으로 신의 율법과 신의 섭리를 부인할 것이다.

호르헤 신부의 웃음관은 집착과 거의 질병에 가깝다. 혹여 장님이었기에 웃음은 어린 시절부터 그의 무의식을 지배하고 강박관념으로 자랐는지 모른다.

윌리엄의 모습은 신을 오로지 섬겨야 하고 신이 베푸는 계시에 절대적으로 의지하지 않는, 경험을 통한 나름의 지식을 실천하고 이단을 통해서도 신을 볼 수도 있다는 실용주의 자세로 귀결될 수 있다. 그러나 호르헤는 오로지 신만이, 신의 뜻을 오로지 자신의 삶에 부여해야 하고 자신의 행동 또한 신의 뜻이라고 굳게 믿어야 한다는 거의 광신도의 모습으로까지 그려진다.

이단 심문관 베르나르도 귀의 등장은 호르헤 신부의 광기를 더욱 돋보이며 로마 가톨릭의 정체를 배경으로 하고 있다. 이단 심문관의 심문 장면과 이미지는 신의 정의는 간곳이 없고 인간의 이성으로도 상상할 수 없는 종교의 광기와 폭력을 보이고 있다. 앗소가 우연히 정사를 가졌던 이름 없는 여인과 돌치노파 구성원들을 이단의 전형으로, 그리고 이들을 연쇄 살인의 주범으로 몰고 가는 귀의 모습은 종교의 권력이 얼마나 세속에 불합리고 부조리하게 억압적인 요소로 작용하고 있는 지를 단적으로 보이고 있다.

웃음이 그리고 인간의 희로애락이 종교의 권력에 억압당하고 매도되고 있는 것은 호르헤 신부의 광기와 종교의 폭력에 비추어 그 비극성이 증폭되고 있다. 종교는 우연적이 아니라 고의적으로 비극을 조장하고 희극을 기피하여 보이며, 희극은 종교에 폭력을 자극시키는 인간의 근원적인 모습으로 비친다. 이로보아 인간의 근원적인 모습은 희극이며 희극은 쾌락에 있고 종교는 이 쾌락을 거부하고 심지어 히스테리 증상을 보이고 있다.

여기에서 스토리의 타이틀인 '장미'는 악마가 아니라 인간의 희로애락이며 웃음을 상징한다. "악마는 당신이야! 악마는 교회의 물질이나 성직자의 권능이 아니다. 악마는 영혼의 교만, 웃음을 모르는 그릇된 신앙이 낳은 광기이며 미친 진리"라는 윌리엄의 절규에서 웃음에 관한 논쟁은 절정에 달한다. 이미 살인은 저 먼 사건으로 전락해 있고, 보다 거대 담론인 종교의 진리관에 대한 논쟁으로 비화되고 있었다.

아리스토텔레스의 「희극론」을 수세기 동안 감추고 세상에 드러나지 못하게 한 가톨릭과 교회, 그리고 성직자는 그리스 말과 그리스식 이야기를 전혀 이해하려 노력조차도 하지 않은 우매한 자들이라며 윌리엄은 절규한다. 왜 신은 이 서책마저 오랜 세월 이교도들 손에 맡겨두었다가 이 도서관으로 흘러들어오게 하였을까. 이것도 신의 뜻이다.

과연 예수는 웃음을 전혀 몰랐으며 웃음을 증오하고 그리스적 사고를 철저하게 배척하고자 하였을까? 앗소가 사랑을 나누었던 이름 없는 여인은 과연 그리스적 사고와 어떤 관련이 있을까. 장미는 여인과 사랑과 웃음과 관련된 그리스적 의미는 무엇일까.

르네상스시기에 인간의 웃음과 희로애락은 그리스 문화의 유산으로 다시 탄생한다. 그렇다고 종교가 사라진 것도 아니지만 점차 인간의 본질이라 할 웃음의 쾌락이 그 힘을 갖게 된 배경은 되었다.

그 인간의 본질은 윌리엄 신부의 말대로 부정적인 측면까지 구원의 길을 모색하는 원동력으로 작용하며, 밀턴의 『실낙원』에서처럼 인간의 경험은 그러한 신의 길로 가는 데 필요한 여정으로 그려진다. 그 여정의 끝에 웃음의 쾌락이 있어 보인다.

에코의 『장미의 이름』은 화자 앗소의 순례의 여정이다. 물론 글쓴이 에코의 순례 여정이기도 하다. 독자 역시 이야기를 따라가는 여정에 있다고 보여 지기 때문에 한권의 이야기는 그의 순례의 여정이기도 하다. 이야기 과정에 거짓과 진실게임은 사실 그 결과가 모호하기는 하다. 이야기는 그 결말에 대해 침묵하고 있다.

이야기의 독자는 그 결말에 대한 해석의 권리를 가지고 있다. 그 독자 역시 정통 해석을 벗어나 이단의 길로 들어설 것이다. 이야기의 방향과 결과는 이야기의 표면적 전개에서 말하는 진실과는 거리가 먼, 글쓴이가 향하고 있는 이상과 철학에 있어 보인다.

호르헤의 얼굴로부터 기독교 세계가 진실로 두려워하는 거짓은 적 그리스도가 아니라 반그리스도가 아닌 가 생각해 볼 수 있다. 이 반그리스도는 지나친 믿음에서 나올 수도 있고 신에 대한 진리나 지나친 사랑에서 나올 수도 있다. 또한 나름의 진리를 지나치게 사랑한 나머지, 그 신념과 믿음에 생명을 걸고 싸웠던 호르헤로부터 나올 수 있다.

호르헤가 아리스토텔레스를 두려워한 것은 그 「희극론」이 자신이 믿는 진리의 얼굴을 일그러뜨리는 방법을 가르치고 있다고 믿기 때문이 아닌가 생각된다. 그는 자신이 믿고 있는 진리를 진실로 보여줄 만한 가치가 있다고 생각한 때문이기도 하지만 그 가치를 절대 진리라 생각하고 다른 어떤 가치도 부정하고 적으로 보고 있기 때문이다.

망령의 노예들은 비단 종교에만 있지는 않다. 어쩌면 윌리엄 신부에게도 에코에게도 또 다른 망령이 그들 나름의 이성과 감성을 흐리게 하고 있는지 모른다. 이들의 망령은 다른 지역이나 풍토, 혹은 문화에 낯선 형태일 수 있다.

아마 에코는 윌리엄을 통해 이렇게 말하고 싶어 하였을 것이다. 진리에 대한 지나친 집착에서 우리가 벗어나는 것이 우리가 찾아야 할 진리가 아니겠는가. 에코의 '장미'는 진리에 대한 집착에서 벗어나 우리 자신을 해방시키는 인간의 자유에 있어 보인다. 그 자유로의 길이 구원의 길이라면 이야기는 그 자유로 가는 길을 탐색하는 세계이다.

진리를 추구한다는 것은 인간에게 예외 없이 적용될 수 있는 궁극적 원리를 깨닫고자 한 인간의 의지의 표현일 수 있다. 그리고 인간을 향한 진리가 곧 장미일 수 있다. 이야기 속에 등장하는, 편파적인 믿음을 갖고 있던 호르헤 신부를 포함해 각기 다른 캐릭터들은 인간에 대한 진리의 수많은 단면들이다.

마지막은 앗소가 마무리 하며 썼던 부분이다. "추워서 손이 시리다. 나는 이제 이 사본을 남기지만, 누구를 위해서 남기는 지는 나 자신도 모르겠다. 무엇을 쓰고자 했는지도 모르겠다. 지난날의 장미는 이제 이름뿐, 우리에게 남은 것은 그 덧없는 이름뿐." 인간은 죽고 덧없이 남아 있는 것은 진리란 이름뿐이며 그 실체는 없다. 사실 그 진리를 전달하려는 이야기만 남아 있다.

에코의 이야기는 그리스적인 것에 대한 향수가 짓게 깔려 있다. 운명예정론을 강조하는 기독교인 방식과 유사하게 그리스적 방식 역시 인간의 운명은 이미 신에 의해 예정되어 있다고 보기는 한다. 다만 그리스적 방식은 인간에 대한 성찰이 우선 결정적으로 작용한다고 보고 있다.

그리스 방식에 따르면 인간의 운명은 신탁에 의해 예정되어 있고 개인도 자신의 운명을 신의 계시를 통해 알게 되지만 그것을 피할 수 없어 보인다. 일반적으로 사람은 불길한 운명이나 불리한 처지를 피하고 싶어 노력을 하지만 이상하게 지나고 나면 그 운명의 한 가운데에 있는 자신을 발견한다. 인간에 대한 성찰을 그리스적 방식은 어떻게 설명하고 있을까.

앗소처럼 우연하게도 인간은 여러 사건을 만나 행동하게 되고, 거기에 따른 나름의 어떤 선택을 하게 된다. 이때의 선택은 자신의 운명이 걸린 경우 최선의 노력을 다할 것이다. 자신의 모든 지적, 정신적, 육체적 능력을 다할 것이다. 자기에게 유리한 방향으로, 불길한 운을 피하는 방향으로 선택할 것이다. 앗소에게 윌리엄 신부는 냉철한 지성과 판단을 가진 인물로 스스로의 운명을 선택할 능력이 있는 사람이다. 아마 앗소에게 윌리엄 신부는 세상의 경험과 인간의 내적 성찰을 통한 참다운 진리를 찾는 사람으로 비쳤을 수도 있다.

또한 앗소처럼 어떤 순간 충동에 의해 어떤 선택을 해야 하고 그때마다 망설이는 순간을 경험할 수 있다. 이래야 할까 저래야 할까. 하지만 본능적인 충동과 감정에 인간은 어쩔 수 없이 끌리며 행동하게 될 때가 있다. 이름 없는 여인과 가졌던 앗소의 성 행위는 젊은 앗소의 욕망을 자연스럽게 자극하였고, 그 역시 자연스럽게 육체의 욕망에 따랐다. 이 사건은 윌리엄 신부와의 논쟁에서 윌리엄 신부를 인간답지 않다고 비난하는 계기가 되고, 평생 그의 가슴에 가장 따듯했던 인간의 열정으로 소중하게 남아있게 된다.

이러한 앗소의 갈등은 윌리엄 신부와 호르헤 신부의 차이에서도 느껴지지만, 캐릭터의 성격적 차이가 캐릭터의 운명과 밀접하게 작용한다는 그리스적 사고를 말하고 있다. 윌리엄 신부의 합리성과 호르헤 신부의 비합리성은 인간의 이성과 감성의 차이로 보이기는 하지만 이들 스스로 무엇을 가지고 어떻게 살아가느냐에 대한 지식은 자신들의 성격에서 얻어지는 경험이 크게 작용을 한다.

우리는 캐릭터가 모두 비슷하게 보이지만 약간은 모두 다르다. 어떤 사람은 감정의 기복이 심하고 어떤 사람은 비판적이길 좋아하며, 어떤 사람은 이성적이며, 어떤 사람은 사리분별이 뛰어나며, 어떤 사람은 분석적이며, 어떤 사람은 통합적이며, 어떤 사람은 육체의 힘을 잘 쓰며, 어떤 사람은 머리를 잘 쓴다. 어떤 사람은 여러 가지 재능이 있으나 어떤 사람은 한 가지도 하기 힘들어한다. 어떤 사람은 정신적인 능력이 뛰어나 선지자처럼 남의 운명도 잘 맞춘다.

이러한 캐릭터들은 이야기의 주 소재가 된다. 이야기 속의 캐릭터들은 나름의 특성으로 선택의 순간 어떤 결정을 하게 된다. 달리 말하면 자신의 캐릭터가 결정을 하는 데 주요하게 작용하고, 환경을 고려하여 자신에게 유리한 최선의 선택을 할 것이다. 일상적으로 우리가 다른 사람과 더불어 평화롭게 살아가는 모습이 있는 반면에, 또한 동물적인 본능이 순간적으로 우리를 지배할 때가 있다.

어떤 심리학자가 인간의 행동양식을 과학적으로 연구한 사례를 방송에서 본 적이 있다. 세 사람을 실험대상으로 하였다. 모두 아직 미혼의 젊은이로서 한 젊은이는 예의가 발라 항상 후배를 아끼며 자상하였다. 다른 젊은이는 평소에 말이 별로 없어 친구들 사이에서 그렇게 활동이 많은 편이 아니었다. 또 다른 젊은이는 여자 앞에서는 수줍어하는 편이었다.

그래서 술을 먹여 보았다. 일정한 술의 양이 들어가고 이들의 행태를 관찰하였다. 첫 번째 젊은이는 술자리에서 후배들에게 괜히 군밤을 주며 폭력을 썼다. 두 번째 젊은이는 말이 많기 시작하며 술자리를 혼자 독식하다시피 하였다. 마지막 젊은이는 여자 앞에서 그렇게 말을 잘할 수가 없었다.

이러한 현상은 어디서 올까. 그래서 살펴보았더니 각기 해당 두뇌 활동 영역이 다르다는 것이다. 두뇌 발달이 조금은 달라 각기 나름의 캐릭터를 보유하고 있었다. 그렇지만 이성이 지배할 때는 점잖고 자상하며 말수가 적고 여자 앞에서 수줍음을 탔다. 하지만 그 이성의 고삐가 풀리자 그들은 반대의 행동을 나타냈다.

이러한 성격이 들어난 이후 어떤 일들이 발생할까. 순간적으로 충동이나 욕망을 억제할 수 없을 때 본연의 모습이 드러난다. 이때 인생의 여정이 달라질 수 있다. 폭력을 썼음으로 폭력으로 인해 그 책임을 감수해야 한다. 술좌석을 혼자 독식한 행위는 그 전의 조용한 모습으로 남아 있을 수 없다. 수줍음이 없이 다소 저돌적인 행동을 보인 행위는 경계의 대상이다.

어느 모습이 우리의 진짜 모습일까. 욕망의 얼굴일까. 상황의 얼굴일까. 우리 모두의 얼굴이라 할 수 있다. 운명을 결정적으로 바꾸는 행위는 주로 전자인 욕망의 얼굴이다. 우리가 하고 싶어 하고 바라고자 하는 욕망의 얼굴은 끊임없이 우리의 사회적인 얼굴보다 본능을 충동질한다. 그래서 스트레스가 쌓이며 때로 술은 적절한 해소기능을 한다. 속이 시원하다.

속이 시원함은 억압된 욕망의 형태로 그 욕망은 탈출구를 찾고 분출되어 자신은 구원을 받게 된다. 하지만 배운 것이 있다. 현실의 얼굴은 사람들이 원하지 않기 때문이다. 그 전 만큼 그렇게 대해 주지 않는다. 자신도 조금은 부끄럽다. 사회 가치가 억압하는 도덕성이나 윤리적 요구 때문이다.

개인의 얼굴에 욕망의 얼굴과 사회의 얼굴이 있다. 사회의 얼굴은 수십개로 우리는 마스크를 살며 산다고 한다. 정신분석학자들인 프로이드의 욕망의 얼굴, 융의 집단무의식의 얼굴, 라깡의 욕망이라는 상상계의 얼굴과 현실이라는 상징계의 얼굴 등이 우리의 자화상일 수 있다.

진실의 얼굴은 어디일까. 자신의 욕망에 반하여 살아가는 모습이 현실일까. 욕망대로 살아가야 현실일까. 현실은 그래서 어느 쪽에 기준을 두느냐에 따라 달라질 수 있다. 현실은 실체이다. 실체는 자신 내면의 욕망일 수 있고, 현실의 삶일 수 있다. 아니면 신이 원하는 도덕이, 원하는 윤리가, 원하는 철학이, 원하는 모습이 실체일 수 있다. 어디에 실체를 두느냐는 어디에 가치를 더 부여하느냐에 있다.

에코의 『장미의 이름』 또한 장년인 앗소가 젊었을 때 가졌던 시각으로 그리스적 가치관을 가졌던 윌리엄 신부와 지나치게 유대교적 가치관을 중시하는 호르헤 신부를 다루고 있다. 두 캐릭터는 모두 인간의 실체로 그리스적 인간의 모습은 디오니소스적 욕망보다 아폴론적 이성에 두고 있었고, 인간은 신이 아니므로 자기를 낮추고 겸허하게 돌아볼 지혜를 갖기를 원하였다. 신들은 끊임없이 인간의 동물적 본성을 경고한다. 그리고 캐릭터를 응징하는 대상으로 나타난다. 즉, 인간의 동물적 충동과 사회 질서의 혼란을 신의 정의로 처리하는 형태를 보인다.

앗소의 젊었을 때의 모습은 디오니소스적 쾌락을 말하고 싶어 한다. 디오니소스 쾌락은 그리스 신화에서 매우 특이한 특성을 보여준다. 로마 신화에서는 바쿠스라고 하며 우리가 먹는 드링크제 하나로 바카스의 원음이다. 혹은 영어로 "박퀘"라고도 한다. 말 그대로 에너지라 할 원기를 생성해주는 뜻이기도 하다. 동양식으로는 기(氣)에 해당된다. 동양식의 리(理)는 물론 아폴로를 의미하여 디오니소스는 인간의 충동이나 열정을 가리키며 우주의 이치보다 그 흐름을 가리킨다.

그래서 그 가변성 때문에 질서를 중시하는 그리스 사회에서는 디오니소스 신을 태생적으로 싫어하였다. 앗소의 이중성은 여기에 있었다.

그는 윌리엄 신부의 아폴론적 이성에도 있지만 젊을 때의 욕망이라 할 디오니소스적 에너지를 소중히 하였다. 디오니소스적 욕망은 물론 기존 질서를 중시하는 기독교 지배계층이 늘 경계하는 가르침의 대상이다.

그래서 그리스 이야기는 아폴론 신 중심으로 되어있다. 제우스신은 여러 속성을 가진 절대 신임으로 그의 행동대원이라 할 아폴론의 이성과 인간의 운명 예언 또한 전체적인 질서에 대한 순응을 의미함과는 달리 대립된 성격으로 디오니소스는 인간의 운명론을 거부한다. 인간이 스스로 신이 될 수 있다는 낭만주의 전형의 신이다.

그래서 디오니소스의 정체는 분명하지 않은 신이며, 그리스 대서사 시인 호머의『일리아드』의 경우 포도를 재배하는 신으로 등장하나 포도는 포도주를 의미함으로 주신을 가리킬 때 사용한다. 술은 인간의 정신과 육체를 혼미하게 할 뿐 아니라 신에게 도전한다. 그래서 주로 감성을 많이 느끼는 약자인 여성과 기존 질서체계에 혐오를 느끼는 피지배계층이 숭배하는 신이다. 그를 따르는 자가 적지 않다는 뜻이기도 하다.

디오니소스는 사자가 아니라 화려한 날쌘 돌이 표범 위에 올라타고 손에는 삿갓 모양의 손잡이가 있는 덩굴장식의 화려한 티르소스라는 막대를 든 모습으로 묘사된다. 그의 곁에는 그를 길러 준 니사의 님프들과 목가적이지만 성욕과 관련된 반은 인간의 모습이지만 반은 짐승인 판, 사티로스 등 그를 광신적으로 믿는 마이나데스들이 함께 동반된다. 모두 성과 관련된 욕정과, 자유를 상징하는 자연 그대로의 초원과 동물의 원시적인 이미지를 수반한다.

그래서 디오니소스는 풍작과 식물의 성장은 물론 인간의 주술행위와 술과 관련된 의례라 할 수 있는 연극의 신이기도 하다. 그의 별칭으로는 리베르, 브로미오스, 리아이오스, 디티람보스, 프실라스, 바쿠스, 레나이아, 히메타이오스 등이 있으나, 대체적으로 벌거벗은 노인이나 포도 잎을 머리에 쓴 젊은이로 묘사된다.

일설로는 그의 어머니 세멜레가 헤라의 계략에 넘어가 화염에 싸여 죽을 때 제우스가 임신한 그녀의 몸에서 디오니소스를 꺼내 자신의 다리에 넣어 양육하였다고 한다. 다른 설에 의하면 카드모스 왕이 미혼모가 된 딸을 아기와 함께 궤에 넣어 바다로 보냈다고 한다. 그 궤가 브라시아이 해안에 이르렀으나 세멜레는 그 안에서 죽었고 아기만 살아남아 어머니의 장례를 치러 주었다고 한다.

모두 디오니소스의 특성을 단적으로 설명하는 이야기로 제우스가 바람이나 낳은 사생아로 가정의 여신이 헤라의 입장에서 볼 때 가정질서를 파괴한 간통한 여인의 아들이다. 그는 헤라의 저주로 실성하여 서남아시와 인도까지 갔다고 한다. 일설로는 인도에서 사실상 술을 담그는 방법을 배워 와 그리스 전역에 퍼트린 주범으로 알려져 있다.

이러한 일화는 그리스 사람들이, 특히 지금도 조금은 그러하지만 서구인들이 인도의 신비주의를 싫어하는 이유이기도 하다. 먼 이국인 인도의 신비주의를 두려움과 경계의 의미로 그리스 사회는 받아들인다. 그만큼 동방 인도에 그리스 인들의 사고는 뿌리가 깊고 불신과 의혹에 차 있다. 아마 동양이 신비롭다는 서구인들의 사고는 이러한 그리스적 디오니소스 신에 대한 이야기에서 잘 드러난다.

또한 디오니소스가 소아시아의 프리기아 지방에 이르렀을 때 레아가 디오니소스의 미친병을 치유해 주고 후에 디오니소스를 위해 종교의식을 전수해 주었다고 한다. 이 의식에서 디오니소스와 그를 따르는 추종자들이 새끼 사슴의 가죽을 입었고, 포도 재배법과 포도주 담그는 법을 가르치며 디오니소스의 신앙을 전파했다고 전해지고 있다. 이는 또 다른 인간의 능력을 믿는 추종세력이 점차 큰 세력을 얻었다는 뜻이기도 하다.

디오니소스와 그의 추종자들은 그리스 주류 사회에서 큰 호응을 얻지 못하였다. 하지만 모든 사람들과 지방에서 박해를 받은 것은 아니었다. 몇몇 지방에서 디오니소스 신앙은 별다른 저항 없이 받아들여졌다. 디오니소스는 아이톨리아의 왕 오이네우스로부터 극진한 대접을 받았고 오이네우스에게 그리스에서 처음으로 포도를 재배하는 법을 가르쳐 주었다.

이타카에서는 이카리오스에게 포도를 재배하는 법과 포도주 담그는 법을 가르쳐 주었다. 이카리오스는 술을 먹고 황홀한 기분에 빠져, 선량한 마음으로 이카리오스는 포도주를 다른 목동들에게도 나누어 주었다. 그러나 처음으로 술을 마신 목동들은 정신이 몽롱해지고 어지러워지자 독을 마신 것으로 생각하여 이카리오스에게 덤벼들어 그를 찢어 죽여 버렸다.

동양문화권이라는 소아시아에서 시작된 디오니소스 신앙은 트라키아, 보이오티아, 펠로폰네소스 등 서구문화의 시작인 그리스 본토에 자리를 잡게 되었다. 디오니소스는 낙소스에 서 테세우스에 의해 버림을 받은 아리아드네와 결혼하여 암펠로스, 스타필로스, 오이노피온을 얻는다. 영원한 인간의 추종세력이 생긴 셈이다.

디오니소스에 대한 의식은 대체로 열광에 가까우며 그 대상은 대체로 여성이 지배적이었다. 여신 숭배사상을 연상시키는 디오니소스의 술, 열정, 성 의식은 여성들이 담쟁이덩굴을 감은 지팡이를 흔들며 춤을 추고, 야수를 때려죽이는 등 매우 거칠게 묘사된다. 이는 여신들의 성 의식과 관련된 축제로서 연극은 일찍이 그리스에서 여성중심이었다는 점을 알 수 있다.

에코의 『장미의 이름』이야기는 앗소의 젊은 시절의 쾌락을 주요한 모티브로 하고 있다. 에코는 니이체처럼 디오니소스적 쾌락을 인간의 숭고한 정신으로 보았는지 모른다. 장년에 들어 앗소의 회고는 이러한 젊은 시절의 한때 쾌락을 소중히 하고 있으나, 스승 윌리엄 신부로부터도 자신이 원하는 명쾌한 답을 듣지 못했다. 윌리엄은 오히려 성자 아퀴나스의 가르침을 들며 사랑을 욕정으로 이해한 앗소를 나무란 듯 하였다. 그는 성직자는 혼자 사는 것이 더 평화로우며 예수도 독신이었다고 앗소를 은연중 설득하고자 한다.

하지만 윌리엄 신부는 여성 또한 어떤 의미를 가진 존재로 신이 만들었을 것이라며 종족 보존의 의미로 여성의 의미를 해석하며 앗소의 욕정을 경계한다. 젊은 앗소에게 이름 없는 여인과의 관계는 윌리엄 신부가 그렇게 찾고자 하였던 구원에 대한 해답이었는지 모른다. 희로애락과 잘못을 통해 경험을 갖게 되고 그 경험에서 온 지혜로 웃음을 지을 수 있는 인간의 실체를 탐구한 윌리엄이라면 그에게 인간의 비극은 오히려 신에게 가는 길목처럼 보인다.

이러한 신에게 가는 길은 윌리엄 신부가 찾고자 하는 구원의 길이었을지 모르며, 호르헤 신부가 반드시 배워야 할 가르침이었을 수도 있다. 다만 에코의 이야기에는 이 부분이 명확하게 제시되지 않고 애매하게 처리되어 독자의 판단에 맡기고 있어 보인다. 앗소의 기억 역시 이름 없는 여인과 그녀와 가졌던 인간적 쾌락을 아름답게 추억하고 있으며 심지어 그녀를 이름 없는 장미로 부르고 싶다는 여운을 남기고 있다. 오직 '장미'라는 언어만 남아 있지 명확한 의미를 주지 않는다. 이것이 인간의 모습인지 모른다.

제2장 그리스 스토리의 종교성

그리스 종교적 방식은 세속적 스토리에서 어떻게 나타날까. 표면에 어떤 가치가 지배하고 하부에 어떤 가치가 승리하게 될까. 승리하는 가치는 어떤 계층의 캐릭터들이 추구하며 그들을 수호하는 신들은 누구이며 그 신이 보이는 가치들은 무엇이 있을까. 인간은 어떤 요인 때문에 스스로 비극을 초래하며 그 신들의 가치를 통해 행복을 만들고 고통을 해소할까. 그리고 어떤 인간과 세상을 기대하고 있을까. 스토리 세계가 만들어 내고자 하는 낙원이나 천국, 극락세계는 이 세상에서 가능할까.

그리스 사람들이 스토리를 좋아하는 것은 사실인 것 같다. 아니면 인간은 필연적으로 스토리를 좋아하고 스토리 만들기를 좋아하는 성향이 있어 보인다. 인간 중심의 신화적 스토리 형태는 고대 사회의 전형이다. 우리가 잘 아는 그리스 스토리는 호머의 『일리아드』와 『오디세이』가 있다. 물론 로마의 스토리로는 버질의 『아이네이아스』가 대표적이다. 버질의 이야기는 로마의 건국신화이다. 『아이네이아스』는 『일리아드』의 후속편에 가깝다. 즉 『일리아드』에 이어 만들어진 로마식 스토리이다. 그래서 호머의 『일리아드』가 서구 스토리의 가장 중심에 있고 그 시초라고 하여도 지나치지 않다.

호머 이전에도 수많은 스토리가 전해 내려왔을 것이다. 그런데 호머만 유명하다. 호머는 그런 스토리의 소재를 어디서 가져왔을까. 아마 전설이나 인구에 회자되는 구전이 많았을 것으로 추정된다. 따라서 호머 이야기의 독창성에는 다소 의문이 간다. 아마 독창성은 없을 것이다. 그가 수많은 전설과 구전을 묶을 수 있는 자신만의 능력이 있었고, 그의 탁월한 언어적 능력이 그러한 스토리를 만들어낼 수 있는 원동력이 되었을 것이다.

이야기꾼으로서 탁월한 재능과 능력을 가졌던 호머의 경우 그리스 사람들의 인간관과 세계관, 그리고 우주관을 잘 나타냈을 것으로 보이며, 재미있고 흥미로운 사건을 이야기 형식으로 잘 엮었을 것이고, 거기에 플러스로 유익한 메시지를 담았을 것이다.

그의 스토리는 고대 그리스 이야기들의 결정판이라고 보면 된다. 그의 탁월한 능력으로 그리스 사람들의 사고와 그리스적 이야기 만들기, 혹은 이야기말하기로서 스토리텔링의 재능을 집대성한 서사시, 시 형식으로 된 이야기를 만들어 내었다. 언어, 신화, 은유, 형식 혹은 형태는 신화를 읽는 방법이기도 하지만 호머의 스토리텔링을 읽는 데 가장 적합한 요인이기도 하다.

우선『오디세이』의 경우를 읽어 보자. 이 스토리는 그리스 전설에 나오는 영웅들의 이야기로 트로이 전쟁이 배경이며 다른 그리스 이야기나 신화들을 살펴 볼 수 있는 전범에 해당된다. 개인 이름의 타이틀 주제를 가지고 있기도 하며, 한 개인의 삶을 통해 집단과 지역의 문화와 가치를 알 수 있는 상당한 도움이 되는 이야기이다.

트로이 전쟁은 기원전 약 1200년경 일어난 역사적 사실로 알려져 있다. 고고학자들의 노력으로 트로이 지역은 지금의 터기 서쪽 연안에 위치해 한때 번성하였던 도시로 알려져 있다. 아마 서구인들은 이 전쟁을 동양과 서양의 최초의 대규모 전쟁으로 묘사하고 있어 보인다.

물론 동양인 터키가 패한 전쟁이다. 서양의 우월의식을 심어주는 데이 보다 좋은 이야기의 소재는 없다.

그래서 트로이 측의 첫 왕자인 헥토르는 명장으로 묘사되고 있고, 그리스 군대를 거의 10년 동안 고통과 어려움에 처하게 한 유명한 인물이다. 그 헥토르의 영어 이름은 Hector이다. 소문자인 hector는 영어사전에 "괴롭히다" 혹은 "애를 먹이다" 등의 동사로 쓰인다. 이로 보아 트로이 전쟁이 어느 쪽에 유리하게 기록되고 있고, 트로이 전쟁에 대한 이야기 서술이 표면과 그 이면에서 어느 방향으로 움직이고 있는가를 예측해 준다. 또한 캐릭터의 특성 또한 어느 방향에서 유리하게 혹은 불리하게 기술되고 있는 것인가도 예상할 수 있다.

아무튼 역사적인 사실을 기초로 스토리는 그리스 사람들의 입맛에 맞게 만들어졌다. 트로이 측의 사람들이 처음에 우세하게 나타나며, 그리스 측에서 이길 수 없는 괴물로 거인처럼 묘사될 것이다. 이야기의 반전은 신비한 힘의 도움으로 혹은 상대의 어리석음으로 패망하고 그리스 사람 측이 승리한 줄거리일 것이다. 이로부터 영웅 캐릭터들은 후세에 추앙을 받으며 거의 신격화되고 숭배되는 인물로 변신할 것이다. 그들의 출생은 신비롭고 비범한 속성을 가지며 거의 신이 하강한 이미지를 줄 것이다.

이러한 예측은 스토리가 주는 구도에서 알 수 있다. 그래서 오디세이의 출생배경이나 삶의 조건 등 그리고 오디세이를 둘러싼 캐릭터들의 이야기는 신과 밀접한 관련이 있다. 이야기는 주인공 오디세이의 고향, 자기의 왕국인 이타카를 떠난 지 20년째 되는 어느 시점에서부터 시작하여 41일간에 걸친 이야기로 시작된다. 그 분량은 24장에서 약 12,210행으로 되어 있을 만큼 방대한 분량이다.

그리스 스토리의 배경은 섬이 중심이다. 섬이 많기도 하지만 섬이 하나의 왕국이기도 하고, 도시가 나라일 정도로 조그마한 부족국가 수준에 가깝다. 그러하니 부족이나 개인이 숭배하는 수호신들이 많을 수밖에 없고, 이 신들을 모아 거대한 신화구조를 만들어낸 이야기들로 넘쳐난다. 섬은 항상 풍랑과 태풍으로 얼룩져 있으며 바다를 중심으로 살아가는 부족에서 느끼는 미신과 수호신에 대한 의식과 이야기 문학이 끊이지 않게 만들어지고 있다.

이러한 지리적 환경의 경우 어려운 역경과 고난은 자연재해일 것이다. 자연이 주는 거대한 힘과 이를 주관하여 보이는 초자연적인 힘에 대한 두려움과 공포는 그리스 인들의 상상력을 자극하였을 것이다. 그리고 이들의 기원과 소망은 곧 자신들의 행복과 안녕과 질서와 풍요와 평화로운 낙원을 기원하는 것이었고, 그러한 낙원은 그들이 살고 있는 섬이었을 것이다.

사실 오디세이 스토리는 한 가족 이야기이다. 그 구조는 가족의 수장이 멀리 집을 떠나 객지에 나갔다가 온갖 시련을 겪은 후 가정의 품으로 돌아오는 사이클을 중시한다. 물론 가장이 없는 가정은 외부 세력에 의해 온갖 위협과 폭력에 노출되어 있고 붕괴될 위기에 처해 있다. 그래서 가장이 된 여성의 역할도 중요하게 주어지며 가정을 잇는 가계는 젊은 아들에게 이어지고 노년이 된 아버지의 정신적, 물질적 유산이 자연스럽게 승계된다.

그 줄거리는 오디세이가 트로이 전쟁 이후에 고향 이타가로 돌아가는 과정에서 겪는 여러 가지 사건들과 모험들을 다루고 있다. 오디세이는 전쟁이 끝나고 나서 무려 10년이 넘는 세월동안 많은 섬나라를 떠도는 방랑 생활을 하며 자신의 인생을 바꿀 많은 사건을 만난다.

그리스적 스토리는 인간의 모습이나 세계의 모습은 디오니소스적 욕망보다 아폴론적 이성에 두고 있다. 그러므로 인간은 신이 아니므로 자기를 낮추고 자신을 겸허하게 돌아볼 지혜를 갖기를 원한다. 신들은 끊임없이 인간의 동물적 본성을 경고하고 응징하는 대상으로 나타난다. 즉, 사회의 정의란 이 신의 정의를 말하며 인간은 이 정의에 굴복한다.

오디세이의 운명도 자신의 고유한 캐릭터에서 비롯되지만 이미 오디세이가 태어나면서 그의 모친은 그의 운명을 미리 알고 있었다. 그래서 모친은 그가 전쟁에 나가기를 그렇게 반대하였지만, 지켜야 할 인간적 도리와 신의는 그로 하여금 전쟁에 나가게 하였다. 모친은 그의 운명을 이야기하며 조심과 또 조심을 말하였지만 그는 너무 젊었다.

트로이 전쟁이 끝난 이후, 자신의 전쟁 공적으로 그는 당시 여러 지중해 나라에 유명하여졌다. 그는 교만하여졌다. 자신의 공적을 이야기하는 사람도 늘어나자 그에 어울리는 자부심과 긍지를 자랑스러워하였다. 모친의 경고가 생각났지만 그는 억제할 수가 없었다.

그는 전쟁의 승리에 도취하여 거침없이 바다를 항해하여 고향에 돌아가고자 하였다. 그의 용기와 패기는 바다가 문제가 되지 않았다. 하지만 바다는 그의 뜻대로 움직여주지 않았다. 태풍과 폭풍은 그를 만신창이로 만들어버렸다. 이러한 그의 승리와 좌절은 이야기꾼들의 좋은 소재로 이보다 좋은 것은 없었다.

전쟁에 10년, 바다에서 10년을 합해 20년을 외지에서 보낸 오디세이는 이미 죽었다고 생각할 정도로 행적이 묘연하여졌다. 사람들은 그가 바다에서 풍랑으로 죽었다고 생각하였다. 오로지 그의 아내 페넬로페와, 그녀 사이에 낳은 아들인 텔레마코스, 어머니인 안티클레이아가 그의 무사한 생환을 기다릴 뿐 그를 아는 세상 사람들은 그를 잊고 있었다.

젊었을 때의 오디세이는 라이르테스와 파르나소스의 영리한 아우톨리코스의 딸인 안티클레이아의 아들로 이다카 섬의 젊은 왕이었으며 아내인 페넬로페와 신혼 때 갓 태어난 아들 텔레마코스를 두고 고향을 떠났다.

오디세이의 캐릭터를 알 수 있는 이야기가 함께 전해온다. 물론 이러한 이야기는 오디세이라는 인물을 알 수 있는 배경 이야기에 해당된다. 그는 뛰어난 지혜, 말주변, 지략, 용기 그리고 참을성까지 갖춘 인물로 그려지고 있다. 하지만 인간의 장점이 때로는 결점이 되듯이 그는 너무 머리가 좋고 영리하였다. 장점이 때로는 단점으로 작용하는 인간의 여러 특성을 고루고루 갖춘 인물이다. 그 단면이 오디세이의 비극을 초래하는 데 결정적인 작용을 한다.

호머의『일리아드』이야기에서 오디세이는 그리스 왕족과 장군들 사이에서 벌어지는 인간관계의 위기를 해결하는 가장 적절한 인물로 등장하며, 그의 용기와 재주는 이미 명성을 갖고 있었다.『일리아드』의 핵심 인물은 아킬레우스다. 천하의 무적이라는 그리스의 명장 아킬레우스가『일리아드』의 사실상 주인공 캐릭터이다. 그 다음이 오디세이다.

천하의 명장 아킬레우스는 오디세이에게 없는 성격이 있다. 지혜와 지략은 부족하지만 힘과 용맹, 싸움은 천하무적이다. 삼국지의 여포와 비견될 정도의 인물이며 오디세이는 조조에 비견되는 인물이다. 지혜가 부족하니 당연히 아킬레우스는 무모한 싸움에서 일찍 죽게 된다.

아킬레우스 역시 출생 시에 이미 운명이 정해져 있었기에 모친이 나서서 그가 전쟁에 나가는 것을 피하고자 모든 노력을 하였지만 그도 오디세이처럼 명분과 의리 때문에 전쟁에 나갈 수밖에 없었다. 그에 대한 예언은 전쟁에 나가 일찍 죽는 다는 것이다. 그러니 전쟁에 나갈 때도 그렇지만 모친의 당부도 잊고, 자신을 억제하기 힘든 상황에서 그는 스스로의 운명을 재촉한다. 그에게 성격적 결함이 있다면 그는 자존심이 강하였고, 마음의 상처를 입으면 쉽게 격분한다는 것이다. 솟구치는 충동과 욕망의 힘을 그도 한 순간 어찌할 수 없어 스스로 비극적인 운명을 맞이하게 된다.

이들에 얽힌 전쟁 이야기는 신화의 주요 모티브이다. 물론 트로이 전쟁을 이야기꾼들은 신화로 묶어 인간과 신들의 상호작용을 나름의 이야기로 창출하였다. 우리가 잘 아는 황금사과에 얽힌 신화가 있다. 그리스 인들은 뛰어난 이야기꾼들이다.

펠레우스와 테티스의 결혼식에 혼자 초대를 받지 못한 불화의 여신 에리스는 결혼식장에 황금사과 하나를 떨어뜨린다. 신들에게 황금사과는 그렇게 큰 의미를 줄 정도는 아니었다. 문제는 여성의 욕망을 건드린 것이다. 제일 아름다워지고 싶어 하는 심기를 건드렸다. 이로 보아 에리스는 현대 심리학자이다. 미인 콘테스트를 생각할 정도로 여성들의 미에 대한 관심은 이러한 스토리로 재현되었다.

가장 완벽하다는 여신들 중에서 가장 완벽한 아름다움을 가진 여신은 누구였으면 좋을까. 플라톤이라면 얼굴보다도 지성과 마음의 아름다움을 가지면 그만 일 것이다. 어차피 얼굴은 본질을 닮으려는 현상에 지나지 않으니까. 하지만 아리스토텔레스의 경우 미는 현실에서 만들어져야 한다. 이러한 내면적 욕구와 현실적 욕구는 황금사과에 달린 고사를 만들어 내었다.

사실 사과에 얽힌 이야기야 많다. 사과는 여성을 상징하고 있는지 모른다. 탐스럽게 빨간 사과는 여성의 풍만함을 과시하는 상징인지 모른다. 다소 신맛이 있지만 사과의 달콤함과 신선함은 그만이다. 우선 보기에 탐스럽다.

성서에 나오는 에덴동산의 이야기도 사과가 주 모티브이다. 아담은 어떻든 이브는 그냥 지나칠 수 없을 정도로 어느 날 사과는 따 먹고 싶은 충동을 불러일으킬 정도의 탐스러운 형태를 드러낸다. "어서 따세요!"라고.

어쩌면 사과는 여성을 상징하고 있다. 그 중에서 황금사과야 사과 중의 사과이다. 황금사과에 적혀있는 글씨로 보아 사과의 상징성은 더욱 확대된다. "가장 아름다운 여신에게"라는 문구는 뭇 여신들의 과시욕을 자극하였다. 자신이 제일 예쁠 것이라는 여신들의 생각은 세상 여인들의 생각일 수 있다.

'사과 코드'는 해석하기 나름이다. 빨간 색이라면 정열을 상징하며 육신의 욕망을 가리킬 수 있지만, 색깔이 아니라 사과를 먹으면 예뻐진다는 이야기처럼 사과가 가진 독특한 매력이 있을 것이다. 이 경우 사과는 곱게 차려입은 새색시 같다. 또 다른 해석으로 성서에 나오는 상징처럼 지혜를 준다는 속설이다. 사과처럼 매끄러울 경우 영리하게 머리가 좋아진다는 지적 능력까지 우리를 유혹한다. '사과 코드'는 해석하는 자의 입장에 따라 육감적이거나 살포시 수줍은 듯 보이거나 먹으면 사과의 지혜를 닮아 현명해질 것이라는 믿음의 대상이 될 수 있다.

아무튼 첫째는 아프로디테, 즉 비너스를 가리키며, 두 번째는 헤라, 혹은 주노를 가리키고, 세 번째는 아테나, 혹은 미네르바를 가리킨다. 비너스는 미와 사랑의 여신으로 현실주의를 중시하는 로마에서 가장 숭배를 받았던 여신이고, 또한 트로이의 왕자 파리스의 수호신이다. 그만큼 로마나 파리스 모두 여성에 대한 현실적인 미와 사랑을 중요시하였다고 보여진다.

그리스의 아프로디테는 다른 신들보다 서열이 빠른 신의 하나이다. 하늘의 남성 신인 우라노스와 대지의 여성 신인 가이아 사이에서 태어난 크로노스는 자기 부친인 우라노스의 지위를 찬탈하는 순간 어머니를 괴롭힌 부친의 성기를 잘라버린다. 잘려진 성기에서 나온 피와 살들이 바다에 떨어지고 많은 거품이 일면서 아프로디테가 탄생하였다고 한다.

아프로디테는 아버지의 성기와 관련된 살과 피를 의미함으로 육체적 욕정과 불가분의 관계를 맺고 있다. 크로노스와 누이 레아의 사이에서 태어난 제우스 신등과 비교하면 그 탄생신화는 신비롭지만 부모가 따로 없이 독립적인 주체로 탄생한 셈이다. 아프로디테가 제우스의 딸이란 이야기도 있다. 아마 이 부분은 제우스라는 남성 절대 신에게 복종과 순종의 의미를 두려는 후세의 노력의 결과로 보인다.

아프로디테의 탄생은 신비 그 자체이다. 성기도 그렇고 피와 살들이라는 부분에서 매우 현실적이고 육체적인 아름다움과 남녀 간의 육체적인 사랑을 상징하고 있다. 아마 남녀 간에 바라는 사랑과 여성의 성이 있다면 아프로디테라는 이름으로 형상화되었을 것이다. 생산과 출산에 관한 문제에 있어서도 여성 중심 의식, 혹은 여신 숭배 시대에 있어서 성행위의 아름다운 묘사와 자유로운 욕망은 아프로디테가 단연 으뜸으로 숭배를 받는다.

이러한 육감적이고 관능적인 아프로디테는 제우스에게 선망의 여신이기도 하다. 남신 숭배 시대로 들어와서는 결혼을 신성시하고 사회질서의 근본을 가정에 두게 되자 남성을 책임과 의무로, 여성을 순결과 정절의 덕목으로 가두게 되었다. 이러한 시대 이전에는 아무래도 아프로디테와 같은 여성 중심의 성적인 자유와 생산의 풍요로움을 여성에게 두었다고 보여진다.

아프로디테는 결혼한 남녀보다 미혼 남녀에게 훨씬 매력적이어서 제우스는 기회만 있으면 그녀에게 접근해 바람을 피우려고 한다. 성적 욕망을 삭히지 못하는 점으로 보아 후에 도덕적인 사회로 진화되면서 아프로디테는 몸의 섹시함 때문에 비난의 대상으로 바꾸어지지 않았을까 한다.

위키 백과사전에 따르면 로마 이름의 비너스 숭배는 라티움의 아르데아와 라비니움에서 시작되었다고 한다. 가장 오래된 비너스 신전은 기원전 293년 8월 18일 지어졌다. 8월 18일은 당시 비날리아 루스티카(Vinalia Rustica)라는 축제일이었다. 4월 1일에는 악에서 보호해주는 '우에누스 베르티코르디아(Venus Verticordia)'를 기념하는 축제인 베네랄리아(Veneralia)가 치러졌다. 기원전 215년 4월 23일에는 로마의 카피톨리누스 언덕에 '우에누스 에리키나(Venus Erycina)'를 기리는 신전이 지어졌다.

헤라는 제우스의 누님으로 근친혼이기는 하지만 결혼을 한 부인이다. 최고의 여신인 셈이다. 헤라는 제우스 보다 서열이 높은 신화세계의 여왕이었다. 이로보아 여성이 가정의 지위에서도 남성보다 우위에 있어 보인다. 하지만 제우스는 틈만 나면 자신의 입지를 고집하며 헤라와 다툰다. 헤라는 종종 남편 제우스와 바람피우는 일로 대립하기도 하고 싸우기도 하며 경우에 따라서는 음모를 꾸미기도 한다. 둘의 싸움은 마치 결혼한 남성과 여성의 주도권 싸움처럼 비친다. 고대 그리스 사회는 헤라를 통해 가정을 중시하여 보이지만 여전히 나이 어린 남성 중심의 권위를 중시한 질서로 잡혀간 듯하다.

그리스 각지에서는 남녀가 결혼을 기념하는 축하 의식이 헤라의 이름으로 거행되고 있다고 한다. 석류나무와 사과가 헤라를 상징하는 나무들이다. 석류와 황금사과는 여성의 출산과 관련된 풍요의 상징이다. 남자가 여성에게 결혼할 경우 석류를 선물하는 풍습이 있었다고 한다. 대지의 여신인 어머니 가이아로부터 황금사과는 결혼 예식에 꼭 필요한 과일이기도 한다.

아테나는 지금의 아테나 도시의 수호여신이다. 아테나는 지혜, 전쟁, 직물, 요리, 도기, 문명의 여신이다. 제우스와 메티스 사이에서 태어난 딸로 미혼의 여신이다. 투구와 갑옷을 입고, 손에는 창과 방패를 든 무장한 여전사의 모습을 하고 있다. 또 다른 전쟁의 신인 아레스와는 달리 총명하고, 이성적이고, 순결하여 사람들에게 은혜를 많이 베풀며 영웅들을 수호한다. 전쟁도 여성스러운 형태가 있어 보인다. 관용과 아량이라는 여성적 이미지의 전쟁과 분노와 복수라는 잔인한 남성적 이미지의 전쟁이 있어 보인다.

제우스는 부친인 크로노스의 권한을 빼앗은 이후 부친이나 할아버지인 우라노스처럼 자신도 언젠가 자기 아들에게 지위를 빼앗기지 않을까 걱정이 되었다고 전해지고 있다. 당연한 걱정이다. 마치 왕위 찬탈과 관련된 부자지간과 형제간의 세속 갈등과 반목은 제우스에 관한 이야기로 옮겨져 있다. 당시 아무래도 고대사회이기에 이야기의 주인공들은 대체로 왕족이나 귀족이었으니 왕국에서 벌어지는 권력에 대한 암투가 심각한 수준이었음을 말해준다.

제우스는 자신과 메티스 사이에서 태어날 아들이 자신의 자리를 차지할 것이라는 할머니 가이아의 예언인 신탁을 듣자 몹시 불안해한다. 그는 크로노스가 자신과 자신의 남매를 삼켰던 것처럼 임신한 상태인 메티스를 꿀꺽 삼켜버린다. 한눈에 없애 버린 셈이다. 하지만 없앴다고 생각한 자식은 없어진 것이 아니다. 자식은 그저 애물단지이다.

몇 달 후 제우스는 갑자기 심한 두통으로 몹시 앓게 된다. 혹여 가족을 살해한 죄의식으로 괴로워하는 근친 살인자의 모습을 연상시킨다. 악몽에 시달리다 그는 건강에 이상이 온 것을 알고, 헤파이스토스로부터 두통의 원인을 알아보고자 두통이 나는 곳을 도끼로 쪼개 본다. 요즈음으로 말하면 뇌의 해부를 해보겠다는 뜻이지만 신들이기에 다소 과격한 표현이다. 실상은 두통의 원인이 머리에 있었으니 그 생각을 떨쳐버릴 수 없어 머리를 갈라버리고 싶었을 것이다.

엉뚱하게도 갑옷으로 무장한 성인 여성의 모습을 한 아테나가 튀어나왔다. 근친혼과 근친 살인의 결과는 싸움의 여신인 아테나이다. 인간 세계는 오히려 아테나의 이러한 출생을 성대하게 박수를 치며 환호를 보냈다고 한다. 권력을 둘러싼 가정 내의 골육상쟁은 다소 내부의 성격인지 여성적 이미지로 그려져 있다.

싸움의 원인은 근친간의 권력투쟁이었기에 그 결과 무장한 여인의 출현은 근친간의 갈등을 다소 부드러운 싸움으로 보고자 한 인식에서 비롯되어 보인다. 결국 제우스의 두통은 제거되었다고 하나 그 두통은 새로운 실수를 반복하지 않으려는 지혜로 상징된다. 싸움과 지혜의 양면성을 갖고 있는 아테나는 제우스의 두통의 원인정도에 불과해 보인다.

아무튼 아테나는 두통의 원인을 제거해준 덕에 늘 제우스의 총애를 받는다. 제우스는 그 좋은 이미지를 세속의 세계로 넘겨준다. 제우스의 머리와 지혜를 가진 아테나는 신들의 골치 아픈 두통거리를 제거해주는 상징적 여신이면서도 동시에 세속의 세계에서는 인간에게 유익한 정보를 주는 기능을 하고 있다.

이 세 여신은 서로 자신이 황금사과의 주인이라고 다투게 된다. 제우스에게 판정을 요구하였으나 하나는 평소 흠모하던 여신이요, 하나는 평소에도 넘보기 힘든 부인이요, 하나는 자신의 두통을 없애준 귀여운 딸이다. 어느 편을 들어 줄 수가 없다. 연인이요 부인이요 딸이니 정작 누구를 공개적으로 편애할 수 없다.

그래서 세 여신은 세속의 평가를 받고 싶어 한다. 세속의 인간이 자신들의 가치를 얼마나 평가하고 대접을 하고 있느냐. 세속의 다양한 가치를 어떻게 여신의 이름들로 나타내고 있느냐를 판단해 볼 수 있는 좋은 기회이다. 이처럼 세 여신은 땅을 내려다보고 마침 말을 치고 있던 파리스(혹은 알렉산드로스)에게 판정을 부탁한다.

말 목동 파리스는 단순한 목동이 아니다. 트로이의 왕자이지만 그는 일찍이 부왕 프리암으로부터 버림받은 자식이다. 파리스와 관한 이야기는 오이디푸스 왕의 신화와 유사하다. 모친 헤카베가 태몽을 꾸었는데 횃불로 인해 트로이가 불에 타고 있었다. 부친 프리암이 자식을 낳자 신에게 그 아이의 운명을 물었다. 지금으로 말하자면 점쟁이나 사주보는 사람에게 아이의 사주를 물어본 셈이다. 그때나 지금이나 사람 생활은 큰 변화가 없어 보인다.

사주를 물어 보았더니 나라를 망국으로 끌고 갈 팔자가 나온다는 것이다. 신탁으로부터 이러한 점괘를 들은 프리암은 처음에 코웃음을 쳤을 것이다. 아무리 그래도 자식인데 그런 이야기를 하다니 믿을 수도 없고 믿고 싶지도 않고 점쟁이만 욕만 실컷 하고 집에 돌아왔다. 아내에게 말을 하며 미친 점쟁이라며 점쟁이 욕만 해댔다.

날이 지나면서 그것이 아니었다. 인간은 귀가 약해서 탈이다. 한번 들은 나쁜 점괘는 쉽사리 마음에서 사라지지 않고 프리암을 괴롭혔다. 마침내 그럴지도 모른다는 생각이 들어 그 어린 자식을 측근을 시켜 내다 버리라고 하였다.

파리스를 차마 죽이지 못한 측근은 이다산에 버렸지만 극적으로 살아나 양치는 목동들 손에서 자라게 되었다. 어떻게 해서 그는 자신의 신분을 알게 되었고, 어머니에게 알려 아버지와 상면하게 되었다. 성인으로 자란 파리스를 보자 프리암은 마음을 바꾸어 말을 치는 일을 맡겼다. 하지만 출신은 왕자이지만 그는 오랜 세월 들판에서 자라 야생 그대로 다소 충동적이고 본능에 충실하였다. 그의 큰 장점은 잘생긴 점이고 들에서 자라서 그러한지 말을 잘 다루었으며 화살을 잘 쏘았다.

이 세 여신은 이 청년을 보자 이 청년에게 누가 제일 예쁘냐며 그의 판단을 물었다. 그러면서 그에게 선물을 주며 자신에게 손을 들어 달라고 요청하였다. 뇌물을 쓴 것이지만 미의 심판은 세 여신에게 매우 중요한 것처럼 생각되어졌다.

아프로디테는 이 세상에서 가장 아름다운 여인을 주겠다. 헤라는 이 세상의 권력과 부를 주겠다. 아테나는 장차 일어날 그리스와의 전쟁에서 이기게 해 주겠다. 어떤 것을 선택하면 좋을 까. 캐릭터 나름이겠지만 파리스는 세 번째가 자신의 신분과 왕국에 제일 중요하지만 그것도 거절하고, 세상의 권력과 부를 가지면 모두 차지할 수도 있으나 이도 거부하며, 아프로디테의 청을 들어 준다. 달리 말하면 파리스는 열정과 육체적인 욕망이 그만큼 강한 청년이라는 것을 알 수 있다. 부귀와 명예, 지혜와 전쟁보다 로맨스를 사랑한 청년이다.

어느 날 형 헥토르를 따라 그리스로 건너가게 된다. 이제 그리스와의 전쟁은 연기가 나올 정도로 분위가 심상치 않게 돌아가고 있었다. 영화 '트로이'의 경우 파리스는 형 헥토르와 함께 스파르타에 왔다가 떠나는 것으로 나온다. 그리스 신화에 따르면 헥토르는 스파르타에 동행하지 않는다.

아프로디테의 아들인 아이네이아스는 버질 이야기의 타이틀 주인공 이름이기도 하다. 영화 트로이에서는 트로이가 함락될 때 파리스로부터 트로이 왕의 보검을 건네받는 인물로 잠깐 등장한다. 버질에 의하면 아이네이아스는 트로이가 함락되던 새벽에 가족과 유민들을 이끌고 성을 빠져나와 지중해를 떠돌다 이탈리아 반도에 정착하여 로마를 건국하는 시조가 된다. 버질의 재능과 재치가 넘치는 흥미 있는 스토리이기도 하다.

로마인들이 인정하고 있는지는 모르지만 로마는 트로이의 후예가 만든 나라가 된다. 그래서 로마가 아프로디테, 즉 비너스를 숭배하는 나라가 되었을 수도 있다. 사실 파리스도 영어 단어로 'Paris'이다. 어떤 기록에 의하면 파리스가 이 파리에 정착하였다는 설도 있다. 그래서 프랑스의 수도 파리가 탄생되었다고 한다. 재미있는 발상으로 지중해를 둘러싼 고대인들의 흥미 있는 이야기 세계를 볼 수 있다.

영화 '트로이'에서는 싸움을 피하고자 그리스 세력의 중심인 스파르타 섬을 두 형제가 방문한다. 두 형제는 처음에 자신들의 선의를 전하며 스파르타의 요구를 들어주고자 하였다. 분위기도 좋아 연회는 성대하였고 후한 대접도 받았다. 이들은 당시 스파르타 왕국의 왕인 메넬라우스의 왕궁에 머물며 며칠 묵었다.

연회에서 본 헬렌의 아름다움을 잊을 수 없었던 파리스는 급기야 메넬라우스가 외출을 한 틈을 타 헬렌에게 접근하여 그녀의 사랑을 얻는 데 성공한다. 그녀는 젊고 야성미가 넘치며 로맨틱한 미혼 청년의 구애를 거부하기가 어려웠다. 그만큼 그녀의 생활은 메말랐고 단조로움의 연속이었다. 세상에 부러울 것이 없는 권세와 영화를 누리고 있지만, 그녀에게 부족한 것이 있다면 달콤한 사랑이었다. 그리고 헬렌에게는 누구도 따르지 못할 최고의 아름다운 미모와 열정이 있었다.

다소 순박하고 지혜롭지 못한 청년 파리스에게 헬렌은 웬지 모르게 끌리고 있었다. 당대 최고의 영웅들이 자신을 탐내며 구혼하였지만 이제 그들보다 목동처럼 다소 꿈을 꾸는 듯 보이는 이 이국의 청년 모습에서 신선한 야성미를 느꼈다. 그녀의 열정 또한 로맨틱한 사랑에 약하였다. 파리스와 함께 사랑의 도피행각을 위해 도망가기로 하였다.

메넬라우스가 돌아와 보니 손님은 가고 없고 젊은 왕비 헬렌도 찾을 수 없었다. 결국 헬렌이 파리스를 따라 도망을 갔다는 보고를 받고 그는 처음에 실망과 그들에 대한 분노를 느꼈다. 그리고 복수를 결심하고 형 아가멤논이 있던 미케네에 가 사실을 이야기하고 전쟁을 일으켜주기를 요청하였다. 그렇지 않아도 번영과 풍요를 누리는 트로이에 대한 야심을 버리지 않고 있던 아가멤논은 좋은 기회로 여겨 그리스 전 왕국에 파발을 띄워 전쟁의 불길을 당겼다.

원래 아가멤논과 메넬라우스는 미케네 왕 아트레우스와 아이로페의 아들이다. 티에스테스와 그의 아들 아이기스토스에 의해 부친 아트레우스가 살해당한 뒤, 두 형제는 스파르타 왕 틴다레우스에게로 피신하여 몸을 의탁한다. 틴다레우스에게는 클리템네스트라 및 헬렌의 두 딸이 있었다.

아가멤논은 언니인 클리템네스트라와 결혼을 하였고, 그 슬하에 아들 오레스테스와 3명의 딸인 이피게네이아, 엘렉트라, 크리소테미스를 두었다. 메넬라우스는 헬렌과 결혼을 하였고 후에 장인인 틴다레우스를 계승하여 스파르타를 지배하였고, 아가멤논은 부친의 왕국인 미케네를 되찾았다.

일설로는 틴다레우스의 두 딸 중 헬렌의 인물이 너무나 출중하여 그리스 내의 왕족과 왕자들이 구혼을 하고자 스파르타로 몰려들었다. 그 중에는 오디세이도 있었고 아킬레우스도 있었다. 당시 그리스 풍습으로는 남성이 결혼 지참금을 직접 가지고 구혼하려는 곳에 가 결정이 되기까지 몇 날 몇 달이고 머무를 수 있었다. 너무나 많은 구혼자로 틴다레우스의 고민은 컸다.

모두가 왕족이고 왕자이니 어느 한쪽을 선택할 경우 다른 쪽들로부터 원성이나 원한을 살 것이 걱정이 되고 두려웠다. 그렇다고 마냥 방치할 수 없어 하루는 꾀를 내어 모든 구혼자를 모이게 하였다. 오늘 누구를 자신의 딸 헬렌의 결혼 상대자로 결정을 하더라도 이의를 제기하지 않고 서로 화해와 평화를 약속하자는 제안이었다.

오디세이 등은 모두 모여 헬렌의 아름다움은 모두에게 선망의 대상이니 누가 결정이 되더라도 시기와 반목을 하지 않고, 만약 헬렌에게 어떤 일이 생기면 모두 합심하여 이를 해결하자는 약속을 하였다.

하지만 메넬라우스로 결혼상대자가 결정이 되었다. 아마 틴다레우스로 보아 미케네의 둘째 왕자인 메넬라우스가 적절한 배필감으로 생각되어졌다. 그는 권세도 없고 뒤 배경도 없고 데릴사위로는 딱 맞는 인물이었다. 하지만 다소 나이가 많은 것이 흠이었다. 그래서 더욱 젊은 헬렌에게 어울리는 배필처럼 보였다. 나이 차이가 거의 15년은 가까워 보였다. 오랜 망명 생활로 그의 모습은 나이보다 들어 보였지만 성실하였다.

결혼이 결정이 되자 모두들 자기 왕국으로 되돌아갔고, 이들의 결혼생활은 무난하였다. 메넬라우스는 장인이 죽자 데릴사위로서 그를 계승하여 스파르타를 통치하고 강력한 군주로 성장하였다. 형 아가멤논은 미케네를 다시 회복하여 헬렌의 언니인 클리템네스트라와 미케네 왕국을 다스리고 있었다.

이런 사실들은 아마 아가멤논의 능력과 수완이 보통이 아닌 인물로 비쳐진다. 그리스 왕국들은 이들 형제의 막강한 정치력과 군사력에 대해 우려의 눈길을 보내고 있을 정도로 이들의 요청을 함부로 거부하기가 어려웠다.

트로이의 왕자 파리스가 헬렌을 납치해 갔다는 소문이 퍼지자 그리스 전체가 술렁거렸다. 전쟁은 피할 수 없는 것으로 받아들이기 시작하였다. 아가멤논은 트로이에게 복수를 하기 위해 그리스의 왕들을 방문하여 연합군을 만들자고 제의했다. 그래서 사신을 띄웠다. 다들 참여할 의사를 비쳤지만 오디세이와 아킬레우스는 어쩐지 소식이 없었다.

그러자 오디세이의 친구이며 그를 잘 알고 있던 아이아스가 자청하여 오디세이 왕국인 이타카 섬으로 향하였다. 이미 이를 알고 있던 오디세이는 아이아스 앞에서 맹인행세를 한다. 맹인 모티브는 『일리아드』의 스토리텔러 호머가 맹인이었다는 설이 있다. 오디세이는 쟁기질을 하며 맹인 행세를 하였다.

그러자 아이아스는 오디세이가 막 낳은 아들 텔레마코스를 쟁기질을 하는 소의 진로 앞에 슬쩍 놓았다. 그러자 오디세이는 순간적으로 쟁기를 틀어 자신의 정체를 드러낼 수밖에 없었다. 맹인이 아니었음이 들통 나자 할 수 없이 오디세이는 자신의 운명을 피하고자 하였으나 오히려 자신의 꾀에 넘어가 헬렌에 대한 서약을 지킬 수밖에 없게 되었다. 둘 모두 재치와 기지가 번뜩이는 인물들이다.

아킬레우스 역시 이 전쟁을 피하고 싶었다. 바다의 여신 테티스와 펠레우스왕의 아들로 태어난 아킬레우스는 그의 죽음에 대한 신의 신탁을 알고 있었다. 태어날 때 어머니 테티스는 아들에 대한 운명을 듣고자 점쟁이에게 갔다. 점은 그가 젊은 시절에 전쟁에 나가 일찍 죽는다는 괘였다.

아킬레우스를 불사신으로 만들기 위해 죽음의 강 스틱스 강물에 몸을 담갔다. 이때 그의 어머니는 발뒤꿈치만을 손으로 잡고 전체의 몸을 담갔지만 그 곳만 치명적인 급소가 되고 말았다. 소위 아킬레스건이라는 이 발뒤꿈치는 보통 급소를 말하지만, 아킬레스의 경우 영원히 살수 있다고 믿을 만큼 큰 약점은 되지 않아 그의 무예와 용맹은 천하를 놀라게 하였다.

그 비밀을 아는 자는 신만이 알고 있을 정도였다. 어머니는 아킬레우스가 성장하는 동안 무척 조심을 하였으며 그리스의 전쟁의 기운이 감돌자 이를 위해 모든 준비를 하였다. 트로이 전쟁 소식이 들리자 그의 어머니는 전쟁에 나가지 못하게 여장을 시켜 스키로스의 왕 리코메데스의 딸들 틈에 숨겼다.

그러자 이미 전쟁에 참여하게 된 오디세이가 자청하여 나섰다. 오디세이는 아킬레우스의 소식을 일찍이 듣고 있었다. 그래서 오디세이는 아킬레우스 없이는 트로이를 함락시킬 수 없다는 예언을 알고 있었다. 그 또한 헬렌에 대한 서약도 지켜야 할 명분이 있었다.

오디세우스는 그가 있는 곳을 알아내고 몇 가지 소품을 준비하였다. 여자 아이들이 좋아할 물건들 속에 무기를 섞어 놓았다. 그러자 여자들은 다들 소품을 찾았지만 오로지 한 여성이 무기를 집었다. 그가 아킬레우스였다. 그의 정체가 드러나자 아킬레우스는 마냥 거부할 수 없었다.

이 에피소드는 오디세이의 영리함을 말하는 이야기이다. 그리고 아킬레우스의 무예에 대한 관심을 나타내는 에피소드이기도 하다. 두 인물의 성격 차이는 이렇게 분명히 갈린다. 오디세이는 총명하고 지략이 뛰어 난데다 용맹까지 갖춘 뛰어난 장수였고 삼국지로 말하면 조조나 관우에 비견되는 인물이다. 아킬레우스는 총명하거나 지략이 뛰어난 인물은 아니지만 무예를 용맹으로 타를 추종을 능가한, 삼국지의 여포와 같은 인물이다.

그래서 오디세이와 아킬레우스가 전쟁에 참여하게 되면서 그리스 군대는 막강한 군사력을 갖게 되었다. 오디세이가 조정관의 역할이 뛰어났다면 아킬레우스는 야전군 장군으로서 용맹의 상징이었다. 그가 움직이는 곳에는 승리가 따랐다. 그가 없으면 트로이의 승리로 장식이 되었다. 성격이 매우 직선적이어서 타협을 모르는 강인한 인물로 명예심과 자존심으로 뭉친 인물이었다. 그러다 보니 화를 잘 내는 성격적 결함이 있었다.

호머의 『일리아드』의 부제는 사실상 '아킬레우스의 분노'이다. 그의 존재는 트로이 전쟁의 중심에 있고, 그의 움직임은 시시각각 전쟁의 상황에 영향을 미치고 있다. 그의 움직임은 용맹과 그 분노가 차지하고 있을 정도이다. 용맹한 만큼 분노도 크게 작용한다.

그리스 인물들은 적어도 결정적인 성격적 결함을 가지고 있어 보이고, 대체적으로 그리스 이야기는 이점을 매우 중요시한다. 그 성격적 결함은 평소에 나타나지 않지만 화가 날때나 자기를 통제하기 어려운 상황에서 결정적으로 드러난다. 이때 이 성격은 그 인물의 운명을 좌우하게 되고 이야기의 흐름을 지배한다. 따라서 이야기의 중심축에는 캐릭터의 움직임이 있고, 캐릭터의 움직임은 성격적 결함이 절대적으로 작용한다.

아킬레우스의 분노는 우선 전쟁의 상황이 10년 가까이 소강상태에 이르고 더 이상의 큰 승리도 없는 상황에서 일어난다. 우선 그리스 총사령관 아가멤논과의 불화이다. 아가멤논이 훨씬 나이도 많지만 지휘관의 수장으로서 그는 모든 전황을 지배하고 있었다. 둘 사이는 전쟁시작 때부터 아킬레우스의 독불장군식의 말과 행동에 아가멤논의 비타협적인 자세로 서로 불협화음을 이루고 있었다. 다만 전쟁이라는 상황 때문에 서로 간에 참고 있었을 뿐이었다.

그러다 전리품 문제로 시비가 붙었다. 여성 포로도 그때는 전리품으로 분류되어 싸운 장수가 차지하게 되어 있었다. 영화 '트로이'에서는 트로이의 프리암 왕의 딸인 카산드라가 아킬레우스의 전리품으로 나오고 있다. 카산드라를 차지한 아킬레우스에게 아가멤논은 전리품을 자기에게 내 놓기를 요구한다. 총사령관으로서 전리품을 챙기겠다는 의도이다. 하지만 아킬레우스는 이를 거절하게 되고 둘 사이는 결정적인 틈이 벌어진다.

하지만 집요하게 요구하는 아가멤논의 요구에 분노한 아킬레우스는 카산드라를 그에게 보내고는 짐을 싸서 고향으로 돌아가겠다고 선포한다. 그리고는 배를 타고 대양으로 나가 버렸다. 아킬레우스 없는 싸움은 점차 그리스 측에 불리해졌다. 트로이 측의 맹장이며 프리암의 장자인 헥토르를 당해낼 장수가 없었다.

심지어 오디세이 역시 상대하기 어려웠고, 성을 배경으로 싸우는 트로이 측을 이길 수가 없었다. 전황이 불리해지자 다시 아킬레우스를 찾는 목소리가 커졌다. 그가 있어야 전쟁에 이길 수 있다는 장수들의 주장에 아가멤논도 한풀 꺾였다.

호머의 『일리아드』 이야기는 조금 다르다. 처음 전쟁에 임한 그리스 함대의 항해는 순조롭지 못했다. 폭풍이 일어나 선단이 나갈 수 없는 일이 자주 발생하였고, 적의 함대가 수시로 나타나 싸움을 걸었다. 어렵게 그리스 함대는 트로이 성이 보이는 해안까지 이르렀다. 이때 트로이에 누가 먼저 상륙하는가를 두고 경쟁이 벌어졌다.

이 겨루기에서 승리한 인물은 프로테실라오스 왕자였다. 그러나 왕자가 해변에 발을 딛는 순간, 트로이 진영에서 날아온 화살이 왕자의 목을 꿰뚫었다. 그는 트로이 전쟁의 첫 희생자로 알려지게 되었다.

그리스 함대는 배를 해안에 끌어다 붙이고 해안의 진지를 구축하며 전쟁을 대비하여 야전 진영을 만들었다. 트로이 군 역시 성안에서 수비를 위주로 할뿐 큰 싸움을 걸지 않았고, 그리스 군 역시 점차 싸움의 열기도 식어 전쟁은 소강상태로 이어졌다. 트로이 측에서 싸움을 거는 장수는 프리암 왕의 맏아들인 헥토르가 중심이었다.

그리스 군은 트로이 주위의 작은 해안 도시들은 공격하여 약탈과 파괴를 일삼았다. 양식을 조달하고 포로로 잡은 여자들은 전리품으로 장수들의 성 노예로 삼았다. 어느 때인가 어느 해안도시를 급습한 그리스 군은 아름다운 두 처녀를 포로로 잡았다. 크리세이스와 브리세이스 두 처녀였다. 아가멤논은 크리세이스를 전리품으로 차지하였고, 아킬레우스는 브리세이스를 공격에 대한 상으로 차지하였다.

태양신 아폴로를 섬기는 사제였던 크리세이스의 아버지는 그리스 진영에 와 금을 몸값으로 내겠다며 대신 딸을 돌려 달라고 간청을 하였다. 그러나 아가멤논은 이를 거절하고 오히려 노인을 많은 군대 앞에서 욕을 보였다. 그 직후 그리스 진영에 열병이 돌았고, 많은 병사들이 죽었다. 그리스 군은 예언자 칼카스에게 그 원인을 알아보게 했다. 칼카스는 태양신 아폴로가 분노하여 열병이 퍼지고 있다고 말했다. 그리고 크리세이스를 아버지에게 돌려보내야 아폴로의 분노가 사라질 것이라고 해명하였다.

이 말을 들은 장수들은 아가멤논에게 크리세이스를 돌려보내자고 하였지만 아가멤논은 오히려 큰 화를 내었다. 그러면서 아가멤논은 크리세이스를 차지할 수 없다면 아킬레우스가 차지한 브리세이스를 달라고 하였다. 이 전갈을 들은 아킬레우스는 명예에 상처를 받았다고 생각하여 아가멤논의 뻔뻔함에 불 같이 화를 내었다. 네스트로가 그들을 화해

시키고자 노력을 하였지만 두 사람의 불화는 더욱 심해지고 있었다.

아킬레우스는 명예를 소중히 하는 젊은 장수였지만 그의 성격적 결함은 불같이 화를 잘 낸다는 것에 있었다. 가장 자존심이 강하고 성질이 급했던 아킬레우스는 화가 나 아가멤논에 대놓고 "얼굴은 마치 개와 같고 가슴은 겁쟁이 사슴 같고 욕심 많은 비겁자"라고 욕을 했다.

이 말을 들은 아가멤논은 자존심이 상해 한동안 말이 없다가 자신의 위치를 말하며 이 상황을 수습하였다. "나는 왕이며 총사령관이다. 나는 그럴 만한 권리를 가지고 있다. 너는 많은 왕자들 중의 하나에 지나지 않는다는 사실을 명심하라."

다른 장수들로서는 그 싸움에 개입하기 어려웠다. 결국 아킬레우스는 마지막 선포를 하였다. "아가멤논 장군. 당신은 내 명예를 더럽혔소. 따라서 신들 앞에서 맹세하거니와 더 이상 당신을 위해서 싸울 수 없소. 나는 명예가 회복될 때까지 트로이를 상대로 한 싸움에서는 어떠한 역할도 맡지 않을 것이오."

그 즉시 아킬레우스는 자기 진영에 돌아와 어떠한 일도 간섭하지 않고 모습을 내비치지 않았다. 이에 아가멤논은 불같이 오르는 분노를 주체할 수 없었다. 하지만 전쟁에 임하는 수장으로서 아폴로 신에게 제물을 받치고 크리세이스를 돌려보내도록 하였다. 오디세이에게 그녀를 아버지에게 되돌려 주도록 했다. 아가멤논은 부하를 보내어 아킬레우스의 진영에 있던 브리세우스를 데려오게 했다.

아킬레우스는 아무 말도 행동도 취하지 않았다. 그는 분노를 가슴속에 삭히고 있었지만 그 절정에 달한 듯 보였다. 점차 아킬레우스는 자신의 안에서 터져 나오는 분노를 주체할 수 없었다. 그는 결국 고향으로 돌아가겠다며 배를 타고 지중해로 나가 버렸다.

이로 보아 아가멤논은 오랜 전쟁으로 지쳐있었지만 본능적으로 여성을 좋아 하였다. 이러한 아가멤논의 성격은 그의 비극을 자초한다. 아가멤논은 이미 첫 출정부터 자신의 부인 클리템네스트라와 사이가 좋지 않았다. 그 배경은 이러하다.

첫 출정 시 아가멤논은 자신이 원하기도 하였지만 전쟁을 소집한 당사자로서 그리스 연합군의 총사령관으로 선출되었다. 처음 보이오티아에 있는 아울리스 항구에 모였는데 생각한대로 출항을 할 수 없었다. 어떤 날은 바람이 없고 어떤 날은 역풍이 불어 계속 출항을 할 수가 없었다.

그러자 점쟁이들은 아가멤논이 여신 아르테미스의 비위를 거슬렀기 때문이라고 하였다. 그러자 아가멤논은 그녀의 분노를 가라앉히기 위해 자신의 딸 이피게네이아를 제물로 바쳤다. 아직은 이 시기가 인간을 신에게 제물로 바치던 어두운 때였다. 그의 부인 클리템네스트라는 불같이 남편에게 화를 내었다. 사랑하는 딸을 자신과 아무런 상의도 없이 전쟁을 위해 제물로 바쳤다는 사실을 알게 되지 남편에 대한 분노를 삭일 수가 없었다.

하지만 자신의 아버지가 망명길에 있던 남편을 보살펴 주었고 남편이 왕국 미케네를 되찾는 데 결정적인 도움을 주었기에 아버지를 생각하며, 남편의 냉담한 태도에 그녀는 그 한을 삭힐 수밖에 없었다.

그리스의 유명한 삼대 비극작가 에스킬로스의 아가멤논 편에 보면 아가멤논의 바람기가 결국 부인의 질투를 일으켰고 자신의 생명을 앗아간 동기가 되었다. 전쟁터에서 들려오는 소식으로 보아 아가멤논이 여성 전리품 때문에 아킬레우스와 불화가 생겼다는 소식도 그녀에게는 참을 수 없는 남편의 부정이었다. 아가멤논의 성격은 매우 독선적이고 비타협적이라는 데 있고, 그도 분노를 쉽게 삭이기 어려운 인물로 그려져 있다.

이때 아가멤논이 공격한 미케네에서 살아남았던 티에스테스의 아들 아이기스토스가 아가멤논이 전쟁에 나간 사이 클리템네스트라를 유혹하여 그녀와 정을 통하였다. 나아가 그는 아가멤논이 없는 미케네 왕국의 통치권을 사실상 회복하고자 하였다. 마침내 트로이 전쟁이 끝난 후 아가멤논이 귀국하게 되었다.

아이기스토스와 클리템네스트라는 어떤 생각을 하였을까. 돌아오는 아가멤논을 상대로 정부인 아이기스토스는 클리템네스트라와 음모를 꾸몄을 것이고 클리템네스트라는 증오심으로 아가멤논을 용서하지 않았을 것이다. 모두 부정을 저지른 남녀이지만 가부장제 사회에서 클레넴스트라의 행실은 그리스 세계의 도마 위에 올랐다.

더욱이 프리암 왕의 딸 카산드라를 전리품으로 차지한 아가멤논의 귀국은 클리템네스트라의 질투심을 더욱 자극하였을 것이다. 물론 영화 '트로이'에서는 트로이 궁중에서 파리스의 화살로 아가멤논이 죽는다. 하지만 그리스의 이야기에서는 아가멤논이 아르골리스에 이르렀을 때 아이기스토스는 아가멤논과 카산드라를 살해했다.

일설에 의하면 아가멤논이 미케네에 도착하여 한동안 카산드라와 즐거운 시간을 갖게 되자 참을 수 없었던 클리템네스트라가 아가멤논을 독살하였다고 한다. 그리스의 비극시인인 에스킬로스는 그 살인을 클리템네스트라의 탓으로 돌렸다.

하지만 아가멤논의 비극은 이미 자신만의 캐릭터 결함에서 시작되고 있었다. 수단과 방법을 가리지 않는 그의 성격과 많은 욕심과 여자에 대한 욕정이 결정적인 작용을 하였다. 미케네의 왕국을 되찾는 데 있어서 클리템네스트라와 정략적으로 결혼을 시도하였고, 출정 시 딸 이피게네이아를 제물로 바쳤고, 메넬라우스의 요청이 있었기는 하지만 트로이에 대한 개인적인 탐욕과 정복욕이 크게 작용하였고, 전쟁

기간 내내 여성 전리품으로 인해 아킬레우스와의 크고 작은 불화로 불협화음을 자초하였다.

이러한 아가멤논의 성격은 클리템네스트라의 질투심을 불러일으켰고, 그녀에게 남편에 대한 부정을 용서하기 어렵게 하였다. 홧김에 서방질한다는 속담도 있지만 클리넴스트라의 부정은 남편을 죽일 수밖에 없는 상황으로 그녀를 몰았다. 이미 아가멤논은 신들의 분노를 사 그의 운명이 죽을 것이라는 신탁을 알고 있었다. 아킬레우스로 인해 트로이로부터 승리할 수 있다는 신탁이 있었고 그로 인해 그의 운명도 함께 죽을 것이라는 신탁이 있었다.

그의 비극적 생은 결코 신들이 예비한 운명에 있지는 않았다. 그리스 비극은 대체로 그 운명의 원인을 캐릭터의 성격적 결함에 먼저 두고자 한다. 자신의 운명의 결정은 이미 알고 있음에도 불구하고 그 길을 피할 수 없다는 데 있다. 그리고 그 결정은 캐릭터 스스로 자초하게 된다. 이야기의 구조는 대체로 이러한 플롯이 지배하고 있고, 비극적 인물들은 이 플롯에 갇혀 있어 보이지만 사건이 일어나는 순간, 그 에피소드에서 결정적인 단초를 스스로 제공한다.

아가멤논과 클리템네스트라의 비극은 이들의 성격적 결함에서 결정적으로 작용하고 있다. 여성을 좋아하는 아가멤논과 질투심으로 정부와 정을 통하고 남편을 살해한 클리템네스트라는 권선징악의 사회적 도덕규범을 벗어나기 어렵다. 이야기는 이들에 대해 사회적 룰을 적용함으로서 이들의 비극을 설명하고 있고, 어떻게 살아야 한다는 당위성의 가치를 갖는 교훈적 메시지를 전달한다. 한 가정의 비극은 한 대에 그쳐지지 않는다. 그 인과응보는 후대에까지 철저하게 적용된다.

아가멤논의 둘째 딸 엘렉트라는 어린 남동생 오레스테스를 데리고 아버지를 죽인 부정한 어머니와 어머니의 정부 아이기스토스 곁을 떠나 망명길에 나선다. 오레스테스에게 줄기차게 복수의 심정을 심어주며 칼을 갈았던 엘렉트라는 오레스테스가 장성하자 그 복수의 칼을 행동으로 옮긴다. 오레스테스는 본국에 들어가 어머니 클리템네스트라와 아이기스토스를 죽이고 아버지 아가멤논의 원수를 갚았다.

이를 후대 정신분석학자 프로이드는 엘렉트라 콤플렉스라 불렀다. 딸의 아버지에 대한 애정은 어머니에 대한 질투로 성장한다는 이 콤플렉스는 결국 어머니를 죽이고 싶은 충동으로까지 발전하게 된다고 한다. 이러한 심리를 단적으로 보인 예가 엘렉트라이다. 물론 그 반대로 오이디푸스 콤플렉스가 있다. 어머니와 혼인하게 된 오이디푸스 왕의 비극에 대한 이야기이다.

아킬레우스 이야기를 계속하자면 아가멤논과의 불화로 전쟁은 다시 그리스 측에 불리하여 졌고, 헥토르를 당해낼 그리스 측 장수가 없었다. 오디세이가 다시 중재에 나서 아킬레우스를 설득하였지만 그의 결심은 요지부동이었다. 그 때 헥토르에 의해 그의 친구가 죽었다는 소식이 들렸다.

네스토르의 아들 파트로클로스의 죽음은 아킬레우스를 전쟁터로 되돌리는 데 결정적인 기여를 하였다. 아킬레우스는 전투가 어떻게 진행되는지 궁금하던 차에 파트로클로스 장군이 전사했다는 소식을 접한다. 즉시 전장으로 달려 온 아킬레우스는 친구의 참혹한 죽음을 목격한다. 병사들은 찢어진 파트로클로스의 시신을 아킬레우스의 막사로 옮겼다. 분노에 찬 아킬레우스는 오랜 친구를 죽인 헥토르에게 복수하는데 자신의 목숨을 걸겠다고 말한다.

일설로는 어머니 여신인 테티스가 대장장이 헤파이스토스 신에게 부탁하여 무적의 방패와 투구를 준비해 주었다고 한다. 신들의 개입으로 이를 설명하기는 하지만, 아마도 아킬레우스 스스로 헥토르와의 일전을 위해 단단히 준비한 갑옷으로 보인다.

헥토르 역시 우연이기는 하였지만 이 일의 심상치 않음을 알고 있었다. 영화 '트로이'에서는 일전을 불사한 아킬레우스와의 싸움을 어린 아이를 안은 헥토르 부인과의 참모들이 말린다. 하지만 명예를 중요시하는 헥토르로서는 피할 수 없는 일전으로 생각하고 이미 자신이 이 일전에서 아킬레우스로부터 죽을 줄 알고 있었다. 그는 이미 부인에게 아이를 부탁하며 트로이 성의 몰락을 예견하고 있었다.

부친 프리암 왕 역시 이러한 아들의 죽음을 예견하고 있었지만 그는 아들을 말리지 않았다. 그 역시 젊었을 때부터 숱한 싸움에서 명예를 쌓았던 역전의 영웅이었기 때문에 아들의 참전을 말리지 못하였다. 아마 그는 아들이 이겨주기를 바랬을 것이다. 그로 인해 전쟁을 끝내고 자신의 왕국을 다시 평화롭게 통치할 수 있을 것으로 기원하였을 것이다. 노인의 욕심이었다. 이 욕심과 욕망은 아들을 비극의 주인공으로 만드는 결정적 원인이 되기도 하였고, 헥토르 자신의 자존심과 명예욕도 비극을 자초하는 원인이 되었다.

그들은 고집스럽게 그 일전을 피하지 않았다. 이 일전은 아킬레우스가 친구의 죽음에 대한 분노에서 불가피하게 이루어졌지만 그 자신이로 인해 신들의 분노를 자초할 것을 예상하고 있었다. 일설에 의하면 새벽이 되자 테티스는 헤파이스토스가 아들을 위해 만들어 준 빛나는 갑옷을 들고 올림포스를 내려왔다. 새로운 용맹과 헥토르에 대한 적개심이 아킬레우스의 가슴을 채웠다.

오디세이는 명예를 위해서라도 아킬레우스에게 아가멤논과 화해하고 신들에게 제물을 바친 후 출전하는 것이 좋겠다는 의견을 제시하였다. 아가멤논은 아킬레우스에게 그 동안의 자신의 불찰에 대해 용서를 구했다. 아킬레우스는 오로지 전쟁에 임하는 순간만을 마음에 그리고 있어 그 화해를 받아들였다.

그가 전차에 오르려고 할 때, 그의 가슴 한 구석에 자신의 운명에 대한 신탁의 목소리가 들리고 있었다. 분노를 자제하고 일전을 피하라는 또 다른 운명의 목소리였다. 하지만 그의 자존심은 이를 애써 눌렀다. 헤라 여신이 환생한 듯이 그의 백마 크산토스가 인간의 말을 하기 시작하였다. 아니 속삭이는 듯 보였다. 이 전쟁에서 장군을 구할 수 없으며 결국 이로 인해 죽음을 피할 수 없다는 운명의 소리였다.

아킬레우스 역시 잘 알고 있었다. 그러나 헥토르가 살아 있는 한 나의 운명은 피할 수 없을 것으로 보인다며 트로이 성을 향해 내 달렸다. 영화 '트로이'에서는 결투장면이었지만, 아킬레우스는 그 날 트로이군을 상대로 추격하여 무수히 많은 트로이군을 죽였다. 그는 트로이군을 압박해 성문 앞까지 추격했다. 거기에 헥토르가 창을 들고 정문 앞에 버티고 서 있었다. 이미 헥토르 역시 자신의 최후가 멀지 않을 것이란 예감을 하고 있었다.

아킬레우스의 창이 그의 어깨를 스쳤다. 헥토르 역시 창을 던졌지만 어머니 테티스가 특별히 부탁하여 만든 헤파이토스의 방패를 뚫지 못했다. 아킬레우스에게는 창으로 칼을 뽑고 달려드는 헥토르의 목을 겨누었다. 그 순간 헥토르는 힘없이 휘청거리다 땅바닥에 쓰러졌다. 헥토르는 아킬레우스에게 애원하는 눈빛이었지만, 아킬레우스는 무자비하게 헥토르를 자신의 마차에 묶고 질주하였다. 끝내 헥토르는 죽었고 아킬레우스의 명예는 회복되었다.

트로이 전쟁의 최고 영웅은 오디세이가 아니라 아킬레우스이다. '아킬레우스의 분노'로 부제가 붙어진 호머의 『일리아드』는 헥토르에 대한 아킬레우스의 승리로 그리스 측에 유리하게 전세가 이끌어 지게 보였다. 하지만 그의 죽음은 임박해 보였다. 파리스는 형의 죽음을 목격하고 아킬레우스의 비밀에 대해 사랑의 수호신 아프로디테로부터 꿈에 계시를 받는다. 바라고 바란 염원은 꿈에서 이루어진 것이다. 파리스는 아킬레우스건을 목표로 화살을 당겨 그를 결국 죽음으로 이끈다.

영화 '트로이'는 파리스와 헬렌의 사랑이야기 보다는 아킬레스의 인간적인 면모를 중심으로 다루고 있어 보인다. 이 영화에서 아킬레우스는 프리암의 딸 카산드라에 대한 사랑으로 마지막 죽음을 맞는 인물로 나와 영웅과 사랑이라는 고전적인 주인공이 된다. 하지만 영화 속의 아킬레스는 해안에 위치해 있는 아폴로의 황금 신상의 목을 잘라내는 일을 서슴지 않는 행동을 보인다. 마치 이 거침없는 무모한 처신으로 아폴로 신의 분노를 사 그의 죽음이 불가피하게 그려지는 점이 있다.

물론 호머의 『일리아드』의 아킬레우스의 모습과는 다르다. 아킬레우스는 그 용맹과 명예심으로 신들의 사랑을 받을 정도의 세속의 인물들에게 숭배의 대상이다. 마치 그는 헤라클레스가 후에 인간의 모습에서 신으로 숭배되었듯이 그리스 인들에게는 신과 같은 능력을 보인 인물로 묘사되었다. 그럼에도 불구하고 아킬레우스는 보통 때는 겸손할 줄 알고 있었다. 자신의 죽음에 대한 신탁을 그 역시 신들의 충고로서 신중하게 받아들이고 있었다.

『일리아드』의 첫 장면은 아가멤논과 아킬레우스의 싸움이 등장한다. 여기서 아킬레우스는 아가멤논의 무모하고 자기를 무시하는 듯한 행동에 분노하여 칼을 빼들려다가 아테나 여신의 충고를 받아들이고 참는다. 그리스 이야기는 대체로 인물들이 신들의 의지에 반하는 행동을 하지만 곧 순종하는 모습을 보인다. 이는 신이 인간의 삶에 개입하는 듯 보이지만 그 반대로 인물들 스스로 인간적 특성을 경계하는 의미에서 신을 끌어 들인다.

그리스 신화는 신의 세계와 인간의 세계가 밀접하게 관련이 있어 보이지만 신의 세계는 표면일 뿐 진짜 중요한 의미는 이야기 밑에 깔려 있는 인간들의 속성을 다루고 있다. 마치 그리스 신화 속의 인간들은 종종 신들에게 도전하는 모습이지만 그 이면에 인간의 속성 자체를 그리스 비극의 원인으로 설명하고 있다.

신에게 도전하지 말라는 메시지이다. 신의 세계는 인간이 그랬으면 하는 온전하고 완벽한 세상으로서 우리가 흔히 말하는 '신화를 만들다' 의미에서 비추어 볼 때 인간이 신과 같은 완벽한 경지를 보인다는 뜻이기도 하다.

그래서 탁월한 인물을 두고 신화를 만들고 있다는 말을 우리는 종종 사용한다. 그 이전에 없던 신화적 기록을 만든다는 뜻도 된다. 그 이전에도 없었던 전대미문의 기록은 신화적이며 신으로 숭배 받을만한 가치가 있는 행동임으로 그를 추앙하고 숭배하는 의식을 갖게 되고 그를 기억하고 그로부터 무엇을 어떻게 살아가야 하는 전형을 학습한다. 이야기는 그의 행적을 기록한 에피소드를 묶어 놓았지만 그의 영웅담은 대체로 인간의 한계를 넘는 장엄한 행동으로 감동을 준다. 그러기에 그의 죽음은 비극의 효과를 증폭시킨다.

아킬레우스 역시 예외는 아니다. 그는 당대의 최고의 영웅이며 비극의 주인공이다. 그의 움직임은 신들의 움직임이다. 하지만 이야기 속의 그는 또한 한 인간이기도 하다. 그러므로 그도 고통을 받고 죽는 인물이어야 한다. 그의 인간적 속성이 비극의 원인이 되고 있다고 설명하기 위해서는 인간이 최고로 경계해야 할 대상인 분노와 자만심을 강조하여야 한다. 그처럼 분노와 자만심은 인간을 파멸시키며 불행으로 이끈다고 그리스 사람들은 생각하고 있었다.

분노란 자신을 억제할 수 없는 감정적 충동을 말하며 욕망의 분출이다. 또한 자만심은 스스로 잘났다고 생각하는 사고의 속성이다. 자기가 모든 성공을 만들었다고 생각하는 자긍심은 도를 넘을 경우 자만심으로 발전하며 스스로를 추락시키는 원인이 되는 속성이다. 그 외에 인간의 운명을 추락시키는 감성적 요소가 많이 있겠지만 그리스 이야기들의 대부분은 이 덕목인 분노와 자만심을 경계하고 있다. 그리스의 종교성은 신들에 대한 도전을 경계하고 스스로 자신의 구원을 선택하는 인간의 겸손과 자제에 있다.

아킬레우스를 죽이고 트로인 전쟁의 원인을 제공하였다는 파리스나 헬렌 역시 인간의 감성에 대한 충동을 억제하지 못하고 스스로 자신이 살던 왕국을 파멸로 이끌고 스스로 불행과 고통을 자초한 인물로 묘사된다. 파리스는 사랑에 대한 열정이 무엇보다 강하였고, 헬렌 역시 사랑의 충동을 억제하기 어려운 여성으로 그려진다. 이들의 사랑이 세기를 넘는 아름다운 사랑으로 그려질 수 있지만, 그리스 인들은 이들의 행동을 용서하지 않는다.

파리스에 대한 세 여신에 대한 신화 모두 파리스의 인간적 결함을 보이는 에피소드들이다. 마치 신들이 파리스의 운명을 결정하는 듯한 상황에서도 파리스에게 황금사과의 선택이 주어진다. 사실 들여다보면 그 선택의 주체는 파리스이다. 자신의 운명을 신탁에 의해, 혹은 요즈음 표현대로 사주쟁이나 점쟁이에게 자신의 운에 대하여 물어 알고 있다면 이를 피했어야 한다. 하지만 그 역시 그 운명의 한 중간에서 있는 자신을 발견하게 된다. 헬렌의 선택과 형 헥토르의 죽음은 그러한 선택을 한 파리스에서 비롯되었다고 그리스 인들은 말하고 싶어 한다.

그러나 그러한 파리스의 선택에 결정적으로 작용하는 원인은 그의 성격적 결함에 있다. 신처럼 완성되지 못한 인간은 적어도 한 가지 성격적 결함으로 인해 스스로 비극을 자초한다. 신의 계시는 신탁의 형식으로 주어질 뿐 충고로 작용하거나 경고로 작용할 뿐이며 행위의 주체는 인간이다. 표면적으로 보면 인간의 운명에 신이 절대적으로 개입하고 있어 보이지만 그리스적 인간은 스스로 자신의 성격적 결함으로 그 운명을 결정하는 주체로 소개된다.

남편 메넬라우스를 버리고 적국의 왕자인 파리스를 따라 나선 헬렌의 용기는 진정한 사랑의 대명사답다. 당연히 헬렌은 메넬레우스를 사랑하지 않는다. 사랑의 도피라기보다 용기 있게 자신의 사랑을 선택한 현대판 페미니스트다.

그러나 그리스 인들은 이러한 현대판 페미니스트를 용서하지 않는다. 그녀에게 필요한 덕목은 가정과 남편에 대한 사랑이 우선이어야 한다. 한 사회의 질서는 가정에서 비롯되고 있다는 그리스 인들의 신념은 헤라 여신의 숭배를 통해 상징적으로 보여준다.

아프로디테를 선택하고 이 여신을 숭배한 파리스는 당연히 사랑에 성공한 인물이다. 그의 본성은 사랑할 수 있는 능력을 갖춘 로멘티스트다. 낭만주의자라 할 로멘티스트는 종종 현실감각이 없다. 그들은 이상적인 사랑을 이루고자 현실을 초월한다. 이들에게 사랑은 자신들의 삶에 영원한 구원의 가치이다. 사랑이 모든 가치를 지배한다. 당연히 아프로디테로 명명되는 사랑의 화신은 절대적 모델이며 그 전형이 된다. 그 스토리 결말은 현실을 벗어날 수 없음에도 불구하고 현실과의 타협점을 찾지 못해 비극으로 치닫는다.

파리스의 길들여지지 않는 사랑의 욕망과 헬렌의 무책임한 사랑의 도피 행각은 그리스 인들에게 무엇으로 어떻게 살아야 하는 것인가를 가르쳐주는 전형적 스토리이다. 이에 얽힌 세 여신의 황금사과 에피소드, 아폴로의 신탁, 아킬레우스의 죽음, 헥토르의 죽음, 트로이의 멸망, 프리암의 죽음, 헤카베의 죽음, 아가멤논의 죽음 등 모두 운명의 사슬에 묶인, 순간적이지만 디오니소스적 쾌락으로 인한 불행한 인물들이다.

또 다른 의미로 아프로디테, 즉 비너스에 대한 경고의 이야기이기도 하다. 사이키 혹은 프쉬케가 추구하고자 하였던 이상적인 사랑의 화신인 비너스는 인간들에게 허용하지 않는다. 그림의 떡일 뿐이다. 비너스의 질투를 일으킬 정도의 프쉬케라 할 인간의 사이키는 인간의 기본적 속성이라 할 욕망의 에너지로 가득 차 있다. 이 욕망의 충동을 그리스 방식으로 어떻게 처리하느냐가 그리스 이야기의 종교성을 제시하는 결말이 된다.

호머의 『일리아드』는 아킬레우스를 비롯한 숱한 영웅들을 그러한 그리스적 방식에서 비극의 인물로 그려내었다. 인간의 비극은 피할 수 없는 것일까. 호머는 인간을 비극의 주인공으로 만들고 싶지 않았을 것이다.

호머가 맹인이었다면 현대로 보아 신체적 결함이 있는 인물이다. 눈으로 직접 보지 못한 세상에 대한 상상력은 그의 비극적 인생관과 세계관을 중요하게 형성할 수 있을 수 있다. 오히려 그는 오디세이를 통해 불행한 인간들에게 희망의 메시지를, 구원의 메시지를 전달하는 종교인으로서의 사명감에 충실하였다.

인간의 희극성은 행복추구와 고통해소에 있다. 플라톤은 비극과 희극은 하나라며 인간의 숭고한 정신과 확고한 이성의 힘을 무엇보다 희망의 메시지로 전달하지만, 아리스토텔레스는 고통이 없이 행복은 만들 수 없다는 메시지를 주고자 한다.

한눈에 호머의 이야기들은 아리스토텔레스의 비극론과 희극론을 충실하게 반영하여 보인다. 아니면 아리스토텔레스는 호머의 이야기를 통해 스승 플라톤이 비극을 피하는 원리로 희극을 강조한 반면에 『일리아드』와 『오디세이』를 통해 비극을 피하기보다 오히려 비극을 통해 진정한 희극을 만들고자 한다.

아킬레우스의 비극에 대한 해답으로 호머는 『오디세이』 이야기에서 오디세이의 행복을 설계하였던 듯싶다. 오디세이 역시 성격적 결함으로 출발한다. 아킬레우스의 성격적 결함이 있던 곳에서 오디세이의 성격적 결함은 스토리의 출발점이 된다. 물론 그 덕목은 자만과 분노였다. 오디세이는 어떤 현실적인 상황에서 어떤 타협점을 찾고 자신의 행복추구와 고통해소를 만들어 낼 수 있을 것인가.

트로이의 패배는 사랑을 추구하는 아프로디테 혹은 비너스의 패배로 헤라와 아테나의 승리로 이어진다. 헤라의 진실은 물론 가정의 행복과 질서에 있고 그 중심에는 여성이 있다. 아테나의 진실은 남녀가 서로 가치 있는 지혜를 찾는 데 어떤 덕목이 필요한 가를 보여준다. 그 능력은 잘못을 되돌아보는 지혜와 통찰력이다. 여기에 경험은 뺄 수 없는 요소이기도 하다.

『오디세이』의 이야기는 가정 이야기이다. 대체로 인간의 이야기는 가족이야기가 거의 다라 할 수 있을 정도로 인간의 비극과 희극도 가정에서 연출된다. 부모와 자식의 관계이다. 여기에는 한 사회의 엄격한 도덕적 질서와 사회적 윤리라는 잣대가 가해진다. 이러한 사회적 룰을 위반할 때 이에 대한 징벌이 가해진다.

오디세이와 그의 부인 페넬로페, 그리고 그의 아들 텔레마코스에 대한 이야기가 오디세이 이야기의 핵심이다. 한 가정의 가장이 전쟁으로 집을 나가 10년간 싸움터에 있다가, 집으로 귀환하는 과정에 온갖 풍상과 시련을 겪는 10여년의 경험은 말 그대로 젊은 시대에서 장년으로 넘어가는 인생의 여정이며, 자신과 가정과 사회에 대한 구원의 여정이기도 하다.

트로이 전쟁에서 오디세이는 영리한 인물답게 자신의 전략으로 트로이를 함락 할 수 있었다. 아킬레우스가 파리스가 쏜 화살에 죽고, 아킬레우스 없는 그리스 군은 패배의 위기에 직면한다. 오디세이가 생각해낸 전술은 그 유명한 트로이의 목마였다. 오디세이는 소수의 정병들만을 목마 속에 넣고 표면적으로는 그리스로 후퇴하는 척 수평선 너머로 사라진다.

트로이에서는 이 목마를 기이하게 여기지만 그리스 사람들이 남기고 간 선물일 것이라는 해석을 내 놓으며 이를 성안으로 끌고 가자는 제안을 하게 된다. 10년 전쟁의 승리의 상징으로 트로이 사람들은 이 목마를 받아들이고자 하였다. 트로이의 예언자 라오콘이 나서서 목마에는 음흉한 계략이 숨어 있으니 이를 파괴하자고 주장하지만, 프리암 왕은 고집스럽게 이 제안을 거부하였다. 그 때 바다로부터 포세이돈 신이 보낸 뱀이 달려들어 이 라오콘을 삼켜버렸다. 아마 파도가 이 라오콘을 쓸어 간 듯하다.

이 사건을 신의 저주로 생각하고 목마를 성안으로 들여놓은 트로이 사람들은 10년만의 평화로움 속에서 승리를 자축하며 술을 마시고 잠이 들었다. 새벽에 트로이 목마를 빠져 나온 오디세이와 병사들은 굳게 닫혀 있던 트로이 성문을 열고, 때에 맞추어 다시 돌아온 그리스 주력군을 성안으로 끌어 들였다.

그것으로 트로이의 비극은 끝나고 오디세이는 전쟁을 승리로 이끌며 많은 전리품을 가지고 귀향길에 나섰다. 그는 마음속으로 혹은 큰 소리로 이렇게 왜치고 싶었을 것이다. 자신이 이 전쟁에 종지부를 찍었다고! 오디세이는 전쟁의 승리로 한껏 고무되어 있었고 일약 지중해 연안의 영웅으로 떠올랐다.

고국으로 돌아가기 위해 서둘러 항해를 시작하였지만 고향 이타카 섬을 앞에 두고 그는 폭풍을 만나 좌초되어 12척의 배만 남게 되었다. 그는 이후로 험난한 항해와 지중해 섬들의 모험을 겪으면서 자신의 소유를 모두 잃고 벼랑 끝에 홀로 서 있는 신세로 전락하였다. 그리스 사람들은 이를 바다의 신 포세이돈의 분노라 불렀다.

어떻게 오디세이가 바다의 신 포세이돈의 분노를 불렀을까. 그리스 사람들은 오디세이의 오만으로 이 부분을 설명하고자 한다. 자신이 트로이를 멸망시켰다는 영광과 명예는 그의 현명한 판단과 이성을 흐리게 하였다.

오디세이의 이름이 재미가 있다. "오디움"이라는 뜻은 그리스어로 "미움을 받은 자"라는 뜻이다. 일설로는 외조부이자 유명한 도둑인 아우톨리코스가 오디세이가 출생한 직후 이타카를 찾았다고 한다. 이름을 지어달라는 요청에 생각이 없이 자신의 처지를 생각하여 미움을 받았다는 뜻의 오디세이라고 지어 주었다. 그처럼 오디세이는 포세이돈의 미움을 받은 인물로 그려진다. 바다를 만만히 보았다는 뜻이기도 하다.

처음 줄거리는 포세이돈의 아들인 키클롭스족의 폴리페모스 섬에 내렸다가 그의 외눈을 찔러 눈을 멀게 하고 죽음의 동굴에서 양의 배에 매달려 빠져 나오는 오디세이의 기지와 재치를 보여주는 대목이다. 이 에피소드는 오디세이에 대한 포세이돈의 분노를 더 가중시킨 대목에 해당된다. 또한 에피소드로 라이스트리고네스 종족에게 병사들을 거의 잃기도 한다.

그리고 마녀 키르케의 땅에 도착해 돼지로 만들어버린 부하들을 구해낸다. 그 다음에 죽은 영혼들이 거주한다는 지옥의 땅 속으로 찾아가 테베의 뱃사람 눈먼 예언자 티레이시아스를 찾아가 포세이돈의 분노를 가라앉힐 수 있는 방법을 묻는다. 사이렌과 스킬라, 카리브디스, 태양의 가축 등을 만나며, 부하들은 오디세이의 경고를 무시한 채 식량으로 가축을 약탈한다.

반인반조인 사이렌은 근처에 오는 뱃사람들을 현혹시키는 노래를 불러 암초에 부딪치게 하여 죽이는 괴물이다. 오디세이는 자신의 몸을 돛대에 묶어 두고 그 노래를 들었다. 스킬라는 상반신이 아름다운 여인이지만 하반신은 잔혹한 여섯 개의 머리를 가진 괴물이다. 그 근처에는 무엇이든지 삼켜버리는 소용돌이가 있어 오디세이가 그곳을 피하려다 자신 쪽으로 접근해오면 습격하여 잡아먹는다. 이러한 소용돌이를 치는 곳이 지금의 지중해 섬에 있다고 한다. 아마 이곳의 무서운 지형을 그러한 괴물의 이야기로 만들어 낸 것 같다.

소용돌이 속에 빠져 그나마 남은 부하들을 모두 잃고 혼자만 남게 된 오디세이는 칼립소라는 영원히 죽지 않는 요정의 섬에 이르게 된다. 칼립소는 말 그대로 망각의 섬이다. 지난 세월은 물론 고향 이타카 섬에 자신을 기다리고 있는 페넬로페와 텔레마코스도 잊어버린 체 환락과 환상의 세월을 보낸다. 칼립소 섬은 아마 인간이 현실의 고통스러운 기억을 벗어 버리고 상상속의, 환상속의 낙원의 세계로 가고 싶어 하는 곳이다. 이곳에서의 오디세이의 삶은 이 세상으로부터 탈출하여 망각의 곳으로 가고 싶어 하는 인간의 열망과 소망을 잘 가리켜 보인다.

거의 9년을 환락의 곳에서 보낸 오디세이는 마침내 그곳을 떠나 고향 이타카에 도착한다. 그가 방황한 오랜 세월 동안 아내 페넬로페와 아들 텔레마코스는 왕국을 지키기 위해 사력을 다하고 있었다. 그리스의 풍습인지 몰라도 남편이 사망한 경우는 그 부인에게 청혼을 하고자 구혼자들이 지참금을 가지고 그 곳에 머물며 선택을 기다리는 듯싶다.

페넬로페도 예외는 아니어서 수많은 청혼자들이 오디세이의 왕궁에 모여들어 그녀의 선택을 기다리며 그녀를 괴롭혔다. 아들 텔레마코스는 아직 젊은 나이로 그들을 상대할 힘과 능력이 부족해 어머니와 함께 고통을 겪고 있었다. 페넬로페는 남편 오디세이의 죽음을 믿지 않았으나 어쩔 수 없이 이들로부터 시간을 끌기 위해 시아버지의 수의를 짠다는 핑계로 낮에는 짜고 밤에는 푸는 반복적인 베틀작업을 계속하였다.

서구인들에게 페넬로페의 베틀은 잘 알려진 고사이다. 그녀가 수의를 짜는 행위는 결과도 없이 일의 반복적인 상황을 가리키며 서구인들은 부질없는 짓을 말할 때 주로 이 고사를 인용한다. 하지만 또 다른 의미로는 남편에 대한 정절을 상징하고, 가정을 지키기 위한 그녀의 강인한 정신력과 덕목을 가리키는 고사로 인용되기도 한다.

오디세이가 고향인 이타카에 돌아왔을 때에는 그의 충실한 개와 유모 외에 아무도 그를 알아보는 사람이 없었다. 거의 거지가 다 되어 돌아온 오디세이를 알아보지 못한 페넬로페는 남편이 옛날에 쓰던 활을 쏘아보라고 청혼자들에게 주문을 한다. 아테나 여신의 지혜로 자신을 증명한 오디세이는 아들 텔레마코스의 도움을 받아 페넬로페의 구혼자들을 죽이고 가정과 왕궁의 평화를 찾게 된다.

이야기 속의 아테나 여신의 도움은 여러 곳에서 나타난다. 오디세이의 분노는 전반적으로 신들을 향한 분노이다. 왜 자신이 그토록 고통을 받아야하는지 받아들이지를 못하였다. 왜 자신이 그런 불행에 처해야하는지 신들을 원망하였고 저주하였다. 오디세이는 벼랑에 몰린 자신의 처지와 그 운명을 받아들이려고 하지 않았다.

여신 아테나는 오디세이에게 충고를 하거나 어떤 태도를 취하기를 조언한다. 이러한 신의 개입은 일종의 종교적 계시로 볼 수 있다. 다만 그 것이 절대적이지 않다는 것뿐이다. 여신 아테나는 형태나 내용으로 보아 오디세이의 수호신이지만 오디세이 자신이다. 전쟁의 여신이며 지혜의 여신인 아테나는 오디세이가 꿈꾸고 지향하는 전형이다. 그녀는 오디세이가 필요로 하는, 그러면서도 이상으로 여기는 전쟁의 영웅심과 삶의 지혜를 갖춘 전형이다.

우선 오디세이의 아들 텔레마코스가 여신 아테나의 도움을 받아 오디세이를 찾아 떠나는 장면이다. 아테나는 젊은 나이에 첫 여행길인 그에게 목적지를 가는 도중 경계해야 할 것들을 일러준다. 다음으로 오디세이의 모험 이야기 부분으로 트로이 전쟁이 끝난 후 고향인 이타카 섬으로 돌아올 때 여신 아테나가 나타난다.

아테나는 오디세이가 왕궁에 들어가기 전 어떻게 행동하고 처신할지를 일러준다. 물론 그를 보호하는 것이기도 하지만 인내와 절제하는 법을 충고한다. 그리고 오디세이가 왕궁에 돌아와 텔레마코스와 함께 페넬로페의 구혼자들을 퇴치하고 그녀를 만날 때 아테나는 다시 나타난다. 20년 동안이나 홀로 지내 온 아내이지만 구혼자들과의 관계에서 그녀의 진심은 오디세이로부터 다소 의심을 받고 있었다.

이 스토리는 가족에 대한 사랑이란 주제이기는 하지만 세상을 무엇으로 어떻게 살아가야하는 지를 가르쳐준다. 오디세이의 아들인 텔레마코스의 경우 여신 아테나의 계시대로 아버지의 소식을 알고자 필로스로 출발, 네스트로를 만나 라케다이몬의 메넬라우스를 만난다. 텔레마코스의 여행은 결국 부친에 대한 영웅담을 다시 들었을 뿐 아버지의 생사를 알 수 없게 된다. 그의 실망은 컸지만 성장한 아들로서 모친에게 구혼을 청하는 적들을 퇴치하고 모친과 자신의 왕궁을 다시 찾아야 할 사명감을 갖게 된다.

페넬로페는 20년을 수절하며 남편 오디세이를 기다리는 세월을 인내와 외로움으로 보냈지만 시어머니를 부양하고 아들을 키우며 자신에게 청혼을 하고자 온 수많은 구혼자들을 거절하고 가정을 지키려고 노력한다. 여신 아테나는 그녀에게 지혜와 용기를 주며 수호신으로서 여성의 정절을 가장 중요한 덕목으로 가르치며 끝까지 오디세이에 대한 믿음과 희망을 잃지 않게 한다.

젊은 시절 오디세이는 트로이 전쟁에서의 승리를 신들의 도움으로 생각하지 않았다. 바다의 신 포세이돈의 도움이나 그 이상의 무엇에 자신의 승리가 있었다고 생각하지 않았다. 그것은 오직 자신의 힘으로 이루어 낸 승리라 자신했다. 그는 자신의 용맹과 지략으로 10년에 걸친 전쟁의 모든 것을 얻었다고 생각했다. 그래서 바닷가에서 신의 계시와 같은 포세이돈의 경고, 즉 바다의 경고를 듣게 되지만 심각하게 받아들이지 않고 자신의 고향을 향해 갈 길을 재촉하였다.

그 일로 포세이돈 신의 분노를 얻어 많은 시련에 휩싸이게 되지만 신에게 굴복한다거나 약한 모습을 보이지 않는다. 다시 말하면 아무리 바다가 포효하고 태풍과 폭풍을 몰아치며 자신의 생명과 재산을 위협하여도 그는 불굴의 용기와 의지를 꺾으려하지 않았다. 오히려 그럴수록 그는 강인한 정신력과 의지로 어려움을 극복해 나갔다. 바다라는 자연의 힘도 그에게는 무섭거나 두렵지가 않았다. 그는 오히려 더 강해져 그 시련을 이겨내겠다고 큰소리치는 자신감마저 보였다.

오디세이가 신이란 존재를 믿지 않았던 것이었을까. 믿지 않았다기보다는 자신을 너무 믿었다. 자신의 능력은 가히 넘볼 수 없을 정도로 자긍심의 상징이었다. 이는 그의 판단을 흐리게 하고 슬기롭게 현실을 대처하나가는 지혜를 가로 막았다. 과거 영리하고 꾀 많던 오디세이가 더 이상 아니었다. 오히려 아킬레우스의 전쟁터 용맹은 아니라 하더라도 그의 명예심과 자긍심은 아킬레우스를 능가하고 있었다.

인간지사 새옹지마라고 오디세이에게 시련이 올 것은 당연하였다. 다만 그가 자신의 신념을 가지고 어떻게 살아가야 할 것인가가 이제는 시험대에 올랐다. 바다의 태풍과 폭풍을 그는 자신의 시험대로 삼았다. 바다의 신이 있다면 그 신인 포세이돈에게 오히려 대항하며 자신을 시험하고 분노를 표출하였다. 그로 인하여 그는 바다에서 많은 시련과 고통을 당하게 된다. 바다가 세상이라면 세상은 그렇게 오디세이에게 우호적이거나 만만하지 않았다.

오디세이는 그리스의 많은 섬 사이에서 표류하고 부하들을 잃고 정처 없이 시련의 나날들을 보내게 된다. 또한 어떨 때는 좋은 바람의 신을 만나 섬으로 돌아가다가도 부하의 실수로 인해 폭풍에 난파당하며 표류하고 여러 해를 바다에서 길을 잃고 헤매게 된다. 이렇듯 그는 바다의 신이나 다른 어떤 신과의 대적에서도 자신을 잃지 않았다.

그의 자세는 보기에 따라 자만심으로 뭉친 사람 같았다. 그는 오히려 바다의 시련에 굴복하기보다 바다를 잊고 싶었다. 칼립소의 섬에서의 9년은 차라리 평온의 세월이었다. 영원한 젊음과 환상과 환락은 그의 지친 영혼과 육체를 위로하여 주었다. 이것도 세월이 가자 그를 만족시키지 못하였다. 환멸과 싫증이 그를 괴롭혔다. 세상을 잊고 산다는 생각은 그 도원의 낙원 생활까지 권태롭게 하였다. 9년이 지난 후 그는 다시 세상으로 돌아가기로 결심한다.

아내와 자식이 있는, 그렇지만 시련과 고통이 있는 세속 세계로 다시 돌아가고자 하는 그에게 세속의 열정과 욕망은 거부할 수 없는 의무로 비쳤다. 10년이 지나서야 이를 깨닫게 된다. 그간 그가 트로이 전쟁이후 바다에서 보냈던 자신의 어리석음을 다시 돌아보며 지난 일들을 반성할 때 이미 그는 매우 신중하고 사려 깊은 인간으로 바뀌어 있었다.

이미 그는 어떻게 행동하고 처신해야할 지를 뼈저리게 깨닫고 있었다. 벼랑 끝에까지 가본 그에게 남은 것은 만신창이가 된 자신 이외에는 아무 것도 없었다. 모든 것을 버리고 포기한 그에게 비로소 새출발이 왔다. 이제야 시련은 없어졌고 자신의 섬에 도착할 수 있게 되었다. 세상의 이치는 이 아이러니에서 오나 보다.

결국 모든 것이 사라진 순간 자신과 세상에 대한 이치를 깨닫게 된다. 비로소 아들을 만나게 되고 그의 부인의 소식을 듣게 된다. 자신의 나라 이타카에 돌아온 오디세이는 명예심과 자긍심은 그대로였지만 이미 화를 내거나 분노를 통제하는 정신력을 갖추고 있었다. 현실을 냉철하게 냉혹하게 살피며 자신의 목표를 행동으로 옮겼다. 그의 행동은 젊었을 때의 지략과 꾀에 가득 찬 인물로서가 아니라 장년으로서 신중함과 굳은 정신력을 보이고 있었다.

40대에 불혹한다거나 50대에 지천명한다는 공자의 말씀도 그리스 사람 오디세이를 두고 하는 말이었다. 확고한 신념으로 인간과 세상과 우주의 이치를 깨닫는 나이에 그는 어떻게 살아야하는지를 비로소 깨닫고 행동에 옮기는 사람 같았다. 젊은 날의 그였다면 당장이라도 궁중에 들어가 모든 적들을 한숨에 물리치고 명예와 자존심을 세웠겠지만 그는 이제 다른 사람으로 변해 있었다. 그러한 무모한 행위가 얼마나 비극적인 삶을 가져오는지는 이제 너무나 잘 알고 있었다.

참고 참으며 구혼자들을 속이고자 오디세이는 신의 영감에 힘입어,

즉 아테나의 도움으로 늙은 거지로 변장하고 궁중으로 그는 들어갔다. 그는 아내인 페넬로페까지 알리지 못하도록 아들 텔레마코스에게 신중과 신중을 기하도록 요구하였다. 오디세이가 이타카에 온 사실을 모르는 페넬로페는 더 이상 구혼자들의 청을 물리치기 어렵다고 생각해 대대로 전해져온 활을 쏘아서 12개의 구멍을 모두 통과시키는 사람과 결혼을 하겠다고 선언한다.

물론 페넬로페는 그러한 활을 쏠 수 있는 능력을 가진 사람은 오로지 오디세이 한 사람뿐이라는 사실을 누구보다 잘 알고 있었다. 하지만 궁지에 몰린 페넬로페로서는 오디세이의 생사를 모른지 10년이 지났고 하여 오디세이만한 능력과 지혜를 갖춘 자라면 혹시 하는 마음도 있었을지 모른다. 오디세이 역시 그러한 페넬로페의 마음을 읽었는지 모른다. 그녀의 진심을 알고 싶었다.

구혼자들은 아무도 그것을 성공하지 못했고 때마침 늙은 거지의 모습을 한 오디세이가 자청을 하며 그것을 성공시킨다. 순간 늙은 거지의 형상을 한 오디세이가 자신의 원래의 모습을 보인다. 그 순간 오디세이는 아들 텔레마코스와 함께 자신의 왕국을 훔치고 자신의 아내 그리고 아들을 빼앗으려 했던 구혼자들을 모두 죽인다. 그리고 페넬로페와 극적인 상봉을 한다.

끝까지 아내에 대한 의심을 버리지 못하였던 오디세이, 이미 그는 인간의 전형적인 모습으로 되돌아 와 있었다. 20년이 지나는 동안 여전히 페넬로페가 자신을 사랑하는지 알고 싶었다. 그녀의 사랑을 확인하고 싶었다. 그간 얼마나 변하였는지 확인하고 싶었다. 인지상정이라고 할까. 오디세이는 이제 한낮 남자로서 남편으로서 부인의 사랑과 정절을 확인하고 싶었다. 자기만을 생각하고 있었는지를.

마지막으로 변함없는 그녀의 마음과 정절을 확인하자 그녀에게 감사하였다. 오디세이는 세상의 지혜를 안겨 준 신을 겸허히 숭배하고 자신을 낮추는 법을 배웠다. 오디세이, 페넬로페, 텔레마코스는 한 부부와 그 아들이다. 한 가정의 틀과 질서의 중심에 가장으로서 오디세이의 지혜로 가득 찬 용맹, 가정을 지키고 정절로 20년을 오로지 오디세이만을 기다려 온 페넬로페, 경고망동을 하던 젊은 텔레마코스가 부친으로부터 인내와 참된 용기를 배운 자세는 그리스 왕족과 귀족 사회가 지킬 규범과 도덕을 가리킨다.

그리스 신화에는 많은 영웅들이 등장한다. 그러나 그들이 항상 영웅적인 면모만을 보여주는 것은 아니다. 때로는 질투와 분노로 일을 그르칠 때가 있다. 또한 옳지 못한 판단으로 많은 사람들을 곤경에 빠뜨리는 경우도 있다. 그들은 다른 사람들의 눈에는 영웅처럼 보이기도 하지만 무모한 모험가로 보이기도 한다.

우리는 어떤 이들을 영웅이라고 부를 수 있을까? 세상의 영웅은 이야기 속의 영웅으로 생명력을 갖게 된다. 이야기 속의 공통점이라고 하면 영웅은 죽음을 두려워하지 않고, 옳은 일이라고 판단되면 단호한 행동과 의지로 밀고 나가며, 어떠한 고난과 역경도 주저하지 않고 맞서 싸워 이겨내려는 용기를 가진 자이다. 또한 그들은 지혜롭게 행동하며 신들을 경배하고 자신을 낮추는 법을 실천하는 지도자를 말한다. 이러한 영웅의 모습을 보여주는 사람은 아킬레우스가 아니라 오디세이이다.

오디세이는 죽음을 두려워하지 않는 영웅이다. 그에 대한 에피소드들을 보면 용맹하게 싸우는 장면도 그러하지만, 특히 영원한 환락의 여신 칼립소가 자신과 함께 있어준다면 영원히 늙지도, 죽지도 않을 거라는 제의도 거절하고, 오히려 역경에 맞서겠다는 그는 진정한 세속적 영웅의 면모를 보여준다.

사실상 신들만의 특권이라 할 영원한 생명을 살 수 있는 욕망을 거절하는 것은 쉽지 않은 일이다. 물론 현실적으로 그럴 수도 없지만 그런 염원조차도 도피조차도 비현실적이라는 것을 깨닫는 자체가 헛된 일이며, 세속적인 삶을 모든 가치의 중심에 둔다는 그리스적 사고이다.

스토리 『오디세이』에서 오디세이는 타이틀 롤을 맡고 있지만 뛰어난 계략과 속임수를 쓰기도 한다. 오디세이라는 말 자체가 방황하고 탐험한다는 뜻으로 여정을 가리킨다. 로마신화의 율리시즈, 19세기 빅토리안 시대 시인 알프레드 테니슨의 「율리시즈」 시, 20세기 아일랜드의 스토리텔러 제임스 조이스의 『율리시즈』 그리고 한국의 스토리텔러 이문열의 『서울의 오디세이』 등 모두 오디세이가 주는 그리스의 고전적인 의미를 복원하고자 한다.

물론 무엇이라는 명제는 시대와 공간에 따라 다소 달라진다. 하지만 어떻게 살 것인가에 대한 해답은 오디세이가 의미하는 인생 역경의 여정을 가리키며, 결국 그 끝에 행복추구와 고통해소라는 종교적 구원의 메시지가 있다.

구원을 향한 여정은 순례자의 길이다. 오디세이는 그 순례의 길을 걸었으며, 결국 자신과 가정을 구원한 그리스적 가치관을 보인 인물이다. 젊은 텔레마코스에게 그는 분노를 삭이는 교훈을 내내 가르치며, 매사에 신중함과 신중함을 가르친다. 그리스적 메시지는 지속적으로 오디세이 이후에도 진정한 가르침으로 남는다.

일설로는 오디세이를 지조가 없는 정치인으로, 때로는 현명하고 명예로운 정치가로 표현하며, 철학자들은 그의 지성과 지혜를 상징하는 인물로 나타낸다고 한다. 하지만 한때 그도 도피와 극락을 꿈꾼 적이 있다. 불교적 이미지로는 연근을 의미하는 서양적 표현의 로터스(lotus)가 있다. 이 로터스는 20세기 시인 T.S. 엘리엇(Eliot)의 『네 사중주』에도 나온다. 이 로터스를 먹으면 아무 것도 생각하기 싫고 환상과 환락의 세계로 이른다고 한다. 칼립소가 그 대명사다. 도교의 무릉도원을 상징하며 불교의 극락세계를 상징하지만 그리스는 이러한 신비주의적 종교 형태를 거부한다.

『오디세이』는 현대적인 느낌을 준다. 신들이 개입하는 에피소드만 없다면, 오히려 신들의 메시지를 꿈이나 평소 기원하는 마음을 나타내는 이미지로 본다면 어느 시대나 공간에서 만날 수 있는 인물로 오디세이가 있다. 전쟁과 사랑, 용기와 시련, 가정과 불화, 가정의 위기 등 현대 이야기 소재에서도 늘 다루고 있는 주제들이다.

우리는 자신을 보호해주고 자신의 꿈을 이루게 해 줄 누군가를 수호신으로 갖고 싶어 한다. 자신을 방해하는 초월적인 대상이나 초자연적인 대상 또한 신들의 방해나 신들의 분노로 볼 수 있다. 벼랑 끝에 몰려 처절한 역경과 고난에 처할 때 수호신을 주로 찾는다. 그리고 그 끝은 이승에든 저승에든 평화와 행복으로 끝날 때, 즉 구원을 받을 때 신은 그 절대적 의미를 갖게 되지만, 그 과정은 신의 굴레를 벗어나 자신의 삶과 존재를 영원히 해방시키려는 인간의 투쟁이라 할 수 있다.

그리스 여신들 또한 주인공들을 보살피고 구원의 역할을 행한다. 물론 예언이나 이성이나 전쟁이나 폭력이나 하는 역할은 남성 신이지만 가정이나 지혜 등을 보면 여성 신이 차지하고 있다. 페넬로페는 여성 이미지이지만 강한 어머니로 내적인 강인함과 의지의 상징이다. 영웅의 아내로서 어머니로서 20여 년 동안 이타카를 지배하였던 투쟁의 삶을 산 여성이라고 말할 수 있다. 한 남성의 동반자로서 여인 페넬로페 또한 자유와 해방을 향한 인간의 투쟁을 나타낸다.

그리스적 가치를 구현시키는 그리스 이야기들은 무수히 많다. 알렉산더 대왕의 삶 역시 재미있는 스토리의 소재이다. 알렉산더는 무엇으로 어떻게 살고자 하였을까. 영화 알렉산더를 보면 그리스적 가치가 너무나 잘 묘사되고 있다. 그의 이야기 또한 가정의 틀에서 시작한다. 부왕 아버지와 네 번째 부인이었던 어머니 사이는 다섯 번째 부인이 들어오면서 좋지 않게 되고, 이후 왕권 계승을 둘러싼 암투로 아버지의 총애를 잃었던 알렉산더는 어머니의 남편에 대한 증오심 때문에 그 복수를 꿈꾸는 모친의 에이전트가 된다.

결손가정에서처럼 자란 알렉산더는 젊은 시절 아버지의 사랑을 받지 못한 소외와 상실감으로 방황하는 인물로 그려진다. 그에게 모친은 남편에 대한 원망과 한으로 뭉쳐진, 그리고 왕권에 대한 집념을 심어주고 증오심을 키워준 인물이다.

부친으로부터 홀대를 당하고 사춘기를 지낸 알렉산더는 무엇인가 자신의 욕망을 채워 줄 어떤 대상이 필요하였을 것이다. 그는 끊임없이 무엇인가를 찾는 방황하는 젊은이였다. 부친의 총애도 왕권도 그에게는 그러한 굶주린 애정에 대한 행복추구와 욕구해소의 대상이었다.

영어 표현의 알렉산더 대왕의 다른 이름은 알렉산드로스다. 트로이의 왕자 파리스의 다른 이름과 같다. 우연의 일치 같지만 파리스와 닮은 점이 많다. 소외된 왕자였고 어린 시절 불우한 환경에서 자라 이성이나 질서보다 감성과 욕망이 앞서는 인물들이다. 결핍된 애정을 향한 이들의 대상은 왕권은 물론 사랑의 행각까지 무정부적 욕망의 화신이다.

알렉산더는 부왕으로 필립 혹은 필립포스 2세가 있고 어머니로는 부왕의 네 번째 부인인 올림피아스의 아들로 후에 알렉산더 3세로 왕권을 차지하였다. 그의 출신지역은 지금의 마케도니아, 당시 마케도니아의 수도 펠라에서 태어났다. 어머니는 마케도니아 동쪽 지역인 지금의 발칸반도인 알바니아의 옛 이름인 에피루스 출신이다.

당시의 에피루스는 지금 그리스의 80%를, 알바니아가 나머지 지역을 차지하고 있다고 한다. 그리스로 보아서는 아버지는 북동쪽 변방에 위치해 있고, 어머니 그보다 북서쪽 변방에 위치해 있다.

마케도니아는 그리스 중심으로부터 멀리 떨어져 있어서 지중해 시대의 주류 지역은 아니었다. 그래서 늘 정치적으로 소외 된 지역이었지만 그리스 사회와 문화의 쇠퇴기에 자연스럽게 변방이었던 마케도니아가 세력을 가질 수 있는 환경이 조성되었다. 하지만 그 지역적, 정치적 콤플렉스는 태생적인 한계와 그 심리 증후군을 알렉산더에게 안겨 주었다.

그에게도 대제국을 건설한 영웅이나 그의 출생에 대한 신비로운 이야기가 전해져 내려온다. 플루타르코스 영웅전에 따르면 그의 출생 시 어머니 올림피아스가 사자의 꿈을 꾸었다는 일화도 있고, 벼락이 배에 떨어지는 꿈을 꾸어 임신하였다는 일화도 있다. 또는 부왕 필립이 아내 올림피아스 곁에 있는 뱀을 보았다는 전설도 있다.

벼락과 뱀은 매우 상징적이다. 부왕으로 보아서는 뱀이지만 모친으로 보아서는 벼락이다. 뱀 같은 자식이지만 벼락을 치는 자식으로 그 이중성이 상징적이다. 오디세이의 경우 뱀처럼 교활하고 은밀한 전사로, 아킬레우스 경우 사자처럼 용맹과 싸움에 능한 전사의 모습이랄까. 물론 후대 사람들이 알렉산더 대왕의 결과를 보고 만든 이야기라 생각한다.

그의 젊은 시절에는 당시의 대학자인 아리스토텔레스가 마케도니아의 수도인 펠라 궁정에 초빙되어 3년 동안 그에게 수사학과 문학을 가르쳤고, 또한 윤리학, 철학, 정치학, 과학, 의학 등을 가르쳤다고 한다. 말 그대로 아리스토텔레스가 가진 모든 지식을 가르친 것처럼 보인다. 알렉산더의 학식이나 지식의 정도는 알려져 있지 않다. 다만 아리스토텔레스와의 인연으로 보아 그리스 지식과 가치관에 정통하였을 것으로 보인다.

알려진 바로는 아리스토텔레스가 선물로 준 호머의 『일리아드』를 좋아하여 단검과 함께 배게 밑에 두고 있을 정도로 애독하였다고 하며, 후에 원정길에도 늘 지니고 있을 정도였다고 한다. 그가 가장 좋아한 캐릭터는 트로이 전쟁의 영웅 아킬레우스로 알려져 있다. 그리스 문화를 숭배한 것은 물론 아리스토텔레스의 영향을 받은 것이기는 하지만 그의 용맹과 기질은 이미 타고난 재능이었다.

그에 대해서는 한때 말이 선물로 들어 왔으나 너무 사나와 아무도 탈 수 없을 때, 알렉산더는 말이 자신의 그림자 때문에 공포가 있다고 여겨 태양 바로 밑으로 끌고 와 말 등에 타니 말이 조용하니 있더라는 일화가 전해진다. 부왕이나 주변 인물들이 모두 놀라 그의 용맹과 재능을 알아보았다고 한다. 그 말의 이름은 부체팔루스(Bucephalus)로 황소머리를 하고 있다는 뜻이며, 그의 전쟁 기간 그와 늘 함께 하였다고 한다.

기원전 340년 필립은 알렉산더를 데리고 비잔티움을 공격하였다. 그리고 그 다음해 필립은 정통 마케도니아 출신으로 다섯 번째 부인인 크레오파트라 유리다이스를 데리고 온다. 이일로 변방 에피루스 출신인 올림피아스에게 미묘한 정치적 변수가 발생한다. 결혼식 피로연에서 크레오파트라의 삼촌은 이 결혼은 왕권 계승의 적통이라고 호언하였다. 그 소리를 들은 알렉산더는 그 삼촌에게 "나는 어떻게 하란 말이냐, 이 악당 같은 놈!"이라며 응수를 하자, 화가 난 필립이 칼을 빼들며 알렉산더를 몰아붙이다가 술에 취해 넘어졌다는 에피소드가 알려져 있다.

알렉산더에 대한 신탁으로는, 즉 신의 계시로는 알렉산더의 아버지가 부왕 필립이 아니라 제우스라는 소문이 떠돌았다. 부왕 필립으로서는 소름이 돋는 계시이다. 알렉산더와 모친 올림피아스가 만든 소문일지는 모르지만 필립의 경우 트로이의 왕 프리암을 연상할 정도의 신탁이다. 또한 설상가상으로 올림피아스 침대 곁에 뱀들이 그렇게 있어서 필립이 잠자리를 피하였다고 한다. 이런 저런 이유로 어머니 올림피아스와 알렉산더는 부왕 필립이 기피하는 인물이 되었다.

그럼에도 올림피아스를 에리루스 지역에 그대로 남겨둔 필립은 그 다음해 그리스 본토라 할 아테네와 테베를 상대로 한 카에로니아 싸움에 여전히 알렉산더를 데리고 싸움에 임하였다. 이 싸움에서 알렉산더는 난공불락의 적이라는 테베를 상대하여 전멸을 시켰다. 그가 친하였던 어머니 쪽 사촌인 에피루스 출신의 필로스 장군은 후에 유명한 그의 측근이 되었다. 이 일로 필립은 테베가 가졌던 그리스 지역의 패권을 쥐게 되었고, 스스로 고린쓰 동맹을 결성하여 자신을 패권군주로 선포하였다.

2년 후 기원전 336년 필립은 자신의 딸, 다섯째 부인의 이름과 같지만 클레오파트라와 에피루스 출신의 그녀 삼촌과의 혼인식장에서 암살을 당한다. 이 암살에 대한 이야기는 이야기꾼들의 흥미를 자극한다. 클레오파트라를 사랑한 젊은 귀족 오레스티스의 파우사니아가 자신의 뜻을 무시하고 결혼을 시키려한 필립을 복수하겠다고 한 호언이 알려지고 있다. 하지만 알렉산더가 이 암살을 뒤에서 은연중 부추기었다거나 혹은 그의 모친 올림피아스가 개입하였다는 설이 있다. 알렉산더와 올림피아스 모두 이 암살의 배후자로 지목되기도 한다.

영화 '알렉산더 대왕'은 올림피아스가 증오심과 남편에 대한 복수심으로 아들 알렉산더를 부추기어 부왕 필립을 죽였다고 설정하고 있다. 알렉산더는 자신의 친구 파우사니아를 부추기고 자신은 뒤로 빠지며 부친을 살해한 인물로 나타난다. 이런 스토리 구조를 따르다보면 알렉산더는 권력을 탐하는 야심에 찬 젊은이로 그려지며, 모친의 복수를 자신이 하고 마침내 부왕에 대한 자신과 모친의 원망을 제거하게 된다.

부왕 필립이 피살되는 순간 알렉산더를 즉시 왕으로 추대하는 소동이 일어난다. 상당히 계획된 행동으로 보일 정도로 알렉산더는 부왕의 암살에 깊이 개입한 것으로 에피소드가 짜여져 있다. 아무튼 약관 20세인 알렉산더는 군대의 추종으로 새로운 마케도니아의 왕으로 추대된다.

이때를 기회로 아테네와 테베가 이탈의 움직임을 보이자, 젊은 왕 알렉산더는 신속하게 움직여 가장 강력한 테베를 굴복시킨다. 다시 고린쓰 동맹으로 스파르타만 제외한 체 반 페르시아 동맹을 결성한다. 그 만큼 페르시아의 위협이 그리스 반도에 절대적이었다. 이듬해 북동쪽에 위치한 다뉴베를 얻고자 트라키안 전쟁과 일리리안 전쟁을 일으켰지만 다시 이틈을 틈타 아테네와 테베가 반기를 든다.

테베의 저항은 강했지만 알렉산더의 움직임도 신속하였다. 알렉산더는 무자비하게 테베시를 공략하여 폐허로 만들고 테베의 전 시민을 노예로 팔아버린다. 아테네와 다른 도시 국가들도 결국 굴복함으로써 알렉산더는 변방 지역에서 일약 발칸반도의 최후 패권주로 부상한다.

발칸반도를 평정한 이후 알렉산더는 끊임없는 정복욕 때문에 동방으로 이동하여 다리우스 황제를 물리치고 페르시아 제국을 무너뜨린다. 그리고 페르시아 통치하에 있던 중동지역과 이집트는 물론 인도의 푼잡지역까지 진출한다. 친구들과 측근들의 만류에도 불구하고 알렉산더의 정복욕은 그칠 줄 모른다. 그 과정에서 알렉산더는 심지어 측근을 죽이기까지 한다.

지금의 서남아시아의 말리 종족을 정벌하려던 알렉산더는 용감하기로 잘 알려진 말리 족으로부터 화살을 맞고 심각한 부상을 당한다. 그의 원정이 길어지면서 정복지역의 반기 또한 쉬지 않고 일어난다. 그는 진압과 정복을 반복하며 앗시리아의 바빌론으로 돌아온다.

그리고 그 바빌론의 왕궁에서 기원전 323년 6월, 그의 나이 33살 사망한다. 그의 죽음도 신비롭다. 일설에는 안티파테르의 아들들이 독약을 먹여 죽였다고 알려져 있지만, 술로 인한 병으로 죽었다거나, 인도 원정시 얻은 말라리아로 죽었다고 전해지고 있다.

일반적으로 이야기꾼들은 그의 죽음을 독약에 의해 암살되었다고 해석하거나, 혹은 그의 친구 라리우스의 메디우스가 베푼 파티에서 계속된 술로 결국 그가 죽음을 자초하였다고 해석하고 있다. 그의 지칠 줄 모르는 욕망의 끝에는 더 이상 그의 욕망을 채워 줄 대상을 찾지 못해 스스로 파멸한 인물로 그려지고 있다.

그의 정복은 이집트에 자신의 이름을 딴 알렉산드리아 도시를 건설하고 서남아시아 전체를 아우르는 지역에 새로운 지중해의 그리스 패권 국가를 만들며 바야흐로 헬레니즘 세계의 토대를 쌓았다. 그리스, 이집트, 중동, 페르시아, 중앙아시아, 인도의 북서쪽 푼잡지역인 파키스탄에 이르는 대제국을 건설한 대왕으로 기록되어 있지만, 정작 알렉산더는 마케도니아에 결코 다시 돌아가지 않았다.

고대 문명과 왕국의 발상지인 바빌로니아와 후에 앗시리아, 지금의 이라크의 수도 지역인 바그다드 인근인 티그리스 강과 유프라테스 강이 만나는 지역은 고대 4대 문명의 발상지이기도 하다. 당시 고대 국가의 패권을 다투는 자라면 이 지역의 정복이어야 명실공이 대왕이라 할 수 있다. 알렉산더도 이 지역을 처음 정복한 이후 왕궁에서 내려다보이는 넓게 펼쳐져 있는 대지를 바라보며 만족과 자존심을 한껏 심취한 것으로 비친다. 그 다음이 또 다른 4대 문명 발상지인 이집트의 정복이었다.

그가 인도에서 돌아와 지금의 이란 국경 내 바빌론 왕궁에서 최후를 맞이한 일은 그의 패권주의를 매우 상징적으로 보여준 경우이다. 그는 결코 어떤 한 지역에서 머무르는 인물이 아니었다. 아킬레우스를 꿈꾸며 오디세이를 꿈꾸는 그는 영원한 방랑자였다. 젊었을 때 불탔던 그의 야심과 욕망은 그 끝을 모르다가 그 대상이 없어지자 힘없이 소멸되어 술로 세월을 보내다 비극적인 삶을 마감하는 인물이 알렉산더이다.

알려진 바로는 아폴로 신보다 아프로디테와 디오니소스 신을 숭배하였다고 한다. 문학적 감성과 뜨거운 열정을 가졌던 그로서는 혼돈과 파괴의 주체였다. 일면 로맨티스트인 그는 비현실적인 이상을 꿈꾸며 때로는 잔인하게 부왕을 음모로 살해하고, 적에게 잔인할 만치 교활할 정도로 냉혹하였던 오디세이를 연상시키며, 술과 여성으로 디오니소스적 쾌락을 즐겼던 인물이기도 하다.

그가 결혼한 여성은 세 여인으로 알려져 있다. 정식 부인은 박트리안 귀족의 딸 록산나였고, 옥시아르테스 그리고 다리우스 3세의 딸인 스타테이라 공주였다. 정복주로서 당연하게 보이지만 그는 고국 마케도니아의 질서보다 이국의 정복주로서 고대 바빌로니아 왕국을 점령한 왕이 더 되고 싶었지 않나 할 정도다. 역사의 아이러니지만 중동 지역의 패권은 앗시라아, 페르시아 등 이 바빌론 왕국과 어느 정도 밀접한 관련이 있다. 오늘날의 이라크 전쟁도 세계 패권 국가를 자처한다면 고대 바빌론의 성지를 점령해야 한다.

알렉산더의 신념은 후계자 문제에서도 엿볼 수 있다. 일찍이 자신의 후계자 없이 죽었던 그는 강한 자가 계승해야 한다는 유언을 하였다고 한다. 어떤 적법한 후계자가 없었기도 하였지만 제2인자인 크라테루스(강한자의 뜻과 발음이 비슷)를 지정하였다는 설도 있다. 레아사후 록산노로부터 아들이 태어나 알렉산더 4세로 불렸지만 마케도니아에서 성인이 되기 전 살해당하였고 전하고 있다.

또한 스타테이라로부터 낳은 아들이 있다고 전해지고 있다. 그가 죽은 후 장군들 사이에 영토 분쟁이 일어났고, 이어 곧 왕국은 마케도니아를 중심으로 한 그리스 반도, 이집트 지역, 인도를 포함한 중동 지역인 3 왕국으로 분리된다.

서남아시아에 남긴 알렉산더의 문화와 가치관은 오랫동안 이 지역들의 삶의 가치관이 되었다고 한다. 적어도 이슬람 세력이 형성되기 이전까지 그러하였고, 예수가 태어나던 시기와 로마 통치 시기 까지는 그리스 문화가 깊은 영향을 미쳤다. 소위 헬레니즘 문화라고 하지만 그리스 사람들의 종교성의 문제는 동서양 문화 간의 새로운 융합을 낳았다.

서구의 시각과는 달리 이란과 인도에서는 알렉산더의 이미지는 매우 부정적으로 묘사되고 있다. 젊은 알렉산더로 인하여 그리스 문화와 종교적 가르침은 이 지역을 암흑기에 들어서게 하였고, 그리고 악마적 이미지와 파괴를 일삼는 원시인들의 이미지를 유산으로 남겼다.

기원전 330년 알렉산더의 이미지는 침략과 수탈의 대명사인 몽골의 징기스칸에 비유되고 있다. 서남아시아와 중앙아시아에서는 알렉산더를 두 뿔이 달린 악마로 묘사하고 있으며 그는 동방의 아름다운 도시들을 파괴한 저주를 받은 자이다.

알렉산더는 우리가 아는 것보다 훨씬 더 냉혹하고 잔인한 인간일 수 있다. 그는 왕이었고 모든 이를 지배하고 있어 보였지만 심리적으로 그는 늘 무엇인가를 두려워하고 쫓기고 있어 보였다. 그의 행복추구와 고통해소는 채워지지 않는 구멍 난 항아리 같았다. 인간으로서 불행과 고통에 이른 그의 죽음은 그리스적 가치로 보아 그는 결정적인 성격적 결함을 가지고 있었다.

현명하고 신중하지 못한 그의 행동은 무엇보다 자기 통제력이 부족하였다. 그의 열정과 에너지는 자기 통제력을 잃은 전차와 같아 보였다. 알렉산더의 뜻은 인간의 보호자라는 뜻이었지만 그의 본성은 어머니에게서 온 것이 크다고 한다.

그의 삶은 아킬레우스의 용맹에 오디세이의 여정이었다. 그렇다고 오디세이처럼 전쟁과 지혜의 여신 아테나를 숭배하지 않았던 알렉산더는 헤라클레스와 디오니소스를 숭배하며 자신의 정복 과정을 마치 고대 신화의 영웅과 신의 여정으로 생각하였다. 오로지 자신만이 그 신들의 여정을 완수할 자로 보고 스스로 신이 되고 싶어 하였다. 마치 젊은 날의 오디세이를 보는 듯하였다.

동방에 깊이 들어 갈수록 자신의 그리스 동료와 참모로부터 멀어졌고, 그의 욕망은 끝이 없었다. 민주적이던 그리스적 가치관은 점차 사라졌고 스스로 독재자적 권위와 통치를 보였다. 그의 이러한 성향은 그가 그리스 주류가 아니며 변방의 마케도니아 출신으로 지리적 콤플렉스와 더불어, 어머니의 증오와 원한으로 인한 왕권 다툼에서 빚어졌던 권력욕의 콤플렉스가 크게 작용하였다. 그의 정복은 그러한 콤플렉스의 반사 행동으로 보였으며, 아시아를 정복하는 과정은 그러한 콤플렉스를 벗어나려는 구원의 행동으로 아시아에서는 고대 영웅들이나 신처럼 행동하였다.

오이디푸스 콤플렉스에서처럼 부왕 필립 2세를 죽이고 모든 그리스적 영웅들과 신들을 능가하고 싶었다. 그는 영웅들과 신들의 발자국을 따랐다. 아킬레우스의 용맹, 오디세이의 여정, 헤라클레스의 영웅 정신과 신으로의 승격, 인도를 여행하여 술을 배워왔다는 디오니소스의 파괴적인 힘 등은 그의 정신을 전적으로 지배하였다.

그의 신성에 대한 동경은 스스로 그를 깊은 환상 세계와 몽상가로 이끌었다. 그의 몽상은 그를 신체적으로 고통과 피곤으로 지치게 하였다. 싸움터에서 그는 병사와 장수들을 종종 어려운 곤경으로 몰아넣었고 힘든 여정을 지칠 줄 모르게 강요하였다. 이미 병사들과 장수들은 아시아의 사막을 넘으며 자제력을 잃은 알렉산더로부터 인내와 육체적 한계를 넘어섰다.

그의 최 측근이며 친구인 참모로부터의 충언은 더 이상 그에게 약이 아니라 독이었다. 파르메니오는 다리우스의 항복 제안을 받아들이고 페르시아를 식민화하는 데 만족하기를 알렉산더에게 요청하였다. 단숨에 거절한 알렉산더는 신화 속 미지의 세계로 군대를 계속적으로 밀어 넣으며 온갖 위험을 자초하였다.

알렉산더가 결국 바빌론에 돌아왔을 때 그가 정복한 것은 아무도 갖고 싶지 않은 황무지와 사막이었으며 그리스 군대의 자원은 고갈되었고 병사들과 장수들은 지쳤다. 기원전 323년 약관 33살에 그는 결국 바빌론에서 술로 죽었다. 그가 죽자 사람들은 그의 영웅심을 애도하였지만 대부분의 사람들은 안도의 숨을 쉬었다.

알렉산더는 너무 젊었다. 젊은 혈기와 열정은 그를 권력을 얻게 하였으나, 그 끝은 한 인간의 비극으로 이어졌고, 그 행복 추구의 끝은 자제력을 읽은 체 고통스러운 삶을 초래하였다. 그의 여정은 자신을 구원하는 순례자의 길이었지만, 여전히 그는 행복을 몰랐다. 어쩌면 그는 누구보다 행복하게 죽었을지도 모른다. 지칠 줄 모르는 에너지와 열정의 끝에는 쾌락이 기다리고 있었다.

알렉산더의 욕망은 그의 쾌락 추구에 있어 보인다. 푸쉬케, 혹은 그의 사이키는 쾌락의 여정이다. 애벌레 단계에서는 고통스러웠지만 그 끝에 아름답게 날개를 가진 나비처럼 화려한 모습으로 영원의 세계에 진입하고 싶은 것이 그의 꿈이었는지 모른다.

알렉산더의 성공과 비극의 시작은 그의 출생 200년 전인 기원전 553년에서 518년까지의 동방의 페르시아 제국의 다리우스 1세가 그리스 도시국가들을 침략하면서부터이다. 거의 200년간에 걸쳐서 그리스 반도를 침략한 페르시아는 아테나와 테베의 힘을 약화시켰고, 페르시아의 그리스 원정의 도상에 있던 변방의 마케도니아가 힘을 얻게 된 배경이기도 하였다.

역사의 혼란과 수난의 시기에 변방에서 성장한 조그마한 왕국의 왕자가 모든 기존의 제국들을 정복하고 점령하는 데는 시간이 별로 걸리지 않았다. 이미 200여년 간에 걸친 그리스와 페르시아 간의 오랜 전쟁은 양측의 힘을 소진시켜 모두 지쳐 있는 상태였고, 제국의 힘들은 거의 약화되어 있던 때이다. 젊은 알렉산더에게 그러한 주위 환경은 그의 젊은 혈기와 용맹에 불을 붙였고, 스승 아리스토텔레스로부터 배운 지식은 그의 시야와 야심을 세계로 돌리게 하였다.

아리스토텔레스가 권하였다는 호머의 『일리아드』는 그의 상상력을 자극하였을 것이다. 수많은 영웅들과 그리스 신들의 활약은 그에게 점차 호기심 이상을 넘어 젊은 알렉산더의 열정을 사로잡았다.

그의 캐릭터는 고대 그리스의 가치관과 종교성을 살펴 볼 수 있는 좋은 호재이다. 그리스 비극의 인물인 알렉산더는 젊은 오디세이가 영웅정신과 지략으로 무너뜨린 동방의 트로이 왕국을 그렸을 것이며, 아킬레우스의 용맹과 지칠 줄 모르는 싸움 정신이 더 마음에 찼을 것이다.

알렉산더에 대한 이야기는 그리스 비극의 전형이다. 장년에 들어 오디세이가 배운 아테나의 지혜보다 신의 경고와 계시를 듣고 따를 만한 나이가 아닌 젊은이의 비극이었다. 그에 대한 디오니소스적 쾌락의 이야기는 젊은이를 붙들고 가르치던 소크라테스의 전범에 해당된다.

알렉산더의 젊은 혈기와 열정에 관련된 그리스적 비극 이야기는 이러한 아프로디테와 디오니소스 쾌락과 밀접한 관련이 있다고 쓰고 있다. 알렉산더의 이야기는 오이디푸스 왕의 이야기와 너무나 유사하다. 적어도 오디세이 이야기, 파리스의 이야기, 그리고 오이디푸스의 이야기는 무슨 연유이든 가정을 나가 다시 돌아오는 사이클 형태를 이루지만 알렉산더 이야기는 직선적이다. 오이디푸스의 이야기 역시 디오니소스적 광기에 의한 가정의 비극에서 시작된다.

부어오른 다리의 뜻을 가진 오이디푸스는 테베의 왕 라이오스와 왕비 이오카스테 사이에 태어났다. 라이오스 왕은 기뻐서 아폴론의 신탁을 듣고 싶었다. 당시의 풍습이기도 하지만 요즈음 말로 아이의 사주를 알고 싶었다. 사주쟁이는 아이의 사주를 풀어 주며 무척 근심어린

투로 조심스럽게 말을 꺼냈다. "혹여 이 아들이 부모를 해칠 운을 타고 났습니다." 파리스의 부왕이나 알렉산더의 부왕처럼 오이디푸스 부왕 라이오스는 처음에 사주쟁이를 욕하며 저주하였을 것이다. 부왕 라이오스의 고민은 깊어 갔다. 그의 선택은 무엇일까?

무시하자니 날이 갈수록 그의 마음은 고통으로 변하였고 떨쳐버리고 싶으나 불길한 운명을 떨칠 수가 없었다. 생각 끝에 버려서 죽이기로 하였다. 왕비 이오카스테에게 신탁을 말하며 "태어난 아이가 자신을 죽이고 당신을 범한다고 하오. 믿기 어렵지만 재앙을 가지고 온다고 하니 아이를 버리는 것이 좋겠소"라고 말하였을 것이다. 응당 강한 저항에 부딪쳤지만 결국 아이는 아랫사람을 시켜 키타이론 산에 버렸다.

그러나 아랫사람은 차마 어린애를 버리지 못하고, 짐승을 피해 나무에 발꿈치를 메달아 두고 산을 내려왔다. 아이는 다리가 부어올랐고, 마침 양을 치던 이웃 도시국가 코린토스의 양치기가 그를 발견하고 데려 갔고, 마침 코린토스 왕인 폴리보스한테 데려갔다. 아들이 없던 왕은 아기를 양자로 삼고 부어오른 다리라는 오이디푸스라는 이름을 지어주었다.

나이가 들며 사춘기에 들어선 오이디푸스는 대부분 청소년기에 있는 자녀들이 그러하듯이 자신의 정체성에 대하여 여러 가지 생각을 많이 하였을 것이다. 그가 왕세자임으로 더욱이 그에 대한 소문은 왕권을 둘러 싼 권력관계와 관련이 있었다. 어느 연회에 참석했을 때 오이디푸스는 자기가 폴리보스의 친아들이 아니라 사생아라는 말을 들었다. 믿고 싶지 않았지만 아무도 주위의 인물들이 사실을 말해주지 않았다.

오이디푸스는 진실을 알기 위해 델포이의 신탁에 가 자신에 대하여 물었다. 점쟁이에 간 셈이다. 그러자 오이디푸스는 부친을 죽이고 어머니와 결혼할 운명이라고 했다. 신관들은 그를 두려워하여 델포이에서 추방했고, 그때까지 폴리보스 왕과 메로페 왕비를 친부모로 믿고 있던 오이디푸스는 부모님에게 해를 끼치고 싶지 않았다.

그가 인간으로서 부모에게 해가 되는 행위를 하고 싶지 않은 심정은 인지상정이다. 그도 보통 젊은이였다. 하지만 그는 알렉산더처럼 왕자로서 모든 가르침과 수업을 받았고, 무예와 지적 능력이 남달랐다. 말 그대로 그리스 영웅의 모습으로 성장하여 있었다.

부모님과의 운명을 피하기 위해 오이디푸스는 코린토스에 절대로 돌아가지 않겠다는 결심을 하였다. 그는 운명의 작란을 피해 이웃 나라인 테베를 향하며 보이오티아로 통하는 길을 택했다. 그때 어느 외길에서 반대방향에서 급하게 들이닥치는 마차가 있었다. 마부는 마차를 끄는 말들을 힘차게 채찍질하고 있었다. 오이디푸스는 얼쩡거릴 틈이 없었다. 마차는 곧 그의 앞에 숨 가쁘게 들이 닥쳤고, 마부는 큰 소리로 길을 비키라고 소리쳤다. 잠시 어찌할 바를 모른 사이에 마부의 채찍은 젊은 오이디푸스의 어깨를 찍었다.

다시 피하려고 움직이는 사이 채찍은 욕소리와 함께 다시 그를 찍었고, 피할 틈도 없이 격한 소리와 함께 세 번째 채찍이 휘둘러졌다. 억제할 수 없을 정도의 분노가 젊은 오이디푸스를 압도하였다. 순간적으로 채찍을 손으로 받아 휘감자 마부는 그 채찍의 반동으로 튀어나와 앞으로 고꾸라졌다.

오이디푸스는 지체 없이 마부를 칼로 찍어 죽어버렸다. 그리고는 마차에 다가가 안에 있던 장년의 사나이를 한칼에 쳐 죽여 버렸다. 오이디푸스의 분노는 아킬레우스를 능가하였고, 오디세이를 능가하였고, 알렉산더를 초월하였다. 그는 아직 너무 젊었다. 젊은 혈기에 그는 누군가 보지도 않고 홧김에 죽여 버렸다.

그리고는 분을 삭이지 못하고 가던 길을 계속 갔다. 테베까지 가면서 많은 재앙을 목격하였다. 사람들은 재앙으로 죽어가고 있었다. 신탁에 갔던 왕이 살해되어 슬픔과 혼란에 빠져 있었다. 스핑크스의 재앙이었다고 사람들은 공공연히 소리치며 다녔다. 젊은 오이디푸스는 끓어오르는 영웅심을 느꼈다.

죽은 왕의 왕비인 이오카스테는 스핑크스의 저주를 해결하는 자는 테베의 왕위를 주겠다고 약속하였다. 당시의 그리스 풍습이었지만 오디세이의 경우처럼 남편이 죽거나 오랫동안 행방불명이 되는 경우 구혼자들은 미망인에게 구혼하고 왕위를 물려받게 되었다. 물론 나이 차이를 고려할 수도 있겠지만 원칙적으로는 어느 구혼자든 능력이 있는 경우 왕비와 결혼할 자격이 주어지며 통치권을 이어받을 수 있었다.

스핑크스는 이집트 왕들의 무덤을 지키는 수호신인데 그리스 인들에게는 파괴의 상징인 괴물과 악마의 신으로 비쳤던 듯싶다. 아테네와 더불어 그리스 도시 국가들의 종주국으로 자처하는 테베로서는 이집트와의 반목이 오래되었던 듯싶다. 오이디푸스는 왕비 이오카스테의 약속에는 큰 관심이 없었겠지만 스핑크스를 없애는 일은 그리스 사람들 모두에게 의로운 일로 비쳤을 것이다.

마침내 오이디푸스는 스핑크스를 물리치기 위해 찾아 갔다. 스핑크스는 여자의 얼굴에 사자의 몸과 독수리의 날개를 가진 괴물로 길목을 지키고 서 있다가 지나가는 사람에게 신비의 수수께끼를 던졌다. 그 수수께끼를 풀지 못하면 그 사람을 잡아먹었다. 전설적인 이야기이지만 의미 없는 이야기는 없듯이 신비스럽고 알 수 없는 이집트 문화와 신들에 대한 두려움을 상징적으로 보여준 예로 생각한다.

스핑크스의 수수께끼는 의외로 "아침에는 네발, 낮에는 두 발, 저녁에는 세발로 걷는데, 네 발로 걸을 때가 가장 약한 것이 무엇이냐"는 것이었다. 아무도 이 퍼즐을 풀지 못해 많은 인명이 죽었고, 테베는 재앙의 그림자에서 벗어나지 못하였다. 이를 해결하고자 테베의 왕 라이오스는 수호신 아폴론의 가르침을 받고자 사원으로 갔었다. 그가는 도중에 라이오스는 사원에 신의 계시를 받기도 전 참변을 당하였다.

오이디푸스는 왕자로서 수업을 받아 당시 그리스 지식을 이미 전수받았고 본래 총명한 젊은이라 오디세이처럼 모든 지식에 능통하였다. 그는 주저 없이 사람이라고 답하였다. 그리고 그는 스핑크스가 두렵지가 않았다. 설혹 답이 틀렸다고 하더라도 그는 그 이집트 신을 상대하고 테베를 재난에서 구하고자 하였다. 그는 그리스 용어로 구세주인 그리스도가 되고 싶었다. 그리고 자신의 명성을 세상에 알리고 싶었다.

그런데 뜻밖에 스핑크스는 그대로 바다에 뛰어들어 죽었다. 아마 현실적으로 해석하자면 그리스적 인간이 이집트 신을 물리치고 이집트 세력을 바다에 수장시킨 것으로 보인다. 이야기 좋아하는 후세 사람들이 이집트의 재앙으로부터 그리스를 구하였다고 생각하여 신화나 전설을 만들었던 듯싶다.

마치 일본이 조선군과 몽골군의 선단이 당시 태풍으로 대한해협에서 수몰되자 신이 자신들을 보호하여 주었다며 신풍(神風)이란 뜻의 가미가제 신화를 만들었듯이, 그리스 역시 스핑크스 신화를 만들어 보였다. 일본은 2차대전 때도 신풍을 사용하였다.

이제 오이디푸스에게 명예와 영광만이 주어졌다. 그는 원하지 않았지만 테베사람들은 한사코 그의 영웅적 기질을 높게 평가하고 나라를 평화롭게 다스려 주기를 원하였다. 결국 자신이 살던 왕국을 피해 이웃 나라에 왔지만 본시 왕자로서 그는 왕권에 대한 미련을 버리지 못하였다. 하지만 왕비인 이오카스테의 제안을 받아들이기는 어려웠다. 이미 거의 20년 가까운 나이차이가 문제였다. 하지만 당시 그리스의 풍습을 거부하기 어려웠다.

왕비 이오카스테는 생각보다 젊었고 아름다웠다. 그녀와 결혼하고 테베의 왕이 되었다. 그는 자신의 지식과 용맹으로 지혜롭게 나라를 통치하였고, 신민들로부터 사랑을 받았다. 세월이 지나면서 이오카스테와 사이에 두 아들 에테오클레스와 폴리네이케스, 그리고 두 딸 안티고네와 이스메네가 태어났다.

그러던 어느 해부터 테베에 큰 재앙이 닥쳤다. 부왕 라이오스처럼 오이디푸스는 계속 흉년이 들고 전염병이 돌자 델포이 신탁에 묻고자 하였다. 자신의 처남인 크레온을 보냈다. 크레온은 아폴론 신의 계시가 이 재앙의 원인은 라이오스를 살해한 왕 자신이라고 하였다. 이 말을 전해들은 오이디푸스는 크게 분노하였다. 크레온이 자신의 왕위를 찬탈하려고 음모를 꾸민다고 생각하여 크레온을 비난하며 그의 반역을 문제 삼아 테베에서 몰아내었다.

크레온은 동생 이오카스테에게 불평하며 매형 오이디푸스의 광기에 가까운 행위를 거칠게 항변하였다. 이오카스테는 오이디푸스의 현명한 처사와 행동을 요구하였다. 할 수 없이 오이디푸스는 크레온이 주장하는 진실의 실체를 무작정 거부할 수도 없었다. 그는 그 신탁의 진실을 풀고자 라이오스의 살인에 대하여 조사를 명하였다.

점차 살인의 윤곽이 들어나면서 자신을 향한 주위의 시선으로 오이디푸스는 자긍심과 명예에 이미 큰 상처를 받고 있었다. 아내인 이오카스테 역시 점차 불길한 예감으로 오이디푸스의 조사를 만류하였지만 그는 고집스럽게 이를 추적하였다.

마침내 진실은 드러났다. 그 범인은 오이디푸스 자신이었다. 점차 사건은 커지고, 오이디푸스 인물에 대한 비난이 일며 그의 행적에 대한 비밀이 소문나기 시작하였다. 시민들은 오이디푸스의 신탁에 대하여 노래를 삼아 진실을 퍼뜨렸다. 자신은 이웃나라 코린토스에서 자신의 운명을 피하고자 이곳에 왔을 뿐이며, 그 살인은 우연이었다는 그의 말에 아무도 귀를 기울이지 않았다.

고통스러워하던 오이디푸스는 자신이 살던 코린토스에 사람을 보내 자신의 출생에 대한 진실을 알고자 하였다. 부왕으로 알고 있던 코린토스의 폴리보스 왕이 자신을 낳은 왕이 아니라는 사실도 알게 되었다. 신탁은 계속해서 오이디푸스가 부왕을 살해하고 모친과 결혼한 패륜아로 그를 지목하였다. 테베의 재앙은 이미 오이디푸스의 출생의 문제로 비화되고 있었다. 결국 자신이 코린토스 왕의 사생아였다는 것을 알게 된 이 후 점차 자신이 어디에서 오게 되었는지를 알려는 욕구를 참을 수가 없었다.

출생의 비밀은 예나 지금이나 이야기의 훌륭한 소재이다. 비극의 시작은 출생의 비밀을 풀어내는 과정에서 커진다. 하지만 당사자 캐릭터들은 이를 멈출 수가 없다. 출생의 비밀은 그만큼 캐릭터들에게, 아니 인간에게 집요하고도 풀어야 할 과제이다. 해외로 입양을 하여 그곳에서 성장한 많은 한국인들이 고국에 돌아와 한번이라도 부모의 얼굴을 보았으면 하는 간절한 염원과 하나도 다를 것이 없다.

오이디푸스는 점차 깊은 수렁으로 빠진다. 자신을 주어 와 코린토스 왕에게 바친 양치기 노인을 불러 그 사실을 확인한다. 그리고 누구로부터 자신을 받았는가 묻자, 자신은 모르며 키타이론 산에서 주었으며 아마 테베 사람이고 지목한다. 테베를 온통 뒤지며 온갖 포고문을 부치고 당시 키타이론 산에 버린 당사자를 찾았다.

이미 사건은 누가 말릴 수 없을 정도로 커져가고 있었다. 왕비 이오카스테는 점차 밝혀지고 있는 사실 이면에 혹여 그때 버렸던 아이가 지금의 남편 오이디푸스가 아닌가하는 불안을 떨쳐 버릴 수 없었다. 이미 그하고 네 자식을 둔 자신도 진실을 가리고 싶었다. 그래서 왕비 이오카스테는 한사코 오이디푸스를 말렸다. 알고 싶지도 않다며 그만 사건을 덮으라고 줄기차게 그를 설득하였다.

오이디푸스는 멈출 수가 없었다. 결국 그때 키타이론 산에 버렸던 당사자를 잡아올 수가 있었다. 그는 한사코 자신은 모른다고 하며 자신을 죽여 달라고 애원하였다. 이미 늙어 세상을 살만큼 살았으니 죽여 달라고 애원하였다. 하지만 오이디푸스는 잔인할 만치 그 욕구를 떨쳐버릴 수가 없었다. 계속 그에게 고통을 주며 괴롭혔다. 할 수 없이 그 노인은 바로 오이디푸스 당신이라고 털어 놓았다.

그 순간 자신이 아니기를 간절히 바랐던 오이디푸스는 멍하니 서 있었다. 한순간 그는 격정에 휩싸이며 이미 이성을 잃고 있었다. 이 소식을 듣고 있던 왕비 이오카스테는 말이 없이 자신의 침실로 들어가 목을 매었다. 아내의 죽음을 들은 오이디푸스는 이 살아 있는 두 눈이 진실을 볼 수 없다면 없는 것이 낫다며 두 손가락으로 눈을 후벼 빼버렸다. 피를 흘리는 두 눈을 감싸며 오이디푸스는 패륜아로서의 자신을 저주하였다.

결국 오이디푸스의 출생의 비밀이 적나라하게 천하에 밝혀졌다. 이미 결정적인 증거로 자신의 부어오른 발목과 그 이름이 되었으며, 결정적인 증인의 진술은 번복하기 어려웠다. 왕으로서 그가 할 수 있는 모든 것을 다한 오이디푸스는 결국 스스로의 고집과 집념으로 자신의 정체를 가릴 수가 있었다.

이오카스테는 자살하고 오이디푸스는 미쳐 앞이 보이는 모습으로 비참하게 테베를 떠나 방랑의 길을 떠났다. 마치 셰익스피어의 리어왕을 연상할 정도로 광야에 홀로 버려진 저주받은 인간으로 전락하였다. 마침내 그는 모든 사람의 공포의 대상이 되고 버림을 받았다. 하지만 그의 딸들인 안티고네와 이스메네가 그를 충실히 보살폈다. 그는 비참한 방랑생활 끝에 불행한 생을 마감하였다.

오이디푸스가 쫓겨나자 왕위 계승권자인 두 아들 에테오클레스와 폴리네이케스는 형제간에 왕권 다툼을 벌였다. 예나 지금이나 형제간의 왕권 다툼과 재산싸움은 여전하다. 인간사회가 존재하는 한 그리스이든 영국이든 조선이든 영원한 이야기의 주제이다. 이 때 크레온이 에테오클레스를 지지하자 폴리네이케스는 이른바 그 유명한 고사, 테베 공략 7장군의 하나로 형을 공격하고자 테베를 공략하였다. 두 형제의 싸움은 너무나 치열하였다. 둘 모두 격투를 벌이다 결국 사망하였다.

오이디푸스 가정의 비극은 끝을 몰랐다. 신의 저주였는지 크레온의 아들인 메가레우스는 사망하였고, 메노이케우스는 스스로 성벽에서 몸을 던졌다. 크레온은 에테오클레스의 시신만 수습하고 폴리네이케스를 반역자로 규정하여 들판에 버리고 아무도 시신을 수습하지 못하게 명하였다.

가족에 대한 정이 많았던 안티고네는 버려진 폴리네이케스의 시신을 거두고 장례를 치루고 싶어 외삼촌이며 외할버지인 크레온에게 애원하였지만 오히려 크레온은 안티고네를 감옥에 가두고 굶겨 죽이려 하였다. 후에 크레온은 예언자 테이레시아스의 경고를 받아들여 안티고네를 풀어 주려 하였으나 이미 그녀는 슬픔과 고통을 못 이겨 어머니처럼 목을 매 자살하였다. 어머니와 아버지 운명의 굴레에서 한 많은 자신의 인생을 젊은 그녀는 감당하기 어려웠던 듯싶었다.

운명은 재미있게도, 그리스 비극 이야기꾼들은 집요하게 인간과 가정의 비극을 다루고 있었다. 안티고네를 사랑한, 크레온의 막내아들인 하이몬은 아버지를 저주하며 로미오와 줄리엣의 이야기에서처럼 자살하였다. 오이디푸스 가족과 관련된 이야기는 끝이 없어 보인다.

『오이디푸스 왕』의 이야기를 쓴 소포클레스는 이어 『안티고네』의 비극을 썼다. 소포클레스는 크레온의 아내 에우리디케도 아들을 모두 잃고 자신의 모진 운명을 저주하며, 남편을 저주하며 자살한 것으로 쓰고 있다. 후에 그리스 신화는 크레온이 섭정을 한 테베를 헤라클레스가 도와주어 크레온은 보답으로 딸 메가라를 주었다고 쓰고 있다.

질긴 인연들이다. 불교의 인과론처럼 잇고 이어지는 인간관계가 그리스 비극의 주 모티브이며 보복과 살인 등 저주와 원한으로 얼룩진 그리스 신화는 권선징악의 대표적인 이야기들로 그리스의 가치관을 말해준다. 오이디푸스의 저주는 일반적으로 그의 출생에 얽힌 비밀에 관한 이야기처럼 보이지만, 오이디푸스 자신, 그 운명적인 순간 분노를 참지 못해 살인을 저지른 데 대한 권선징악의 성격이 강하다.

오이디푸스 스스로 억제하지 못한 격한 감정은 그렇게 피하고자 하였던 운명의 한 가운데로 그를 몰아넣었다. 물론 너무 젊었기 때문이지만 그의 비극은 젊은이들에 대한 경종과 그리스적 가르침의 대명사이다. 절대 화를 내지 말라는 메시지이다. 분노와 자만은 금물이라는 그리스적 가치관은 하나 같이 불행과 비극을 만들어 낸다.

신들은 인간의 운명을 예고하며 경고한다. 신의 계시는 주어진 운명을 피하라는 메시지이다. 하지만 하나같이 그리스 영웅들은 그 운명의 한 가운데에 어느덧 서 있다. 그들은 피하려고 온갖 지식과 노력을 다한다. 하지만 결정적인 순간 인간의 본능과 충동은 그 인물의 운명을 결정짓는다. 피하고자 하지만 내면의 욕구와 욕망의 힘은 그것을 억제하기 힘든 그 순간 정체를 드러내며 인간은 자신의 본 모습을 보인다. 과연 운명은 피할 수 없을까. 비극을 피할 수 없을까.

그리스 비극은 참으로 무섭다. 그리스적 가치관은 역설적으로 이 비극을 피할 수 있다고 말하고 싶어 한다. 오디세이의 가치관을 말한다. 소크라테스의 삶을 말한다. 냉철한 이성과 지성을 갖춘 지혜로운 철학자를 그리스 사회는 요구한다. 그때야 비로소 사회나 국가가 이상적인 형태를 갖추게 된다. 근친혼을 금하는 엄격한 사회제도와 윤리는 오이디푸스의 운명을 결정짓는다.

프로이드의 오이디푸스 콤플렉스 증후군처럼 인간의 비극은 가정문제에서 크게 조성되어 보인다. 어렸을 때의 환경과 경험은 성인의 삶에 결정적인 영향을 미친다는 사실과 성인이 되어서도 어린 시절에 겪은 부모와의 관계가 유전자의 영향도 있지만 한 인간의 성격에 결정적이라고 그리스 이야기는 말하고 싶어 한다.

아리스토텔레스에 의하면 인간은 필연적으로 성격적 결함을 가지고 있다. 인간의 선택 문제는 이러한 성격적 결함을 어떻게 해소하느냐에 달려 있어 보인다. 신의 계시는 항상 이러한 개인의 성격적 결함으로 일어날 수 있는 비극성을 경고하고 있다. 그리스 가치관은 이러한 개인의 비극적 요인을 경험과 지식과 지혜로움으로 극복하기를 바란다. 그러한 극복된 세계는 세속의 세계가 아닌 신들의 세계지만 하기에 따라 세속도 신들처럼 이상적 인간들이 살아갈 수 있다는 낙원이 될 수 있다.

제3장 유대 스토리의 종교성

고대사회에서 신은 부정할 수 없는 존재이다. 다만 이 신을 인간이 세속의 문제에 어떻게 끌어들이고 있느냐에 따라 지역적으로 풍토적으로 다른 성향을 보인다. 신화의 나라라는 그리스 풍토와는 달리 고대문명의 발상지인 성지라 불리는 중동의 풍토는 어떠한가.

대표적으로 이스라엘 국가는 중동의 성지라 불린다. 물론 유대교를 신봉한다. 기독교의 뿌리인 유대교는 어떤 풍토적인 특성을 가지고 있을까. 유대인들은 어떤 인간관과 세계관을 보일까. 즉 "무엇"으로 "어떻게" 살아가고자 하는 것인가. 이러한 "무엇"이 이야기 내에서 어떻게 전달되고 바람직한 캐릭터는 어떤 유형인가.

그리스적 요인으로는 인간이 때로는 신처럼 생각하고 행동하는 측면이 있다. 신은 이상형이고 완벽한 형태로 인간의 숭배의 대상이지만 다신론이다. 필요한 대상이나 요소에 신성을 부여해 신에 대한 이야기를 세속의 인간 형태로 전달한다. 그리고 신에 대한 인간의 한계와 신에 대한 도전을 징벌하며, 인간은 어쩔 수 없이 성격적 결함으로 인하여 비극은 피할 수 없는 것처럼 그려진다.

오디세이의 경우는 희극적인 철학인이 된다. 그는 신의 경지에 이를 정도의 신중함과 철저한 자기 통제력을 보이는 인물로 그려져 있다. 그는 누구에게 의지하기보다 신의 계시를 충고삼아 철저하게 자기 관리를 한다. 그는 스스로 자기 감정을 철저하게 절제할 수 있는 인물로 성장하였다. 그 과정에서 신은 절대적으로 그를 지배하기보다 그의 조언자로서 살아가야 할 길을 가르쳐 주는 선생님이나 인생의 선배처럼 보인다. 젊은이를 가르치는 소크라테스 같다.

신은 결국 어떤 면에서 인간이 만든 이미지다. '없는 존재를 있음화' 하는 작업은 그 신비적이고 그 힘의 존재를 말을 통해서 드러나게 하는 일이다. 사람들이 자연의 대상에 초자연적인 존재가 있다고 믿고 싶어 하는 이치와 같다. 예를 들면, 바다가 주는 고통이 있을 경우 하늘이 노하였다고 하거나 천벌을 받았다고 의미를 해석하듯이 바다 이름을 포세이돈이라 하고 포세이돈이 노하였다고 우리가 설명하는 이치이다.

유대사회도 고대 사회에서의 종교적 원형을 그대로 보존하고 있다. 유대인들의 경전인 구약은 많은 이야기들로 가득 차 있다. 다양한 캐릭터들로 초자연적인 세계와의 관련성을 이야기 형식으로 전개하여 초자연적인 존재와 인간의 관련성을 해석한다. 세속의 세계에 익숙하고 상당히 친숙한 언어로 신을 표현하며 신과 친한 사이로 대화를 주고받는다. 그 대화 형태는 신탁이라고 하며 신의 말씀이라고 한다. 그 말은 사실 내면의 소리로 꿈을 통해 혹은 기도를 통해 혹은 의식을 통해 계시로 인지한다. 이야기는 그러한 계시에 관한 스토리로 인간이 신을 만나는 모습을 그린다.

유대 이야기들도 일반적으로 가정을 중심으로 이루어지고 있다. 집을 나갔다가 험난한 고통, 역경, 유혹, 실패를 경험하면서 모든 것을 잃어버리고 다시 가정으로 되돌아오는 사이클 구조를 가지고 있다. 설혹 가정이 아니라도 고향으로 고국으로 돌아오는 사이클을 형성하고 있다.

밖을 나가는 과정은 삶의 여정에 해당되며 비로소 순례의 길을 향한다. 순례의 여정은 구원의 과정이다. 의심과 의혹, 불평과 불안, 공포와 두려움은 종교의 시작 단계이다. 그리고 벼랑 끝에 서있게 되는 처지는 신을 찾고 그 계시를 듣고 싶어 한다. 빌고 기원하며 고통을 벗어나 영원한 행복을 추구하는 구도자의 자세는 유대교에서도 유사한 성격을 보여준다.

때로는 오디세이처럼 칼립소의 세계, 고통은 없고 쾌락만 있는 세계를 꿈꾼다. 영원한 삶과 육신의 구제를 구하며 환상의 세계, 즉 로터스와 같은 낙원과 천국을 꿈꾼다. 이 세상을 탈출해버리고 싶은 충동은 한번 빠지면 스스로의 힘으로 나오기 힘들만큼 인간을 유혹한다. 거기에는 무한한 자유와 해방이 있다. 영화 매트릭스세계처럼 가공의 세계 혹은 가상세계는 이미지의 세계이며 욕망과 쾌락의 세계이다. 욕망의 충족과 쾌락은 궁지에 빠진 현실을 도피하는 방향으로 출구를 찾게 되며 그 곳은 자유와 해방이 있다.

이야기는 이러한 욕망을 성취하는 세계이다. 궁극의 욕망은 불멸의 세계로 죽지 않는 세계로 떠나고자 하는 인간이 꾸는 낙원에 있고, 그 낙원은 이야기 속에 나타난다. 이야기 속이지만 안락하고 모든 것이 충족되는 낙원에서도 인간은 왜 만족하지 못하였을까. 마치 오디세이가 9년을 칼립소의 환상 세계에 살았음에도 결국 그곳을 뛰쳐나와 가족이 있는 세속 세계를 향하였을까.

아담과 이브 또한 다 갖추어져 있는 에덴동산에서 왜 그들은 추방의 운명을 갖게 되었을까. 왜 인간은 천국이나 낙원을 견디지 못해 할까. 인간의 욕망은 충족되어도 그 이상의 무엇을 찾고 있는가? 오디세이는 왜 칼립소의 안락함과 쾌락의 세계를 탈출하고자 하는가?

인간을 세속의 세계로 끌어 들이는 힘과 그 동력인 욕망은 무엇인가? 무엇인가를 추구하고 자극받고 싶어 하는 본능은 무엇인가? 우리는 하루만 편하게 누어있어도 몸이 근질근질하여 밖으로 튀어나고 싶어 하는 본능이 있다. 누군가와 시비하고 싸우고 자극받고 싶어 하는 충동이 있다. 그리고 그 욕망의 끝은 어디인가? 만족을 모르는 욕망은 오히려 비극을 초래한다. 그래서 그 끝은 인간이면서 동시에 신의 가치를 지향하거나 인간이기를 포기하며 신의 가치를 지향한다.

철저하게 인간세계의 가치를 추구하면서도 신의 가치를 목표로 한, 인성과 신성을 함께 가질 수 있다는 그리스적 인간은 유대 유형은 아니다. 유대적 인간은 철저하게 신에 의지한다. 신의 명을 철저한 삶의 원칙으로 살고자 한다. 선택의 여지가 없다. 이미 그러한 원칙이 주어지며, 이를 어길시 가혹한 심판과 징벌이 따르고, 이를 순종하고 삶의 계율로 실천할 때 풍족한 보상과 번영을 약속한다.

양극단을 조율하려는 그리스적 중용은 허용되지 않는다. 반인반신의 형태는 허용되지 않는다. 부처는 우연하게 강에서 악기를 연주하는 소리에 깨달음을 얻게 되었다고 한다. 악기의 줄이 너무 강하면 끊어지고 느슨하면 연주가 안되는 이치처럼 양극단의 길은 길이 아니며 진리의 길이 아니다. 양 극단을 피하려는 동양적 중용사고보다 그리스적 중용은 양극단의 조화를 이루려는 정신을 강조한다. 다만 유대적 중용은 없거나 양극단을 인정하지 않는다.

유대적 길은 오로지 신에게 자신을 맡기는 일이다. 초현실적인 존재가 절대적으로 인간의 도덕성과 윤리를 지배하고 살길을 원칙적으로 제시하면 사람은 그 길만 따라 가면 된다. 물론 그 길을 따라가는 일이 쉽지는 않다. 온갖 세속적 욕망과 거짓을 극복한 이후에야 비로소 신성한 길을 택할 수가 있다. 거짓말을 하지 말라 하면 거짓말을 절대 해서는 안된다. 그래야 신이 선택한 길을 찾게 된다.

마크 트웨인의 이야기 『천국이었나? 아님 지옥이었나?』는 국어로 『거짓말에 관하여』로 의역되어 있다. 이 스토리는 아주 짧은 분량이나 트웨인의 종교를 보는 시각이 함축적으로 담겨 있다. 사실은 이 스토리는 종교에 대한 그의 우화에 가깝다. 에코의 『장미의 이름』처럼 유대교적 정신과 기독교적 정신과 그리스적 정신을 모두 살펴 볼 수 있는 이야기이다.

캐릭터들은 모두 여성으로 가족인 네 명이 나온다. 두 할머니 한나와 헤스터, 할머니들의 조카인 과부 36살인 마가렛 그리고 마가렛의 딸인 16살인 헬렌이다. 마가렛은 장티푸스가 걸려 침대에 누워있는 환자이다. 이 환자를 돌보고 있는 사람들은 두 할머니들이다. 어느 날 의사가 환자를 살피기 위해 방문하는 날이다.

그날 우연하게도 두 할머니는 헬렌이 사소하지만 거짓말을 하였다는 사실을 알고 그녀를 추궁하고 있었다. 그래서 1장에서부터 "너 거짓말을 하였다고?"라는 추궁에서부터 이야기는 시작된다. 그렇다고 그 거짓말이 어떤 거짓말인지 설명하지 않는다. 하지만 그렇게 사람을 일부러 속여 해를 끼치는 거짓말이라기보다 아픈 엄마가 마음 상하지 않도록 일부러 거짓말을 한 것이다.

마치 도덕과 정의를 시험하는 것 같은 이야기의 거짓에 대한 논쟁은 흥미를 불러일으킨다. 거짓은 도덕적으로 잘못되었지만 엄마를 위한 거짓말이라 법을 위반한 것은 아니다. 아이의 거짓말은 비난하기가 어렵다. 거짓은 우리 일상의 삶이라는 의사의 지적은 우리는 매일 거짓말로 살며 상대를 위로하고 위안을 주고 행복을 주려한다는 백색 거짓말에 대한 스토리이다.

이야기는 거짓을 다루지만 말하는 이의 가치가 담겨 있다. 그래서 거짓말 같은 이야기는 내면으로는 거짓이 아닌 욕망을 해소하는 이야기로 거짓 이야기 속에서 숨겨진 구원을 찾는다. 그러므로 법을 위반한 것은 아닌 엄마를 위한 거짓말은 용서가 된다.

이야기의 거짓은 오락과 유쾌함과 즐거움을 준다. 그러나 그 거짓에는 유익함과 진지함이 있다. 웃음을 통하여 슬픔과 고통을 해소하려는 인간의 기본적 움직임은 그리스적 정신에 가깝다. 이에 대한 유대적 심판은 매우 가혹하며, 유대법에 따르면 거짓말은 부도덕한 짓이기도 하지만 명백하게 유대법을 어겨 심판을 받아야 한다. 하지만 유대적 법보다 용서와 화해라는 예수의 메시지는 이 유대적 심판에 하나의 관용적 해결점을 제시한다.

두 할머니들은 거짓말을 하였다는 헬렌을 처음부터 윽박지르며 앓아 누워있는 어머니에게 억지로 데려가 잘못을 빌라고 한다. 거짓말은 절대 해서는 안되며 그것은 죄악이라고 한 유대교의 율법을 강조한다. 이른바 모세의 율법은 신의 말씀으로 유대인들의 삶의 원칙이며 따라야 할 규범이다. 흐느끼며 어머니에게 간 헬렌은 어머니로부터 용서를 구하며, 어머니는 그러한 헬렌을 "내가 너를 용서하라고?" 오히려 반문하며 자식을 대하는 어머니처럼 너그럽게 용서한다.

그 때 환자를 보러 온 의사가 당도한다. 이 의사는 젊었을 때 술도 먹었고 다소 방탕하였던, 다소 비기독교적인 처신과 행동을 일삼았던 말하자면 죄지었다가 돌아 온 탕아였다. 의사로서 성실한 사람으로 변하였으며 상식을 중요시하고 성실한 기독교인으로 알려져 있다.

그는 들어오자마자 상황을 알고 할머니들을 문책한다. 거짓말이 그렇게 큰일이냐며, 그는 급하게 헬렌을 환자의 방에서 데리고 나가 그녀의 방으로 가게하고, 그녀를 다독거리며 위로를 한다. 그리고는 할머니들과 논쟁을 시작한다.

할머니들은 의사에게 헬렌이 거짓말을 하였다며 이는 죄악이라고 한다. 의사는 처음에 어이없어 하며 때로는 거짓말이 필요할 때가 있다고 응수하지만 할머니들은 한사코 거짓말은 안되며 이는 죄악이라고 오히려 의사를 다그친다. 의사는 그렇다고 환자인 어머니에게 어린 딸을 억지로 데리고 들어 온 일은 너무나 큰 처벌이었다고 할머니들을 꾸짖는다. 다소 수그러든 할머니들이지만 거짓말을 한 것은 사실 아니냐며 한사코 자신들의 주장을 꺾지 않는다. 헬렌의 영혼은 어떻게 되느냐는 질문에 의사도 잠시 할 말이 없다.

그러자 의사는 할머니들이 한 번도 거짓말을 한 적이 없느냐고 되묻는다. 그러자 할머니들은 한 번도 거짓말을 한 적이 없이 성실하게 살았다고 응수한다. 의사는 대뜸 할머니들의 지난 거짓을 들추어내며 그들을 압박한다. 자기가 아는 한 지난번에 할머니들이 이웃의 초대를 받았지만 그 이웃이 싫다는 이유는 말하지 않고 단지 가지 못하겠다고 답변을 보낸 일은 거짓말이 아니냐는 논리였다. 할머니들은 선뜻 답을 못하다가 할 수 없이 거짓말이었다고 고백한다.

의사는 "양해"(concession)와 "고백"(confession)을 혼돈한 할머니들을 논리로 설득하며 양해와 고백을 구분하지 못하고 있다고 지적한다. 양해는 상대에게 관용과 양보를 주고받는 일이지만 고백은 자신의 잘못을 드러내는 일이라고 한다. 그래서 자신은 환자들에게 하루에도 수없이 거짓말을 하고 있다며, 할머니들도 그런 상황에서 거짓말을 한 적이 있지 않느냐며 그 모순을 지적하려고 한다.

의사가 간 이후 할머니들은 그래도 의사가 반그리스도적이라며 "거짓말을 그러면 하라는 것"이냐며 혼란에 빠진다. 그들은 "신이 용서하지 않을 것"이라며 지옥의 징벌을 두려워한다.

이 일로 그만 헬렌은 어머니로부터 장티푸스가 옮아 엄마처럼 침대생활을 하게 된다. 가련한 헬렌은 할머니들의 강요에 못 이겨 의사의 경고에도 불구하고 오로지 종교적인 죄악이라는 이유 때문에 어머니에게 용서를 빌러 갔다가 병이 들게 되었다. 마치 호르헤의 신부를 연상시키는 할머니들의 종교적 원칙에 대한 집착은 이 스토리의 표면적 플롯이기도 하다.

표면적 플롯과 함께 그 내면에 이야기의 방향을 지배하고 있는 또 다른 플롯은 대항 주제로 의사의 거짓말에 대한 논쟁이다. 표면 플롯에서 헬렌은 거짓말의 결과로 죽음을 맞이하지만 내면 플롯으로는 할머니들이 수없이 조카 마가렛을 위해 양심의 가책을 느끼면서도 마가렛을 위해 거짓말을 하게 되는 아이러니다. 아마 이 내면의 플롯에 트웨인의 이야기 전략이 짜여 있다.

그리고 이 내면의 플롯이 트웨인이 말하는 진정한 구원의 메시지이다. 물론 거짓말은 절대 해서는 안된다는 법이 유대적 정신이다. 그렇지만 죄를 짓지 않고는 살수 없기 때문에 의사, 헬렌, 마가렛, 할머니들 모두 거짓말로 죄인이 된다. 할머니들은 이러한 죄의식으로 고민하고 고통을 받고 괴로워한다. 하지만 세상의 법칙은 신의 법칙을 따르기가 어렵다.

할머니들은 조카 마가렛이 병이 악화되면서 헬렌을 찾자 마가렛을 마음 아프지 않게 하기 위해 헬렌은 괜찮다는 거짓말을 하기 시작한다. 처음에는 양심의 가책과 죄의식을 느끼지만 현실의 상황에 어쩔 수 없는 처사라며 신이 용서할 것이라고 서로 상대를 위로한다. 점차 거짓말의 횟수가 늘며 이제 양심의 가책이나 죄의식도 느끼지 않고 오로지 조카 마가렛을 위로하는 일과, 헬렌을 보살피는 일만이 중요하여졌다.

마가렛은 자신의 병 때문에 어린 헬렌이 와서는 안된다고 생각하고 있기 때문에 할머니들이 헬렌이 잘 있다는 말만 듣고 행복해 하며 기뻐하고 즐거워한다. 거짓말로 행복을 느끼는 마가렛을 차마 외면하지 못하는 할머니들은 점차 다른 거짓 행위를 하게 된다. 헬렌은 어머니 마가렛을 위로하기 위해 침대에 누워 병이 심해지면서도 자신은 잘 놀고 잘 있다는 메모를 쓴다. 잘 놀고 잘 있다는 메모는 할머니들을 다시 고통스러운 상황으로 몰지만 어쩔 수 없이 이들은 헬렌의 메모지를 마가렛에게 주며 "헬렌은 잘 있다"고 거짓말을 한다.

점차 메모의 횟수도 늘면서 할머니들의 거짓 행위도 증가한다. 오로지 헬렌과 마가렛을 오가며 한 거짓말과 거짓 행동은 의사가 하루에도 수없이 환자를 위해 거짓말을 한다는 말 그대로 되어 버렸다. 결국 헬렌이 메모도 쓸 수 없는 상황이 되자 할머니들은 이제 헬렌의 메모를 모방하여 마가렛을 위로하는 처지가 되었다. 몇주후 급격히 병이 악화된 헬렌은 죽어 가면서, "자신은 행복하며 어머니도 곧 자신과 함께 행복하게 될 것이라고" 말하며 눈을 감는다. 차마 헬렌의 죽음을 전해주지 못한 할머니들은 끝까지 행복해 하는 마가렛을 거짓말로 간병하였지만 마가렛 역시 헬렌의 죽음을 모른 체 행복해 하며 죽게 된다.

천사가 내려오자 할머니들은 자신들이 거짓말을 하여 죄악을 저질렀다며 신의 용서를 구하고 간절히 기도하며 애원한다. 그러자 천사는 "천국에 너희들의 메시지를 전달할 수 있지만 결코 이의(항변)를 할 수 없는 신의(神意)(혹은 율법)를 가져 오겠다"고 냉정하게 답한다.

그러자 할머니들은 "우리의 죄는 크며 부끄러움으로 고통을 받고 있다. 오로지 완전한 최후의 참회만이 우리를 완벽하게 만들 수 있지만 우리는 인간의 결점을 알게 된 불쌍한 피조물이다. 우리는 매우 힘들게 지키려고 하였지만 우리는 다시 타락하게 되었다는 것을 알고 있고, 전처럼 죄를 지었다. 강한 자는 이길 수 있고 구원을 받을 수 있으나, 우리는 길을 잃어버렸다." 그리고는 천사에게 허리를 숙이고 간청을 하였으나 천사는 냉정하게 가버리고 없었다.

할머니들이 다시 울부짖자 천사가 다시 왔다. 할머니들은 다시 머리를 숙였고, 천사는 다시 그들의 귀에 율법만을 냉정하게 속삭였다.

트웨인은 마지막으로 묻는다. "이것은 천국이었나? 지옥이었나?" 트웨인의 질의의 의도는 명백하다. 천국이 지옥이었고 지옥이 천국이었다는 메시지이다. 표면 플롯은 지옥이었지만 내면의 플롯은 천국이었고, 내면의 플롯은 지옥이었지만 표면 플롯은 천국이었다. '거짓 코드' 해석의 차를 말한다.

천국의 시각은 표면 플롯을 지배하며 할머니들의 거짓말을 가리키고, 세속의 시각은 내면 플롯을 지배하며 할머니들의 거짓말은 천국이었다고 가리킨다. 행복을 위한 선의의 거짓말까지 신의라는 모세의 율법으로 심판하는 것은 지옥이다. 세상은 행복한 거짓말로 가득 차 있으나 영혼은 불행해진다는 율법은 냉혹하게 가혹하다.

아무리 엄격하게 살고 싶어도 죄는 피할 수 없는 세속의 삶과 엄격하게 단죄하려는 율법을 풍자한 재미있는 거짓말에 대한 트웨인의 유쾌한 유머를 볼 수 있다. 내용은 거짓말로 헬렌이 죽는 심각한 비극적 상황이지만 글쓴이의 풍자를 느낄 수 있는 즐거움도 있다. 죽은 헬렌과 마가렛은 거짓 속에서 살았지만 행복하였다는 이야기 세계는 행복추구와 고통해소라는 또 다른 종교적 구원의 메시지이다.

유대교적 삶과 정신은 엄격한 신의, 즉 모세의 율법으로 인해 죄를 피할 수 없다. 어떻게 살아야 죄를 피하며 행복을 추구하고 고통을 해소할 수 있을까. 모세는 토라(Torah)로 알려진 자신의 오경(구약의 첫 5권)인, 창세기, 출애굽기, 레위기, 민수기, 신명기를 쓴 인물로 알려져 있다. 창세기는 유대족의 인간관과 세계관에 관한 스토리 세계이며, 출애굽기는 이집트로부터 노예 생활을 청산하고 조상 아브라함이 살았고 무덤이 있던 가나안으로 귀환하는 스토리이다.

레위기는 이스라엘 12 부족 중 모세의 종족인 레위족을 위한 유대교적 의식과 절차를 기록한 의식서이며, 민수기는 당시 12 부족의 호구조사를 한 인명기록부로 군사조직을 위한 명부이며, 민수기는 가나안을 공격하기 전 모세의 출사표이다.

모세의 율법은 신명기에 잘 나타나 있다. 말 그대로 신의 명령이라는 神命으로 자신의 출사표를 신의 명으로 전쟁을 앞둔 이스라엘 족속들에게 결의와 결단을 촉구하고 있다. 그 핵심은 십계명이다. 그 십계명을 세부적으로 풀어서 설명한 것이 신명기로 모두 지켜야 할 세속의 원칙이며 삶의 원리이다. 말 그대로 삶의 도덕과 윤리를 신명으로 명확하게 확정을 해 놓았다.

왜 그랬을까. 그리고 자신의 말에 대한 권위는 어떻게 확보할 수 있었을까. 그리고 그 권위를 확보하는 방식은 어떤 내용으로 어떻게 전달하고자 하였을까. 이 방식이 모세의 이야기 전달하는 수사학에 속한다. 모세의 이야기 수사학은 트웨인의 『거짓말에 관하여』에 이미 들어가 있다. '절대 거짓말은 안된다는 것'이다. 이는 신의 율법이며 이를 지켜야만 자신과 삶이 행복을 찾게 되고 고통을 해소하고 영원히 축복받고 살 수 있다고 보장하는 실천계율이다.

모세의 십계명은 물론 거짓말 외에도 살인을 하지 말라는 등 9가지가 더 있지만 거짓말을 중심 모티브로 모세의 정신과 행동 양식을 보면, 이스라엘 족속의 흔들림 없는 결단이기도하지만 그 결과에 대한 축복을 반드시 보장해주는 장치를 보이고 있다.

모세의 정신과 원칙은 신명에 순종하면 축복을 받고 불복하면 불행해진다는 단순 논리이다. 율법을 지키면 축복과 행복이 보장되지만 지키지 않으면 불행과 고통의 삶이라고 잘라 말한다. 마크 트웨인과는 달리 여기에 중간 길은 없다. 할머니들은 이미 율법을 지키지 않았으므로 그들은 불행과 고통의 삶이 기다리고 있다.

모세는 말하기를 "내가 오늘 네게 명령하는 그의 모든 명령을 지켜 행하면 네 하나님 여호와께서 너를 세계 모든 민족 위에 뛰어나게 하실 것이라. 네가 네 하나님 여호와의 말씀을 청종하면 이 모든 복이 네게 임하며 네게 이르리니 성읍에서도 복을 받고 들에서도 복을 받을 것이며 네 몸의 자녀와 네 토지의 소산과 네 짐승의 새끼와 소와 양의 새끼가 복을 받을 것이며 네 광주리와 떡 반죽 그릇이 복을 받을 것이며 네가 들어와도 복을 받고 나가도 복을 받을 것이니라"(신 28: 1-6).

또한 모세는 말하기를, "내가 오늘 너희에게 명령하는 그 말씀을 떠나 좌로나 우로나 치우치지 아니하고 다른 신을 따라 섬기지 아니하면 이와 같으리라. 네가 만일 네 하나님 여호와의 말씀을 순종하지 아니하여 내가 오늘 네게 명령하는 그의 모든 명령과 규례를 지켜 행하지 아니하면 이 모든 저주가 네게 임하며 네게 이를 것이니 네가 성읍에서도 저주를 받으며 들에서도 저주를 받을 것이요"(신 28: 14-16).

그 보복과 저주는 더 참혹하다. "네가 악을 행하여 그를 잊으므로 네 손으로 하는 모든 일에 여호와께서 저주와 혼란과 책망을 내리사 망하며 속히 파멸하게 하실 것이며 여호와께서 네 몸에 염병이 들게 하사 네가 들어가 차지할 땅에서 마침내 너를 멸하실 것이며 여호와께서 폐병과 열병과 염증과 학질과 한재와 풍재와 썩는 재앙으로 너를 치시리니 이 재앙들이 너를 따라서 너를 진멸하게 할 것이라"(신 28: 20-22).

여기서 여호와는 모세의 조상 아브라함 이후 이스라엘 종족이 믿는 수호신이다. 수호신의 보호의 조건은 철저하고 냉혹하다. 모세의 이러한 율법의 정신은 어디에서 왔을까. 모세의 이러한 율법 저변에 깔려 있는 인간에 대한 의혹과 불신은 어떻게 해서 만들어졌을까. 그의 인간적 삶은 그렇게 구원의 길이었을까. 왜 그렇게 그는 철저하게 자신이 종족에 대하여 철저한 순종을 요구하였을까. 물론 전쟁을 앞둔 상황이기도 하였지만, 자신의 삶에서 만들어진 인생관과 세계관을 무시할 수 없다.

모세에 관한 이야기는 모세의 정신과 살아가는 방법이다. 이는 이러한 자신의 종교철학적 정신을 자신의 종족에게 요구하고 있다. 그는 사실상 자신의 종족에게 이방인이었다. 유아 때부터 이집트 왕궁에서 성장하였으며 왕자로서의 자질과 덕목을 갖춘, 당시 지식인으로서는 최대의 지식과 역량을 갖춘 인물이다. 그의 태생적 근본은 노예였던 이스라엘 12종족 중 레위의 후손이었으나 어린 시절 대부분을 이집트 궁정에서 왕자의 신분으로 보내 지배계층의 의식이 몸에 배었다.

당시 첨단 지식과 선진 문화의 보고로 알려진 이집트에서의 생활은 그의 모든 삶을 결정할 정도로 절대적이었지만, 오이디푸스의 운명처럼 자라면서 출생에 대한 비밀과 그로 인한 복잡한 삶들이 그의 인생을 비극적으로 반전시켰을 것으로 보인다. 왕자였기 때문에 자긍심과 명예가 무엇보다 소중하였지만 이에 상처를 받으면 사자처럼 분노를 표출하였다. 그 분노 역시 자신의 성격으로, 어느 순간 본능처럼 억제되지 못하고 밖으로 표출되었다.

알려진 바로 이집트 바로 왕은 노예인 히브리족이 너무 불어나자 어느 해 갓 태어난 남자아이들을 죽이라고 명하였다. 이를 피하고자 모세의 생모가 이집트의 공주가 마침 강가에 나와 있는 것을 보고 어린 자식을 파피루스 나뭇잎으로 만든 조그마한 배에 띄워 보냈다. 어린아이를 발견한 공주는 그를 궁중으로 데려갔고, 아이를 키우기 위해 유모를 찾던 중 모세의 누이인 미리암이 공주에게 요청하여 어머니를 불러 주었다. 그래서 공주는 아이에게 '물에서 건진자'라는 뜻으로 모세라는 이름을 지어주었다.

어렸을 때는 생모가 모세를 키웠다고 한다. 자연스럽게 생모를 알면서도 알지 못하고 한동안 성장하였지만 어머니로부터 받은 유전적 요소와 성장 교육은 그의 어린 정신을 지배하였을 것이며, 궁중에서 사생아로서의 성장은 그의 이중적이며 모순된 삶에 영향을 미쳤을 것으로 보인다. 당연히 그의 이러한 성격적 결함은 치유될 수 없었던 어린 알렉산더가 대왕으로서의 권력 야심과 좌절, 그로 인한 분노로 출구를 찾았던 인생행로와 유사하였을 것이다.

부왕을 죽이고 왕권을 차지하며 끝없는 정복욕으로 그 끝에 일찍 사망하였던 알렉산더를 보면 모세의 욕망의 출구는 어디였을까. 원죄처럼 자신을 족쇄로 얽어 맨 노예의 피와 성장하면서 받게 된 다른 왕자들의 멸시와 천대는 더 없는 좌절과 패배감을 안겨주었을 것이다. 그는 자신의 종족에게 돌아갈 수도 없었고, 그렇다고 이집트의 궁중에서도 아웃사이더인 영원한 이방인이었다. 따라서 그의 출신 배경으로 인해 결국 자신의 민족과 자신의 조국으로 눈을 돌릴 수밖에 없었을 것이다.

뿌리에 대한 관심이다. 뿌리는 특히 외국에 나와 사는 사람일수록 그 욕구는 더 강하다. 자신이 속한 주류 사회로부터의 소외감이나 열등감은 피부나 언어가 다른 경우일수록 더욱 심한 증후를 보이겠지만, 노예로서 상류계층의 지식을 접하고 세상의 이치를 깨달은 이국의 젊은이에게 자신의 뿌리는 영원한 과제였다. 자신의 정체성에 대한 의혹, 불신과 분노로 방황하는 시기가 지나면 그 뿌리에 대한 탐구가 시작되는 것이 일반적이다.

모세는 나이가 거의 40에서야 제정신이 들었다. 출신에 대하여 평소 예민하였던 모세는 어느 날 자신의 뿌리였던 동족이 피라미드 노역장에 동원되어 학대를 받고 멸시받는 현장을 목격하자 순간 심한 모욕을 느꼈다. 이전이나 평소 같으면 양심의 가책이나 열등감만 느낄 뿐 자신의 삶과 달라 그저 무심히 넘길 수 있던 장면이었지만 어느 순간 견딜 수 없을 때가 찾아왔다. 한 순간 그는 분노에 휩싸여 자신의 동족을 때리던 이집트 병사의 채찍을 빼앗고 그를 죽여 모래 속에 감추었다. 가슴 깊이 응어리져 있던 한을 풀어낸 듯, 억압되어 있던 욕망의 끝은 너무나 시원하였다.

살인을 하고 죄의식을 느끼기도 전에 그는 마치 자신의 진짜 모습을 찾는 듯싶었다. 제 정신이 든 순간 그는 자신이 이집트 병사를 죽였다는 사실을 알게 되었고, 살인에 대한 책임추궁이 두려웠다. 자신의 궁중 왕자들과 왕의 분노에 찬 응징의 얼굴이 그의 뇌리를 스쳤다.

바로 왕에게 살인의 행위가 알려지게 되자 자신을 키워준 양모인 공주를 만나고 피신하였다. 잠시 이스라엘 종족으로 숨어 들어갔으나 생각보다 이집트 궁중의 수색은 엄격하였고, 더 이상 보호를 받고 있을 처지가 못 되었다. 그는 필요한 재물과 소지품을 갖고 미디안 사막으로 기약 없이 도망을 갔다.

그의 도망은 한스러운 고통과 절망의 시작이었으며 사막에서 모든 것을 잃고 생의 벼랑 에 몰렸다. 그의 광야에서의 삶은 물질적이었던 지난날에 비해 그 절망의 순간 본능적으로 자신의 신 여호와를 찾았다. 이집트의 태양신이 아니었다. 이집트는 자신이 지난 40년간 충성을 하였지만 자신을 버렸다. 노예의 뿌리로 인한 번민과 열등감 때문에 더 이상 이집트 궁중에 대한 미련도 없었다. 그는 한편으로 속이 시원하였지만 다른 한편으로 살아가야할 길을 찾아야 했다.

신의 계시였던지, 간절한 소망과 기도의 응답이었든지 그는 사막의 유목족장이며 제사장인 이드로를 만났고 이드로의 마음에 들었다. 모세의 생김새와 말씨는 이집트 왕족의 것이기 때문이고, 이집트 태양신에 대한 지식과 의식은 물론 그의 탁월한 지적 능력을 아마 높이 산 듯싶었다. 그는 그의 딸 십보라를 그에게 주었고 모세의 처지를 이해하고 자신과 함께 생활하도록 하였다.

십보라의 사이에 모세는 두 아들을 두었다. 광야에서의 어려움이 컸던지 큰 아들에게 내가 이방에서 객이 되었다는 뜻의 게르솜이라는 이름을 지어 주었고, 자신의 처지를 한탄하듯이 작은 아들에게 내 신 여호아가 나를 도와 바로의 칼에서 구해주었다는 뜻의 엘리에셀이라는 이름을 지었다. 모두가 자신의 궁색한 처지와 광야에서의 이방인으로서 살아가는 어려움을 나타내고 있었다.

모세는 영원한 이방인이었다. 광야에서의 삶은 곤궁하였지만 대자연에서의 원색적인 삶은 그의 정신과 영혼을 맑게 하였고, 자연에서 느껴지는 초자연적인 신을 가까이 할 수 있었다. 그는 결혼을 하여 가정을 가지게 되어 육신과 정신의 안정을 찾았고, 적막한 광야에서의 목동 생활은 자연스럽게 신을 찾았고 신을 만날 수 있는 동기가 되었다. 하늘과 사막과 광야 밖에 없는 곳에서의 오랜 생활은 그의 정신적 성장을 가져온 계기가 되었다.

그는 자신이 속한 히브리족속에 대한 근원을 탐색하고 조상이 누구인지를 알고 싶었다. 그리고 그들은 어디에서 왔고, 어디에서 정착하였으며, 왜 이집트에 오게 되었고, 왜 노예가 되었는지 그는 자신의 뿌리를 찾는 지적 작업을 시작하였다. 구할 수 있는 모든 자료와 구전으로 내려오는 신화와 전설 등을 수집하기 시작하였다.

마치 외국에 나오면 애국자가 되듯이 이방인이었던 모세의 경우도 자신의 뿌리에 대하여 객관적이고 설명이 가능한 원리와 패턴을 찾고 싶었다. 그의 냉철한 지성과 오랜 지적 훈련으로 다져진 능력은 한 부족의 흐름과 정신을 찾는 데 결정적으로 작용하였다.

그 흐름과 정신은 거슬러 올라가 보니 요셉이라는 인물과 요셉의 열두 형제, 그리고 그들의 아버지인 야곱, 그의 아버지인 이삭, 그의 아버지인 아브라함에 이르렀다. 아브라함은 본래 지금의 이라크 남부의 삼각지에서 유목민의 하나로 있다가, 기근이 들어 다시 북쪽으로 더 풍요로운 땅을 찾아 유랑하는 조상으로서 한때 지금의 티그리스강과 유프라테스강이 만나는 모슬 지역에 머무르다가 지중해 연안으로 이동하였다.

아브라함은 아마 지금의 시리아의 다마스쿠스에서 잠시 정착을 하였다가 다시 기근이 들자 근친혼이 당시 흔한 일인 듯 사촌 여동생 사라와 결혼을 하였기에 친동생이며 처가 식구들과 헤어져 요단강을 건너 가나안 지역으로 들어오게 되었다.

그 가나안 지역에서 낯선 이방인이었던 아브라함은 부인 사라가 죽자 그 무덤을 만들고자 인근의 조그마한 야산을 샀다. 그곳은 결국 아브라함 자신의 무덤이 되었고, 그의 아들 이삭의 무덤이 되었고, 후에 이삭의 아들 야곱이 묻힌 곳이다. 히브리 종족의 뿌리라 할 만큼 자그마한 야산에 있는 이 조상의 무덤은 모세가 찾았던 그 뿌리의 원천이었고, 조상이 살았고 묻혔던 조그마한 땅이었다.

모세는 자신의 삶을 정리하고자 하였다. 모세는 40년에 걸쳐 이 모든 작업을 마치고 자신의 뿌리와 정체성을 찾아보았다. 그리고 본시 유목민이었던 자신의 부족에 흐르고 있는 정신을 어떻게 정리할 것인지 고민을 하였다. 노예로 전락한 지금의 종족에게 맞는 정신은 무엇일까. 그는 오랜 노예생활동안 잃어버린 정신에 대한 무엇인가를 찾고자 하였다.

그 중심은 유목민으로서 자신의 부족이 지켜왔던 수호신 여호와에 대한 절대적 믿음이었다. 여호와는 유목민들을 하나로 묶을 수가 있었다. 여호와의 정신을 정리할 필요가 있었다. 그 정신은 여호와 신에게 의지하면 부족의 번영과 풍요가 약속된다는 믿음이다. 그 땅은 조상이 묻혀 있는 가나안 땅이며, 가나안은 여호와가 우리 조상에게 약속한 땅이라고 그들을 논리적으로 설득하고 싶었다.

그는 부족의 수호신이었던 여호와의 정신을 통해 히브리 민족을 설득할 수 있을 것이라고 점차 확신을 가지게 되었다. 이제 사막의 생활을 청산하고 자신의 종족에게 돌아가 부족을 구하고 싶었다. 그들을 설득하기 위해서는 여호와의 정신으로 어떻게 조상들이 살았고 그에 대한 보상으로 축복과 풍요를 누리고 살았는지 이야기를 해주고자 하였다.

그래서 그는 구전과 신화와 전설로 내려오는 중동의 이야기들을 모아 여호와의 정신에 맞추어 해석하고 이를 목적에 맞도록 재구성하였다. 그러한 실례로 자신들의 조상 또한 이러한 여호와 정신으로 번영과 축복을 누렸다는 이야기를 구성하였다. 그리고 자신들도 이처럼 여호와 정신으로 뭉친다면 조상처럼 번영과 축복을 누릴 수 있다고 말하고 싶었다.

모세는 조상 아브라함이 묻힌 곳으로 돌아가 자신들만의 나라를 만들고 싶었다. 아브라함 조상이 돈을 주고 샀고, 그의 후손이 그곳에 묻혀 있으니 당연히 자신들에게 권리가 있다고 믿었다.

마음이 지극하여 그 신의 정신을 늘 생각하고 있던 모세는 어느 하루 양떼를 몰고 호렙산 근방에 이르렀을 때 응답을 들었다. 신의 소리를 들었다. 모세는 수호신 여호와로부터 신탁을 받았다. 그곳에 잠깐 잠을 자다가 꿈을 꾸었는지 모른다. 그렇게 찾고 갈망하던 40년을 광야에서 보내다가 어느덧 꿈속에서 그렇게 갈망하던 신을 만났다.

아니면 신이 오라고 손짓을 하는 듯하였다. 그리고 그 소리는 생생하게 귀에 울렸다. 그만 돌아가 너의 백성을 구하라고. 그 목소리는 늘 자신이 생각하던 염원의 소리였다. 늘 바라던 것이 점차 꿈에도 생시에도 보였다. 그는 때가 이르렀다고 생각하여 서둘러 길을 나섰다.

40년 만에 이집트로 돌아간다니 모든 것이 설레었다. 하지만 그만큼 고민도 컸다. 자신의 살인죄가 사면이 되었는지 알 수도 없었지만, 자신의 부족에게 늘 이방인이었던 자신을 어떻게 무슨 말로 처음에 그들을 설득할 수 있을 것인지 그도 몰랐다. 그는 가족에게 의지하기로 하였다. 살아 있는 형 아론과 누님인 미리암을 먼저 만나 상의하기로 하였다.

누님 미리암은 여제사장이었다는 일설이 있다. 미리암이 모세의 누이가 아니라는 뜻이다. 미리암은 마리아의 원형 형태라고 한다. 오랜간만에 형 아론과 미리암을 만난 모세는 자신의 원대한 기획을 털어놓고 협조를 구하였다. 그간 조상의 계보와 이곳에 온 이유를 말하며 가나안으로 돌아가자고 형 아론을 설득하였다.

아론은 모세의 말에 공감을 느끼고 그를 부족장들과 장로들에게 데리고 갔다. 그리고 아론은 모세보다 자신들이 왜 이곳을 나가야하고 목적지가 가나안인지를 설명하고 그들을 설득하였다.

하지만 부족장들이나 장로들은 모세를 믿지 못하였다. 그는 이집트 왕국에서 자랐고, 자신들과는 전혀 맞는 인물이 아니며, 이집트 병사를 살해하였다가 40년 만에 나타나 이런 저런 이야기를 하는 자체가 믿음이 안갔다. 그리고 그만한 능력을 찾을 수가 없었다. 그가 누구인지, 어떤 일을 해왔는지 알 수가 없었고, 이러한 큰일은 모세같은 이방인하고 결코 상의할 문제가 아니었다.

아론의 설득은 집요하였고 모세는 자신이 할 수 있다며 그들을 설득하였다. 우선 자신은 이집트 궁중에 지면이 많고 바로 왕이나 왕족들 모두 어렸을 때부터 함께 자라 잘 알고 있다며 그들을 설득할 수 있다고 말하였다. 믿기지 않지만 그를 시험해 볼 필요는 있다고 생각하여 일단 이집트 바로 왕의 허락을 받아 오기를 요구하였다.

모세는 과거의 인물이 아니었다. 이미 사막에서 40년을 보낸 강인한 인물에다가 정신까지 성스러운 기운이 감돌고 있었다. 그래서 그는 바로 왕에게 가기 전에 자신을 양자로 들인 어머니 계열의 왕자와 상의를 하고 절대적인 협조를 구하였다. 가능하지 않았지만 서로 노력하자며 모세를 바로 왕에게 데리고 갔다. 바로 왕에게 모세는 자신의 뜻을 설명하고 왕의 허락을 받았으면 했다.

바로 왕은 일거에 거절하였고, 오히려 모세의 지난 죄에 대하여 문책을 하겠다고 으름장을 놓았다. 이에 굴하지 않고 모세는 바로 왕에게 히브리 종족이 가나안으로 돌아가야 하는 이유를 설명하였다. 지금은 노예이나 이곳에 오기 전 약 400년 전 본시 요셉이 당시 이집트 총리로서 높은 벼슬에 있었고, 그의 요구로 이곳에 정착하게 되었다가 이렇게 오랜 세월이 흘렀으며, 그간 이집트 궁중을 위해 온갖 노역을 제공하였으니 이제 그만 보내달라고 요청을 하였다.

당시 람세스 2세인 바로 왕은 노역이 필요하여 더 이상 모세의 말을 들으려 하지 않았다. 모세는 바로 왕을 설득하는 데 실패하였다. 그의 이미지는 큰 상처를 받았다. 그는 어떻게 하든 리더십을 보여 주어야 했다. 벼랑에 선 모세는 간절하게 기도하였고 신의 계시를 찾았다. 신을 만났고 그의 응답을 들었다. 간절한 마음 끝에 해결할 방책이 주어졌다.

다행스럽게도 고대 사회에서 일어 날 수 있는 자연재해와 같은 큰 재앙이 일어나 이집트로서는 어떻게 할 방책이 없었다. 이를 기회로 모세는 자신의 신이 노하였다고 바로 왕을 압박하였다. 긴가민가하였지만 계속된 재앙은 모세의 말을 경청하기에 이르렀다. 마치 모세의 말처럼 모든 재앙이 내려 보였다.

모세는 이집트의 태양신보다 자신의 부족 신 여호와가 자신들을 보호하고 이집트도 보호해줄 것이라며 바로 왕의 마음을 흔들었다. 바로 왕의 주문은 간단하였다. 이 재앙을 해결해준다면 보내 주겠다고 약속하였다.

연달은 재앙으로 지친 바로 왕과 이집트 사람들은 마지막 전염병이 돌며 많은 어린아이들이 죽자 마침내 손을 들었다. 모세는 전염병에 대한 충분한 지식을 가지고 있었고, 이에 대한 대처방안을 자신의 부족 사람들 모두에게 알려주며 방법을 직접 지시하였다. 모세는 집마다 모두 문지방에 어린 양의 피를 바르게 하였다. 아마 경건한 삶과 청결을 지시한 결과였는지 모른다. 결과적으로 모세의 부족 사람들은 하나같이 이 전염병을 피할 수 있었다. 하지만 갓 태어난 이집트 유아와 어린아이들은 쉽게 전염이 되어 죽었다.

신에게 경건하였던 모세는 구원을 받았다. 어린 양을 잡아 의식을 베푼 모세는 유대인의 명절의 하나로 이날을 유월절로 기념하였다. 히브리 종족은 모세의 능력을 직접 보았다. 그들은 모세가 자신들을 노예생활로부터 해방시킬 수 있을 것으로 보았다. 바로 왕이 마음이 변하기 전에 빨리 이 땅을 떠나자고 재촉하였다.

모세는 말로 다 할 수 없는 고난을 겪으며 200만의 히브리 종족을 인도하여 홍해를 건넜다. 기적이라 할 만큼 무사히 홍해를 건너 이집트 군의 추격을 물리쳤다.

시내 광야에 들어온 모세는 장인 이드로에게 전갈을 보내어 그의 도움을 받았다. 모세는 아들들과 아내와 더불어 광야에서 장인을 만나 수호신 여호와께서 자신의 종족 모두를 구원하였다며 자신을 낮추고 장인에게 그간의 상황을 이야기 하였다.

바로 왕과 이집트에서 행한 기적 같은 일들, 갖은 고난과 역경으로부터 무사하게 이곳에 온 것은 신의 가호가 아니었다면 불가능하였다고 장인에게 고한다. 모두 여호와께 기도하며 간절히 구하여 이를 이루었고 히브리족은 구원을 받았다며 장인과 함께 기쁨을 나누었다.

모세는 이제 신의 권능의 큰 힘을 느꼈다. 철저하게 자신을 낮추고 바로 왕을 설득하였고 부족장들을 설득하였고 장로들을 감동시켜 모든 일을 이루었으니 모세의 장인 이드로는 번제물과 희생물을 가져오게 해 모세를 위해 축하연을 베풀었다. 형 아론과 이스라엘 모든 장로가 와서 모세의 장인과 함께 떡을 먹고 즐겼다. 모세는 명실공이 자신의 부족의 지도자가 되어 있었다.

모세의 지식과 지혜는 모든 사람들을 능가하였다. 심지어 히브리 종족의 역사와 문화까지 모세를 앞지를 자가 없었다. 장인 이드로가 보니, 모세는 자기 종족을 재판하느라고 앉아 있고, 백성은 아침부터 저녁까지 줄을 서서 기다리고 있었다. 이드로는 모세가 행하는 모든 일을 보고 어찌된 일이냐고 물었다. 모세는 장인에게 모두 자신에게 여호와의 지혜를 물어보기 위해 온다고 말하였다. 자신이 히브리의 법도를 잘 알고 명쾌하게 해석을 내니 모두 경탄하며 '신의 말씀'이로다 하며 자신을 믿고 따르게 되었다고 응답한다.

모세의 장인은 이대로 가다가는 몸이 성하지 못할 것이라며 모세 스스로 그들에게 정리하였던 여호와의 정신을 말하고 그에 맞는 실천 계율과 법을 제정하여 따르도록 하는 것이 도리라고 충언을 하였다. 옳은 말이라 생각한 모세는 자신이 그간 정리하였던 많은 자료와 법도를 제정하기 시작하였다. 그리고 앞으로 어떻게 해야 할 것인지를 모두 자세하게 기록하고 이를 지키도록 하였다.

또한 모세의 장인은 부족별로 통제하기 쉽게 권한을 위임할 수 있는 조직을 만들기를 권장하였다. 장인의 말을 들은 모세는 이스라엘 무리 중에서 재덕이 겸비한 자를 선택하여 곧 천부장과 백부장과 오십부장과 십부장을 삼았다. 그들은 부족내의 백성을 재판하였고 어려운 일은 모세와 협의하여 결정을 하였다. 모세가 때가 되어 장인을 보내니 그가 자기 고향으로 돌아가게 되었다.

모세의 노력에도 불구하고 점차 조직과 체계를 잡아가고 있었지만 여전히 따르지 않는 무리들이 생겼다. 그리고 대놓고 모세를 비난하고 그의 행태를 비판하는 세력이 생기기 시작하였다. 애초부터 이들은 공공연하게 모세의 권한을 인정하지 않았다. 모세는 자신의 권한이 수호신 여호와에서 온 것이라고 말을 하고 있지만 여호와는 그들에게 보이지 않는 것이라 시간이 지나며 반대하는 세력을 설득할 다른 수단이 마땅치 않았다.

모세는 신에게 기도하며 필요한 율법을 만들었다. 함무라비 법전 등 이집트의 자료를 참고하여 십계명을 만들고 세부적인 계율과 규율을 포함하여 율법을 만들었다. 그리고 그간 자신의 행적을 기록하고 이들을 인도할 세부적인 전략을 짰다. 또한 동시에 가나안 지역의 정찰과 군사조직이나 무기 등 무려 그는 그곳에서 40년을 준비하였다.

새로운 신탁을 기다렸다. 그러는 과정에 크고 작은 갈등과 잡음이 있었고, 때로는 이집트로 돌아가자는 사람도 생겼고, 이웃 종족의 수호신을 믿는 자들도 생겨났다. 우상을 숭배하며 토테미즘이라 할 동물 숭배를 의식으로 베푸는 자들도 있었다.

모세는 분노하였다. 이들을 데리고 가나안에서 전쟁을 치르기에는 너무 비조직적이며 세력이 약했다. 제례 의식을 베푸는 집단으로 자신의 레위 종족을 택하고 형 아론을 제사장으로 임명하였다. 모세는 부족의 계보와 인구조사를 마치고 군대를 조직하였고 필요한 사상교육을 시키고 종교적 결단을 촉구하는 행사를 계속하였다. 이스라엘이라는 명칭과 하나의 히브리 종족으로 통일시키는 교육과 훈련은 계속되었다.

출애굽기, 레위기, 민수기, 신명기 등을 쓰며 창세기를 다시 손을 보았다. 그 목적이 뚜렷해야 했다. 단순하게 조상들이 살았던 이야기로는 충분하지 못하였다. 그래서 많은 이야기들을 다시 검토하고 자신의 말을 따르는 자들과 복종하지 않는 자들에 대한 명확한 가르침과 지도가 필요하였다.

모세는 자신이 이방인으로 살았기에 사람들을 믿고 싶지가 않았다. 사실 모두가 가만히 놓아두면 죄를 저지르고 방종하며 자신을 따르지 않았다. 심지어 자신에게 저항하고 질서를 무너뜨리고자 도전하는 세력도 있었다.

그래서 그는 흔하게 전해오는 아담과 이브에 대한 이야기에서부터 요셉에 대한 이야기까지 철저하게 순종과 불순종의 가치관을 세우고 이에 대한 적절한 보상과 징벌에 대한 나름의 전략적 방법을 세웠다. 그 내용은 자신의 신명기에 기록하였고, 전쟁을 앞두고 자신 종족들의 결단을 촉구하고자 출사표를 썼다.

그도 인간인지라 종종 오류를 범하였고 비판을 받았다. 그는 자신의 이러한 잘못을 스스로 모범삼아 자신까지 징벌로 다스렸다. 자신은 가나안 땅에 들어갈 자격이 없다고 생각하였다. 그는 미리 이 유언을 주위에 남겼고 자신의 후계자로 여호수아를 지명하였다.

인간 모세에 대한 이야기는 나름대로의 유대교적 정신에 입각하여 서술하였다. 모세가 부족의 수호신 존재를 인식하고 그 신에게 철저하게 의지하는 모습은 이방인으로서 살았던 자신의 삶의 근원을 모색하는 생존방식이었다. 신은 단지 충고자가 아니었다. 인생과 세계의 중심으로 모든 이치를 이 신 중심에 둔 모세는 신을 유대 정신 자체로 삼았다.

그는 철저하게 신의 세계와 인간의 세계를 분리시켰다. 신의 세계를 자신이 바라는 완전 그대로의 실체로, 그리고 세속의 세계는 이를 그대로 준수해주기를 바랐다. 그래서 신의 계시를 혹은 신의 가르침을 세상의 이치로 기록하고 신의 이성을 절대적으로 신봉하였다.

모세는 그렇게 세속의 삶을 엄격하게 지배하고 통제하였다. 모세의 성격적 유형과 신분을 보면 본래 왕자의 신분으로서 지배계층이었고, 그가 정리한 여호와의 정신은 모든 질서의 중심으로 하고 기존 사회문화를 이 지배정신으로 유지하고 보존하는 형태였다.

따라서 모세의 율법은 유목민 시대 때부터의 족장 중심의 지배 질서와 체제를 유지하려는 경제적, 정치적 이해를 대변하고 있었다. 그 스스로 신 앞에서 겸손한 사람이지만 신의 질서를 중심으로 만민이 순종하고 충성을 다 할 것을 바랐고, 때로는 관용을 베풀었지만 자신을 포함하여 모두에게 율법에 있어서는 엄격하였다.

모세는 모두가 신명이라 할 자신의 십계명을 인생관과 세계관의 원칙으로 살아주기를 요구하였다. "여호와 신외에는 다른 신들을 섬기지 말라. 신을 미워하는 자의 죄는 갚되 아버지로부터 아들에게로 삼사 대까지 이르게 할 것이다. 내 계명을 지키는 자에게는 천 대까지 은혜를 베풀 것이다. 너희들은 여호와의 이름을 망령되게 부르지 말라. 여호와는 그의 이름을 망령되게 부르는 자의 죄를 묻겠다. 안식일을 기억하여 거룩하게 지키라. 안식일은 신의 날이니 반드시 이날을 기억하고 아무 일도 하지 말라. 너희들의 부모를 공경하라. 살인하지 말라. 간음하지 말라. 도둑질하지 말라. 거짓말 하지 말라. 이웃의 소유를 탐내지 말라."

신명기에 보면 부족이 신의 저주와 보복이 두려워 떨었다고 기록하고 있다. 모세에게 이르되 "지도자인 그대가 우리에게 말씀하시라, 우리는 그대의 말을 듣겠다. 신은 우리를 죽일까 두렵다." 모세는 대답하기를 "신은 너희를 시험하고 너희로 경외하여 범죄하지 않게 하려 하심이니라."

이미 모세와 부족은 거리가 생겼다. 모세는 이미 부족을 심판하고 인도하고 지키는 신의 위상에 올라 있었다. 모두 모세를 두려워하였다.

거짓말을 하지 말라, 살인을 하지 말라, 도둑질을 하지 말라, 간음을 하지 말라 등 일상에서 벌어 질 수 있는 죄는 모세에게 부족의 질서와 통제를 시행하는 데 용이하였다. 그래서 순종하는 자에게는 축복과 풍요를 약속하고, 불순종한 자에게는 저주와 불행을 가르치는 권선징악의 원칙을 세웠다. 그는 한때 우상을 숭배한다며 자신의 명을 따르지 않은 부족을 하루에 삼천명을 죽여서 그 경계를 삼았다.

사실상 모세는 소리와 문자에 능한 이야기꾼이었다. 그의 이야기 속에는 신의(신명)를 지키지 못한 인간에 대하여 말하고 있고, 죄의식의 근원을 말하고 있다. 모세의 율법은 그가 원하는 것은 아니었을 수도 있지만 결국 인류의 죄의식의 근원이 되었다.

십계명 역시 언어로 쓴 두 개의 판이었지만 그 권위와 심판의 힘을 자신이 아는 신명에 두어 가혹할 정도로 엄격하게 시행하였다. 모두 그의 말과 행동을 두려워하였다. 이미 그는 과거의 떠돌이 꾼의 이방인이 아니었다. 말과 행동은 권위와 위엄이 있었다.

모세는 혹세무민을 막기 위해 대체로 옛 성자가 그러하듯이 자신의 철학에 맞는 수많은 이야기를 만들어 내었다. 그는 언어의 마술사로 언어의 힘을 알고 있었다. 이야기의 힘을 알고 있었다. 비유의 힘을 알고 있었다. 언어의 규칙성과 의미의 형식을 알고 있었다. 모든 것은 사실상 언어로 소통이 이루어지고 있었고, 가르침 또한 소리와 문자로 그 형태를 갖추는 상징적 전략을 사용하였다.

모세가 지울 수 없도록 사라지지 못하도록 돌판에 새기고 내려온 두 개의 증거판은 '부재한 존재를 있음화'한 종교적 작업이다. 언어와 존재가 일치할 수 있는 경우는 오직 신의 말(이를 로고스라 함)이며 신의 언어와 이성으로만 가능하다. 인간의 경우 인간이 타락하고 추락하기 이전인 가장 이상형 형태를 보여주고 있던 아담에게서만 가능하다.

이후 인간이 자신의 언어로 신의 계시를 기록하려는 시도는 늘 거기에 해석의 오해가 발생한다. 모세는 돌 판으로 신의 텍스트를 만들었지만 또한 인간인 자신이 이 판을 깨기도 한 인물이며, 또한 인간인 자신이 이를 다시 기록하기도 한 인물이다.

모세가 만들고 싶어 하는 신의 텍스트는 창세기에 기록된 수많은 이야기에서 잘 나타난다. 무엇으로 어떻게 살 것인가는 창세기에 보여지는 많은 캐릭터들, 물론 이들이 모세의 선조이기는 하지만 이들의 성격과 행동에서 잘 드러나게 하였다. 이야기는 캐릭터와 에피소드로 엮어지며 이야기의 방향은 캐릭터의 성격과 일치하고 에피소드마다 캐릭터의 성격을 이야기의 방향에 맞도록 전개한다.

우선 아담과 이브의 이야기는 중동에 널리 퍼져 있는 고대 신화로 알려져 있다. 모세의 이야기 방식에 비추어 아담은 신의 인물이다. 그러면서도 동시에 그는 피조물이다. 모세를 닮은 아담은 다소 진취적이라기보다 낙원에서 평화로운 삶을 즐기며 모든 피조물을 지배하는 영적인 존재를 상징한다. 그에게 주어진 단 하나의 조건이 있다. 계명과 계율을 지키라는 조건이었다. 순종하면 축복과 번영을 실제로 약속하지만 불순종하면 저주와 불행이 따를 것이라고 경고하였다.

하지만 아담은 죄를 짓지 않았지만 자신의 부인 이브가 어느 날 금지된, 시험의 대상인 사과를 먹고 자신에게 그 맛있는 사과를 건네주었고, 자신은 두려웠지만 거절할 수 없어 받아서 먹었다. 계율을 어긴 것이다. 이야기의 결말은 비극적 결말로 예정되어야 하였다. 하루에 3천명을 죽일 정도의 가혹함을 가졌던 모세는 이 이야기로 신의 정의를 세워야 하였다.

아담은 거짓말을 하기에 바빴다. 일상의 거짓말이지만 이브에게 모든 탓을 돌렸다. 거짓말의 대가는 마크 트웨인의 『거짓말에 관하여』에서처럼 변명이나 구실이 통하지 않았다.

오히려 여성인 이브는 가장이 아니어서 아담이 하는 대로 순종하고 따랐지만 어느 날 사과를 먹고 싶은 욕망을 참을 수가 없었다. 매번 본 사과여서 무심코 지났고 아담이 이 사과는 특별한 사과이고 신에게 제사를 지내는 제일 질 좋은 사과이니 이 사과만은 먹지 말라고 신신당부하였지만 그날 그 사과는 그녀의 충동과 욕망을 주체할 수 없을 정도로 시각과 미각을 자극하였다. 그리고 사과를 먹었고, 너무 맛이 있었다. 남편에게 권하였다. 한번 먹어 보라고.

순간 아담의 고민은 컸다. 아내를 나무랐지만 이미 벌어진 일이라 수습을 해야 했다. 아담은 자신의 어리석음을 책망하였지만 이미 규약을 어긴 죄를 알고 있었다. 규약에는 더 이상 낙원에 있을 자격이 상실되었다. 아무것도 없이 빈털터리로 삶의 터전에서 쫓겨났다. 한 번의 실수가 용인되기보다 두 번의 실수를 방지하는 장치로 일생의 고난으로 그 대가를 지불하여야 하였다. 아담은 자신도 어쩔 수 없이 죄인이 되었다.

마크 트웨인의 할머니들처럼 강한 자는 그 나쁜 유혹을 이기고 구원을 받을 수 있으나 너무나 엄격하여 아무도 구원을 받을 수가 없었다. 아담은 삶의 벼랑으로 몰렸다. 어떻게 살아야 할 것인지 막막했다. 노동은 그에게 익숙하지 않았지만 초목 생활에서 농경생활로 바뀌었다. 이제 스스로 경작을 하여 수확을 해야 하였기에 농경생활에 필요한 노동력이 중요하여졌다. 아들 둘을 두게 되었지만 삶은 고단하였다.

오디세이처럼 온갖 역경과 수난을 겪은 이후에야 아담은 깨달음을 얻고 용서와 자비를 구하고 경건하게 절제된 삶을 살았다. 자연의 생리는 그에게 자연의 힘에 대한 순리를 가르쳤다. 자식도 성장하여 어느 덧 스스로 생산을 하는 나이가 되어 갔다.

모세의 이야기는 계속된다. 아담의 두 아들인 카인과 아벨에게 각기 농경과 초목생활이 생업으로 주어졌다. 농경은 아무래도 한곳에 정착하여 살고 있기 때문에 자연의 법칙에 따라 생산의 기복이 심하였지만, 초목생활은 초원을 따라 이동하는 유목민의 삶이어서 양치는 일은 광야에서도 가능하였다.

카인은 아벨에 비해 행복할 수가 없었다. 카인의 농업은 카인을 지치게 하였고 매년 농사에 좋은 생산을 얻기가 쉬운 일은 아니었다. 그 옛날 초원에서 살았다는 인류의 낙원의 모습을 농경에서는 찾을 수가 없었다. 그는 늘 불평이 많았다. 심경이 편치 않으니 심사도 조금은 뒤틀렸다. 자신의 삶에 비추어 아벨의 삶은 여유가 있어 보였고 양들은 살이 쪘고 재산이 많아 보았다. 시기와 질투가 일어나는 자신을 억제하기가 어려웠다.

아벨은 그나마 치는 양이 있어서 목가적인 여유와 대자연의 신비로움을 일찍 터득하고 있었다. 신의 목소리도 들을 수 있었고, 신비로운 자연의 소리도 음악처럼 들을 수 있었고, 피리와 음악은 그의 삶을 여유롭게 지켜주었다. 부족하였지만 양들은 재산 목록 1호들이었다. 양이 있으면 부족함이 없었다.

정착인의 삶과 유목민의 삶은 특성부터 달랐고, 본시 유목민이던 모세의 조상은 농경의 신보다 유목의 신을 숭배하였다. 떠돌이다 보니 그들은 자신들의 중심이 되는 수호신이 절대적으로 필요하였다. 정착민이나 유목민이나 매번 제사를 드리며 복을 빌었다. 아마 수호신은 유목민의 살찐 양을 더 좋아하였던 듯싶다. 제사장은 양을 더 값지게 평가하였다. 첫 어린 양은 번제를 드리는데 제일 좋은 재물이었다. 그리고 그 재물은 번제를 드린 이후 모두의 배를 채우고 만족하게 만들었다.

카인은 결국 아벨을 살인하였다. 계율을 어긴 것이다. 그 대가는 정착지를 떠나 다른 정착지로 이동하며 영원히 떠돌아다니는 가혹한 운명으로 카인은 이방인의 신세로 전락하였다. 그의 후손은 저주를 받았고, 농경민의 후예는 불행의 그림자를 늘 가지고 다녔다. 오히려 농경민의 삶은 유목민과는 달리 엄격한 질서와 도덕을 요구하고 다소 보수적인 사고로 인해 비타협적인 특성이 강하다. 이와는 달리 유목민의 낭만적이고 목가적인 삶은 다소 해방된 삶으로 셋은 아벨의 아들로 유목민의 삶을 이었다.

본래 기독교의 에덴동산 이야기는 고대 수메르의 딜문(Dilmun)동산의 신화로 알려져 있다. 신들의 동산으로 신들은 한 인간을 창조하고 이를 돌보는 대신 모든 물질의 풍요를 누리게 하였지만 금지된 황금사과는 신들의 먹거리이니 이것만은 먹지 말라고 하였다. 하지만 고양이에게 생선을 맡긴 격이다. 인간을 너무 얕본 것이거나, 공상과학 이야기 속의 사이보그들처럼 이들이 할 수 없는 일을 대신 해주기를 원하였지만 명을 듣지 않고 오히려 인간을 공격하는 이치와 같아 보인다. 세상 이야기는 그래서 재미가 있어 보인다. 흥미와 재미와 즐거움 속에 어떤 경고의 메시지가 있어서이다.

혹자는 카인과 아벨의 이야기로부터 당시 고대 사회의 양대 세력인 농업과 목축업 사이의 갈등이 컸다고 말한다. 농경민족과 유목민족의 싸움은 어제 오늘의 이야기는 아니지만 농경민은 정착지를 보호하려하고 유목민은 계속 이동을 하여 정착민에게 종종 위협적인 존재로 변하여 양 세력 간의 충돌은 불가피하였을 것으로 보인다. 형제간의 투쟁은 하나의 은유인 신화형태지만 고대인들의 의식구조와 사회형태를 알 수 있는 이야기이다.

모세가 자신의 백성을 위하여 이 고대의 형제 이야기를 통해 어떤 유대적 패턴을 창출하였다. 사실상 이 형제의 살인 이야기는 고대 메소포타미아의 목축신 두무지(다므스스)와 농경신 엔키무드의 투쟁 이야기의 원형으로 알려져 있다. 모세 이야기의 특징은 이야기의 중심을 이루고 있는 캐릭터가 승자로 그려지고 이 승자의 가치관을 매우 중요시한다. 일설에 의하면 농경민은 기존에 정착하여 살고 있는 가나안 토착인들을 가리키고 유목민은 히브리 종족을 가리켜 나중에 이 땅에 들어 온 이방인을 상징한다.

아무튼 아벨의 후손으로 셋은 살인으로 추방된 카인의 땅을 지배한다. 이러한 지배 형식은 목축의 신성함을 매우 중요시하고 있지만 이방인인 모세의 처지를 매우 상징적으로 보여 주고 있다. 목축은 중요한 모티브로 자신의 조상인 유목민의 처지를 정당화한 노력이기도 하다.

카인이 살고 있던 땅이 가나안 지역이라는 일화도 있다. 가나안 지역의 수호신은 '바알' 신이다. 모세의 신은 '여호와' 혹은 '야훼'로 모세는 야훼 신의 승리구조로 고대 신화를 야훼를 숭배하는 유목민 중심으로 재구성하고 있어 보인다.

또한 일설로는 농경문화는 자연의 질서를 깨닫는 인간의 경험과 지적 능력을 매우 중요시하기 때문에 자연 재해의 재앙을 미리 알고 끊임없이 준비를 해야 하는 삶이라고 한다. 계절의 변화와 자연의 변화에 대한 지식은 농경문화에 필수적이다. 또한 인간의 합리성이 요구되는 정착민의 특성은 인간 이성의 발전이 원초가 되었다고 한다. 농경질서는 인간 이성의 힘이다. 그러기 때문에 신 중심의 신비주의 사고는 농경의 세속적이며 자연적 질서를 신의 신비와 그 축복으로 접근하는 경향이 있다.

모세의 징벌은 엄격하였다. 권선징악의 결과는 단순한 처벌을 떠나 불행과 저주의 상징으로 그려졌다. 모세의 이야기는 듣는 이를 두렵고 떨게 하였다. 모세 이야기의 원칙은 간단하다. 계율에 순종하는 삶은 평화와 축복을 받고 불순종하는 삶은 고난과 불행에서 벗어나지 못한다. 연좌죄처럼 혹은 인과응보처럼 당대가 아니면 후대에까지 그 저주를 벗어나지 못하게 하였다. 신의 존재는 사랑과 경고하는 의미가 컸지만 계율은 종교적인 의미에서 죄인의 길만 있을 뿐 구원의 길은 없었다.

모세의 이야기는 계속된다. 노아에 대한 이야기이다. 노아는 신의 계율에 순종하고 이를 철저하게 지키려고 하였지만 세속의 사람들은 오히려 그를 조롱하고 무시하였다. 아담과는 달리 노아는 신의 명을 믿고 끝까지 충실하게 따랐다. 모세가 보기에 세상은 죄악으로 가득 차 보였다.

부정적이고 염세적인 그의 시각은 마치 엘리엇(T. S. Eliot)의 『황무지』를 보는 듯하다. 신의 저주가 아니면 세상은 정화되기 어려웠다. 고대 대홍수는 실제 일어난 지리적 사건이라고 고고학자들은 말하지만 모세는 이를 다르게 해석하였다.

대홍수에서 살아남은 부족을 노아라고 보았다. 노아의 캐릭터를 신의 계율에 충실하게 순종한 성격으로 그렸다. 대홍수 전으로 사건의 배경을 삼고 세상을 황무지로 삼았으며 다른 캐릭터들은 죄에 가득 찬 인물들로 설정하였다. 그 중에 의로운 사람으로, 정의로운 사람으로 노아를 주인공 캐릭터로 그려 넣었다. 이야기 처음에는 늘 이야기가 그러하듯이 노아가 주위의 힘을, 악마의 힘을 이길 수가 없었다. 초인의 힘이나 마법의 힘이 필요하였다.

노아는 신으로부터 신탁을 원했다. 자신의 운명을 알고 싶었다. 신의 계시는 불합리하였고 세상 사람들은 조롱하였지만 대홍수가 올 것이라는 신탁을 그는 심각하게 받아들였다. 이미 자연생태계는 대재앙의 신호를 보내고 있었고, 그 증후는 곳곳에서 감지되었다. 날씨는 점차 비가 많아 졌으며 폭풍과 바람이 거세지는 날이 많았다. 늦게 않게 대비를 하여야 하였다. 비가 많이 오면 배가 필요할 것이라 생각하였다. 그래서 배를 만들었고 식량을 준비하였다. 하지만 사람들은 그의 그러한 행태를 보고 조롱하고 멸시를 보냈다. 하루하루 살기에 그들은 매어 있었다.

노아는 배를 다 만들고 가족을 설득하여 좋아하는 초원의 동물들을 한쌍씩 골라 배에 태웠다. 그리고 대홍수는 실제로 다가왔다. 배에 탄 가족은 먼 대양으로 흘러갔고 많은 세월이 흘렀다. 다시 돌아와서 보니 모든 것은 사라졌고 자연은 정화되어 있었다.

다시 일상의 삶으로 되돌아간 노아 가족은 포도를 재배하고 양을 치며 축복된 삶을 누렸다. 계율에 순종한 삶은 축복과 번영의 연속이었다. 노아의 가족은 대를 이어 그 땅을 지배하고 그의 후손은 만대에 걸쳐 성지인 중동지역의 선조가 되었으며 신의 축복을 받았다.

노아는 농경생활로 들어가 포도나무를 심었다. 어느 날 포도주를 마시고 취하여 그 장막 안에서 벌거벗은 지도 모르고 잠을 자고 있었다. 술이 취하면 노아도 어쩔 수 없었던 모양이다. 그리스 신화에 나오는 디오니소스적 욕망이 그를 잠시 쾌락의 세계로 인도하였든 가싶다.

노아는 셈과 함과 야벳이라는 세 아들을 두었다. 물론 딸들도 있었지만 아무래도 가부장제 사회와 부족장 중심의 문화이다 보니 아들들의 위치와 부족장의 승계는 매우 중요한 고대 사회의 특징이었다. 둘째 아들 함이 이야기의 비중에 매우 중요한 역할을 하고 있다. 아벨의 후손인 셋이 카인이 있던 가나안을 지배하게 된 배경은 이 이야기에서도 계속적으로 암시되고 있다.

함은 가나안의 아버지이다. 함이 무심코 포도밭 장막에 들어 왔다가 술에 취해 발가벗고 잠을 자고 있는 아버지를 보자 놀랬다. 우선 어떻게 할지 몰라 쳐다보고 있다가 순간 다른 두 형제에게 아버지의 추한 꼴을 고하였다. 셈과 야벳이 얼른 자신들의 겉옷을 벗어 뒷걸음쳐 들어가 아버지의 하체를 가렸다. 술이 깬 노아는 자신이 처한 행색을 알아채고 겉옷을 보자 아들들의 옷이라 부끄러움을 느꼈다.

노아는 아들들을 불러 자초지종을 물었다. 이야기를 듣고 난 노아는 자신의 과오에도 불구하고 자신의 나체를 본 함이 괘씸하고 그에게 수치심을 느꼈다. 너그러워야 할 노아는 함이 계속 신경이 쓰여 그를 보면 자신의 수치가 생각나 점차 그에 대하여 이성을 잃었다.

함에게 유산을 물려주지 않았다. 아비의 수치이며 못된 자식이라고 오히려 함에게 저주를 퍼부었다. 함은 그 저주로 유산도 받지 못해 대대손손 형들에게 의존하게 된 처지로 전락하였다.

함의 아들 가나안은 음운상 가나안 지역으로 보인다. 이 가나안이 아버지 함의 두 형제인 셈과 야벳의 종이 되어 지배를 받았다는 신화의 내용은 은유 형식이지만 재미가 있다. 여기에 멈추지 않고 모세는 중동 민족의 흐름을 규정해 자신의 종족에게 유리한 방향으로 이야기의 구조를 끌고 간다.

노아에 관한 스토리는 이슬람권에서 잘 알려진 이야기이다. 하지만 모세의 이야기처럼 종족의 특성을 규정하고 지역 간의 패권을 암시하는 내용은 아니다.

함의 한 번의 실수는 그냥 실수가 아니라 그의 성격적 결함을 나타내는 대목이다. 카인처럼 그 결함은 매우 치명적이어서 그의 운명을 바꾸어 놓는다. 노아의 이야기는 가족 간의 이야기이지만 개인의 비극은 가족의 사건에서 비롯되고 있고, 그 후대에까지 미치는 사회문화적인 성격을 가지고 있다.

모세는 셈을 온순한 성격으로 묘사하고 함은 다소 성급하고 직선적인 성격인 반면에 야벳은 영리한 자로 아버지의 비위를 잘 맞추는 타입으로 그렸다. 그래서 모세는 이 세 캐릭터의 성격대로 그들의 운명을 결정한다. 그리고 그 후손들의 특징을 결정하여 종족간의 우열을 결정한다. 물론 지리적인 환경과 풍토적인 특성으로 특이하게 만들어지는 부족의 기질이 있을 수 있다. 하지만 모세는 이러한 특이성까지도 도덕적 잣대를 가지고 그 차이의 우열을 결정하고 자신이 좋아하는 방향으로 이야기를 끌고 나간다.

모세는 함의 아들인 가나안을 헷 족속, 여부스 족속, 아모리 족속, 기르가스 족속, 히위 족속, 알가 족속, 신 족속, 아르왓 족속, 스말 족속, 하맛 족속으로 분류하고, 이제 곧 벌어질 전쟁의 주요한 적으로 규정하며 야벳의 종의 후예라는 명분을 세워 그 땅으로부터 쫓아내 명분을 만든다.

모세 이야기의 구조는 처음부터 카인과 함이 거주하는 가나안을 향해 매우 치밀하게 전쟁을 준비하고 있어 보인다. 그 준비의 절정이라 할 곳에 이방인이며 유목민이었던 아브라함과 그의 후손이 묻힌 무덤에 초점을 맞추고 있다. 그래서 이야기는 선악구조가 분명하다. 선의 라인에 있는 캐릭터는 모세의 직계 조상에 해당되고 악의 라인에 있는 캐릭터는 그 성격적 결함을 극대화시켜 비극적 결말을 암시하고 제거해야 할 저주의 대상으로 그려낸다.

모세의 이야기는 단순한 세속의 패권싸움에 멈추어 있지 않다. 신들의 싸움이기도 하다. 어느 부족의 수호신이 우월한 존재일 경우 어느 종족이 결국 우수한 종족인가를 판단하는 기준을 삼고 있다. 가나안의 '바알' 신은 모세 이야기에서 이미 패배와 불순한 신으로 배척된다. 역설적이게도 이 토착신은 모세에게 이방인들의 신으로 간주된다.

노아의 농경생활로의 정착은 가나안 지역이라고 보여 진다. 노아는 중동의 여러 종족의 선조로 묘사되고 있다. 하지만 가나안은 노아를 술로 인해 창피를 느끼게 한 인물로 가나안이라는 풍토와 토착문화의 뿌리가 깊다. 아무래도 토착인들의 뿌리가 깊어 자연신이나 물질을 숭배하는 토테미즘 성격이 강하여 보인다. 미신을 믿고 자연 종교를 믿는 가나안 지역은 모세의 직성에 맞지도 않았거니와, 그의 지배욕과 정복욕은 가나안 지역의 유리한 농경적 특성을 오히려 저주받은 것으로 바꾸어 버렸다.

노아의 축복은 가나안의 저주로 바뀌어 있었다. 함이 아버지의 허물을 드러내어 수치를 주었을 정도로 노아는 함을 용서하기가 어려웠다. 노아는 모세의 전형이다. 함을 엄격하게 심판하였다. 반대로 노아의 축복은 셈과 야벳의 축복으로 이어졌다. 셈은 장자로서 노아의 축복을 받아 행복하였고, 야벳은 형과 함께 거주하는 축복을 누릴 수 있었다.

아이러니컬하게도 가나안을 실제적으로 지배한 종족은 오랫동안 함의 후손이었다. 단지 셈과 야벳의 종으로 살라는 신의 계시가 있었지만 토착인으로서 지위는 뺏기지 않고 그 곳에 계속 눌러 앉아 살고 있었다. 지금의 팔레스타인을 가리킨다. 성서에서는 종종 블레셋 사람으로 불린다.

가나안의 기후와 농경생활에 알맞은 환경인 물과 숲은 이 지역의 사람들에게 매우 주요한 요소로 지중해 동쪽의 지리적, 군사적, 정치적 요충지이다. 오랫동안 사람이 살고 있는 지역으로 아브라함 이전에도 이곳은 토착인들이 살고 있었다. 모세의 구실은 더 치밀해져야 할 필요가 있었다.

함의 후손은 토착신을 따랐고 물질이 지배하다보니 육체적으로나 정신적으로 다소 부패하고 타락해 보였다. 일상의 삶과 세속적인 가치가 지배적인 가나안 지역은 종교적인 엄격함이 다소 느슨한 환경과 문화를 가지고 있었다. 포도생산과 농산물이 풍부하다보니 인간의 문화가 발전하였고, 인간의 죄에 대하여 관대하였다. 선악의 문제 역시 인간은 죄를 지을 수 있으며 참회하면 용서를 받을 수 있었다.

징벌 또한 엄격하지 않아 죄를 짓는 것은 일상의 일이 되어 있었고, 그에 상응하는 처벌과 대가가 합리적으로 주어져 있어서 상식과 이성이 지배하는 사회와 문화를 가지고 있었다. 선악의 문제는 그렇게 인간의 원죄처럼 엄격하게 인간을 심판하지 않았다.

모세가 볼 때 함의 후손인 가나안 사람들은 노아의 저주 이후로 신성한 정신과 종교적 열정으로부터 멀어져 갔고 신의 가르침을 멀리하였다. 그래서 모세는 이들을 신이 버린자로 해석하였고, 앞날 역시 가망이 없다고 생각하였다. 그들은 노아의 시대처럼 저주를 받아 모두 없어져야 할 타락하고 부패한 인간들로 비쳤다.

노아의 홍수가 없다면 모세는 자신이 그 홍수의 일을 만들어야 할 사명감을 느꼈다. 이집트를 나온 이후 별다른 거주지 없이 시나이 사막에서만 40년을 보낸 동족의 불평과 고민을 해결해야 할 일도 시급하였다.

자신이 죽기 전에 이러한 사명을 완수해야할 필요를 절박하게 느낀 모세는 가나안 사람들에 대한 저주가 필요하였고, 그 종주권을 주장할 구실이 필요하였다. 신의 계시와 신명으로 이 일은 성전으로 그 성격이 바뀌었다. 무엇보다 시나이 반도에서 머무르고 있는 동족의 결단과 의지가 필요하였고 전쟁에 앞서 이들에 대한 강력한 정신무장이 필요하였다.

가나안 지역에 함의 후손으로 알려진 니므롯이라는 사람이 있다. 모세는 "그의 나라는 시날 땅의 바벨과 에렉과 악갓과 갈레에서 시작되었다"고 말한다. 시날이라는 지명은 바벨탑이 쌓여진 지명이지만 원래는 평지였다. 시날은 이러한 평지로 인해 많은 종족이 다른 문화와 방언을 가지고 사는 다문화 다민족 지역이었다.

노아 이후 삼, 사대에 이르러 함의 후손들은 바벨탑을 건축하였다. 아마도 이 탑은 가나안 지역의 제 종족들을 효과적으로 통치하려는 목적이 커 보였으며 권위의 상징이기도 한 성곽이다. 하지만 모세는 통치권의 상징인 그 바벨탑을 지은 가나안인들을 저주하고 악의 화신으로 보았다.

모세의 가나안 땅에 대한 집념과 집착은 아브라함을 통해 그 소유권을 정설로 만든다. 모세의 가나안 이야기는 노아에 이어 아브라함의 이야기에서 실질적인 형태를 갖추고 그의 손자인 야곱의 대에서 확실하게 자리를 잡는다. 하지만 야곱의 아들인 요셉으로 인해 이집트로 이주한 이후의 약 400백년의 공백기를 마땅히 설명할 길이 없어 자신의 대에서 그 사명을 완수하고자 그의 가나안 이야기는 직선 형태를 택한다.

모세의 이야기는 아브라함에 상당한 비중을 두고 있다. 아브라함 이야기의 구조는 순종과 그로 인해 축복받은 한 사내의 일생을 그리고 있다. 그리고 축복은 바로 가나안 땅을 준다는 내용이다. 아브라함은 갈대아 우르, 지금의 이라크 남부 바다와 티그리스강과 유프라데스강이 만나는 삼각주로 보이는 곳에 살 때 이미 땅과 자손과 복을 약속받았다는 내용으로 아브라함에 대한 이야기는 시작한다.

본래 이름이 아브람인 아브라함은 가족과 함께 이라크 수도 바그다드에 가까운 데로 이주하였다가 다시 지금의 시리아 다마스쿠스에 가까운 하란에 와서 한동안 거주한 이후 다시 75세 무렵에 가나안으로 내려온다. 그리고 99세때 열국의 아버지 아브라함으로 이름을 바꾸고 가나안 땅에 대한 보답으로 스스로 할례를 행하였다.

그리고 아브라함 이야기의 절정은 아들 이삭을 제물로 바치려는 아브라함의 순종의 미덕이다. 이로 인해 아브라함은 가나안 땅을 신으로부터 약속받았다고 모세는 기록하고 있다. 그러므로 가나안 땅은 아브라함의 순종의 미덕에 대한 보상이었고 아브라함에 관한 에피소드들은 모두 이러한 두 줄기에 맞추어져 전개되고 있다.

우선 아브라함은 이 가나안 땅에 내려와 그곳의 토착인들인 헷 족속과 잘 어울리려고 많은 노력을 한다. 우선 그들에게 자신이 위협적인 존재가 아니라는 것을 알리려고 노력하고, 재물로 친분을 쌓으며 정착하기 위해 얼마간의 땅을 빌린다. 일단 그곳에 거주하자 아브라함은 점차 자신의 영역을 확대하며 재물도 쌓고 영향력을 확대해 간다. 유목민의 하나였던 아브라함은 이방인으로서 처신하는 법을 잘 알고 있는 능력이 있는 자로 비친다. 사람들과 잘 어울리며 사귈 줄 알았고 객지에서 어떤 처신을 해야 하는 지를 너무 잘 알고 있었다.

그는 때로는 영악하게 굴 줄도 알았다. 본래 근친혼이어서 그의 부인 사라는 사촌 여동생이기도 하면서 부인이었다. 성서에는 사라의 인물이 매우 출중하였다고 기록하고 있다. 자신의 부인이 너무 예뻤고 아브라함은 종종 사라의 미모로 곤경에 처하고는 하였다. 그는 혹여 이 일로 해를 당하지 않을까 하는 걱정으로 세력이 있는 자의 요구에는 부인이라는 말을 빼고 누이라고만 거짓말을 하였다.

선의의 거짓말처럼 보이지만 객지에서 살아나가는 법을 알고 있는 사람 같았다. 그리고 달라면 하면 사라의 양해를 사전에 구하였겠지만 결국 그녀를 보냈다. 보기에 따라서는 미인계를 쓰는 듯한 느낌도 준다. 그리고서 환심을 사고 그곳에 슬쩍 정착하였다. 가나안에 처음 들어올 때도 그랬고, 가나안에 기근이 들자 가족을 데리고 이집트로 내려갈 때도 바로 왕의 질의에 다시 누이라고 속이고 그녀를 보낸 적이 있다.

모두 나중에 탄로나 상대는 결혼한 여자를 범한 파렴치한으로 웃음거리가 되기도 하였다. 하지만 상대의 비난과 원망에도 불구하고 아브라함은 오히려 상대로부터 호감을 사 재물을 선물로 받는다. 그처럼 아브라함은 상당히 영악한 면이 있는 사람이었다. 위기관리에 능했고, 사람들을 잘 사귀었으며 이재에도 탁월한 능력을 보였다. 그의 재물은, 즉 양들의 수는 늘고 종의 수도 늘며 지역의 유력한 인물로 빠르게 성장하였다. 함께 하란에서 같이 내려온 조카 롯은 사해 남쪽 소도시인 소돔과 고모라로 분가까지 하였다.

하지만 하늘의 뜻인지 영악하게 굴며 거짓말을 일삼던 아브라함과 사라 사이에는 출생이 없었다. 이제 버젓한 족장으로 명성을 갖게 되었지만 나이가 들어가는 아브라함을 보다 못해 사라는 후계자 문제로 젊은 여종인 하갈의 동침을 권고하였다. 물론 고민하였겠지만 고대사회의 특성상 족장인 아브라함에게는 큰 문제가 되지 않아 사라의 청을 들어 주었다. 이집트 사람인 여종 하갈은 기대하였던 대로 아들을 생산하였고, 아브라함은 그 아들을 '신이 듣는다' 뜻의 이스마일이라 이름을 지었다.

이스마일이 10대 중반이 되자 하갈의 욕심은 커졌다. 주인인 사라를 곤경에 빠뜨리며 아브라함의 후계자로서 이스마일의 문제를 거론하기 시작하였다. 참으며 지내고 포기하였던 사라는 아브라함의 자식을 낳고자 온갖 노력을 다 하였다. 어느 날 그녀는 기적처럼 임신이 되었다. 신에게 기원하고 애원하던 끝에 얻은 자식이었다. 간절한 소망에 대한 신의 응답이었다. 아브라함은 99세, 사라는 89세였다. 불가능한 나이에 기적처럼 아들이 생겼다. 그래서 그 아들의 이름을 '웃음'이란 뜻의 이삭이라 지었다.

당연히 웃음이 집안에 만발하고 늦게 얻은 자식이라 귀하기 짝이 없었다. 하갈의 처지가 옹색해졌다. 사라는 새로 난 아들 때문에 아브라함에게 하갈을 내 보내라고 재촉하였다. 할 수 없이 아브라함은 재물을 내 주며 하갈에게 이스마일을 데리고 나가게 하였다. 하갈의 고생은 그 뒤로 말할 수 없었지만 남쪽으로 내려가 지금의 사우디아라비아를 중심으로 정착하여 새로운 부족을 형성하니 중동사람들은 아랍인의 선조로 이스마일을 섬겼다.

이로보아 아브라함은 아랍인과 이삭의 후예인 이스라엘의 조상인 셈이다. 하지만 모세는 적자와 서자의 차이를 분명히 하였다. 사라의 승리로 이야기는 마무리되어 사라의 이미지는 착하고 순종하는 여인에 반해 하갈은 다소 부정적이고 사악한 이미지를 주고 있다. 그리고 가나안의 적통을 이삭에게 돌렸다.

이삭이 어렸을 때 아버지 아브라함은 어느 날 그의 손을 잡고 산에 올라갔다. 이삭은 아버지가 신에게 제물을 드리려 올라가는 것으로 생각하여 제물에 대하여 물었다. 아브라함은 제물이 산위에 있다고 하며 말없이 어린 아들을 데리고 산위로 올라갔다. 그리고 이삭을 제물로 바치려 하였으나 차마 아들을 제물로 바칠 수가 없었다. 어떻게 해서 얻은 자식인데 산체로 어린아이를 제물로 바칠 수가 있나하였지만 그는 아들을 누이고 칼을 들었다.

기적이 일어났다. 신의 목소리를 들은 것이다. 어린 자식을 생으로 잡아 제물로 할 수 없으니 어린 양으로 대신하라는 외침이었다. 번쩍 눈을 뜬 아브라함은 아들을 붙들고 슬프게 쳐다보았다. 웃음이었던 이삭이 고통으로 변하였다. 순간 다시 정신을 차린 아브라함은 이삭 대신에 어린 양을 잡아 제물로 드렸다.

이삭의 번제에 대한 이야기는 고대신화의 하나라고 한다. 전해지는 바로 어린 자식을 생으로 제물을 드렸던 것이 당시의 풍습의 하나였다고 한다. 하지만 만년에 얻은 하나밖에 없는 자식을 제물로 바치기에는 너무 고통스러웠다. 그래서 이후 어린아이를 제물로 바치던 악습이 없어지고 어린 양으로 대신 제물을 드리기 시작하였다고 한다.

이 고사를 모세는 아브라함 순종의 결정체로 소개한다. 생존의 차원이기는 하였지만 거짓말을 일삼던 아브라함에 이 사건은 큰 충격을 주었을 것으로 보인다. 혹여 자신에 내린 신의 저주가 아닌가하여 공포와 두려움을 느낀 이후 철저하게 신의 계시를 순종하기에 이르렀다. 물론 노년이기도 하였지만 세속 중심의 삶에서 이제는 구도자로서 구원의 길을 확실하게 찾는 시기이기도 하였다. 벼랑 끝에 몰린 불합리하고도 부조리 한 상황에서 신을 찾고 신의 부름을 받은 일은 아브라함에게 신으로 가는 길을 깨닫는 영성의 순간이었다.

철저하게 순종의 길을 택한 아브라함에게 오히려 축복이 주어졌다. 점차 강대해졌으며 부유해졌고 이웃 부족들의 선망의 대상이 되었다. 하지만 여전히 이방인이었던 아브라함은 자신의 땅이 필요하였다. 유목민의 처지였지만 자신과 사라의 죽음을 예비하고 대비하기 위해서라도 그는 얼마간의 땅이 필요하여졌다.

사라가 일백 이십 칠세의 나이로 죽자 아브라함은 "나는 당신들 중에 나그네요 우거한 자니"(창 23:4) 하며 스스로 몸을 낮추고 토착인인 헷 족속에게 매장할 땅을 구입할 의사를 타진한다. 그는 가나안에 오래 거주하였지만 자기 땅이 없는 나그네요 이방인이었다. 이삭이 40세에 결혼을 하였다고 하니 너무 늦은 나이에 결혼을 한 이삭에 비추어 사라는 3년 전에 죽었다. 늙은 아브라함에게는 너무나 슬픈 일이었다.

헷 족속은 아브라함을 "하나님의 방백"이라고 부르고 있다. 헷 족속은 이삭의 사건 이후 아브라함의 사람됨을 알고 있었다. 그들에게 아브라함은 수호신의 특별한 보호와 축복을 받고 있어 보였다.

헷 족속은 "우리 묘실 중에서 좋은 것을 택하여 그대의 죽은 자를 장사하시오"라고 매장을 허락할 땅을 주었다. 죽은 사라를 매장하기 위해 토착인인 헷 족속의 허락을 받아야 했던 아브라함은 그렇게 겸손과 겸양으로 자신을 낮추며 유목민으로서 철저하게 자기 관리를 하였다. 하지만 아브라함은 "그대들 중에서 내게 매장지를 주어 소유를 삼게 해달라"고 정중하게 부탁한다.

헷 족속은 하지만 "우리 묘실 중에서 좋은 것을 택하여 당신의 죽은 자를 장사하시오. 우리 중에서 자기 묘실에 당신의 죽은 자 장사함을 금할 자가 없을 것이오"라며 매매를 허락하지 않는다. 결국 일정한 땅을 소유할 수 있게 해달라는 아브라함의 요청은 거절된다. 헷 족속은 아브라함을 이웃으로서 인정하고 호의를 가지고 있으면서도 토지에 대한 권리는 거부하였다.

아브라함의 요구는 끈질겼다. "소할의 아들 에브론에게 구하여 그로 그 밭머리에 있는 막벨라 굴을 내게 주어서 내 소유의 매장지가 되게 하기를 원합니다"라며 후하게 값을 치르겠다고 간청을 하였다. 막벨라 굴의 주인인 에브론은 "내가 그 밭은 당신께 드리고 그 속의 굴도 내가 당신께 드리는" 값으로 은 사백 세겔을 제시한다. 매우 비싼 금액이었지만 장례 때문에 급하기도 하였고, 이방인으로서 흥정을 할 만한 위치에 있지 않아 은 사백 세겔을 주고 밭과 밭에 속한 굴을 아브라함이 구입하게 된다.

은 사백 세겔은 큰 액수로 알려져 있다. 다소 일방적이고 불공정한 거래라 하더라도 이미 외지에 와 성공한 아브라함에게 그렇게 큰 부담은 아니었다. 상대도 이미 아브라함의 재력을 알고 있었던 듯싶다. 또한 아브라함 역시 그 땅의 가치와 의미를 이미 이해하고 있었던 듯싶다. 이미 헷 족속에게 이웃으로서 인정을 받은 셈이고 자신의 노년에 자식을 위해서도 그 이상의 유랑은 끝내고 정착을 하고 싶었을 것으로 여긴다.

알려진 바로 다윗 왕이 아라우나의 타작마당을 구입할 때 은 50세겔을 지불하였다고 하고, 오므리왕이 사마리아 전체를 샀을 때도 은 6,000세겔이었다고 한다. 그에 비추어 너무 비싸 보이지만 아브라함은 기꺼이 깍지 않고 "에브론이 헷 족속이 듣는데서 은 사백 세겔을 달아 에브론에게 주었다"고 모세는 기록하고 있다.

막벨라 굴을 매입한 일을 크게 부각시킨 모세지만 아브라함 이야기의 중심에 이 사건을 놓지는 않는다. 조심하지 않으면 이 사건의 의미를 놓치기가 쉽다. 모세는 아브라함이 사라의 장례를 위해 이 땅과 굴을 매입하게 되었다고 적고 있다. 이 사건이 사실인지는 모르지만 이스라엘 족속에게 이 가나안 땅은 구전으로 내려오는 확실한 땅이었고 선조들이 묻혀 있는 매장지로 모두들 알고 있어 보였다.

모세에게 이 사건은 단순히 매장의 일이 아니다. 땅의 권리에 관한 일이다. 매입을 하든 아니하든 고대 사회에서 영토 싸움은 흔한 일이었기에 땅의 권리에 대한 문제는 큰 쟁점은 아닐 수 있다. 하지만 모세에게 400년의 긴 공백기는 컸고, 자신 또한 이방인으로서 이스라엘 족속의 뿌리를 찾는 작업이었기에 매우 중요한 사건이었다.

그래서 모세는 아담과 이브 이야기에서부터 가나안 땅의 소유권 문제를 지속적으로 들고 나왔다. 그리고 수호신 야훼에 대한 순종과 그 축복의 이야기를 가나안을 준다는 약속으로 끌고 나갔다.

결국 모세는 막벨라 굴과 인근 땅을 매입하게 된 아브라함의 축복을 이야기하였다. 이때가 최초로 이방인이었던 아브라함이 사라의 죽음을 계기로 가나안 땅의 일부를 갖게 된 사건이기도 하지만, 사라 외에 아브라함 자신, 그의 아들 이삭(35:29), 그의 손자 야곱의 두 부인인 레아와 라헬, 그리고 야곱 자신이 여기에 매장된 사건이기도 하다. 모세의 가나안에 대한 연고는 이렇게 철저하게 아브라함을 통해 자신의 직계 선조인 야곱에게까지 손을 뻗쳤다.

모세는 이러한 가나안에 대한 권리를 아브람의 순종과 축복의 구조로 이야기를 풀었다. 아브라함의 조카 롯의 경우 소돔과 고모라에서 짓게 된 불순종의 저주는 아브라함이 빛이라면 어둠의 이야기로 롯 가족의 근친상간과 해체를 의미하였다.

아브라함의 축복은 그냥 이루어 진 것이 아니다. 이야기에는 캐릭터에게 주어진 선택의 문제를 크게 부각시킨다. 캐릭터의 의지와 결정을 신의 축복의 근간으로 설명한다. 아담의 선택으로 인한 아담의 저주, 함의 저주 등은 노아의 선택과 축복 그리고 아브라함의 선택과 축복으로 대조를 이루는 이야기의 축이다.

선택에는 항상 조건이 따른다. 조건을 따르면 순종의 보답으로 축복이 주어지며, 조건을 따르지 않으면 불행과 저주가 주어진다. 조건은 물론 모세의 신명이며 신의 뜻이다. 그리고 그의 계율이기도 하다. 거짓말을 하였던 아담과 아브라함은 다르다. 변명을 하였던 아담에 비해 아브라함은 노년에 철저하게 순종의 미덕을 보인 인물로 그려져 있다.

아담이 불순종의 저주를 상징적으로 보인 에피소드라면 아브라함은 거짓말이라는 죄악에 자식이 없는 업보로 징벌이 따랐고, 결과적으로 순종의 미덕을 실천한 인물이었기에 축복을 받은 자로 그려져 있다. 모세에게 인간은 여전히 못 믿을 존재이기는 하다. 그러나 아브라함 같은 강인한 인물을 구원 받을 수 있는 모델이라고 말하고 싶어 한다. 모세는 자신의 이상형을 유대적 정신을 가진 아브라함으로 그렸다.

그리고 그 시험이라 할 조건을 통과하였던 아브라함에게 더 큰 축복의 의미는 가나안 땅의 소유권에 있었다. 그러니 아브라함의 축복은 반드시 이루어져야 하였고 그의 승리는 이야기의 내용과 방향을 결정하고 있었다. 스토리 끝에 아브라함은 열국의 아버지로, 즉 많은 종족의 아버지로 이스마일과 이삭의 후예의 조상으로 상징적인 의미를 부여받게 된다.

일설에 아브라함과 사라 이야기의 원형은 1929년 일단의 프랑스의 고고학자들에 의해 우가리트에서 발굴된 점토판에 새겨진 아카드와 케레트의 서사시라고 한다. 아카드의 스토리는 다니엘과 그의 처 사이에 딸만 하나 있고 아들이 없다고 한다. 다니엘은 시녀로부터 아들을 얻는다. 그 후 부인이 아들을 낳게 되면 번제로 드리겠다고 신에게 약속하고 아들을 얻는다. 케레트의 스토리는 케레트 왕이 왕비 프로티를 다른 왕에게 빼앗기고 후에 되찾는 이야기이다.

아브라함이 거짓말로 누이라 하여 사라를 헷 족속에게 빼앗기거나 바로 왕에게 빼앗긴 사건과 그 틀에 있어서 닮아 있다. 또한 사라와 종 하갈 사이의 갈등이나 사라로 태어난 이삭의 경우나 후에 아브라함이 이삭을 제물로 바치려는 에피소드가 너무나 틀이 닮아 있다. 이 스토리가 새겨진 연대를 대략 기원전 1400년으로 추정하고 있다. 이로 보아 중동에 너무 흔하게 알려진 스토리의 구조인 것만은 분명해 보인다.

아무튼 모세는 이야기의 천재이다. 언어의 마술사이며 영감의 천재이다. 모세는 아브라함의 아들 이삭과 그의 두 아들 에서와 야곱에게도 같은 이야기의 구조와 틀을 적용하여 철저하게 순종의 미덕과 축복에 관한 스토리를 만들어 내었다. 물론 이삭과 그 가족의 이야기 배경은 아버지가 아브라함이 구입한 가나안 땅이지만 이삭 대에 이르러서는 거의 토착 성격을 보여준다.

이삭은 나이 40이 되어서야 결혼을 할 정도로 늦장가를 들었다. 결혼할 상대가 없어서 그러지 않았을 것이지만 아브라함 가족이 본래 근친혼이어서 동족 간의 결혼을 원칙으로 삼았다. 그래서 이삭에 관한 이야기는 아브라함의 근친혼이나 아브라함의 사촌들의 근친혼이나 룻의 근친상간에 비추어 철저하게 동족결혼을 원형으로 하고 있다. 모세 역시 순종의 미덕 외에 타 부족과의 혼인을 금하고 동족혈통의 순수함을 강조하였다.

이삭의 시대에 이르러 순종과 혈통의 문제는 모세에 의해 확고하게 자리를 잡는다. 두 가지 원칙이 세워짐으로써 순종이나 혈통 어느 하나의 조건을 충족하지 못한 캐릭터는 불행과 저주의 대상으로 전락하며 스토리의 말미에 비극적 상황을 맞이한다. 아브라함과 사라가 그러하듯이 서자 출신인 이스마일은 비극의 인물로 그려져 있고, 이삭 또한 이방 여인에 대한 알레르기 증후군을 보여주는 인물로 그려진다.

아브라함은 아내 사라가 죽은 이후 3년이 지난 140세 무렵에 종을 시켜 늦기 전에 이미 70년이 지났지만 하란에 거주하는 사촌들에게서 이삭의 배필을 구해 오기를 부탁한다. “너는 하나님을 모르는 가나안 족속 중 에서 신부를 구하지 말고 내 고향 족속에게서 내 아들을 위해 아내를 택하라”고 하였다.

그 종은 순종하여 밧단 아람에서 우물가에서 물을 긷고 있는 처녀를 보고 물 좀 달라고 부탁을 한다. 이 처녀는 물을 길어 바가지에 주며 곁에 있는 나뭇가지에서 나뭇잎을 따 물에 떨어뜨린다. 단순한 에피소드처럼 보이지만 처녀의 성격을 보여주고 고상한 마음씨를 설명하는 대목이다. 이 처녀가 이삭의 부인이 된 리브가이다.

리브가를 보고 아브라함의 청을 넣은 종은 지참금을 잔뜩 주고 신부를 데리고 이삭에게 데려 온다. 미리 연통을 받은 이삭은 마음이 들떠

거의 20년이 넘게 차이가 나는 신부를 보고 행복에 차 있었다. "이삭이 리브가를 인도하여 모친 사라의 장막으로 들이고 그를 취하여 아내를 삼고 사랑하였으니 이삭이 모친 상사 후에 위로를 얻었더라." 이로 보아 이삭이 리브가를 얼마나 좋아하였는지를 알 수 있는 대목이다.

이삭이라는 이름의 뜻은 웃음이며 그의 출생지는 브엘세바이다. 100살에 얻은 자식이라 기뻐서 웃었을 것이다. 신의 가호와 섭리에 기뻐 신에게 감사하였을 것이다. 그러한 그 이삭을 모리아산에서 제물로 드려야 했던 사건은 어린 이삭에게도 적지 않은 심리적 충격으로 남아 있었을 것이다. 그 후 아버지 아브라함의 처신과 행동은 말 그대로 순종의 화신이었고, 가정에서 이를 곁에서 배우고 자란 이삭은 다소 순진한 사람으로 그의 종교성은 철저하게 순종의 삶을 살아간 인물로 묘사된다. 말 그대로 이삭은 별 어려움이 없이 아브라함이 남긴 정신적, 물질적 유산을 받고 유복하게 보낸 인물이다.

이삭은 평생 온유하고 겸손한 성품을 잃지 않은 무난한 사람으로서 집안에서도 자상한 아버지로서 아이들을 좋아하는 가정적인 성격의 인물로 다루어진다. 그에 대한 에피소드로는 자신이 판 우물을 세 번이나 빼앗은 블레셋 사람들하고 충돌을 피하고자 양보하고 물러선 적이 있다. 한번은 블레셋 왕 아비멜렉이 와서 "내가 보니 하나님이 함께 하십니다"라고 이삭을 격찬하고 평화를 약속하였다. 이런 에피소드는 그의 사람됨을 설명하고 있어 보이며 그는 혯 사람에게도 아브라함처럼 평생 자신을 낮추고 노력한 사람으로 180세까지 큰 과오 없이 일생을 마친 인물이다.

그의 아내 리브가 역시 이삭의 수호신을 철저하게 순종하며 따른 여인으로 그려지고 있다. 먼 밧단 아람 나흘의성 우물가에서 아브라함의 종에게 물을 길러 대접한 사건과 그가 아브라함이 누군지, 이삭이 누군지도 모르고 종을 따라 나선 결단은 무척 순수하게 보인다. 아브라함이 성공한 인물이라는 점은 그가 보낸 지참금을 보고 알 수 있었을 것이며 리브가는 친인척으로서 아브라함에 대한 이야기를 종종 들었을 것으로 보인다.

이삭의 리브가에 대한 사랑은 젊은 처자에게 늦장가를 간 탓도 있지만 그 자신의 성실함에서도 그리고 남에게 상처를 주지 않으려는 배려하는 마음에서도 잘 드러난다. 이러한 가족에 대한 사랑과 남을 배려하는 마음은 그의 자식들에 대한 일화에서 크게 다루어진다. 결혼 후 20년 동안 아이가 없다가 기도하여 마침내 쌍둥이를 얻게 된다. 즐거움이 말을 할 수 없었을 것으로 상상이 된다.

모세는 이 쌍둥이에 대한 에피소드를 자신의 이야기의 구조에 맞추고 있다. 형인 에서는 힘이 장사고 사냥을 생업으로 하는 거친 사내의 모습으로 그리고 있고, 동생인 야곱은 연약한 서생의 모습으로 양을 치는 일로 생업을 하는 얌전한 목자로 그리고 있다. 이야기의 방향은 물론 에서를 부정적으로 묘사하고 야곱으로 초점이 맞추어 있다. 야곱이 있는 곳에 에서의 이야기가 나올 뿐이다. 그래서 에서는 불행과 저주를 받는 비극적 인물로 야곱은 행복과 축복을 받는 인물로 그려지고 있다.

그러한 구도로 뱃속에서 이 쌍둥이가 다툰 에피소드를 소개한다. 에서가 뱃속에서 먼저 나오려 하자 야곱이 에서의 발목을 붙들고 기를 쓰고 먼저 나오려다가 힘이 센 에서에 밀려 결국 둘째가 되었다고 한다. 이 에피소드는 단순한 이야기가 아니라 야곱의 위치가 어머니 뱃속에서부터 정해져 있었다는 모세의 의도에서 비롯되고 있다. 모세의 의도는 이삭으로부터 쌍둥이의 부족장 계승권에 대한 문제를 다루고 있다.

그 다음 에피소드도 재미가 있다. 하루는 에서가 사냥을 하고 돌아와 무척 배가 고팠다. 그때 병자를 주기 위해 죽을 끓이고 있는 야곱을 보고 죽 한사발을 부탁한다. 하지만 야곱이 거절하자 에서는 화를 내며 야곱의 마음에 상처를 준다. 사냥을 갔다가 온 형에 대한 푸대접을 에서가 그냥 넘어가지 않고 야곱을 윽박지른 것이다. 둘 사이가 그렇게 좋았던 것은 아닌 것 같다. 쌍둥이 관계를 보면 대체적으로 서열관계로 많이 다투기는 한다.

그러자 마음이 상한 야곱이 대뜸 에서에게 장자권을 팔라고 한다. 그러면 죽을 주겠다고 제안을 한다. 에서는 느닷없는 제안에 다소 멈칫하였지만 대수롭지 않게 생각하고 "그래 그래 너 가져!" 하는 자세로 야곱에게 답하고 죽을 얻어먹게 된다. 이 에피소드 또한 모세의 치밀한 이야기 전략의 하나로 설정되고 있다. 장자 계승권의 대한 문제를 다시 제기하고 있다.

이러한 에피소드로 보아 형 에서는 그렇게 생각이 깊지 않은 인물이며 다소 투박하고 거친 성격으로 생김새도 장사처럼 생겨 힘이 좋아 보였다. 특히 몸에 털이 많고 특히 손이나 팔에 털이 많아 거친 사냥에 어울리는 유형으로 직설적이고 현실적인 욕망에 더 끌리는 인물이다.

상대적으로 야곱은 생각이 깊은 인물이며 매사에 신중하고 사려 깊어 섬세하고 부드러운 성격으로 그려진다. 생김새도 목동들처럼 음악과 문학을 좋아하는 낭만주의자로 보였다. 에서와는 달리 팔에 털이 없다고 그려지고 있어 목가적 삶에 어울리는 유목민의 후예로 등장하며 아브라함의 피를 이어 받은 인물로서 분별력이 있고 신의 뜻을 중시하는 인물이다.

그런데 아버지 이삭은 에서를 더 총애하였다. 에서는 사냥을 갔다 오면 아버지에게 잡아 온 짐승으로 죽을 써 대접을 하였고, 아버지는 이를 무척 좋아하였다. 그러자 상대적으로 어머니는 연약해 보이는 작은 아들을 감싸고 돌았다. 하지만 에서가 이웃 헷 여성들을 좋아하고 결혼을 하고 튼튼한 집을 짓고 정착을 하자 이들 부부의 근심은 야곱보다 에서에게 있었다. 에서는 이미 순종과 혈통의 계율을 어기고 있었다.

모세는 그러한 에피소드들을 토대로 결정적인 사건으로 독자를 이끈다. 아버지 이삭이 나이가 들어 앞이 잘 안보이자 부족의 계승권을 물려주려고 아내와 의논을 한다. 자신이 좋아하는 에서에게 상속을 하고자 사냥을 해 맛있는 음식을 만들어 달라고 말을 한다. 에서는 힘이 나 사냥을 나갔다.

그러자 리브가는 야곱에 연민이 갔다. 야곱을 불러 '너의 아버지가 너의 형에게 상속을 하고 축복을 주겠다고 하니 어쩌면 좋으냐. 차라리 네가 축복을 받는 것이 부족을 위해서도 좋지 않겠느냐'며 꾀를 낸다. 형이 돌아오기 전에 아버지 이삭에게 축복을 받는 것이 어떻겠느냐며 제안을 한다.

그러자 야곱은 '어떻게 내가 형 대신에 거짓말을 하여 아버지의 축복을 받을 수 있겠느냐'며 반문을 한다. 어머니 리브가는 너의 아버지가 눈이 어두우니 너를 알아보기 힘들 것이라고 한다. 하지만 형은 팔에 털이 많아 금방 아버지가 눈치를 챌 것이라며 근심어린 눈으로 어머니를 쳐다본다. 그러자 어머니는 양털을 팔에 씌어 주겠으니 들어가 아버지의 축복을 받으라고 권한다.

망설이며 양심의 가책을 느끼던 야곱은 어머니의 말을 따라 어머니가 하라는 대로 털을 팔에 씌우고 아버지 장막으로 들어갔다. 어머니는 미리 죽을 쑤어 아들 손에 들려 보냈다. 에서가 온 줄 알고 기뻐하던 이삭은 조금 이상하여 누구냐고 묻는다. 그러자 야곱은 "에서입니다. 저에게 축복을 내려 주십시오!" 하며 거짓말을 하였다.

그 순간 이삭은 야곱에게 가까이 오라고 명한다. 이러 저리 팔을 더듬던 이삭은 "목소리는 야곱인데 팔은 에서로구나"라며 미심쩍어 하면서도 야곱에게 결국 축복을 해주었다. 이삭은 "이것도 하늘의 뜻이라면 순종해야 겠구나"라며 들릴 듯 말릴 듯 혼자 중얼거렸다.

사냥에서 돌아온 에서는 죽을 써 아버지 이삭의 장막에 들어갔다. 죽을 드리며 에서라고 말하고 축복을 부탁하였다. 깜짝 놀란 이삭은 순간 사태를 깨닫게 되었다. '너인 줄 알고 이미 축복은 야곱에게 모두 주어 버렸다.' 그러자 에서는 통곡을 하며 '저에게 주실 것은 없느냐'고 이삭에게 애원을 하였다. 이삭은 에서에게 별로 쓸모없는 땅이지만 그나마 너에게 주겠다며 에서를 축복해주었다.

순간 에서는 분노가 치밀어 야곱을 죽이겠다고 사방에 야곱을 찾아 나섰다. 어머니는 혹여 야곱이 죽을까 숨겼다. 어머니는 결국 이러다 자식들을 다 죽이겠다며 야곱에게 잠시 밧단 아람의 외삼촌댁에 전갈이 갈 때까지 피해 있으라고 권하였다. 야곱도 더 이상 거절하지 않고 외삼촌댁으로 갈 채비를 하며 어머니가 준 재물을 나귀에 챙겨 밤에 몰래 길을 나섰다.

이를 눈치 챈 에서의 처남이 야곱을 쫓아 추격에 나섰다. 동녘이 뜬 무렵에 산을 넘어가던 야곱은 멀리서 쫓아오는 사람이 형인 줄로 알았다. 혼비백산하여 나귀를 재촉하다가 그만 나귀가 재물과 함께 산 밑으로 굴러 떨어졌다. 주저할 여유도 없이 야곱은 산을 넘어 혼자 혼쭐이 나게 계속 도망을 쳤다. 한참 도망을 치고 뒤를 돌아보니 형 처남의 그림자는 없어졌고, 적막한 광야와 함께 밤의 추위가 온몸을 엄습하였다.

야곱은 갑자기 아무것도 없고 빈털터리 신세가 된 것을 알게 되었고 춥고 배가 고프고 처량한 신세가 되어 있었다. 밤이 되어 으쓱한 곳을 찾아 잠을 청했지만 비몽사몽 잠을 깊이 잘 수가 없었다. 앞일에 대한 걱정도 걱정이지만 당장 사막에서 어떻게 해야 할 지 막막하였다.

사막은 중동에서 인도의 히말라야 산을 연상시키는 곳으로 육체적, 정신적 시험을 받는 곳이기도 하다. 그래서 그곳에서 대체로 신의 목소리를 듣는다. 모세도 그러하였고, 아브라함도 그러하였고, 야곱도 그러하였고, 예수도 그러하였다.

그는 신을 찾았다. 벼랑 끝에 몰린 신세로서 어둠 속에서 간절히 신을 찾았다. 꿈을 꾸었다. 사방 어두운 곳에서 그는 간곡하니 기도하며 무엇인가를 기원하고 있었다. '살려달라고.' '이번에 살려주면 결코 다시 거짓말을 하여 남을 속이지 않을 것이며, 조상 아브라함 아버지 이삭을 두고 순종할 것을 맹세하며, 다시 돌아 올 때 가진 것 10분의 1일 드리겠다'고 언약하며 구원의 손길을 기다렸다. 멀리 빛이 오고 있었다. 베델이라는 곳에서 간절한 기원으로 신의 계시를 들었다.

야곱은 다음 날 육체와 마음이 한결 가벼웠다. 새로운 힘이 솟는 듯하였고, 할아버지 아브라함이 자신을 지켜줄 것으로 생각이 들었고, 부족의 수호신 야훼가 자기를 지켜보고 있을 것 같아 든든하였다. 그리고 원기가 솟아 힘차게 외삼촌댁을 향하여 나아갔다. 허기에 지치고 땀을 흘려 목이 말라 온 몸은 지쳤다. 또 다른 공포와 불안이 들었지만 묵묵히 견디며 수호신의 소리를 떠 올렸다. 안심하라고.

그러기 며칠 멀리서 사람의 그림자와 목소리들이 들렸다. 이미 지칠 대로 지쳤지만 가서 보니 우물이 있었고, 양떼와 목동들이 물을 마시고 있었다. 실컷 물을 마시고 목동들에게 외삼촌 라반의 집을 물었다. 저기 저 처자에 물으라는 소리에 어떤 처녀가 양떼에 물을 먹이려고 우물로 오고 있었다. 그래서 야곱은 물을 떠 양떼에 물을 주고 처녀에게도 물을 주었다. 묵묵히 바라보던 처녀는 고마움과 친절함에 잠시 쳐다보았다.

그 때 야곱은 그 처녀가 너무나 예뻐 갑자기 키스를 하였고, 그녀는 그만 거기서 아무 생각 없이 키스를 받았다. 둘은 무엇인가 짜릿한 느낌이 들었고 처음으로 이성의 힘을 느꼈다. 그곳에서 보지 못한 남자였지만 어딘가 친숙한 느낌이 들며 행색은 남루하였지만 외모와 행동거지가 고상하고 신이 함께 하는 사람 같아 처녀는 순간 남자에게 끌렸다. 그러자 야곱은 라반의 집을 물었다. 자신은 리브가의 둘째 야곱이라며 하였고, 처녀는 자신이 그 딸이라며 그를 안내해 집으로 데리고 갔다.

고향 브엘세바를 떠나 외롭게 밧단 아람에 도착한 야곱은 뜻밖의 예쁜 처자인, 꿈의 여인 라헬과 숙명적인 만남을 갖는다. 우물가에서 야곱과 라헬의 만남은 신이 점지해준 것 같았다. 하지만 왠지 라헬은 슬픈 예감이 자신을 감싸는 것을 느꼈다. 그녀를 당기고 있는 야곱의 눈빛에는 사랑의 애절함이 있었으나 왠지 불안한 그림자가 그를 에워싸고 있었다.

야곱은 아버지를 속여 장자권을 얻었지만 에서의 분노, 벧엘에서의 꿈 등 견디기 어려운 역경과 고난을 겪고 마침내 그는 우물가에서 양을 치던 라헬을 만났다. 야곱은 그녀에게 입을 맞춘 후 소리를 내어 울었다. 야곱이 에서를 피해 집에서 도망해올 때 아버지 이삭은 외삼촌 라반의 딸들 중에서 아내를 취하라고 하였기에 야곱은 라헬을 운명의 여인으로 직감했다. 야곱의 행색은 짐승 털옷으로 남루하였지만 그의 피부는 매끈매끈하였다.

야곱을 데리고 집에 들어온 라헬은 아버지 라반에게 야곱을 소개하였다. 라반은 조카 야곱이 왔다는 소식을 듣고 뛰어가 그를 껴안고 입을 맞추고는 집으로 데리고 들어갔다. '네가 누이 리브가의 아들이냐'며 반갑게 맞이하였고, 그간의 소식과 누이의 소식을 들었다. 그리고 왜 거기에 왔는지도 들었다. 야곱이 그동안 자신이 겪은 이야기를 들려주자 라반은 한 달 동안 머물러 있게 하였다.

하루는 라반이 야곱에게 '집에 있을 수만은 없고 너도 일을 해야 되지 않겠느냐'며 품삯을 물었다. 라반에게는 두 딸이 있었다. 큰 딸이 레아였고, 라헬이 작은 딸이었다. 레아는 부드러운 눈매와 천성이 온유한 듯 보였지만 라헬은 아름다웠고 욕심이 많아 매사에 적극적으로 보였다. 야곱은 처음 라헬을 만날 때부터 좋아하여, 자신에게 달라고 청하였다. 대신 그는 칠년 동안 외삼촌 일을 해드리겠다는 제안을 하였다.

그로부터 야곱은 라헬에게 청혼 할 생각으로 열심히 일을 했다. 사랑하는 사람과 함께 지내는 세월은 칠년이 짧았다. 목동일은 그의 천직이기도 하여 너무나 일을 잘하였다. 라반은 그를 그간 관찰하였지만 그로 인해 재산이 불어나고, 쓸만한 젊은이라 계속 데리고 있고 싶었다. 7년이 되자 야곱은 라반에게 약속을 지킬 것을 요구했다. 라반은 물론이라며 걱정하지 말라고 하였다. 그리고 라반은 그날 저녁 깜깜한 어두운 방에 큰딸 레아를 야곱의 방에 데리고 갔다. 그것도 모르고 야곱은 그녀를 라헬로 알고 첫날밤을 치렀다.

아침이 되어 야곱이 눈을 떠보니 라헬로 알았던 여자는 레아였다. 레아에게 그는 '왜 아무 말을 아니 했느냐'고 따졌다. 그러자 레아는 '지극히 바라는 일 때문에 거짓말을 한 적이 없느냐'고 되물었다. 야곱은 순간 양심의 가책을 느끼며 형 에서가 떠올랐다. 자신을 죽이고 싶을 정도 미워하였던 에서의 얼굴로 레아에게 더 이상 따지지 못하고 고개를 숙였다.

인과응보의 순간이었다. 모세의 이야기구조는 치밀하다. 야곱은 사실상 부친을 속이고 형의 재산을 가로챈 사기꾼이었다. 하지만 이 거짓말의 죄를 어떻게 처리할 지가 모세의 고민이었다. 야곱은 그의 직계 조상이고 이집트 노예의 근원이 된 인물이기도 하다. 이집트에서 노예의 후손으로 이방인이 된 모세는 그의 신세 때문에 조상 야곱을 원망하여야 할 처지였다. 야곱은 오히려 어떻게 해석하느냐에 따라 구원의 대상일 수도 있다는 생각이 들었다. 모세는 아브라함의 직계 승계자이고 가나안 지역을 계승한 인물로 야곱을 만들어야 하였다

야곱의 거짓말 죄를 씻겨 주어야하고 그를 축복의 캐릭터로 만들어 주어야하고 나아가 엄격한 자신의 계율로 이스라엘 종족이 지을 수 있는 거짓말의 죄를 단죄할 모델이 필요하였다. 모든 면에서 야곱은 모세에게 훌륭한 조상으로 거듭나야 할 필요가 있었다. 그러기 위해 모세는 야곱의 스토리를 통해 야곱의 인과응보를 다루고 그의 참회를 다루었고, 장자 에서를 밀어내고자 야곱의 철저한 순종과 혈통의 문제를 끌어 들였다.

야곱은 한동안 말이 없었다. 라헬을 보면서 자신의 죄를 느꼈고 신에 대한 두려움과 공포를 느꼈다. 하는 대로 돌아온다는 자연의 법칙이었고 신의 정의였다. 야곱은 라헬을 포기할 수 없었다. 라헬 역시 첫날 밤 아버지 라반에게 언니 이야기를 듣고 아버지의 속셈을 알아차렸다. 라헬은 기회를 만들어 보겠다는 아버지의 거짓에 처음으로 아버지에 대한 분노와 증오를 느꼈다.

라헬은 언니를 그날 밤 만나 그녀의 의중을 물었다. 레아는 라헬에게 자신도 그를 사랑하지만 지금까지 너 때문에 아무런 말도 표정도 보일 수 없었다며 그녀의 동정을 바랬다. 뜻밖이었지만 라헬은 언니

레아에게 연민이 갔고 아버지의 명을 거역할 수 없는 당시의 가부장제 사회의 풍습으로 어쩔 수 없었다.

라반은 거짓말을 하였다고 항의하는 야곱에게 "여기 풍습은 작은 딸을 큰 딸보다 먼저 시집보내는 법이 없다"며 그를 달래었다. 대신 내 밑에서 다시 칠년을 일해 준다면 라헬을 주겠다고 또 거짓말 같은 약속을 하였다. 믿을 수가 없어 그는 먼저 둘째 딸을 달라고 요구하였다. 초례 기간 일주일이 지나자 라반은 이번에 약속을 지키고 딸 라헬을 야곱에게 아내로 주었다. 라반은 레아에게 질바를 몸종으로 주고, 라헬에게 빌하를 몸종으로 주었다. 야곱은 레아보다 라헬을 더 사랑하였다.

이 일로 거짓말에 대한 신의 응징이 두려웠던 야곱은 신의 사람으로 완전히 바뀌었다. 철저하게 신의 명을 묻고 따랐다. 그러자 그는 전에 없었던 평화와 안정을 느끼며 얼굴과 태도에는 겸양과 신중함이 엿보였다. 그는 약속대로 칠년을 더 라반의 집에서 성실하고 신실하게 신의 사람으로서 주어진 일만을 열심히 하였다. 양떼는 또 엄청나게 불어났으며 라반의 집은 풍요로 넘쳐났다.

라반의 판단은 옳았다. 야곱의 사람됨을 일찍이 알아챘다. 밑에서 일하는 사람이 철저하게 순종하고 성실한 사람이면 일은 부리는 사람은 신임을 주기 마련이다. 라반은 야곱의 부족신인 야훼가 그를 지켜주고 있다고 생각하여 모든 것을 야곱에게 맡겼다. 야곱은 자신을 낮추며 외삼촌 라반의 신임을 한 몸에 받았다. 그러자 자신의 아내들도 야곱을 신망의 인물로 존경하고 그를 따랐다.

하지만 야곱은 라헬을 더 아끼고 그녀를 곁에 두었다. 세상은 공평하게 사랑하는 여인 라헬에게서는 생산이 없었다. 레아는 야곱이 자신을 차별대우하자 동생인 라헬의 비위를 맞추며 그를 가까이 할 기회를 자주 만들었다. 레아는 마침내 첫 아기를 낳았다. 그 아기의 이름을 그의 신이 자신의 억울한 심정을 살펴주어 "아들을 낳았다"며 르우벤이라 불렀다.

레아는 두 번째 아기를 낳았다. 자신의 처지를 보고 "또 아들을 주셨구나"하며 이름을 시므온이라 불렀다. 그녀는 세 번째 아들을 낳았다. 이제는 남편이 할 수없이 자신한테 "매이겠지" 하며 아기 이름을 레위라 불렀다. 그녀는 네 번째 아들을 낳았다. 이제는 내가 그의 수호신 야훼를 믿고 "찬양하리라"며 아기 이름을 유다라 불렀다. 그 뒤 얼마 동안 레아는 생산을 하지 못했다.

레아는 아들을 낳을 때마다 야곱의 사랑을 차지하려 했다. 라헬은 참다못해 야곱을 들쑤셨다. "야곱! 나도 아이를 낳게 해 주세요"라고 하자 야곱은 "나의 신께 기도하시오!"라며 이 일은 신만이 하는 일며 신의 계시를 받으라고 하였다.

라헬은 이미 야곱으로부터 야곱 집안의 내력을 알고 있었다. 할머니 사라와 여종 하갈의 이야기도 들었다. 라헬은 야곱의 사랑이 언니에가 갈까 두려웠다. 하다못해 그녀는 야곱에게 언니는 4명의 아이를 가졌으니 이제 언니 장막에 가지 않아도 된다며 야곱을 곁에 묶어두고 싶었다. 일부다처제인 가부장제 중심 문화에서 라헬은 '대신 내 여종 빌하에게 들어가 아들을 낳아 주면 그를 내 아들로 삼겠다'고 야곱을 설득하였다.

복 많은 야곱은 라헬의 젊은 여종 빌하로부터 두 명의 아들을 더 낳았다. 그러자 레아 역시 남편의 사랑을 붙들고자 자신의 젊은 여종 실바를 이용해 야곱을 자신의 장막으로 끌어 들였다. 야곱은 실바로부터 두 명의 아들을 더 낳았다. 레아와 라헬은 야곱을 두고 다투었고, 그 사이에 야곱은 자녀를 많이 두게 되었다.

그러다가 성장한 레아의 아들 르우벤이 합환채라는 약초를 발견하고 어머니 레아에게 드렸다. 이를 알고 아이를 잉태할 수 있는 힘을 주는 약초라고 알려져 있던 합환채를 라헬은 레아를 찾아가 자기에게 달라고 애원하였다.

레아가 거절하자 라헬은 이제 야곱을 보내주겠다고 간청하여 소원대로 합환채를 받았다. 그렇게 하여 레아와 라헬은 화해하게 되었고 레아 사이에 다시 야곱은 아들 둘과 딸 하나를 더 두었다.

라헬은 합환채를 먹어도 소용이 없었다. 라헬은 자신의 부족신이 아니라 야곱의 신이 더 능력이 있고 복을 더 줄 것으로 생각하여 마음을 완전히 바꾸었다. 욕구도 욕망도 버리고 언니에게 사랑의 시샘도 버리고 라헬은 마음을 비웠다. 라헬은 간절하니 기도하는 신의 사람으로 바뀌기 시작하였다. 시간이 가자 라헬의 태도와 기도는 점점 더 경건하고 진지해졌다.

하늘에 뜻이 닿았던지 라헬은 아들을 늦게 가질 수 있었다. 요셉이다. 이집트로 팔려가 이집트 노예의 단초를 제공하였던 요셉이었다. 모세에게 한이 맺힌 인물이었겠지만 야곱으로부터 요셉까지의 후계구도를 기정사실화할 필요가 있었다.

야곱이 사랑한 여인 라헬로부터 요셉의 출생은 에서와 야곱 사이의 장자권에 대한 부족계승 게임의 연장으로 보인다. 레아의 다른 아들들보다 야곱 이후의 이야기는 요셉에게 맞추어져 있다. 그러기 위해 라헬의 고통과 역경은 순종의 미덕으로 그녀를 성장시켰고, 야곱의 장자계승권은 요셉에게 승계되고 있었다. 요셉은 모세의 직계 선조는 아니다. 모세는 레위의 "매인다"는 뜻의 레위의 후손이다.

하지만 모세는 자신의 뿌리를 세우고자 요셉의 이집트 이주에 조상의 계보를 맞추었다. 요셉의 아버지 야곱이 사랑하는 라헬이 낳은 요셉을 누구보다 사랑하고 총애하였다는 이야기 내용이 주목된다.

물론 라헬은 자기가 낳은 자식은 아니지만 여종 빌하로부터 자신에게 아들을 주었다는 뜻으로 이름을 단이라 하였고, "내가 언니와 겨루어 이겼구나" 하여 그 다음 아이를 납달리로 불렀다. 레아는 여종 질바로부터 "행운이 돌아왔구나"라며 이름을 가드라 불렀고, "모든 여자가 나를 행복한 여자라 부르겠지" 하며 그 다음 아기 이름을 아셀이라 불렀다.

레아는 라헬의 변화로 남편을 가까이 하게 되면서 다섯 번째 아들을 낳았다. 레아는 "신이 나에게 다시 갚아 주셨구나"라며 이름을 이싸갈이라 불렀다. 레아가 다시 임신해서 여섯 번째 아들을 낳으니 "이제 야곱이 나를 위해 주겠지" 하며 이름을 즈불룬이라고 불렀다. 그 후 레아는 또 딸을 낳고 이름을 디나라 불렀다.

야곱은 부인이 넷이나 되었으며 아들은 열한명이고 딸은 둘이나 되었다. 이미 대가족을 갖게 된 야곱은 벌써 나이가 40이 넘어갔다. 그는 재산도 불어나고 나이도 들어가자 그 나이에 누구나 독립적인 가업을 생각하듯이 자신의 가업을 이루고 싶었다. 그리고 형 에서의 마음도 누그러졌을 것이라 생각하고 부모님이 계시는 고향에 돌아가고 싶었다. 스스로 성공한사람으로 생각하고 라반에게 그 뜻을 비쳤다.

라반은 그 뜻은 이해하지만 야곱을 그대로 돌려보낼 수가 없었다. 더 욕심이 생겼고 딸들과 손자들을 보내기 싫었다. 야곱만 결심하면 모든 것은 자신에게 속해 보였다. 그리고 야곱의 신이 자기 집에도 함께 축복으로 가호해주기를 은근히 바라기도 하였다. 물론 이러한 부와 행복은 자신 부족의 수호신이 지켜주었을 것으로 확신하고 믿고 있었다.

라반은 다시 "품값은 네가 말하는 대로 줄 터이다. 말해 보아라"며 그의 마음을 돌리고자 하였다. 그러자 야곱은 "제가 장인을 어떻게 섬겼는지 아시지 않습니까. 그간 장인의 양떼가 얼마나 불었는지 아시지 않습니까. 재산도 불어 남부럽지 않으니 저를 이제 그만 보내 주십시오. 나의 신 야훼의 축복이 장인께 내렸지 않습니까. 이제 저도 가업을 이루고 싶습니다." 라반의 대답은 차가웠다. "그러면 어떻게 해주면 좋겠느냐"며 반문을 하였다.

야곱은 영리한 사람이었다. 양치는 일은 평생 해오던 일로 야곱보다 더 양에 대해 아는 사람도 드물었다. 야곱은 제안을 하였다. 자신을 돌려 보내준다면 "아무것도 바라지 않겠으니, 제가 갈 때까지 순백색의 양보다 얼룩진 털을 가진 양떼를 저에게 주시오"라며 청을 드렸다. 라반이 생각을 해보니 그 많은 식솔들을 먹여 살리기에는 얼룩무늬의 털을 가진 양으로는 시간이 많이 걸릴 것 같고, 양들도 비실비실하여 손해 보는 거래가 아닌 듯하여 동의하였다.

야곱은 양떼들 가운데서 검은 양 새끼와 얼룩지고 점 있는 염소를 골라내어 자신의 몫으로 가져갔다. 그 날 이후 야곱은 자기 아들들에게 맡겨 돌보게 하고, 미류나무와 감복숭아나무와 플라타나스 푸른 가지들을 꺾어 흰 줄무늬가 나게 껍질을 벗겼다. 야곱은 물 먹이는 구유 안에 세워 놓고, 양떼가 와서 그것을 보고 물을 먹게 하였다. 미신처럼 보이지만 야곱은 요즈음 지식으로 유전자의 교배를 잘 알고 있는 듯하였다.

야곱은 튼튼한 얼룩진 무늬를 가진 양들과 하얀 색을 가진 양들을 교미하며, 흰색의 양들은 약하게 하고 다시 튼튼한 얼룩무늬를 가진 양들을 다시 교배하는 방식으로 그 수를 늘려갔다. 그리고 야곱은 상당한 양떼를 자기의 것으로 할 수 있었다. 라반의 아들들이 "야곱이 우리의 것을 다 빼냈다"며 수군거리며 분개할 정도였다.

야곱은 때가 이르렀다고 생각하여 라반에게 다시 청을 넣었다. 자기 것을 가지고 고향으로 돌아가겠다고 하였으나 라반은 이제 말이 없이 그를 붙들어 놓으려고 구실을 찾고 있었다. 억울하였으나 야곱은 더 강요하지 않고 부인들을 불러 자신의 뜻을 전했다. "내가 당신들 아버지에게 빈손으로 왔으나 내가 극진하게 모셨고, 이제 나는 고향으로 돌아가고 싶으나 돌아갈 수 없게 하니 내가 장인하고 약속하고 가져가기로 한 내 몫인 점과 줄무늬가 있는 양떼를 가지고 갈까 하오. 선택은 부인들이 하시오."

라헬과 레아 역시 남편의 뜻을 따랐다. "아버지는 우리를 마치 남처럼 여기니 집에서 더 이상 무엇을 바랄 수 없게 되었습니다. 아버지는 우리를 팔아 자신의 욕심을 채웠고 혼자 가로 채려고 하는 거예요. 당신 뜻대로 하십시오." 라헬은 아버지가 야곱을 속이고 자신을 속였던 일을 잘 기억하고 있었다.

라반이 집을 비우자 야곱은 서둘러 가족들을 태우고 가축 떼를 데리고 고향을 향해 라반의 집을 나섰다. 그때 라헬은 아버지 부족의 수호신인 신상을 훔쳐 냈다. 야곱은 길을 떠나 강을 건너 길르앗 산악 지대를 향해 가고 있었다.

라반은 야곱이 도망을 친지 사흘에야 그 소식을 전해 들었다. 그리고 자신의 부족을 지켜주던 수호신의 신상이 없어진 것을 알고 라반은 사람들을 데리고 길르앗 산악 지대에서 야곱을 따라 잡았다. 라반이 보니 야곱이 산에 장막을 쳐 놓았기에 자신도 길르앗 산에 장막을 치고 날이 새기를 기다렸다. 그 날 밤 라반은 꿈을 꾸었다. 불길한 꿈이었다. 야곱에게 모든 것을 빼앗기는 꿈이었다.

다음 날 야곱을 만나 라반은 다소 누그러진 목소리로 "어찌 이럴 수가 있느냐"며 나무랐다. "내 딸들과 손자들에게 작별의 인사라도 해야 하지 않겠느냐. 내 꿈에 계시를 들어 양보하겠으나, 네가 나의 신상까지 가지고 간 일은 용서할 수 없다." 잘 모르던 야곱은 그런 일이 없다며, 자신의 물건은 자신에게 주기로 한 장인이 약속한 것뿐이라며, 정 미심쩍으면 뒤져 보라고 하였다. 라반은 샅샅이 뒤졌지만 그 신상을 발견할 수가 없었다. 라헬은 자신의 아랫도리 밑에 숨기고 라반이 들어오자 월경 때라 일어날 수 없다고 아버지를 오히려 무안을 주었다.

이 에피소드는 라헬이 부친의 구실을 막고자 한 처신이었지만 야곱의 신에 비추어 부친의 신을 모욕 준 이야기이다. 첫날 밤 자신을 속였던 죄로 그 대가를 받아야 하고, 남편을 속이고 자신들의 재산을 빼앗으려는 아버지에 대한 보복이었다. 라반의 거짓 행동은 결국 그 결과를 받게 되어 모세의 인과응보 법칙은 여기에서도 철저하게 드러난다.

야곱은 부러 화를 내며 자신의 순수함과 라반의 무모함을 몰아 세웠다. 라반은 대꾸할 말이 없었지만 그래도 그는 "이 여자들은 내 딸이요, 이 아이들은 내 손자요, 이 양떼도 다 내 것이다. 네 눈앞에 있는 것 어느 하나 내 것 아닌 것이 있느냐"며 야곱의 몰지각을 꾸짖었다. "그들이 다시 내게 돌아 올 것 같지 않으니 이제 너와 나 사이에 계약을 맺자"며 라반은 돌무더기를 쌓아 증거로 삼았다. 라반은 이 돌무더기를 여가르사하두다라 불렀으나 야곱은 갈르엣이라고 불렀다.

일설로는 그 이름을 미스바라고도 불렀다고 한다. "네가 내 딸들을 구박하거나 내 딸들을 두고 다른 여자에게 장가를 들면 가만히 있지 않겠다"며 라반은 마지막 딸들을 챙겼다. 라반은 "이 돌무더기를 보아라. 이 일로 서로 상대에게 상처를 주지 않을 것이며 상대를 치지 않기로 한 언약의 표시이니 네의 신과 나의 신이 판단해줄 것으로 바란다." 야곱은 부족의 신 야훼를 두고 서약하였다. 그리고 이튿날 라반은 딸들과 손자들에게 입을 맞추고 복을 빌어 준 다음 길을 떠나 돌아갔다.

홀가분한 마음으로 야곱도 길을 재촉하였다. 자신이 지나갔던 베델을 지나치며 자신의 어려웠던 그때를 떠올리고 신에게 감사하였다. 이곳이 나의 신이 나를 구원해준 곳이라며 가족들에게 기억을 해줄 것을 다짐하였다. 그래서 그 곳을 마하나임이라 하였다

베델을 넘자 야곱은 형 에서를 생각하니 잠을 이루기 어려웠다. 형에 대한 걱정과 두려움으로 안절부절하였다. 에돔 벌 세일 지방에 있는 형 에서에게 사람을 먼저 보내어 동정을 살폈다. 에서에게 그간의 소식을 전하라며 자신은 고향을 떠난 이후 외삼촌댁에서 가솔과 재산이 늘어나 걱정없이 잘 지내고 있으며, 고향에 돌아가고 싶다고 전하였다. 그러자 야곱은 돌아온 종들로부터 에서가 사백 명의 사람들을 데리고 온다고 전해 들었다.

야곱은 앞뒤 생각 없이 걱정하였던 일이 생겼다고 하며 안절부절하며 온 종일 얼굴색이 하얗게 질려 있었다. 야곱은 일행과 가축 떼를 나누었다. 우선 에서에게 줄 선물을 한 곳에 잔뜩 모아 놓았다. 암염소 이백 마리, 수염소 이십 마리, 암양 이백 마리, 수양 이십 마리, 젖을 빨리는 낙타 삼십 마리와 딸린 새끼들, 암소 사십 마리, 황소 십 마리, 암나귀 이십 마리, 수나귀 십 마리나 되었다. 종들에게 맡기고 먼저 앞에 세웠다. 종들에게 이것이 무엇이냐고 하면 야곱의 것이며 에서에게 주는 선물이라고 명하였다.

신중한 야곱은 그래도 에서의 환심을 사보다가 안되면 도망이라도 해야겠다는 심정으로 그 다음 조치를 취하였다. 우선 제일 앞에는 레아의 여종과 자식들을 앞세우고, 그 다음에는 라헬의 여종과 자식들을 앞세우고, 그 다음에는 레아와 그 자식들을 앞세우고, 마지막에는 라헬과 요셉을 데리고 자신이 섰다. 여차하면 라헬과 요셉을 살리고 자

신이 도망가야 하겠다는 심정이었다.

야곱은 에서가 자신의 호의를 거절하고 모두 죽여 버릴 것 같았다. 날이 저물자 그날 밤 야곱은 잠을 이룰 수가 없었다. 강 건너 산에 올라갔다가 간절히 기도하다가 지쳐 잠깐 잠이 들었다. 걱정이 심하였던지 꿈에 신의 사람을 만났다. 그는 에서처럼 보였다. 엄청나게 힘이 센 사람으로 이길 수가 없었다. 그는 자신을 넘어뜨렸고, 재차 시도하면 또 자신이 넘어지고 완전히 파김치가 되어 지쳤다. 동이 틀 때까지 그를 붙들고 "나는 이겨야 한다"며 만신창이가 될 때까지 그를 놓아주지 않았다. 야곱은 환도뼈를 다쳐가면서 까지 놓아 주지 않았다.

궁지에 빠진 자신을 구해야겠다는 일념뿐이었다. 그러자 그 사람은 광채가 빛나며 신의 형상으로 변하고는 위엄과 권위가 넘쳤다. 에서였다고 생각을 하였지만 그는 신의 계시를 주고 있었다. "너의 이름을 이제부터 나를 이겼다"는 뜻의 "이스라엘"이라 하라고 하였다. 이스라엘의 이름은 이렇게 야곱의 이름으로 탄생하였다. '신과 싸워 이긴 자'라는 뜻이다.

야곱은 깨어나 주위를 둘러보고 "내가 여기서 하느님을 대면하고 목숨을 건졌구나" 하고 그 곳을 브니엘이라고 부르며 기억하였다. 야곱은 다친 다리를 절뚝거리며 브니엘을 떠날 때 해가 떠올랐다. 이스라엘 사람이 오늘날까지 환도뼈 힘줄을 먹지 않는 것은 야곱이 환도뼈를 얻어맞아 그 힘줄이 상했기 때문이라고 한다.

이 에피소드는 마치 아킬레우스의 뒷발목의 힘줄을 연상시킨다. 치명적인 결함으로 알려진 아킬레우스 건처럼 환도뼈는 야곱의 치명적인 결함인 거짓말에 대한 죄의식의 상징이면서 동시에 평생의 굴레를 벗어버린 구원의 의미로 변한 주홍글자였다.

야산에서 내려온 야곱은 가족들에게 돌아왔다. 두려움은 없어지고 마음은 평온하였다. 형 에서가 어떻게 처신하든지 마음의 가닥을 잡고 있었다. 스스로 이미 강인한 정신력과 오디세이처럼 지혜를 터득하고 있었다.

그때 에서가 사백 명의 사람을 거느리고 달려오는 장면이 눈에 들어왔다. 무서운 속도였다. 순간 야곱은 가솔들을 둘러보고 마음의 준비를 다졌다. 레아와 라헬과 두 여종에게 자식들의 안위를 부탁한 다음 달려오는 에서를 맞이하였다. 두려움의 빛이 없어진 야곱의 얼굴은 경건하고 위엄이 있어 보였다.

그리고 야곱은 앞장서서 걸어가다가 형 에서에게 일곱 번 땅에 엎드려 절하고 스스로를 낮추었다. 마치 그 자세는 그의 삶 모든 것이 담겨 있는 듯하였다. 외삼촌댁에서 처신하며 몸에 익혔던 겸양과 자신을 낮추는 신중함은 이미 몸에 배어 있었다. 결코 감정의 동요를 느끼지 않은 채 에서에게 모든 것을 포기한 듯이 진심으로 속죄의 절을 올렸다.

금방 죽일 듯 하던 에서는 순간 야곱의 목을 끌어안고 입을 맞추며 울음을 터뜨렸다. 그리고 야곱을 꼭 껴안았다. 마치 과거에 아무런 일도 없었던 것처럼 형제는 뜨겁게 포옹하였다. 그리고 주위를 둘러보며 이것이 모두 무엇이냐며 야곱에게 물었다. 야곱이 이들은 제 아내들과 자식들이며 저들은 종들이며 저 짐승들은 형에게 주려고 가져온 선물이라고 고하였다.

성공한 인물로 금의환향한 야곱을 보자 에서는 무엇보다 기뻤다. 그렇게 미워하였던 동생이었지만 한편으로는 그의 안위가 항상 걱정될 정도로 그가 보고 싶기도 한 적이 많았다. 본시 성품이 단순하여 금방 잊어버리기도 한 인물이지만 순박하고 쉽게 감동을 받는 사람이었다. 에서는 자신도 충분히 재산이 있으니 이제 네가 필요할 것이 많을 것이라며 한사코 사양을 하였다. 라반에게 하듯이, 또한 꿈에서 씨름을 하여 결국 이겼듯이, 야곱의 고집은 천성이었다. 그래야 옳은 줄 안 그는 자신의 생각을 꺾지 않았다.

야곱의 간곡한 요청에 그만 이 단순한 에서는 청을 받아들였다. 화해를 받아들인 것이다. 야곱은 그래야 그 무거운 빚을 청산할 것으로 보았다. 정신적인 것도 정신적인 것이지만 물질적인 것도 매우 필요하다고 생각을 하였다. 에서는 함께 빨리 고향으로 돌아가자며 그를 재촉하였지만 야곱은 먼저 돌아가기를 부탁하였다. 많은 식구들과 가축 떼로 인해 거처할 곳이 먼저 필요하였다.

에서는 세일로 돌아갔고 야곱은 그 곳에 우선 머무르고자 장막을 짓고 가축 떼가 쉴 곳도 세웠다. 이스라엘 사람들은 그곳 이름을 수꼿이라 부르고 있다. 야곱은 밧단 아람을 떠나 마침내 가나안 땅 세겜 마을에 무사히 이르러 그 앞에 장막을 쳤다. 후에 야곱은 이곳을 세겜의 아버지 하몰의 아들로부터 은 백 냥을 주고 샀다. 그리고 거기에 제단을 쌓고 그 제단을 “이스라엘의 하느님 엘”이라고 불렀다. 이스라엘은 본인의 새로운 이름이니 야곱의 신 야훼라고 불렀다는 뜻이다. 결국 그 곳에 자신의 부족의 신인 야훼를 모신 셈이다.

후에 세겜이 딸 디나를 욕보이자 이에 대한 보복으로 야곱이 말렸음에도 특히 시므온과 레위가 세겜과 그의 아버지 하몰, 그리고 하몰의 부족을 몰살하는 참변을 일으킨다. 그로 인해 야곱은 팔레스타인들의 보복이 두려워 형 에서로부터 도망을 가면서 간절한 기도를 드렸던 베델로 올라가 그 곳에다 제단을 쌓고 정착을 하게 된다. 이곳을 엘베델이라고 한다. 야곱이 형의 보복을 피해 갈 때 신의 계시를 받았던 곳으로 또 다시 팔레스타인들의 보복 때문에 이곳을 택한 운명의 곳이다.

모세의 이야기는 야곱에 초점이 맞추어 있다고 해도 과언이 아닐 정도로 그의 일생과 에피소드를 중심으로 이스라엘의 기원에 두고 있다. 이스라엘, 즉 신과 밤새 환도뼈가 부러질 정도로 씨름을 하여 결국 굴복시켰다는 뜻과 세겜에게 브니엘 주변을 구입하여 가나안에 확실한 터를 잡았다는 부분이다. 단지 상징적으로 밭과 굴을 샀던 아브라함에 이어 야곱은 터를 잡기 위해 땅을 구입한 것이다.

신을 이긴 자 야곱은 신의 정신을 소유한 자, 신과 함께 한 자, 신성을 가진 자, 영성을 가진 자, 신은 아니지만 신으로 숭배를 받을 수 있는 자였다. 인도식으로 말하면 그는 절대 신 브라흐마 신과 정신적 합일을 성취한 자이며, 영원히 삼사라(세속세계)의 업보로부터 해탈한 자이다. 그리스 식으로는 숭고한 정신을 소유한 자, 지혜와 용기를 겸비한 자, 비극을 희극의 삶으로 바꾼 자, 운명을 극복한 자, 승리한 자의 모습이다. 아마 불교식으로 말하면 깨달음을 얻은 자로 세속의 삶에서 열반에 든 자일 것이다.

모세의 이야기 방식은 살펴 본 대로 유대적 구원 방식의 전형이다. 순종은 축복으로 불순종은 저주로, 부족의 혈통은 축복으로 이탈은 저주로, 거짓말의 죄는 반드시 그 죄를 물으며, 율법은 신의 법칙이다. 인간은 신의 율법을 지킬 수 없는 원죄를 갖고 있으며 그에 대한 피할 수 없는 업보는 반드시 스스로 지고 가야한다.

모세는 야곱을 상대로 그러한 운명의 틀을 벗어나지 못한 자로서 에서를 들고 있다. 에서는 이웃 부족의 여인들을 좋아하여 끝내 헷 족속의 여인과 결혼을 하였고, 그들과 함께 살아가는 방법을 택하였다. 그래서 집을 짓고 가정을 갖고 정착민의 생활로 돌아갔다. 모세는 에서의 후손이 거주한 지역으로 에돔을 지명하고 있다. 에돔은 지금의 요르단과 이라크의 서쪽 땅으로 아랍의 선조들이다.

아브라함의 서자 이스마일의 후손은 그보다 남쪽에 정착하였다고 하며, 사우디아라비아 지역을 중심으로 광범위하게 흩어진 아랍의 후손들이다. 모세에 따르면 아랍의 후손들은 비전이 없었고 구원도 없었다. 적어도 마호메트에 의해 이슬람이라는 새로운 종교적 동력을 받을 때까지는 유대인들에게 이스마일과 에서의 후손은 율법의 계율을 벗어난 저주받은 서자요 추방된 이방인들이었다.

하지만 그러한 숙명적인 죄에 대한 탈출구가 없다면 종교의 의미는 사라진다. 종교는 그러한 죄에 대한 속죄의 방식과 구원의 길을 제시해 준다. 그것은 순종의 미학이다. 유대교 형태의 이야기 미학은 신의 율법에 대한 순종의 미학이며 부족 혈통의 미학이다. 그리고 반드시 주어진 환경의 조건을 극복하고 자신을 초월하고 신에게 의지해야 한다. 그리고 그러한 증거로 스스로 할례를 행한다. 모세의 이러한 이야기 미학은 이후 유대적 스토리의 틀과 원형으로 자리를 잡는다.

모세의 스토리에 인간으로서 모델이 필요하다. 그러한 원형이 아브라함이었다면 그것을 완성한 자는 야곱이다. 유대적 스토리 역시 아브라함과 야곱에서 그 유형을 찾는다. 야곱의 후계자 중에서 단연 돋보이는 모델은 라헬이 낳은 요셉과 베냐민이다. 그리고 레아의 자식 유다이다. 베냐민은 이스라엘 첫 왕인 사울의 지파이며, 유다는 이스라엘 두 번째 왕인 다윗의 지파이다.

야곱의 열두 번째 아들인 베냐민은 라헬이 낳은 자식으로 이곳에 정착한 이후 요셉에 이어 라헬이 낳은 자식이다. 야곱의 사랑은 라헬로부터 늦게 얻은 두 자식에 대한 애정이 남달랐다. 그 중에서 요셉은 야곱의 성격과 어머니 라헬을 닮아 총명하고 잘 생겼고, 어렸을 때부터 남다르게 신의 예지가 뛰어 났었다.

야곱의 성공 스토리는 물론 요셉으로 이어진다. 요셉의 형으로는 위로 열형제가 있다. 이들을 모두 가리켜 모세는 이집트에 내려온 야곱의 후손들을 12 지파로 정리하였다. 그 중에서 가장 강력한 부족은 넷째 아들 유다의 후손이었다. 모세는 찬양이라는 뜻의 유다를 태생적으로 강인한 자로 묘사하면서도 요셉에게만은 무척 관용적인 인물로 묘사한다. 요셉을 통해 야곱의 전 식구가 이집트로 이주를 하게 되었고, 400년이 지나 싸움 잘하는 유다후손을 통해 다시 가나안 지역으로 되돌아가는 연속드라마를 연출한다.

가나안 지역으로 돌아간 부족 중에서 가장 싸움을 잘하였던 유다 후손은 지금 예루살렘을 중심으로 한, 그나마 요단강과 사해를 낀 지역으로 물질적 풍요를 누릴 수 있는 지역을 점령한다. 그리고 그의 후손 다윗 왕이 기원전 11세기경 팔레스타인 지역을 지배하며 강력한 왕국을 건설하고, 그의 아들 솔로몬 대에 이르러 완성한다. 이로부터 유대왕국은 전성기를 맞이하였고 유대족, 유대 정신 그리고 유대인으로 알려지게 된다.

제4장 기독교 스토리의 종교성

모세의 율법에서 가장 죄를 짓기 쉬운 계율이 거짓과 거짓말일 것이다. 모세의 거짓말은 불순종의 의미를 전제하고 있다. 하지만 마크 트웨인은 거짓말은 우리의 일상의 형태라며, 선의의 거짓말은 죄악이라고 보기 어렵다고 한다. 지나치게 율법 중심의 삶은 인간성을 파괴하며 해학과 웃음이라는 미학을 거부하는 몸짓이나 글짓이라 본다. 이야기는 사실 현실 같지만 거짓이다. 이로 보면 이야기는 모두 율법을 벗어나며 죄를 물어야 한다.

모세의 이야기 또한 그가 바라는 이상형의 인물을 자신의 목적에 부합하여 창조하고 있다. 모세 이야기의 핵심 캐릭터인 야곱을 보면 알 수 있다. 구선으로 내려오는 이스라엘 사람들의 조상 이야기를 그 나름의 종교적 목적에 부합시켜 재구성한 모세는 "없음의 있음화"라는 이야기 언어의 천재이다. 기실 그는 이야기꾼이다. 사람을 설득하는 재주를 타고난 수사학의 대가이다. 그의 이야기도 사실과 픽션을 혼합한 형태라 한다면 그도 율법을 벗어나 보인다.

마크 트웨인의 이야기를 따라가 보면 트웨인의 이야기가 그럴듯하게 느껴진다. 유대교적 할머니들이 너무 심하지 않는가 할 정도로 의사의 상식선에서 보면 할머니들은 현실과 비타협적이며 오히려 의사가 관용적이고 용서와 화해를 추구하는 전형으로 보인다. 현실에서는 의사가 거짓말을 하고 있기에 비극의 주인공이어야 한다. 또한 할머니들이 거짓말을 한 죄는 씻을 수 없는 과오로 그에 따른 징벌은 피할 수 없을 것이다.

그럼에도 현실에서 의사나 할머니들은 선의의 거짓말을 한 것으로 그려진다. 천사가 보기에는 이 둘 모두 천벌을 받을 수밖에 없다. 어느 쪽이 천국이고 어느 쪽이 지옥인가에 대한 근본적인 트웨인의 질의는 이야기의 형태로 전달된다. 그는 거짓말의 형태에 무엇인가 진실이 있다고 말하고 싶어 하는 사람 같다. 그는 천성적으로 낙관주의자이며 풍자와 해학과 웃음을 잃지 않는 사람으로 알려져 있다. 그의 이야기는 그렇게 보면 경우에 따라 현실과 종교의 모순을 풍자하는 방법론에 해당된다.

경우나 정도에 따라 대부분의 스토리가 종교에 대한 풍자와 비판적인 시각을 이야기 형태로 담고 있다면 움베르토 에코의 『장미의 이름』이나 댄 브라운의 『다빈치 코드』 또한 종교에 대한 비판으로 트웨인의 시각을 크게 벗어나는 것은 아니다.

모세의 경우도 사실은 당시 이집트에서 탈출한 후 불평하고 순종하지 않는 이스라엘 족속의 세태와 행태를 비판하는 목적이 있어 보인다. 그의 스토리는 이 불순종하는 사람들을 계몽하고자 간접적이고 우회적인 방식으로 야곱의 이야기를 선택한 것으로 보인다. 야곱의 이야기는 모세의 경우 자신이 생각하는 것을 전달하는 최고의 스토리이다. 그 진실이란 율법은 반드시 지켜져야 하며 지킬 때 행복이 만들어지고 고통을 해소할 수 있다는 종교철학적 사상이다.

원시 기독교적 이야기는 그 뿌리가 유대교이므로 모세의 율법으로부터 음으로든 양으로든 그 심리적 콤플렉스를 벗어나기 어렵다. 트웨인의 이야기나 에코의 이야기나 브라운의 이야기나 유대적 이야기에 대한 이상증후가 반드시 나타난다. 이러한 이상 콤플렉스는 어떤 형태로든 그 해소 출구를 찾고자 할 것이다. 그래서 그들의 이야기 배경은 신 중심의 유대적 율법 이야기로 출발하지만 그 방향과 결말은 예수의 휴머니즘 정신에서 찾고 있다.

원시 기독교적 이야기는 예수의 휴머니즘으로 그리스적 정신과 유대적 정신을 통합하는 일종의 방법론이다. 예수의 인간적 정신, 그것은 서로 용서하고 화해하고 사랑하라는 정신에 있다. 모세의 율법주의나 그리스의 영웅주의는 예수라는 실존 인간을 통해 통합되며 예수에 관한 이야기는 원시 기독교 이야기의 전형에 해당된다.

무엇으로 어떻게 살라는 원시 기독교 이야기의 형태는 어떤 형태일까. 모세의 오랜 죄의식을 벗어나는 형태는 무엇이며 그 전개 방식은 어떻게 보여 질까.

현대판 도스토예브스키의 『죄와 벌』 이야기는 원시 기독교 이야기의 전형이라 할 수 있는 틀을 제공한다. 주인공 캐릭터 라스꼴리니꼬프는 시골 출신으로 모스크바, 지금으로 말하면 서울로 온 가난한 대학생이다. 돈이 없어서 그는 휴학을 하고 모스크바의 조그마한 방에서 어머니와 여동생과 함께 살고 있다.

이러한 주인공 캐릭터의 상황과 배경으로 보아 그의 삶은 어둡고 희망이 없고 절망에 가까운 사람이라는 것을 알 수 있다. 또한 그러한 환경은 그의 성격을 결정짓는 데 중요하게 작용하고 있다. 어둡고 침울한 행색과 늘 좌절감과 패배감에 싸여 있는 그는 사회에 대한 원망과 증오를 가질 수 있는 인물로 그려지고 있다. 따라서 캐릭터의 환경과 성격은 이야기의 방향, 즉 이야기의 성격을 결정지으며 그의 운명이 비극적으로 전개될 수 있음을 암시하고 있다.

물론 제정 러시아 시대의 화려하였던 시기에 비추어 미래의 혼란과 삶의 어두운 그림자는 글쓴이의 인생관과 세계관에 영향을 미쳤을 것으로 보이며, 그는 인간의 어두운 측면과 거짓된 모습에서 무엇으로 어떻게 살아야 할 것인가에 대한 고민이 컸던 것으로 보인다. 그 시대의 모든 사람이 글쓴이처럼 살거나 불행하지는 않았겠지만 마치 『죄와 벌』은 엘리엇의 『황무지』를 연상시킬 정도로 어둡고 침울하다.

사회의 어두운 현실과 불행해 보이는 사람들의 이면에 깔린 행복의 조건은 물론 경제에 있다. 출세를 위해 사회 상류계층과의 결합을 꿈꾸거나 생존을 위한 투쟁에 온 몸을 던지는 모습으로 그려진다. 살기 위해 자신을 속이는 것이다.

주인공 라스꼴리니꼬프의 여동생은 그러한 오빠와 어머니를 위해 사랑하지 않는 사람과 거짓 결혼하려 하고 있다. 라스꼴리니꼬프그는 해결방법은 없지만 결사코 그 결혼을 반대한다. 사랑이 없는 결혼은 스스로에게 거짓말을 한 것이라며 돈 때문에 거짓된 삶을 살 수 없다는 것이 그의 주장이다.

그러다가 라스꼴리니꼬프는 퇴역관리인 마르멜라도프를 우연히 한 허름한 술집에서 만나 그와 어울리게 된다. 퇴역관리라는 마르멜라도프는 상처를 하여 재혼한 사람으로 장녀인 소냐와 그 동생들과 함께 너무나 가난하게 살고 있었다. 연금은 적고 그의 방탕한 생활은 늘 생활을 어렵게 하였다. 그는 다시 들어간 직장조차도 술과 방탕한 생활로 무책임한 가장이었다.

라스꼴리니코프의 여성 상대역은 이 소냐이다. 가난한 휴학생이며 실업자인 라스꼴리니꼬프에 비교하면 소냐는 가정을 책임지기 위해 길거리의 창녀로 나선다. 무책임한 라스꼴리니꼬프에 비해 소냐는 비록 창녀지만 숭고하게 비친다. 새엄마는 수차례 그녀의 발에 키스를 하며 그녀의 육체와 정신을 착취한다.

어쩔 수 없이 가족을 위해 나섰다는 여 주인공의 직업은 사회의 최하층인 창녀로 설정하고 있지만 그녀의 정신만은 숭고하다. 이러한 상대역할로 라스꼴리니코프는 정신과 육체 모두 타락한 존재이다. 처음 우연하게 이 남자 캐릭터는 돈 때문에 전당포에 물건을 잡히러 갔다가 전당포 주인이 돈이 많은 것을 보고 점차 계획적으로 살인을 추진한다. 결국 그 주인을 살해하고 또한 그녀의 여동생까지도 살해하는 에피소드는 돈 때문이라고 하고 있지만 이야기는 인간의 깊은 곳에 자리하고 있는 죄의식의 근원을 탐색한다.

그러나 거기에 양심이 있다. 살인을 한 죄는 응당 징벌을 받아야 한다. 그는 사회적 법보다 양심으로 고통을 받는다. 살인은 후회하고 참회하였지만 법을 피하고 도망을 다니는 신세는 그에게 지울 수 없는 업보이다. 살인이라는 가장 큰 죄악을 저지른 셈이다. 피해 다니는 거짓된 삶은 그를 괴롭혔고, 결국 육체적으로나 정신적으로나 그는 황폐해지며 끝없이 방황한다. 그때 그는 스스로를 저주하고 원망하고 죄의식에 몸부림쳤다. 벼랑 끝에 몰린 그는 신을 찾았다.

신의 응답이었던지, 신의 계시였던지 그는 소냐를 만나 잠시 평안과 행복을 맛본다. 하지만 그의 죄는 지울 수 없는 주홍글자로 그의 심신을 괴롭혔다. 그래서 그는 도저히 그 고통을 담아둘 수 없어 소냐에게 살인 사실을 고백한다. 조금은 시원하였지만 소냐의 눈길을 마주하기 어려웠지만 의외로 소냐는 그를 설득하며 자수하기를 간청한다. 그리고 그의 지친 영혼을 위로하고 사랑하게 된다. 둘은 모두 죄인이었지만 소냐는 늘 기도하며 참회의 정신을 갖고 있었고 자신을 낮추며 겸허하게 현실을 받아들였다.

하지만 라스꼴리니꼬프는 달랐다. 그는 늘 구실을 찾았다. 살인도 그는 정당화시켰다. 어쩔 수 없었다고. 도대체 자신이 이 사회에서 할 수 있는 일이 무엇이며, 그의 가난은 자신의 잘못도 아니라는 태도는 살인도 일종의 권리처럼 비쳤다. 부패하고 타락하고 부정하게 돈을 번 사람은 정의의 심판을 받아야 한다며, 자신은 그 대의를 실행한 정의의 사도라고까지 그의 정당성은 확대된다. 그의 심리는 늘 변했다. 법은 법일 뿐 자신의 살인은 정당하다는 것이다.

소냐는 신을 향해 용서를 빌고 참회하라고 하였다. 살인은 어떤 말이라도 용서할 수 없는 죄이고 신은 결코 당신을 용서하지 않을 것이라고 그를 설득한다. 그는 양심으로도 괴로웠다. 소냐의 숭고한 정신과 끈질긴 설득에 감동을 받아 그는 자수를 결심한다. 소냐는 그의 살인을 관용과 사랑으로 감쌌다. 참회하면 죄를 용서받을 수 있다는 그녀의 가치관은 결국 승리하는 자의 가치관이었다.

자수한 라스꼴리니꼬프는 시베리아로 유형을 떠난다. 그곳까지 따라가 그를 보호하고 보살피는 소냐의 정신은 원시 기독교 정신의 전형이다. 사랑과 용서 그리고 화해는 한 인간의 정신을 바꾸고 용서할 수 없는 죄인도 천사로 바꿀 수 있다는 원리로 한 인간의 구원의 여정이다.

도스토예브스키 이야기의 방향과 전개는 참된 기독교 정신에 있었다. 모세의 율법에 따르면 용서할 수 없는 죄로 라스꼴리니꼬프는 반드시 벌을 피할 수 없다. 그는 저주를 받아야 하고 불행한 삶을 살아야 한다. 그럼에도 그는 소냐로부터 사랑을 받고 용서를 받고 영혼의 구원을 받았다. 소냐의 정신은 그래서 위대한 그리스도 정신의 모델로 그려지고 있다.

그것도 가장 낮은 계층에서 최고의 숭고한 정신을 찾는 형식은 이야기의 반전에 가장 효과적인 형태이다. 창녀라는 직업이 사람들에게 주는 이미지는 순결을 덕목으로 삼는 사회의 경우 가장 큰 죄인으로 인식된다. 그럼에도 자기희생적이고 무한한 사랑을 지닌 여인의 모습에서 천사의 모습을 찾는다. 이 결정적이고 운명적 죄인이 가장 숭고한 정신을 갖는 인물로 변하고 남을 용서하고 사랑할 때 그 숭고한 가치와 그 효과는 종교적으로 극대화된다.

「막달라 마리아」라는 영화가 있다. 막달라 마리아 역시 소냐처럼 창녀와 성녀의 모습으로 교차되며 그 차이는 종이 한 장처럼 보인다. 마치 에코의 캐릭터인 윌리엄 신부와 호르헤 신부의 차이에서 보이는 신앙과 광신은 종이 한 장 차이라는 인식과 유사하다. 앗소가 성관계를 가졌던 이름 모른 여성을 장미라 불렀듯이, 장미는 창녀와 성녀 모두 상징하는 꽃이다. 여성에 대한 이러한 극한적인 종교적 인식은 성녀와 마녀라는 두 글자에서 상징적으로 나타난다.

「막달라 마리아」이야기는 표면적으로는 종교적 정의가 지배하고 있어 보인다. 그러나 그 저변에는 사회적 불의에 대한 공정성의 문제와 인간에 대한 차별이 깔려 있다. 이 이야기는 기존의 종교와 사회적 불공정성에 대하여 심각한 문제를 제기하고 있고 이야기의 방향은 새로운 종교적 정의를 실현하는 방향으로 해결의 실마리를 찾는다.

막달라 마리아는 성서에도 보아 매우 부유한 여인으로 그려진다. 당시 유대사회는 유다의 이름처럼 마리아의 이름을 가진 여성이 너무 많아 출신지역을 수식어로 부쳤다. 그래서 막달라 마리아는 막달라 출신의 마리아라는 의미이다. 그래서 예수의 어머니를 동정녀 마리아로 수식어를 부친다.

막달라의 아버지 농장을 유산으로 받았던 마리아는 결혼한 가정을 가진 부인으로 나온다. 하지만 이 농장은 여성이 땅을 소유할 수 없는 관습에 따라 결혼한 남편 아모스의 이름으로 되어 있다. 그리고 남편 아모스는 결혼한 마리아의 농장에 살며 농장을 실제적으로 지배한다. 아마 가난한 아모스는 요즈음 말로 처가에 더부살이하고 있는 형태이다.

하지만 이들 사이에는 자녀가 없었다. 아이를 낳지 못한다며 아모스는 마리아를 구박하기 시작한다. 아모스가 바람을 피우기 시작하면서 어느 날 아모스는 마리아에게 이혼을 청한다. 남편의 그러한 처사에 분노를 느낀 마리아는 그의 배우자로서의 부정을 비난하며 그럴 수 없다고 반발한다. 가부장제 유대 사회였기 때문에 철저하게 모세의 율법이 지배하고 있었다. 남편이 이혼을 요구하면 이혼을 해야 하는 계율이 있었다.

모세의 '성'에 대한 율법은 간음하지 말라는 십계명을 원칙으로 하고 있다. 모세의 율법은 엄격하였기 때문에 간음한 자는 사형이었다. 간음한 사람은 돌로 쳐서 죽이도록 되어 있었다. 그래서 남녀 어느 쪽이든 한 사람이 간음을 하게 되면 어느 누구든 죽게 되어 있어서 홀로 사는 일이 자연적으로 발생한다. 남자의 경우 미리 이혼을 신청하면 큰 문제가 되지 않았으나 여성의 경우는 남편이 죽거나 이혼을 하는 경우는 심각하였다. 물론 이혼하지 않은 체 남자가 다른 여성과 관계를 갖게 되면 간음을 저지르게 되므로 이혼은 매우 훌륭한 수단이다.

남성의 경우 이든 여성의 경우이든 간음을 하여 한쪽이 죽게 되더라도 결국 다른 여성과 남성과 결혼을 하게 되면 모세의 율법에 따라 간음을 저지르는 형국이 된다. 모세의 고민은 여기에 있어 보였다. 남녀의 결합은 고대 사회에서 종족 보존에 필수적인 사항임에도 성 문란으로 인한 사회적 질서의 붕괴를 막아야 했다. 고육책으로 모세는 이혼을 합법화시켰다.

모세의 이혼 계율은 우선 남자 중심인 사회적 풍습 때문에 만들어졌다고 한다. 남성들이 여성들을 너무 가볍게 여기고 살다가 마음에 들지 않으면 여러 가지 이유나 사소한 핑계로 아내를 버렸다고 한다. 이를 바로 잡기 위해 모세는 아내의 수치 때문에 아내를 좋게 생각하지 않을 경우 이혼 증서를 써주고 집에서 내 보내라고 계명을 정했다. 조금 모호하기는 하지만 수치스러운 내용으로는 주로 아내의 부정을 말한다.

모세는 여성을 보호하고자 한 의도였다. 여성의 부정은 용납할 수 없는 죄로 여겼다. 하지만 이를 입증하기 위한 절차를 두었다. 자기 아내와 이혼하려는 남편은 아내의 부정을 두 증인이 보는 앞에서 확증할 수 있도록 절차를 두었다. 이처럼 모세가 남편이 아내를 버릴 수 있는 조건을 엄격하게 한 배경에는 이혼 증서로 여성의 재혼을 넓히고자 한 의도였다.

간음하지 말라는 십계명에 대한 세부 시행세칙으로 이혼증서 제도를 둔 것은 다소 합리적인 처사로 보이지만 그렇다고 남자의 횡포를 막을 수는 없었다. 다만 합법적인 이혼으로 남성, 여성 모두 재혼의 길을 열어 두었다는 데 의미가 크다. 다만 종족 보존을 위해서나 이혼한 이후의 성관계까지 간음의 계율로 다스리기가 현실적으로 매우 어려워서 마련한 고육책으로 보인다.

그래서 모세는 여성의 권리를 위해 마련한 이혼증서를 발행하는 조건을 까다롭게 규정하여 여성으로 하여금 마음에 맞는 남성을 만나 가정을 가질 수 있도록 하고, 억울한 누명을 쓰고 처벌 받는 일을 금하고자 하였다. 하지만 여성의 경우 남자가 죽지 않는 한 이혼증서는 큰 의미가 없었다. 간음죄의 징벌은 가혹하여 이혼 증서가 있다고 하더라도 여성은 마을 사람들에게 배척을 당하여 부정한 여인으로 간주되어 간음죄로 돌에 맞아 죽고는 하였다.

여기에 모세는 다시 이혼증서에 이혼 사유를 기록하게 하였다. 그래서 여성이 간음죄로부터 부당한 처벌이나 오해를 받지 않을 수 있도록 하였다. 이러한 이혼증서는 두 명의 증인이 보는 앞에서 작성되어 보호를 받도록 하였다. 하지만 그 증인이 종종 문제가 되었다.

또한 신명기는 “한 번 이혼한 여인이 다른 사람의 아내가 된 경우에, 그녀와 이혼한 전 남편은 다시 그녀를 아내로 취할 수 없도록” 규정하고 있다. 이러한 계율은 남편이 이혼을 결정할 때 매우 신중하기를 요구하고 있었다. 하지만 이를 기록하는 서기관과 율법해석학자들인 바리새인들은 이러한 모세의 율법을 남자가 여자와 이혼할 수 있는 법적 통로로 만들었다.

그러한 해석의 예가 「막달라 마리아」의 이야기에 나오고 있다. 마리아의 농장은 아버지의 재산이므로 당연히 마리아의 것이야 하지만 실상은 그러지 아니하였다. 남편 아모스는 애를 못 낳는다는 이유로 자신의 부정을 감추고 재산을 소유하고자 이혼증서를 써주며 마리아에게 집을 나가라고 하였다. 그때 서기관을 동원하였다. 서기관이 기록한 이혼증서는 마리아가 애를 낳지 못해 집안의 가계를 이을 수 없다는 이유였다.

마리아의 부정을 이혼 사유로 적지는 않았지만 한 푼도 없이 마리아는 쫓겨났다. 마리아는 아모스를 저주하며 복수를 퍼부었다. 하지만 가부장제 사회와 남존여비사상이 고대 유대사회의 관습이었기 때문에 그 관습에 대한 법적 제도를 뒤집기가 어려웠다. 물론 마리아의 아버지가 살아 있었다면 그런 일은 일어나지 않았을 것이다.

복수와 저주에 마리아는 마침 지나가던 로마 장교인 실바너스의 유혹에 평소와 다르게 몸을 의탁한다. 그녀의 의도는 남편 아모스에 대한 복수의 마음이 컸다. 실바너스는 마리아의 집 주위에서 야영을 하게 되며 마리아와 하룻밤을 보내게 된다. 아마 평소에 이곳을 잘 지나가며 마리아의 집안을 잘 아는 것 같았다. 실바너스는 마리아가 이혼을 당하였다는 말을 듣고 가이사 항구에 로마군대의 주둔지가 있으니 우선 헤롯 왕 궁전의 로마 군영으로 함께 가자고 한다.

이 이야기에 나오는 마리아는 상당한 성적 매력과 지적인 성숙미가 있는 20대 중반의 여성으로 보였다. 그러면서도 약간은 굽힐 줄 모르는 성격의 소유자였으며 의지가 강해 보였다. 로마 장교 실바너스 뿐만 아니라 사람들의 주목을 받을 만한 육체적 건강과 세련미가 있어 보였다. 다만 자기주장이 강하고 자존심이 강해 보였다.

그러한 마리아가 로마 장교 실바너스에게 자신의 뜻과는 관계없이 하룻밤을 보낸 것이다. 그리고 그에게 남편 아모스를 복수하고 싶다고 말하였다. 복수하게 해주겠다며 그녀를 구슬렸던 실바너스는 그 다음날 야영지를 출발할 준비를 하고 있었다.

그 다음날 이 잠자리를 알게 된 아모스는 마리아에게 거칠게 항의를 하며 그녀를 창녀라 부르고 욕을 퍼부으며 이곳을 떠나라고 저주를 퍼부었다. 실바너스는 그러한 아모스를 치며 그의 비열한 면을 욕하였다. 할 수 없이 마리아는 실바너스를 따라 나섰다.

마리아를 데리고 떠난 실바너스는 그때 요한을 수색하고 있었다. 세례 요한이었다. 이미 요한은 요단강에서 사람들을 모아 세례를 주며 그들을 선동하고 있다는 제보가 들어왔고, 통치계층에서는 그가 정치적으로 혹세무민하는 인물로 주목을 받고 있었다. 그래서 헤롯 왕은 행정과 정치를 로마로부터 위임을 받아 현지 왕이 되었을 뿐 군사력과 치안은 로마군대에 있었다. 요한은 이미 로마 주둔군의 요주의 인물로 수배되어 그를 체포하기 위해 실바너스가 수색하고 다니고 있었다.

요단강에서 사람들을 모아 설교하고 세례를 주고 있는 요한을 실바너스가 포착하였다. 그래서 마리아에게 그를 아느냐고 물었다. 마리아는 알고 있다며 그는 해를 끼치는 사람이 아니고 단지 사람들에게 종교적인 의미에서 세례를 주고 있을 뿐이라고 그를 두둔하고 나섰다. 그러자 실바너스는 그녀에게 알아보라고 말하며 강가에서 열변을 토하고 있는 요한에게 보냈다.

요한은 다가오는 마리아를 보았지만, "말세이니 모두 회개하고 신의 말을 듣고 순종하라"고 사람들에게 외치고 있었다. 그는 유대의 정통에 따라 우리 모두 죄인이니 회개하고 신을 믿으라고 하였다. 그리고 율법을 지키고 신에게 회개하라고 소리쳤다. 그리고 회개하는 사람들에게 물로 세례를 주고 있었다. 그의 주위에 모여들고 있는 사람들은 모두 소외 받고 가나한 계층의 사람들이었다.

마리아는 요한에게 로마군이 당신을 수색하고 있으니 조심하라고 일러 주었다. 요한은 로마 장교와 함께 있는 마리아를 보며 "무엇을 찾고 있느냐?"라고 물었다. 삶의 목적이 무엇이냐는 궁극적인 질의였다. 그러자 자신을 배신한 남편 아모스에게 복수할 것이라고 답하였다. 자신을 몰아 낸 아모스를 증오하며 적개심을 들어내었다. 그러자 요한은 "회개하고, 회개하고 신의 말을 쫓으라"고 설교투로 강하게 그녀를 설득하였다.

마리아는 요한이 선지자처럼 행동과 말을 하고 다니고 있기 때문에 사람들은 그를 신이 부른 사람으로 생각하여 몰려들고 있다고 생각하였다. 당시 유대 제사장들의 권력층과 지배계층은 헤롯 왕과 로마에 붙어 자신들의 지위와 권위를 유지하고 있었고, 상대적으로 유대인들의 삶은 곤궁하고 핍박을 받고 있었다. 유대인들은 자신들의 타락과 부패로 신을 멀리하고 있었기 때문에 신이 자신들을 버렸다고 생각하였다. 이때 요한이 나타난 것이다.

서기 28년경 요르단 계곡에서 예언활동을 하였다는 요한은 광야에 살며 낙타가죽 옷차림에 가죽 허리띠를 매고 메뚜기와 석청을 먹고 살았다고 한다. 그는 사람들에게 죄를 회개하라고 외치며 요르단 강물에서 세례를 주는 세례운동을 펼쳤다. 이때 예수도 그에게 세례를 받았다.

요한의 겉옷은 사막의 사람처럼 남루하였다. 그는 요르단 사막에서 고난의 날들을 보내고 영적 깨달음을 얻고 신의 계시를 받은 사람으로서 행동하고 말을 하고 다녔다. 사람들은 위대한 유대인들의 선지자들처럼 그를 선지자로 보고 따르고 있었다. 요한은 신의 뜻을 따르고 죄를 회개하라고 외치고 다녔다. 유대인들은 그가 자신들을 구원해줄 정치적, 영적 구세주로 생각할 정도였다.

요한은 그들에게 요단강의 물로 세례를 주며 신의 심판이 가까웠으니 회개하라며 신의 사명을 수행하는 선지자와 예언자의 모습을 보였다. 유대 정신을 찾으려는 진정한 선지자처럼 위선이 가득 찬 바리세인과 타락한 랍비들을 정죄하려는 원칙주의자로 비쳤다.

이러한 요한을 만난 마리아는 더 이상의 말이 통하지 않을 것 같아 아무 말 없이 돌아 와 실바너스에게 거짓말을 하여 그를 안심시켰다. 그는 단순한 선지자로서 의례적인 활동을 할 뿐 정치적으로 위험한 인물이 아니라고 안심시켰다. 그녀의 말을 믿은 실바너스는 그대로 그곳을 떠나 군영지로 돌아갔다.

군영지에 도착한 실바너스는 자신의 사령관인 비텔리우스에게 요한에 대하여 보고를 하였다. 마리아의 말대로 별 위험한 인물이 아니라고 하였지만 비텔리우스는 실바너스 뒤에 떨어져 서 있는 마리아를 보며 그녀가 누구냐고 물었다. 실바너스는 잠시 머뭇거리다가 창녀라고 둘러댔다.

비텔리우스는 위험한 인물로 알려진 요한을 잡아오지 못한 실바너스를 문책하며 그의 행색을 비난하였다. 상관으로부터 문책을 당한 실바너스는 마리아 말대로 요한을 그대로 두고 온 것에 대하여 마리아에게 화를 냈다.

돌아가 얼마 안 있다가 실바너스는 마리아로부터 임신의 사실을 들었다. 놀란 그는 임신할 수 없다고 하지 않았느냐며 거짓말을 하였다며 그녀를 때리고 욕하였다. 갑자기 돌변한 실바너스는 마리아에게 심한 배신감을 느끼며 그녀를 폭행하기 시작하였다. 실바너스는 거기에 멈추지 않고 그녀를 병사에게 주어버렸다. 처참하게 많은 병사들로부터 욕을 본 마리아는 실신한 체 버려졌고 결국 유산을 하였다.

깨어난 마리아는 만신창이가 된 자신의 몸을 보고 치욕과 심한 모욕을 느꼈다. 남편 아모스에게 복수하고자 세력을 가진 로마 장교 실바너스에게 의지하여 때를 기다렸던 마리아는 그 이하의 나락으로 떨어질 수 없을 정도로 여자로서는 창녀와 같았다. 더 이상 살 희망이 없다고 느낀 마리아는 벼랑 끝에 서 있는 심정이었다. 너덜너덜한 의복에 미친 여자처럼 떠돌이 신세로 전락한 마리아는 요한이 말하는 신이 어디 있느냐며 죽고자 갈릴리 호수로 갔다.

마리아에게 신은 없었고 신의 정의는 없었다. 신의 정의가 있다면 자신의 처지가 이럴 수가 없다고 마리아는 생각을 하였다. 세상의 정의는 모두가 불합리고 부조리하게 보였다. 아모스를 보건데 남성 중심의 유대적 정의와 실바너스를 보건데 로마의 힘 중심의 정의는 거짓과 위선과 부정과 불의에 가득 찼다.

그녀는 물속으로 아무 생각 없이 들어갔다. 그리고 죽음의 세계로 향하였다. 자신에게 남은 것은 죽음밖에 없었다. 그저 생각 없이 물속으로 들어가 한 없이 물속으로 빨려 들어갔다. 그리고 의식을 잃었다.

그때 제자들과 갈릴리 호수에 나가 있던 예수가 그녀의 몸이 물에 떠 있는 것을 보고 건졌다. 마리아를 건져 배에 올린 예수와 제자들은 아직 목숨이 건져 있는 그녀를 살려내었다. 호숫가에 내려 베드로의 집에서 그녀는 의식이 깨어났고 주위를 살펴보았다. 인자하게 생긴 젊은 남성이 자신을 내려다보고 있었고 그의 주위에 흩어져 앉아있는 남성들을 살펴보았다. 순간 통곡을 하며 슬피 울었다. 울고 또 울었다.

예수는 자상하게 그녀의 심정을 살폈으며 마음과 육신을 위로하였다. 그의 손길과 눈길에는 사랑과 관용이 넘쳤다. 눈길은 자애로웠으며 말씨와 태도는 마치 천사처럼 부드러워 신선의 모습이었다. 마음의 평화를 얻은 마리아는 한동안 다른 사람들처럼 갈릴리 호숫가에서 혹은 배위에서 설교하는 그를 따라다녔다.

마음이 평온하고 모든 고통이 사라진 듯한 경험을 한 마리아는 그의 신비로운 말과 부드러움으로 위안을 받았다. 예수였다. 그녀는 처음 만난 예수에게 강렬한 인상을 받았고 그는 사람들 앞에서 기적을 베풀고 있었다. 그리고 그의 말은 요한처럼 강한 어투로 사람들을 죄인으로 몰아세우지 않았다. 마리아를 죄인으로서 회개하라는 요한의 말투와 태도와는 다르게 예수는 하얀 의복을 즐겨 입었고 비유와 이야기를 좋아 하였다.

마리아처럼 사람들은 예수에게 쉽게 접근하였고 그를 따르는 사람들이 점차 불어나기 시작하였다. 예수의 말과 행동은 마리아나 그때의 사람들에게 상상할 수 없는 놀라운 것이었고 한번도 들어보지 못한 것이었다. 많은 사람들은 그러한 예수의 가르침과 행동에 대해 놀라움과 경이로 지켜보고 그를 따르기 시작하였다. 마리아도 경이로움과 신선한 경험을 받았다. 예수는 문둥병자를 고치고 하찮은 천민들과도 어울려 식사를 하는 가하면 금식도 하지 않는, 세속의 법과 율법을 초월한 자유인이었다.

그의 첫 스토리는 씨뿌리는 비유였다. 씨를 뿌리는 자가 씨를 뿌렸으나 더러는 길가에 떨어지매 새들이 와서 먹어버렸고, 더러는 돌밭에 떨어지매 곧 싹이 나오나 해가 돋은 후에 타져 말랐고, 더러는 가시떨기 위에 떨어져 가시가 막아 결실치 못하였고, 더러는 좋은 땅에 떨어져 자라 무성하여 결실을 맺고 삼십 배와 육십 배와 백배가 되었다는 이야기였다.

그리고 들을 귀 있는 자는 들으라며 부언설명을 하지 않았다. 마음이 닫힌 자요 관습에 얽매인 자는 들을 수도 없고 이해할 수도 없다는 태도였다. 예수의 제자들은 후에 예수에게 비유로 말씀하는 이유를 물었다. 예수는 제자들에게 "하나님 나라의 비밀을 아는 것이 너희에게는 허락되었으나 다른 사람에게는 비유로 하나니 이는 저희로 보아도 보지 못하고 들어도 깨닫지 못하게 하려 함이라"고 말하였다.

예수는 자신의 비유를 신의 나라에 가는 비밀이라고 하였다. 그리고 이러한 신의 나라의 비밀을 아는 것이 제자들에게 허락되었다고 하였다. 예수는 제자들에게 마음을 열고 귀가 있으면 들을 수 있다고 하며 그 비유를 해석하여 주었다. 이처럼 해석이 없이는 비유의 참뜻을 아는 자가 드물었다.

사실 예수는 복음서에 나오는 대로 비유의 천재였다. 그는 이야기꾼이었다. 그는 이야기의 힘과 그 설득의 효과에 대한 수사학을 잘 알고 있어 보였다. 그만큼 예수는 그 지역의 풍토와 문화에 정통하고 있었다. 하지만 그 이야기를 전달하는 방식과 의미전달이 완전히 달랐다. 얼핏 보아 자신의 설명이 없으면 애매모호하기 짝이 없었다. 신비로움에 가득 찬 예수의 이야기는 천국의 이야기였다. 신의 세계의 이야기였다.

예수의 이야기는 철저하게 이분법의 형태로 이루어지고 있었다. 세속의 법칙과 하늘의 법칙이었다. 인간의 법칙과 신의 법칙이었다. 땅의 법칙과 천국의 법칙이었다. 하늘의 법칙, 신의 법칙, 천국의 법칙으로 세속의 법칙, 인간의 법칙, 땅의 법칙을 설명하고자 하였다. 하지만 이 이분법은 실천적인 측면에서 하나였다.

예수는 천국의 법칙을 땅위에서 철저하게 실천하는 행동을 보이고 있었다. 말과 행동의 일치는 신이 있다면 마치 신을 보는 듯하였다. 예수의 이야기는 천국의 이야기지만 세속의 실천을 요구하는 이야기였기 때문에 세속의 법칙으로서는 상식으로서는 이해하기 힘든 내용이 지배적이었다. 언어와 이야기의 내용은 쉬웠으나 그 의미는 심오하고 전혀 예상치 못한 방향에서 해석되고는 하였다.

예수에 따르면 씨를 뿌리는 농부는 신이다. 길가에 뿌려진 씨앗은 마음을 닫고 듣지 못하는 사람을 가리킨다. 이러한 사람은 신의 말을 들을 수 없거나 들어도 그 말의 참된 뜻을 몰라 전혀 도움을 받지 못하는 사람이다. 돌밭에 뿌려진 씨앗은 순간적으로 신의 뜻을 받으나 믿지 못하는 사람들이다. 가시떨기에 뿌려진 씨앗은 신의 뜻은 알고 있으나 세상의 욕망 때문에 열매를 맺지 못하는 사람이다. 좋은 땅에 뿌려진 씨앗은 열린 마음으로 신의 뜻을 이해하고 30배, 60배, 100배의 결실을 맺는 사람들이다.

씨의 참된 뜻을 알고 실천하는 사람은 거의 없다는 이야기의 메시지이다. 이러한 예수의 가르침은 다른 이야기에서도 거의 유사한 형태와 틀을 유지하고 있다. 무엇을 가지고 어떻게 살아야하는지 전혀 새로운 메시지를 가지고 나타난 예수의 정신은 그 이야기 형태에 잘 들어 있다. 천국의 법칙은 신의 정신이니 이를 세상에 그대로 실천하라는 메시지이다. 그리고 그 자신 몸소 행동하고 보여주는 인물로서 말로 외치던 다른 선지자나 예언자와는 달랐다.

곡식과 가라지의 이야기가 있다. 농부가 곡식을 뿌렸으나 나중에 보니 잡초가 무성하여 곡식을 위협할 정도였다. 하여 곡식을 잘 자라기 위해 종이 잡초를 뽑아버리겠다고 주인에게 청을 하였다. 그러자 주인은 수확 때까지 그대로 두라고 하였다. 수확 때에 곡식과 가라지를 구별하여 가라지를 모두 태워버리라는 스토리이다.

언뜻 보면 잘 이해가 안가는 대목이다. 상식적으로 보면 그때 그때 잡초를 솎아 내어 곡식을 더 잘 자라게 해야 한다. 즉 잡초는 제때에 제거하고 수확을 늘려야 하지만 예수는 그대로 두라고 하였다. 그리고 수확 때 모두 태워버리라는 말 속에는 냉철한 차가움마저 느껴진다.

물론 이 이야기가 비유이기 때문에 철저하게 메시지는 신의 법칙을 따르고 있다. 신의 법칙은 모든 사람들을 그대로 두었다가 못된 자들을 한꺼번에 징벌할 것이라는 뜻이다. 참으로 냉철한 감성과 준엄한 심판의 이야기이다. 그래서 사람들은 평소에 어떻게 처신하며 살라는 엄격한 가르침이 여기에 있다. 예수는 겉보기와는 달리 어떤 때 매우 섬뜩한 잔인성을 보인다.

혼인잔치 스토리가 있다. 어떤 왕이 자기 아들 결혼식에 종을 보내어 초대받은 자들을 불렀다. 초대받은 자들은 바쁘다며 가볍게 여기고 오지 않았다. 일부는 자기 할 일을 위해 다른 곳으로 갔거나, 일부는 자기 농장으로 가고, 또 다른 사람들은 장사하러 간다고 오지 않았다.

이에 화가 난 왕은 종들에게 결혼식은 준비되어 있으나 초대받은 자들이 오지 않으니 큰 길에 나가 만나는 사람마다 혼인잔치에 초대하라고 명하였다. 한데 혼인 잔치에 가보니 의복도 제대로 갖추지 않은 자들이 넘쳐 났다. 이에 왕은 그들에게 예복을 입지 않고 왔느냐고 물었다. 손님들이 아무 말도 못하기에 왕은 종들에게 이들을 바깥에 내 던지라고 명하였다.

언뜻 이 비유도 상식으로는 납득이 가지 않는 이야기다. 초대 받아도 오지 않는 사람들이 각기 제 구실이 있어 오지 않았으나 억지로 종들을 시켜 데려 온 손님들마저 예복을 입지 않았다 하여 모두 내쫓은 이 이야기는 왕의 일방적이고 냉혹한 성격을 보여주는 대목이다.

예수는 이 이야기를 부름받은 자는 많으나 선택받은 자는 적으며, 하늘의 왕국이 자기 아들을 위하여 혼인잔치를 베푼 어떤 왕과 같다는 해석을 달았다. 예수의 뜻대로 행하는 사람은 적을 것이기 때문에 후에 선택받은 사람은 극히 소수일 것이라는 다소 비관적인 세속에 대한 평가이다. 이러한 예수의 자세는 좁은 문의 비유에서처럼 천국에 들어가는 문은 마치 낙타가 바늘구멍 들어가기 어려울 정도로 가능하지 않다고 말한다. 그래서 항상 깨어 있으라고 한다.

신랑을 기다리는 10명의 처녀 비유가 여기에 해당된다. 밤늦도록 신랑을 기다리다가 지친 10명의 처녀는 꾸뻑 꾸벅 졸고 있었다. 신랑이 밤늦게 도착하자 미리 등불의 기름을 충분하게 준비한 처자는 무사하게 신랑을 맞이할 수 있었지만 그러지 못한 처자들은 신랑을 맞이하지 못하였다. 물론 천국의 문은 그만큼 어렵고 들어가기 힘들며 평소에 늘 준비를 하고 있어야한다는 가르침이지만, 이 가르침을 전달하기에 다소 이 이야기 형태가 어울리지 않는 느낌을 준다.

형태와 내용이 어울리지 않는 이야기로는 또한 달란트 비유가 있다.

어느 날 주인이 먼 길을 떠나기 위해 가지고 있는 재산을 그냥 놓아두기가 그래 종들을 불러 재능대로 주고 떠났다. 하나에게는 금 다섯 달란트를, 하나에게는 두 달란트를, 하나에게는 한 달란트를 주고 떠났다. 주인은 여행을 끝나고 돌아와 종들을 하나 씩 불렀다. 금 다섯 달란트를 받은 종은 그것으로 장사하여 이문으로 다섯 달란트를 남겼다. 금 두 달란트 받은 종은 또 두 달란트를 남겼다. 하지만 한 달란트를 받은 자는 주인의 돈을 쓰지 않고 감추어 두었다. 주인을 보고 첫 종은 내가 다섯 달란트를 더 남겼다고 하였고, 또 다른 종은 두 달란트를 남겼다고 하였고, 마지막 종은 두려워서 땅에 감추어 두었다고 답하였다.

주인은 마지막 종에게 화를 내며 "이 게으른 종아 나는 심지 않은데서 거두고 헤치지 않은데서 모으는 줄로 네가 알았느냐"하며 오히려 그에게 한 달란트를 빼앗아 열 달란트 가진 자에게 주어버렸다. 그리고는 "무릇 있는 자는 받아 풍족하게 되고 없는 자는 그 있는 것까지 빼앗길 수 있다"고 냉정하게 그를 밖으로 내 쫓았다. 이 종은 바깥 어두운 데로 쫓겨나 슬피 울며 이를 갈 것이라고 하였다.

따라서 예수의 이야기 방식은 보통 사람들의 접근 수준과 이해의 단계를 뛰어넘는다. 그의 해석은 이야기의 상식선을 넘는다. 이를 예수는 천국의 왕국 법칙으로 끌어 들이고 있다. 신의 세계로 세속의 이야기를 끌어 올리고 있다. 신의 법칙은 너무나 냉혹하고 엄격하여 피를 부를 정도다.

피비린내가 나는 포도밭 스토리가 있다. 중동지역의 부의 상징은 포도밭으로 보인다. 그래서 포도밭 이야기가 예수의 비유에도 자주 나온다. 어떤 포도밭 주인이 소작인들에게 세를 놓고 멀리 떠났다. 수확기가 되어 돌아온 포도밭 주인은 소작인들에게 그간 소작의 대가를 받기 위해 종들을 보냈다. 그러나 소작인들은 그 종들을 욕보이며 모욕을 주었다. 또 다시 종들을 보냈으나 심지어 매질하거나 죽이기까지 하였다. 할 수 없이 상속자인 아들을 보내면서 설마 내 아들까지 홀대하지는 않겠지 하며 보냈다. 소작인들은 주인의 아들이라며 오히려 그 아들을 죽이고 말았다.

예수의 해석은 이러하다. 그 주인이 이제 어떻게 하겠느냐고 묻는다. 그 소작인들을 모두 없애 버리고 포도밭을 다른 이들에게 줄 것이라는 해명을 한다. 이 비유는 우화에 가깝다. 우화에는 도덕적 메시지가 깔려 있다. 부도덕하고 부정직한 소작인들은 천벌을 받아야 하고 그 불행으로 고통을 받아야 한다. 하지만 소작인들이 종들을 모조리 죽이고 아들까지 죽였다는 대목은 상식선을 넘는다.

예수의 비유나 우화는 매우 짧다. 따라서 이야기의 문맥 역시 앞뒤를 살펴보기 어렵다. 마치 모두 이야기를 알고 있기 때문에 전달하고 싶은 대목만 내 던지는 형식이다. 그래서 일반적으로 잘 알고 있는 이야기를 보통 사람들은 예수의 형식대로 끌고 가지는 않지만, 예수는 메시지의 목적을 위해 이야기들을 형편에 따라 왜곡시키거나 전혀 다른 방향으로 해석을 달리한다.

코드 해석의 문제는 중세 가톨릭에서 보았듯이 이단의 문제이다. 정통 코드 해석을 벗어난 이러한 예수의 해석은 많은 논란을 일으켰다. 경우에 따라 그의 의도는 해석의 여지에 따라 공격을 피할 수 있는 전략이기도 하다. 그러한 예로 예수는 이미 요한의 목이 정치적인 이유로 헤롯 궁에서 잘린 이야기를 알고 있었다. 이 사건은 예수에게 다소 충격이었을 것이다.

그러한 이유를 말하기 힘들지만 예수 이야기의 틀은 메시지를 직접 전달하지 않는다. 비유이기 때문에 간접적으로 이야기의 문맥을 통해 메시지가 전달된다. 문자와 이야기의 문맥은 해석에 따라 달라질 수 있다. 이러한 전략은 오히려 예수에게 재앙을 가져온다. 후에 바리새인들과 유대 랍비들, 제사장의 해석이 그를 신성모독이라는 불경죄로 궁지에 몰아넣었다.

예수의 신명기는 신의 뜻을 어떻게 해석하느냐의 차이에 있어 보인다. 모세가 순종과 혈통의 문제로 유대적 정신을 강조하였듯이 예수 역시 순종과 혈통의 문제를 다룬다. 예수에게 순종은 신에게 철저하게 순종하는 문제였지 모세의 율법에 순종하는 문제가 아니었다. 그 순종은 신의 명을 실천에 옮기는 일이었다.

그래서 예수는 가나안 중심의, 유대인 중심의 혈통 이데올로기를 벗어 버리고 이방인에게까지 자신의 신명기를 확대하였다. 신의 정신은 모세 유형의 순종이나 계율에 있지 않고 신의 정신은 그대로 희생과 사랑, 용서와 화해에 있다고 예수는 보았다. 이 정신이 곧 순종의 미학이며 희생과 사랑의 미학이었다.

예수의 이러한 부드러운 감성과 가혹하리만치 냉혹한 지성은 예수의 이중성을 보여주는 단면이지만, 오로지 신은 사랑이며 이를 실천하면 인간은 구원을 받을 수 있다는 믿음으로 예수는 철저하게 그 사랑을 실천하고 희생을 실천하며 인간성을 완성하고자 하였다.

그런 의미에서 예수는 신의 사람이었다. 예수는 안수로 병자를 고쳤고, 때로는 죽은 처녀를 기적적으로 살려내기도 하였다. 그리고 잃어버린 양의 이야기에서처럼 99마리의 우리에 있는 양보다 잃어버린 양 한마리에 동정을 보였고 원수에게 왼 쪽 뺨까지 대주라고 하였다.

마리아는 이런 예수를 만났고 경이로운 눈길로 그를 바라보았다. 세례 요한에게서는 볼 수 없었던 전혀 새로운 가르침과 예수의 행동은 신선한 감동을 주었다. 마리아 자신 이미 버림받을 데로 전락한 신세여서 예수의 따뜻한 사랑과 그의 보살핌은 삶의 구원을 주는 듯하였다.

그때 이미 예수의 기적이 소문이 나기 시작하면서 헤롯 왕의 왕비 헤로디어스가 그 곳에 마차를 타고 멀리서 예수의 설교를 듣고 있었다. 그리고 시리아의 공주였다가 패망한 이후 헤로디어스의 몸종으로 신세가 전락한 수산나가 함께 있었다. 헤로디어스는 그 때 심한 피부병을 앓고 있었지만 낫지를 못해 혹여 예수를 만날 수 있을까 하여 이곳에 와 있었다.

수산나는 예수를 따라 다니며 새로운 복음을 듣고 있었다. 자신을 구원할 가르침으로 예수를 추종하고 있었다. 수산나 이외에도 헤로디어스의 궁중에는 쿠자의 부인 조안나가 있었고, 그녀는 헤로디어스가 데려온 딸 살로메를 돌보고 있었다.

복음서에서 예수와 여성 사이는 예사롭지가 않다. 예수 당시의 랍비들은 유대교의 관습에 따라 여성을 불경스럽게 보았던 반면에 예수는 여성에 대해 매우 개방적이었다. 사람들 틈에서 예수의 옷에 몰래 손을 갖다 댄 여인이 있었다. 12년 동안 하혈증을 앓던 여인으로 그로 인해 축복을 받았다. 그리고 마르다와 막달라 마리아는 자매처럼 나오며 막달라 마리아는 예수가 사랑한 여인으로 나온다. 또한 요한복음에 간음한 여자 이야기 등이나 예수의 머리에 값비싼 향유를 아낌없이 붓고 예수의 발에 입맞춤한 익명의 여인 등이 나온다. 설에 따라서는 이 여성을 막달라 마리아와 동일한 여성으로 해석하는 예도 있다.

예수는 야곱의 우물가에서 사마리아 여인을 만나기도 한다. 예수로부터 진지하게 신에 대한 이야기를 나누던 이 사마리아 여인은 랍비들이나 유대인들이 제일 싫어하는 부족이었다. 본래 사마리아 역시 이스라엘의 후손이었지만 순수한 혈통을 잃은 변절자로 유대인들이 박대하였다.

앗시리아에 페르시아에 바빌로니아에 포로로 잡혀갔던 이스라엘 종족이 돌아와 갈릴리 호수와 예루살렘 사이 이곳에 거주하였고, 예수는 종종 이 사마리아 지역을 지나가지 않을 수 없었다. 우물가에서 물을 청해 물을 마신 예수를 알아 본 이 사마리아 여인은 이미 소문을 듣고 있었고 그와 만난 이후 적극적으로 자신의 부족에게 예수를 알리는 여인으로 변하였다.

예수의 여성들은 제자들 못지않게 예수를 알리는 추종자들이었다. "그 뒤 예수께서 여러 도시와 마을을 두루 다니시며 하나님 나라를 선포하시고 그 복음을 전하셨는데 열두 제자도 같이 따라다녔다. 또 악령이나 질병으로 시달리다가 나은 여자들도 따라다녔는데 그들 중에는 일곱 마귀가 나간 막달라 여자라고 하는 마리아, 헤로데의 신하 쿠자의 아내인 요안나 그리고 수산나라는 여자를 비롯하여 다른 여자들도 여럿 있었다. 그들은 자기네 재산을 바쳐 예수의 일행을 돕고 있었다"(누가 8:1-3).

헤로디어스와 마침 이곳에 와 있던 수산나는 막달라 마리아를 헤로디어스에게 소개를 하였다. 수산나 등 몇몇 여성들은 예수를 정신적으로 추종하는 것은 물론 예수의 뒷바라지를 하며 물질적으로 지원하고 있어 보였다. 이들은 방관자가 아니라 주체적으로 예수를 추종하며 예수의 사역에 적극 참여하고 있었다.

마리아를 부른 헤로디어스는 예수에게 가까이 가 피부병을 치료하고 싶다고 하였다. 마리아는 멀리서 설교하는 예수를 보고 그만 헤로디어스 왕비를 말렸다. 주변에 많은 사람들이 있어서 접근하기 힘들 것이라고 하였다.

그러자 헤로디어스는 마리아에게 자신을 따라 궁으로 가자고 제안을 하였다. 자신의 피부병을 돌보아줄 수 있겠느냐고 청을 하며, 그녀의 소원을 물었고 그녀가 원하는 것을 모두 들어주겠다고 하였다. 마리아는 자신의 복수심을 숨겼지만 아직 그녀는 아모스와 실바너스에 대한 감정이 완전히 사라진 것은 아니었다. 그들을 생각하며 궁에 따라 가겠다고 하였다.

궁에 들어온 마리아는 헤로디어스의 피부병을 돌보며 헤로디어스로부터 후원을 받았다. 좋은 의복으로 갈아입고 치장한 마리아는 예전의 초라한 마리아가 아니었다. 눈부시게 아름다웠으며 헤로디어스의 마음에 들었다. 헤로디어스는 이에 만족하지 않고 그녀를 궁중의 연회에 참석을 시키며 그녀의 미모와 지성미를 한껏 이용할 생각을 갖게 된다.

당시 비텔리우수라는 로마 주둔군 사령관이 군대를 통해 여전히 주위 변방에 대한 정복과 싸움을 계속하고 있었고, 헤롯 궁중을 통제하고 있었다. 헤롯 왕이 비텔리우스의 눈치를 보는 일은 일상의 일이었고, 비텔리우스의 환심을 사 권력의 축을 보장받고 싶어 하였다. 헤로디어스 역시 비텔리우스의 환심을 사 자신의 야심을 키우고 싶었다. 이미 헤롯 왕이 자신의 피부병 때문에 자신을 싫어할 것으로 알았고 그의 총애를 잃는 일이 두려웠다.

헤롯 왕은 자신의 동생 부인이었던 헤로디어스의 미모에 끌려 이미 딸 살로메가 있던 헤로디어스와 결혼하였다. 그러는 바람에 전략적 결혼을 하였던 이웃 시리아 부족의 딸을 냉대하여 내 쫓았다. 이로 인해 전쟁의 기운이 감돌고 있었다. 로마 군의 지원은 이러한 헤롯이나 헤로디어스에게 절대적이었다.

로마 군의 입장에서도 이 지역의 전략적 이점을 알고 있었다. 로마는 알렉산더 대왕을 생각하며 서남아시아 지역을 점령하고자 영토를 확대하고 있었다. 이 지역의 질서를 위해 우선 헤롯 왕을 꼭두각시로 내세웠지만 궁극적으로는 이 지역에 로마의 질서를 회복하는 일이었다.

궁중의 연회에 참석한 비텔리우스 사령관은 한눈에 막달라 마리아의 미모에 끌렸다. 헤로디어스는 그러한 유혹을 위해 마리아에게 남성을 끄는 기술로 행동과 말씨를 가르쳤다. 마리아의 솜씨 역시 남달라 비텔리우스의 관심을 끄는 데 성공하였다. 전쟁을 앞두고 베푼 연회에서 깊은 관계를 갖지는 못하였지만 비텔리우스는 마리아에게 깊은 인상을 받았다.

헤롯 왕은 호위군대를 이끌고 쫓아내었던 정식 왕비의 부족과 싸움을 위해 나섰다. 당연히 비텔리우스의 지원을 약속 받았고, 헤로디어스 등은 궁중의 물자와 함께 왕을 따라 나섰다. 도중에 헤롯 왕의 일행은 요르단 강에서 설교를 하고 있던 세례 요한을 목격하였다. 요한을 가장 싫어하였던 헤로디어스는 그를 잡아들이라고 헤롯 왕을 들볶았다. 하지만 헤롯 왕은 이미 유대인들의 선지자로 알려진, 세인의 주목을 받고 있는 그를 건드리고 싶지가 않았다. 그리고 별 위험해 보이지 않는 그를 체포해 정치적 불안과 종교적 갈등을 일으키고 싶지 않았다.

하지만 왕비 헤로디어스의 거듭된 간청으로 군사를 보내어 요한을 잡아 오게 하였다. 잡혀 오는 요한을 만난 마리아는 그와 눈길이 마주치게 된다. 요한은 마리아에게 찾고 있는 것을 찾았느냐고 반문한다. 아무 말이 없는 마리아에게 요한은 아직도 아모스에 대한 증오로 복수를 찾고 있느냐며, 회개하고 신을 믿으라고 한다. 말이 없던 마리아는 지금은 위험하니 조심하라고 그에게 충고한다.

잡혀온 요한은 헤롯 왕과 헤로디어스를 보자마자 정식 부인을 쫓아내고 동생의 부인과 결혼한 헤롯 왕의 부도덕성을 대놓고 꾸짖으며 비난하기 시작하였다. 신이 노해 멸망할 것이라며 헤롯 왕과 헤로디어스에게 열변을 토하며 신을 믿고 회개하라고 소리쳤다.

진실의 소리에 헤롯 왕은 잠시 양심의 가책을 느끼나 헤로디어스는 소리를 지르며 요한을 당장 죽이라고 헤롯 왕을 다그친다. 쉬지 않고 비난의 목소리로 떠들어 대는 요한을 막을 길이 없자 헤롯 왕은 그를 가두라고 한다. 요한은 말이 많았다.

야영을 하는 그날 밤 적이 장막으로 기습해왔다. 헤롯 왕의 진지는 갑자기 아수라장이 되었다. 천막은 불타고 사람들은 아우성을 쳤고 모두 혼비백산하여 도망가기 바빴다. 그때 비텔리우스가 군대를 몰고 와 위기에 처했던 헤롯 왕의 일가를 구하고 적을 죽이고 물리쳤다. 이러한 승리로 헤롯 왕은 비텔리우스를 위로하는 연회를 베풀었다.

연회가 무르익자 비텔리우스와 마리아의 사이는 급격하게 가까워지며 비텔리우스는 마리아에게 자신과 함께 있어 주기를 요청한다. 마리아는 매력적인 모습과 말씨로 비텔리우스의 마음을 사고 그의 청을 승낙한다.

거나하게 취한 헤롯 왕은 의붓딸 살로메에게 자기를 위해 춤을 추기를 요청한다. 그러자 헤로디어스는 딸 살로메에게 헤롯 왕에게 청이 있다고 말하라 한다. 그러자 헤롯 왕은 무슨 청이든 들어 주겠다며 춤을 어서 추기를 재촉한다. 살로메의 춤은 환상 그대로였다. 중동 특유의 배꼽이 나오는 얇은 옷과 허리춤은 주위의 시선을 빼앗았고 모든 이를 흥분시켰다.

영국의 희곡 이야기꾼인 오스카 와일드는 이 살로메를 타이틀롤로 하여 살로메 춤의 예술성과 진지함을 최고로 평가하였다. 와일드는 살로메의 춤이 주는 아름다움과 진지함은 독을 품고 있다고 상상하였다. 세례 요한을 사랑하는 여인으로 살로메를 그려, 자신의 사랑을 받아들이지 않는 요한을 죽이려는 심정을 갖고 헤롯 왕의 마음에 들기 위해 혼신의 힘과 열정을 다하는 모습으로 와일드는 살로메를 그렸다.

와일드의 상상력이 어떠하든 살로메는 좌중을 사로잡았다. 비텔리우스는 물론 마리아 까지도 그녀의 춤에 빠져 들었다. 한바탕의 춤이 끝나자 좌중의 박수가 터져 나왔고 헤로디어스는 살로메에게 요한의 목을 요구하라고 하였다. 잠시 멈칫하였던 살로메는 어머니의 뜻에 따라 요한의 목을 요구하였다.

놀라 잠시 고뇌에 빠진 헤롯 왕은 망설이다가 결국 살로메의 청을 들어 주었다. 군사에게 명을 하여 요한의 목을 쳐 가져오라고 하였다. 이를 목격한 마리아는 놀라 감옥으로 가 요한을 만났지만 형의 집행을 막을 수는 없었다. 요한은 계속해서 감옥에서도 헤롯 왕과 헤로디어스를 비난하고 있었고 마리아에게 회개하고 신을 만나라는 말만 되풀이하였다.

요한은 마리아에게 큰 감동을 준 인물은 아니었다. 어떻게 신을 만나고 자신을 회개하라는 것인지 알 수가 없었다. 그저 요한의 말만 있었을 뿐 그녀에게 신은 존재하지 않았다. 신은 오히려 서기관들과 랍비들의 편이었다. 서기관과 남편에게 버림을 받고, 실바너스와 로마 병사에게 욕을 당한 마리아에게 요한의 말은 공허한 메아리처럼 들렸다. 하지만 요한은 자신의 목숨을 아끼지 않고 만나는 사람마다 부정과 거짓과 위선을 질타하고 죄를 물었다.

결국 요한은 그러한 자신의 성격으로 인해 목숨을 재촉하였다. 그에게 온유한 성격은 찾을 수 없었고, 진실이라고 생각하는 부분에서는 양보나 굽힘이 없었다. 옳다고 생각하는 길에는 목숨을 걸고 쉬지 않고 비판과 비난을 하였으며, 회개하는 자에게는 관용을 베풀었으나 자신은 죄를 사하여줄 능력이 없다며 겸손해 하였다. 그는 난세에 나타난 깨달음을 얻은 신의 사람이었으나 어떤 큰 뜻이나 계획 없이 다소 무모하였다. 그는 시대의 양심이고 선지자는 분명하였으나 정치적이고 종교적인 목표가 뚜렷하지 않아 보였다.

일설로는 당시 로마군대와 헤롯 왕에게 저항하고 기존 유대 지배계층에 테러를 행하던, 게릴라의 성격이 강한 열성당원이라고도 한다. 열성당원들은 사해 인근에 자립형 공동체를 두고 유대 정신을 실천하던 근본주의자들로 알려져 있다. 이중에 과격한 자들은 암살과 테러를 일삼았다고 한다. 그래서 요한을 추종하는 열성당원이 많았다고 하며 지배세력권에서는 요주의 인물로, 소위 불령선인으로 분류하여 그를 체포하려는 구실을 찾고 있었다.

후에 예수는 이러한 요한을 두고 "하늘에 있는 가장 작은 것도 요한보다 위대하다. 요한은 인간 세상에서 가장 위대한 사람"으로 평가하였지만 하늘의 왕국에다 궁극적인 가치관을 두고 이를 실천하려던 예수에게 요한은 하늘의 왕국의 사람이 아니었다. 예수는 다소 무모한 요한의 비극을 이미 예상하고 있었던 듯싶었다. 그를 추모하기는 하였지만 그를 높게 평가하지는 않았다. 예수는 요한으로부터 물로 세례를 받은 이후 공식적으로 자신의 목표를 향해 신의 사역을 시작하였다.

마리아는 요한과 예수의 차이를 명백하게 인식하고 있었다. 요한의 죽음은 안타까웠지만 마리아는 요한으로부터 자신을 구원할, 이 세상 사람들을 구원할 어떤 궁극적 깨달음을 얻지는 못하였다. 증오와 복수로부터 자신을 구원해줄 어떤 감동도 받지 못한 요한이기는 하지만 마리아는 그에 대한 연민이 컸다. 그리고 그의 죽음은 마리아에게 충격을 주었다.

요한에 대한 헤로디어스의 증오심과 복수는 마리아에게 새로운 삶의 동기를 주었다. 마침 헤로디어스는 피부병이 회복되지 않고 비텔리우스가 마리아에게만 관심을 갖게 되자 자신의 의도가 틀어진 것으로 생각하여 마리아를 박대하기 시작하였다. 마리아는 비텔리우스가 가진 권력을 이용하기 시작하였다. 비텔리우스는 이미 마리아의 청이라면 거절하지 않았다.

우선 마리아는 실바너스에 대한 복수를 시작하였다. 로마 군대의 움직임과 팔레스타인 지역을 계속 로마에 알리고 있던 비텔리우스로부터 실바너스의 활동을 알게 된다. 실바너스는 옛날처럼 마리아를 비텔리우스 때문에 함부로 접근하지 못한다. 마리아는 비텔리우스를 설득하여 실바너스에게 로마로 전갈을 보내도록 한다. 그리고 계략을 써 실바너스 보고를 거짓으로 만들어 그를 궁지에 빠뜨린다. 비텔리우스는 자신의 실책으로 보고될까 싶어 실바너스를 체포하여 죽이게 된다.

결국 로마는 헤롯 왕을 버리고 팔레스타인 지역을 총독체제로 바꾼다. 그리고 비텔리우스는 로마로 귀국 명을 받게 된다. 그 무렵 막달라 지역에 거주하는 아모스라는 사람으로부터 막달라 지역에 대한 온천개발 허가 신청이 비텔리우스에게 올라온다. 비텔리우스는 아모스를 면담한 이후 마리아에게 그 사람을 잘 아느냐며 마리아의 자문을 구한다. 마리아는 아모스를 사기꾼이며 부정직하고 믿을 만한 사람이 못된다고 답한다.

귀국 명령을 받은 비텔리우스는 마리아에게 자기와 함께 로마로 돌아가자고 한다. 마리아가 항상 고향 막달라의 일로 괴로워한다고 생각한 비텔리우스는 직접 군사를 보내 아모스를 죽이고 막달라 농장을 불태운다. 마리아는 자신의 복수심 때문에 사랑하는 사람들이 다치게 되자 고향인 막달라로 달려간다. 비텔리우스는 로마로 가야하지만 그러한 마리아를 뒤쫓아 간다.

막달라에 도착한 마리아는 조안나와 조카 사무엘이 화염 속에 쌓여 있는 것을 발견한다. 절규하는 조안나를 두고 마리아가 불속으로 뛰어들려하자 비텔리우스는 울부짖는 마리아를 붙들고 로마로 자기와 함께 지금 돌아가자고 한다.

불속에서 사무엘을 꺼냈지만 사무엘은 이미 질식으로 숨져있었다. 마리아는 이미 죽은 사무엘을 보자 통곡하며 울부짖는다. 비텔리우스는 죽음은 죽음일 뿐이라며 마리아에게 죽음을 있는 그대로 받아들이기를 간청한다. 마리아는 자신의 죄로 사무엘을 죽였다며 죄의식으로 통곡을 하며 비텔리우스의 말을 거절한다. 그녀에게 죽음은 그냥 죽음이 아니다. 도스토예브스키의 『죄와 벌』처럼 마리아는 사무엘의 죽음이 자신의 죄이기 때문에 자신이 벌을 받아야 한다고 절규한다.

그리고 죽은 영혼을 살릴 수 있는 신비로운 정신세계를 암시한다. 사무엘의 죽음을 그대로 받아들이지 않는 마리아를 비텔리우스는 이해할 수 없었다. 자기가 보기에 사무엘의 죽음은 확실함에도 마리아는 이를 믿으려 하지 않는다. 죽음과 재생이라는 팔레스타인 지역의 종교적 신비와 죽은 영혼의 여정을 산사람처럼 보는 이상한 기운을 로마 총사령관인 비텔리우스는 이해하기가 어려웠다.

마리아에게 다시 로마로 자기와 함께 돌아가자는 재촉을 하며 그녀를 설득하였으나 인간의 상식과 이성으로는 납득시킬 수 없었다. 로마의 합리주의로부터 성장하고 인간의 합리성에 길들여 있는 로마식으로는 죽음은 그대로 죽임일 뿐 내세에 대한 의미를 두지 않았다. 이성적으로 보면 마리아의 행복추구는 비텔리우스를 따라 가는 일이 합당하였다.

비텔리우스는 로마의 귀족이며 로마 제국의 8번째 황제로 알려져 있다. 마리아의 영광은 비텔리우스의 로마에 있었다. 자신을 사랑하는 비텔리우스를 따라 로마로 가 영화와 풍요를 누릴 수 있는 기회였다. 하지만 그 기회를 그녀는 거절하였다. 그러자 마침내 비텔리우스는 뒤를 돌아보며 마리아를 포기하고 막달라 농장을 군사와 함께 떠났다.

이제 마리아는 물질과 지위와 신분과 인간에 큰 신뢰를 보내지 않고 있었다. 요한의 죽음은 충격을 주었고, 헤롯 왕과 헤로디어스의 몰락도 로마의 영광도 허무하고 무의미해 보였다. 그녀는 무엇인가를 갈구하며 찾고 있었다. 미신에 가까운 이러한 신비주의 경향은 곧 현실로 나타났다.

정신과 영혼을 구원해 줄 궁극적인 실체를 찾고 있던 순간 예수가 눈앞에 나타났다. 예수는 그 특유의 온화한 태도로 슬픔에 젖어있는 마리아 앞에 하얀 의복을 입고 인자한 얼굴로 나타났다. 예수는 마리아와 조안나에게 걱정하지 말라며 사무엘 아이를 만졌다. 그러자 사무엘은 길게 숨을 들이 쉬며 살아나는 기적이 일어났다.

조카 사무엘이 살아난 이후 마리아는 예수를 지극히 따랐다. 이제 그녀는 영혼을 살리고 세상을 구원해 줄 구세주로 예수를 믿고 마음을 열고 그를 따랐다. 그녀는 비싼 향유로 예수의 머리에 붓고 쓰다듬으며, 눈물로 그의 발을 씻고, 머리카락으로 발을 닦았다. 그녀의 죄를 용서하여주었던 그 전의 만남과는 다르게 그녀는 평생 예수를 섬기며 그를 따라다녔다.

사랑은 죽음과 모든 것을 초월한다는 깊은 메시지를 주었다. 예수가 십자가를 짊어지고 골고다 산을 올라 처형을 당할 때에도 그를 따랐다. 예수의 사랑과 용서, 희생을 몸소 실천하며 복음을 베푸는 삶으로써 마리아의 삶은 이어진다.

「막달라 마리아」 시나리오 이야기는 픽션이다. 하지만 성서에 기반을 두고 있고, 캐릭터들은 역사적인 인물로 채워져 있다. 매우 사실성이 높아 보이기도 하지만 사실처럼 그럴듯한 개연성을 보여주고 있다. 그 개연성은 스토리 자체에서 주어진다. 증오와 복수는 인류의 오랜 이야기의 주제이다. 마리아는 그 증오와 복수의 화신이었고 뜻을 이루었다. 증오와 복수에 관한 이야기는 그 끝이 일반적으로 비극적인 결말을 초래한다.

하지만 마리아의 이야기는 그 끝이 해피엔딩이다. 한 여인이 이혼을 당한 후 버림을 받고 복수를 꿈꾸고 이것을 행동으로 옮기기 위해 로마 장군의 도움을 받아 복수를 시작하였다. 하지만 자신이 원하는 결과가 아니었다. 그녀의 삶의 궁극적인 가치는 예수를 만나면서 바뀌었고 그와의 만남은 인생의 큰 전환점이 되었다. 그녀는 거듭난 인생을 살게 되었다. 여기서 예수는 막달라 마리아를 용서하게 된다.

마리아는 신의 여성이 되어 있었다. 예수의 분신이었다. 예수를 믿고 그를 신처럼 숭배하였으며 그의 삶은 그녀의 이상이고 완벽한 모델이었다. 예수 삶의 여정은 그녀에게 구원의 길이었고 천국으로 가는 길이었다. 천국은 하늘에 있지 않았고 예수의 희생과 사랑의 실천에 있었다. 그 과정을 따르는 길은 행복의 즐거움과 쾌락이 주어졌다.

마리아의 축복과 행복이야기는 마치 야곱의 이야기를 보는 듯하였지만 죄는 회개하고 신을 의지하는 일만이 아니었다. 죄를 용서하고 죄인을 사랑하라는 예수의 가르침이 있었다. 거기에 구원의 메시지가 있었다.

예수의 신명기는 모세의 신명기와 완전히 달랐다. 모세는 기득권층의 이해를 신의 율법으로 대변하고 있었지만 예수는 소외된 계층의 이해를 율법으로 대변하고 있었다. 그 율법은 평등과 사랑이었고 기득권층의 이익과 부정과 위선을 엄격할 정도로 파괴하는 힘이었다. 그리고 예수는 유대 부족의 혈통으로 인한 축복과 구원의 문제를 이방인에게까지 넓혔다.

여성으로서 마리아는 차츰 증오와 복수의 검은 그림자에서 벗어나 새로운 전환점을 찾아 새 삶을 누리며 살게 되는 구원의 모델이 된다. 마지막 모든 것을 사랑으로 끌어안는 그 모습 속에서 '서로 사랑하라 용서하라'는 예수의 본성이 완성되고 있다. 마리아의 이야기는 그 완성의 여정이다.

『막달라 마리아』의 이야기는 초기 기독교의 중요 정신인 용서, 사랑 그리고 희생의 이야기를 잘 보여준 구원의 스토리이다. 당시 법에 따르면 그녀는 처벌을 받아 돌에 맞아 죽어야 한다. 예수는 처벌보다 용서하는 모습으로 인간과 세상을 구원하고자 하며, 이는 마리아에게 요한에게서 볼 수 없었던 새로운 사상과 행동이다.

그리고 로마식과도 다르다. 비텔리우스가 보여준 로마의 합리주의는 세상의 정의로 힘의 원리를 강조한다. 강한 자의 정의가 곧 정의이다. 현실의 이치가 곧 정의이다. 죽음은 곧 현실 그대로 죽음일 뿐 받아들이면 그만이다. 현실을 그대로 받아들이는 데서 행복추구와 고통해소의 출구를 찾고 있는 로마 방식은 신의 왕국을 완벽하게 추구하려는 예수 방식과는 차원이 다르다.

막달라 마리아를 보면 한 인간의 삶이 어떤 계기를 통해 어떤 종교적 원리를 받아들이는 과정을 관찰할 수 있다. 이야기는 마리아를 통해 기독교의 본질을 제시하고 있는 것이다. 그리스적인 시각과 유대인적인 시각, 그리고 예수가 말하고 싶은 시각은 모두 다르며 상당히 다르게 이야기도 전개되고 있다.

예를 들어 로마 장교 비텔리우스는 마리아를 이해하지 못한다. 운명을 그대로 받아들이고 행복해질 수 현실을 받아들이라고 한다. 이것은 헬레니즘적인 사상으로 로마인들의 이성적이고 합리적인 생각을 드러낸다. 하지만 마리아에게 헬레니즘적인 사고는 맞지 않는다. 결국 충돌하게 된다. 그녀는 유대적 정신을 통한 기독교적 삶을 살아가고 있는 인물이다.

죽은 사람을 살린다거나 영혼의 구원을 찾는 모습, 그리고 영적인 것을 위해 목숨까지도 버리는 것을 로마인들은 이해할 수가 없다. 가장 현실적으로 산다면 마리아는 비텔리우스를 따라가야 했다. 하지만 그녀는 따라가지 않았다. 마리아도 처음엔 늘 우리가 볼 수 있는 모습으로 삶을 살았다. 하지만 그녀는 나중에 성녀, 신과 같은 모습을 지니게 된다. 주위에서 흔히 볼 수 없는 성스러운 인간이 된 것이다.

마리아의 삶에 등장하는 세례 요한의 모습은 예수의 모습과 많이 비교된다. 세례 요한의 신념은 너무 강한 나머지 타협할 줄 모르는 모습으로 사람들에게 거부감을 일으킬 수 있다. 마리아가 세례 요한과 예수를 대하는 모습 또한 틀리다. 예수의 너그러운 성품과 인자함, 따스함은 세례자 요한에게 없는 것이다. 세 가지 예수의 메시지인 용서, 사랑, 희생은 야곱에게서도 볼 수 없는 기독교의 핵심 덕목이다. 이 덕목을 가지고 어떻게 살 것인가는 기독교적 이야기의 형태를 결정한다.

성서에 등장하는 여러 마리아 가운데 예수의 사역을 도운 막달라 출신의 마리아를 소재로 한 이 이야기는 예수의 덕목을 원칙으로 살아가는 한편의 스토리이며 스토리는 그녀의 구원의 여정이다. 하지만 성서에는 예수를 만날 당시 일곱 귀신이 들려 고향을 떠나 방랑하는 모습으로 그려진다.

아마 일곱 귀신은 복수심에 불타 가슴속에 증오를 품고 로마의 장군 실바너스, 헤로디어스, 비텔리우스 등 수단과 방법을 가리지 않던 마리아의 삶으로 가공되어 보인다. 당시 귀신이 들린다는 말은 유대인의 어법으로 어떤 부도덕한 의미를 포함하고 있다고 한다. 그녀를 타락의 길로 몰아넣던 일곱 귀신은 육신의 병은 물론 정신적인 이상으로 그녀가 고통을 받고 있는 상태를 말해준다. 물론 증오와 복수의 삶은 결국 그녀를 파멸의 길로 이끈다. 여기까지가 일반적인 이야기의 결말로 주로 권선징악의 성격을 다루고 있다.

대체로 그리스적 혹은 로마적 이야기는 인간의 결점이라 할 순간 욕망과 감정을 참지 못해 스스로 비극적인 삶과 비극적 결말을 맞게 된다. 하지만 이러한 비극을 통해 지혜롭고 슬기롭게 자신을 절제하고 인내하는 것을 가르치는 그리스적 덕목은, 인간의 그 결점을 치명적인 악의 근원으로 보려는 유대적 정신과는 다르다. 그리고 신에게 철저하게 의지하여 신의 계율대로 사는 길이 축복과 행복이라고 가르치는 유대적 덕목은 그 계율로는 인간을 궁극적으로 행복의 길로 인도할 수 없다고 생각한 예수의 정신과는 다르다.

예수를 만난 이후 마리아는 헌신적으로 자신을 모두 바쳐 봉사한다. 예수가 바리새인의 집에 머물 때 예수의 발을 씻고 향유를 바르며 눈물로 회개하는 모습은 세례 요한이 그토록 그녀에게 참회하라는 모습이다. 하지만 회개만으로 끝나는 것이 아니라 그 죄를 용서하고 그 죄까지 사랑하는 예수로부터 참된 구원의 가르침을 마리아는 만나게 된다. 마리아의 원형은 도스토예브스키의 『죄와 벌』에서 그리고 있는 소냐의 전범이다. 그리고 마크 트웨인의 『거짓말에 대하여』의 헬랜의 어머니 마가렛의 전범이다.

세례 요한과 예수의 차이는 유대정신과 예수정신의 차이를 상징한다. 세례 요한이나 예수 모두 추구하는 목표는 같다. 자기 구원과 세상을 구원하는 길이다. 이들의 목표는 같지만 가는 방식은 달라 보인다. 세례 요한은 누구를 용서할 인품을 가지고 있지 않다. 곁에서 보기에도 너무 대놓고 말을 하는 타입이어서 상대의 반발과 상대에게 수치감을 불러일으키고 있다. 유아독존이라는 말처럼 요한 혼자만 중심에 있다.

세속 상황으로 이 둘의 만남을 상상해 본다면 만약 예수가 요한을 만난다면 좀 더 사람을 용서하고 끌어안으라고 할 것이다. 요한은 에코의 『장미의 이름』에 나오는 호르헤 신부와 비슷하게 느껴진다. 자신이 가지고 있는 신념을 죽음까지 불사하고 끝까지 지키려한 점은 예수도 그러하나 어둡고 부정적인 인간의 측면을 강조하는 측면에서 요한과 호르헤 신부는 닮아 있다.

막달라 마리아의 삶은 또한 『에코의 장미』의 이름에 나오는 이름모를 여성과 비교된다. 단순히 창녀라고만 알려진 마리아이기에 가장 성스러운 예수를 만나는 장면은 매우 극적이다. 에코 이야기의 앗소의 사랑은 젊은 날의 잠시였지만 그 기억은 강렬하다. 둘 모두 정통 기독교에서 악녀나 마녀로 취급된다. 이들의 시련은 상상을 초월한다. 이들은 가장 성스러운 직업에 있는 남성을 만나 삶의 형태가 극적으로 변하게 되고 마치 성녀로까지 다루어지게 된다.

이들은 죽음의 문턱까지 가는 절망과 벼랑 끝에서 생존의 위기를 겪으면서 신을 찾게 된다. 이들에게 세상은 철저하게 부조리하고 불합리하다. 단지 식량을 얻기 위해 수도원의 창고를 들락거리던 이름 모를 여인에게 뜻밖의 마녀라는 오명과 누명은 그녀를 구제해 줄 누구도 없다. 마리아의 증오와 복수의 끝은 죽음의 문턱이다. 그들은 생사의 갈림길에 서 있었다.

오이디푸스나 야곱이나 생사의 갈림길에서 어떤 선택을 할 것인가는 매우 중요한 결정이다. 오이디푸스는 자제력을 잃고 분노로 아버지를 죽이고 결국 운명의 벼랑으로 몰린다. 그리스적 덕목은 오이디푸스가 현명하고 지혜롭기를 바라기 때문에 그에 대한 징벌은 경고의 메시지를 준다.

야곱은 아버지 이삭과 형 에서를 속인 거짓말로 베델에서 생사의 갈림길에 서게 된다. 그는 여기서 신에게 의존한다. 유대적 덕목은 거짓말에 대한 신의 징벌로 야곱은 한없이 자신을 낮추는 신의 메시지를 듣게 된다.

모세의 율법은 간음하면 돌로 쳐서 죽이라고 한다. 하지만 예수는 이중에 죄 없는 자는 돌로 치라는 준엄한 메시지를 던진다. 마리아나 이름 없는 여인은 집단심리학적 희생 메커니즘의 한 단면이다. 그 여자를 감히 돌로 칠 수 있는 죄 없는 자보다 서로 용서하고 사랑하고 희생하라는 메시지이다.

그리스적 운명은 인간 스스로 만든다. 유대적 운명은 신이 만든다. 예수적 운명은 신의 뜻을 스스로 실천하여 이루어 낸다. 요한은 마리아를 처음에 볼 때 무엇을 찾고 있느냐며 묻는다. 두 번째는 찾고 있는 것을 찾았느냐고 묻는다.

우리는 무엇을 찾고 있을까. 그 무엇은 개인이나 집단이 살아가는 근본이나 원리이다. 증오와 복수를 찾고 있었던 때는 증오와 복수에 어울리는 삶을 전개하기 마련이다. 도덕적 메시지나 종교적 메시지를 찾고 있었던 때는 그에 어울리는 삶을 전개하기 마련이다. 돈을 찾고 있었던 때는 그에 어울리는 삶이 전개되기 마련이다.

이야기의 전개 과정은 무엇으로 어떻게 사느냐의 과정이며 캐릭터의 운명과 일치한다. 이는 한 개인이나 집단이 자신과 환경을 어떻게 해석하느냐에 있어 보인다. 에코의 이야기 표면에 교황의 해석은 정통이며 신의 해석이다. 인간의 속성을 중요시하는 이야기는 그리스적 해석이 정통이며 인간의 해석이다.

현대의 심리학자인 라깡은 “내가 생각하는 곳에 나는 없다”라고 한다. 인간이 자신의 이성이나 욕망이라고 생각하는 곳에 실은 스스로의 것은 없고 아버지의 법칙이나 혹은 가부장제사회가 요구하는 목소리가 지배하고 있다고 한다. 지배계층의 법칙이나 주류의 목소리가 지배하는 집단적 압력과 압박은 결국 에코 이야기의 표면을 지배하고, 이성 중심의 오이디푸스 이야기의 표면, 남성 중심의 마리아 이야기의 표면을 지배하고 있다.

오이디푸스 역시 남성 중심 신화에 갇혀 있는 인물로 비치기도 한다. 그는 테베의 주인이자 책임과 진실을 추구하는 이상적 남성상이면서도 신탁이라는 신의 이성에 집착과 강박관념을 보이는 인물이다. 그는 아버지를 죽이고 어머니와 결혼하게 될 것이라는 신탁을 듣고 운명을 거부하고자 자신의 살던 곳을 떠나 테베로 온다. 그러나 자신은 그렇게 피하고자 했던 운명대로 어머니 이오카스테와 결혼을 하게 된다.

이오카스테는 오이디푸스의 합리성으로 포장된 비합리적 충동을 막고자 한다. 이오카스테는 결과에 대한 비극을 막고자 노력하지만 남성 중심의 불합리한 힘의 원리에 의해 외면당한다. 결국 오이디푸스는 그러한 이오카스테의 충고를 거부하게 되고 그녀는 자살을 선택하게 되며 서로는 비참한 최후를 맞이하게 된다.

이 오이디푸스 이야기에 막달라 마리아를 투입시킨다면 오이디푸스의 결말은 비극으로 끝나지 않는다. 이오카스테는 보다 철저하게 오이디푸스에게 희생하며 그를 용서하고 감싸며 화해를 모색한다. 그 결말은 죄를 용서하고 오이디푸스를 오히려 사랑하는 그리스 사회를 그려볼 수 있다.

여기서 우리는 오이디푸스와 세례 요한을 상상해 볼 수 있다. 요한은 가르침을 전파하면서도 처벌에 대한 정당성과 그 죄를 단죄하고 있다. 이야기를 보면 요한은 자신의 할 말을 다 하는 사람이다. 자신이 정의라고 생각하는 것을 현실에 관철시켜 실행하려는 사람이라고 볼 수 있다.

요한은 헤롯 왕이 동생 부인을 빼앗아 결혼한 부도덕성과 그의 간음죄와 근친상간을 단죄하고 있다. 당시에는 형이 죽거나 동생이 죽으면 그 아내를 취할 수 있는 율법은 있지만 헤롯 왕의 동생은 죽지 않았고, 자신의 부인을 이 결혼을 위해 내 쫓은 점이다. 공개적으로 헤롯 왕의 죄를 물었던 사람은 요한이다. 이처럼 요한은 누구를 용서하는 모습이나 관용을 보이지 않고 있다.

오이디푸스 역시 고집스럽게 자신의 정의, 곧 신탁의 정의를 세우고자 살인사건의 추적을 멈추지 않는다. 오이디푸스는 겉으로 보기에 요한의 성격과 유사해 보인다. 사회 정의와 신의 정의에서 갈등하고 고민하는 부분이 유사하다. 하지만 요한의 경우는 사회 정의보다 신의 정의를 앞세우고 있고, 오이디푸스는 사회 정의를 앞세우고 있다. 물론 결과는 같다.

사회 정의의 차원에서 헤롯 왕과 오이디푸스의 죄는 징벌을 면하기 어렵다. 헤롯 왕은 간음죄로 돌로 쳐서 죽어야 마땅하고 오이디푸스는 살인을 저질러 그에 대한 그리스 법의 처벌을 받아야 한다. 신의 정의의 차원에서 오이디푸스의 비극은 신의 정의가 실현되었고, 헤롯 왕의 종말은 신의 심판이 이루어 진 셈이다. 도스토예브스키의 『죄와 벌』 역시 살인죄로 처벌을 당연히 받아야하고 그 결과는 신의 정의가 이루어졌다고 보아야 한다.

『막달라 마리아』 이야기에서 여성의 문제는 새로운 쟁점을 보여준다. 에코의 『장미의 이름』에서나 브라운의 『다빈치 코드』에서나 진실과 거짓 게임은 물론이고 여성문제는 이 시대의 주요한 쟁점이다. 이야기의 표면에서는 여성들이 매우 부정적으로 다루어지고 있다. 이름을 모르는 앗소의 여인과 막달라 마리아 모두 창녀로 다루어지고 마녀로 다루어진다. 그 상대역이 대체로 남성이라는 데 있다.

앗소는 여인을 이해하고 그녀의 결백을 믿는 젊은 남성이고 예수는 마리아를 이해하고 용서하는 젊은 남성이다. 하지만 여성에 대한 적대세력은 지배 권력이다. 전자는 가톨릭교회이고 『막달라 마리아』 이야기는 유대교이다. 이로 보아 기존 종교는 여성을 억압하고 적대시하는 제도권이고 제도권 밖의 남성은 상대적으로 인간 중심적 연민과 동정을 보인다.

브라운의 『다빈치 코드』는 여신 숭배 사상을 현대에 복원하려는 의도로 시온수도회의 성 의식을 소개한바 있다. 모두 발가벗고 둥그렇게 원을 그린 체 춤을 추는 장면과 그 들 중앙에서 남녀가 적나라하게 성행위를 하는 장면이 등장한다. 잃어버리고 있던 여신 숭배와 남녀간의 신성한 의식은 21세기 화두의 주요한 논제를 던지고 있다.

세속적인 의미에서 막달라 마리아는 증오와 복수로 남성을 적으로 삼고 나오며, 성스러운 의미에서 그녀는 사랑과 희생으로 다른 남성을 숭배한다. 전자의 경우는 유대교적 틀에서 이루어지고 있고 후자의 경우는 새로운 예수교를 소개하고 있다. 전자는 제도권의 권력을 말하고 있고, 후자는 당시 소외되고 비주류인 여성을 동반자로 끌어 올리는 남녀관계를 말하고 있다. 새로운 예수교는 육체적이고 정신적 차원의 여성을 동반자로 받아들인다.

종교적인 의미에서의 남녀관계는 육체적인 의미와 정신적인 의미를 분리해서 접근하는 경향이 있다. 주로 사회에서 버림받고 육체적으로 부정하고 타락한 최하층의 여성이 남성 신에게 구원을 받는 형식이다. 이야기의 말미에 여성은 깨달음을 얻어 거의 남성 신을 필적할 정도로 신격화되기는 하지만 이 역시 정신적인 차원에서다. 이 단계에 들어서면 그녀는 성녀로 묘사된다.

성녀로는 예수의 어머니 마리아로 그녀를 성모 마리아라 부르고 있다. 그녀는 성녀의 화신이며 모델로 제도 종교의 숭배 대상이 되고 있다. 이것을 들여다보면 육체적인 의미에서 성모 마리아는 처녀 숭배의 산물이라 할 수 있다. 중세의 수녀원은 육체의 성관계를 떠난 상류층 여성이나 시민계층의 여성이 선택할 수 있는 명예로운 선택이었다고 한다. 이는 중세 수녀원 역시 여성의 성문제에 있어서 매우 엄격하였다는 것을 말하고 있다.

중세 후기 수녀원의 여성들은 스스로 성녀가 되고자 육체적인 고난과 수난을 자발적으로 시도한다. 이들은 자신의 육체를 가시덤불에 내 던지고 자신을 채찍질하고, 그리고 칼과 손톱으로 마구 자신의 몸을 찌르는 행동으로 육체를 학대한다. 이들 여성들은 일종의 사디즘 혹은 마조히즘이라는 자학증세로 스스로 육체를 학대하고 학대 받는 형식을 통해 정신적 쾌락을 추구하고자 한다.

여성의 성녀문제는 이처럼 고대 사회의 여신들의 육체적 행위와는 다르게 정신적 완성과 쾌락으로 가는 여정에 육체를 걸림돌이나 학대의 대상으로 전락시켰다. 육체적 행위 그 자체로 인한 인간성의 완성과 쾌락과는 거리가 멀었다. 오히려 후자는 늘 불결하고 불순하고 부정한 의미로 정죄되었다.

마리아 역시 이 정죄의 대상으로 이야기에 등장한다. 대부분의 종교성을 말하는 이야기는 정신적 완성에 육체는 늘 부정과 불결의 대상이고, 불완전한 대상이라는 이분법적인 차원을 벗어나지 못하고 있다. 현대 이야기의 종교성은 이를 해체하고 있었다. 이러한 모순을 바로잡기 위해 현대 이야기들은 육체적인 관계와 육체적인 목적이 갖고 있는 쾌락을 정신적 쾌락과 동일한 관계에서 다루고 싶어 한다.

육체이든 정신이든 거기에는 인간의 필연적인 욕망이 존재한다. 욕망에 대한 정의는 시대와 공간에 따라 그 접근하는 자세와 이해하는 틀이 다르다. 막달라 마리아의 이야기는 여성에 대한 고전적인 틀을 벗어나지 못하고 있다. 거기에는 늘 육체적 욕망의 성스러움보다 그 아름다움보다 육체적 욕망에 대한 부정적인 시각이 깔려 있다.

제도 종교는 육체와 관련된 욕망의 행위를 정신활동의 장애물로 여기고 있다. 육체의 행위를 신성시하는 의식이나 숭배를 경계하고 때로는 이단의 딱지를 붙여 박해를 가했다. 이단의 딱지를 벗기 위해서는, '주홍글자'를 가슴에서 떼기 위해서는 수녀원에서 욕망을 제거하기 위한 육체의 정죄와 속죄의 시간을 보내거나, 마리아의 이야기에서처럼 욕망을 죄악시 하는 성녀가 되어야 한다. 그것이 제도 종교에서 원하는 구원의 길이다.

그 구원의 길은 전형적으로 본래 육체적으로 타락한 여자였다가 회개하여 죄를 사면 받고 구원을 받는 방식이다. 그들은 성녀로서 종교적 모델이 된다. 그리고 거기에는 남녀의 성관계가 배제된다. 막달라 마리아는 세속의 여성들에게 위안이 되었지만 성녀가 되지 않고서는 종교적 구원을 얻을 수가 없다.

이러한 종교적 여성 모델은 여성을 종교적으로 다루는 이야기 형식에서 주로 거론되고 있지만 그 밑바탕에는 육체적인 욕망을 다루는 부정적 시각이 늘 깔려있다. 남성 중심의 종교 사회에서 여성은 남성의 욕망을 자극하는 대상일 뿐이며, 욕망의 기준에서 보아 여성은 성녀/마녀의 이분법적인 틀을 벗어나지 못한다.

성문제는 단지 육체의 욕망에 대한 유혹을 시험하는 차원일 뿐 이 육체관계를 정신적인 완성과 욕망의 달성으로 보려는 시각을 거부한다. 이처럼 육체와 그 욕망은 타락의 근원으로써 세속 삶의 전형으로 분류되어지고, 정신과 숭고함은 이상형으로 천국이나 하늘나라의 전형으로 다루어진다. 그리고 여성에 대한 이야기는 육체적 욕망의 전형으로 분류되어 늘 정신적인 삶이나 이상사회를 향한 걸림돌로 작용한다.

'없음의 있음화.' '부재의 현재화.' 없는 것을 있게 처리하는 방식은 문학의 종교성을 말하는 전형적인 형태이다. 육체라는 현재적 욕망을 부정하고 부재한 정신적 완성을 행복의 최고 단계로 추구하려는 이야기의 전형을 인류는 오랫동안 가지고 있다.

글짓의 역사는 지배권력의 이데올로기 산물이라고 마르크스주의자들은 말한다. 그렇게 보면 글짓의 역사는 정신과 관련된 이상 형태를 기록한 역사이기도 하다. 현대가 욕망의 형태를 강조한다면 현대의 글짓은 육체와 관련된 욕망을 기록한 역사이기도 하다. 현대의 가치는 이처럼 역사의 내용과 늘 긴장관계를 유지하고 있다.

그리스 신화는 그리스 정신과 그리스 가치관의 이데올로기 산물일 수 있다. 그리스 신화의 주인공이나 캐릭터들은 대체적으로 왕족이거나 귀족이다. 왕족이나 귀족이라는 상류사회의 지배 이데올로기는 그리스 신화에 그대로 반영되어 있다고 보여진다.

그리스 신화에 나오는 여성의 이미지는 남성 지배 사회가 만든 전형이다. 그리스 사회는 여성혐오적인 견해가 지배적인 사회이다. 그리스어에 여성혐오증 이라는 단어가 있을 정도이다. 그리스인들이 생각하는 여성은 육체가 남성보다 열등하다고 믿고 있다. 여성의 역할은 가정과 출산에 매달려 있다. 그의 대표적인 여성 신은 가정수호신인 헤라이며, 오디세이의 아내 페넬로페는 가정주부와 정절의 대명사로 오랫동안 그리스 사람들이 아끼고 사랑한 캐릭터이다.

여성에 대한 부정적인 시각은 디오니소스 신화에서 잘 드러난다. 디오니소스는 감성과 열정을 숭배하는 수호신으로 술을 좋아하고 질서를 문란시키는 이단의 신이며 사생아로 분류된다. 디오니소스가 인도에서 술을 배우고 마법을 배워 그리스 사회로 돌아온다는 소식에 그리스 지배계층의 고민이 컸다. 예상대로 디오니소스 축제에 여성들이 구름처럼 몰려들어 그를 환호하고 춤을 추며 광란하였다는 이야기극이 있다.

이로 보아 디오니소스는 여성들이 숭배하는 수호신이다. 육체적 쾌락과 욕망의 화신인 디오니소스는 남성신으로 여성의 숭배대상이지만, 육체를 신성시하는 여성신으로 비너스라는 아프로디테는 남성들이 좋아하며 은밀하게 동경하는 여신이다. 여성은 공개적으로 육체적 욕망을 표현하는 속물로 등장하며, 남성은 은밀하게 육체적 욕망을 감추는 위선자로 등장한다. 그리고 그 남성의 욕망을 자극하는 아프로디테적 여성의 육체를 남성 육체의 동반자로서가 아니라 부정한 대상으로 분류한다.

그리스인들이 가지고 있던 여성관은 디오니소스처럼 육체가 불완전하니 그들의 정신도 불완전하다는 확신에서 비롯된다. 반대로 아프로디테는 육체는 완전하나 정신이 다소 문제가 있다고 보는 시각이 깔려 있다. 정신이 육체를 지배하지 못하고 육체가 정신을 지배하는 형식은 이상적이지 못하다고 본다. 플라톤의 경우 육체는 정신의 이상 형태가 물질화된 형태이어야 한다.

그러한 여신으로 그리스 사회 역시 성녀 비슷한 완벽한 여성을 도덕적 완성형으로 보여준다. 여성의 육체적 도발성보다 정신적인 순수함과 부드러움과 순종적인 면을 갖추고 있는 여신들이 있다. 이들에게 육체는 그 정신의 형상에 불과하다. 사냥과 달의 여신 아르테미스는 순결의 대명사로 자신의 나체를 엿본 악타이온을 찢어 죽이는 잔인함을 가지고 있다. 육체적인 순결을 저해하는 대상은 호색한이나 악마로서 가장 격렬하게 응징한다.

지혜의 여신 아테나는 어머니 없이 아버지 제우스의 머리에서 튀어나와 스스로 아버지의 딸임을 자랑스럽게 여기는 남성 지배적 지혜를 강조하는 여신이다. 신성한 결혼의 여신 헤라는 남편 제우스의 바람을 목격하면 제우스보다 상대 여성에게 불같은 증오와 복수심을 토해낸다. 이 또한 여성은 가정질서의 수호신으로 남성의 부정보다 그 질서를 깨뜨리는 여성의 욕망을 저주하고 있다.

아르테미스는 달과 사냥의 여신으로 로마식 표현으로 다이애나라 한다. 다이애나는 순결의 상징이다. 아테나는 지혜의 상징이다. 헤라는 결혼과 가정질서의 상징이다. 아르테미스와 아테나는 순결한 처녀 여신이다. 처녀는 자신 육체의 순결과 남성의 지혜를 깨닫고 그 질서에 순응하며 부드러워야 하며, 결혼한 여성은 남성을 위해 육체의 정절과 가정을 지켜야 한다.

그리스 여신을 보면 가정 적대적인 여신으로 아프로디테를 은연중 가리키고 있다. 그것은 육체의 쾌락과 그 욕망에 대한 경계 때문이다. 결국 육체적 욕망은 개인의 정신을 파괴할 뿐만 아니라 사회 질서를 파괴하는 악으로 간주되고, 이에 대한 응징은 반드시 주어진다.

그러한 캐릭터로 오이디푸스 왕, 파리스, 아가멤논, 아킬레우스, 알렉산더 등 그들의 비극의 뒤에는 여성의 그림자가 항상 따라 다닌다. 이러한 그리스 여성관은 로마에 거의 유사하게 계승된다. 막달라 마리아 이야기에 나오는 비텔리우스가 그 전형이다.

그리스나 로마 사회에서 여성은 주류가 아니다. 그러므로 성녀처럼 여성의 온전함이나 완성은 거의 다루고 있지 않다. 다만 결혼과 가정을 중요시하는 헤라 여신의 경우 남성보다 여성의 육체에 대한 정절을 강요하는 것으로 보아 성 문제의 경우 여성의 책임을 크게 두고 있어 보인다.

가정 구조에 있어서 여성의 부정과 남성의 횡포를 방지하고자 이혼증서라는 제도를 마련한 모세의 경우를 보더라도 그리스 사회 역시 여성으로 인한 성 문란을 중요하게 다룬 듯싶다. 간음죄를 십계명에 두고 이혼 증서 제도를 두었던 모세를 보면 고대 사회의 여성의 성 문제는 여성 자신의 경우는 불문하더라도 남성으로부터 어떤 형태로든 정절을 의심받지 않는 사회적 제도가 필요하지 않나 하는 생각이 든다.

그처럼 그리스 사회 역시 오디세이의 경우 페넬로페를 살펴볼 수 있다. 오디세이 이야기에 페넬로페는 남편이 트로이 전쟁이 끝난 이후 이미 죽었다고 소문이나 이미 결혼을 한 몸인데도 불구하고 구름처럼 몰려온 구혼자들로부터 청혼을 받은 상태이다.

여성이 재산을 독립적으로 소유하는 역할이 주어진 것 같지 않다. 남편이 사망하거나 아버지가 사망한 이후 혼자 살기가 어려운 사회로서 구혼자들이 몰려와 청혼을 하면 받아들여야 하는 관습법을 가지고 있어 보인다. 그래서 페넬로페 역시 그 구혼자들 중 하나를 선택해야

하는 운명의 여인으로 그려지고 있다.

오디세이 이야기의 방향은 이러한 그리스 관습에 대한 결말이다. 홀로 있는 여성으로 인한 간음의 성문제를 그리스 사회는 여성의 재혼으로 해결하고자 한 듯 보인다. 합법적인 재혼을 허용함으로써 간음이라는 성 범죄를 막고 재산의 남성 승계라는 관습을 유지하며 사회 질서를 유지하여 보인다. 그 이야기의 과정과 끝은 결국 여성을 한 가정으로 안착시키는 일이다. 그리고 이 질서를 파괴하는 범죄는 가혹하게 비극적으로 다루고 있다.

이러한 고사는 오이디푸스 이야기 역시 마찬가지다. 어머니 이오카스테는 남편 라이오스가 살해되자 누군가하고 결혼을 하게 되는 풍습에 따르고 있다. 다만 그 상대가 근친혼이라는 것과 아들이라는 상대 때문에 결혼 질서를 문란시킨 죄로 비극을 초래한다는 이야기 결말은 사회 윤리와 도덕의 문제를 다루고 있을 뿐이다.

오이디푸스가 홀론 된 이오카스테와 결혼함으로써 라이오스의 왕권과 재산은 이오카스테로 인해 오이디푸스에게 승계되어 보인다. 이러한 사회 질서는 여성의 사회적 지위가 남성에 의해 결정된다는 부분이기는 하지만 재산승계와 간음의 문제를 동시에 해결한 그리스적 사고라 할 수 있다.

「막달라 마리아」 이야기의 경우 후에 팔레스타인 주둔군 사령관에서 로마 황제로 등극하는 비텔리우스의 경우처럼 로마는 합리적인 정치체제와 근대적인 법률 체제로 움직이고 있었다. 관습보다 법률체제로 움직이는 사회였기 때문에 로마는 재산의 문제와 간음의 범죄를 합리적인 법체제로 다루고 있었다.

마리아가 아모스와 이혼을 한 이후 실바너스는 로마의 경우 여성도 재산을 독립적으로 소유할 수 있다고 말한다. 이는 유대사회와 그리스 사회로부터 점차 합리적인 법체계를 완성한 로마사회의 성숙도를 가리킨다. 그렇다고 로마가 여성을 남성과 평등하게 보았다는 것은 아니다.

로마의 가부장제도는 법적으로 강력하기도 하지만 초법적인 권한을 가졌다고 한다. 로마의 초창기 사회의 경우 12표법에 남자의 권위를 한 국가의 지배권에 비교할 정도로 다루었다. 로마의 가부장은 가족 구성원에 대한 통제권을 가지며, 그의 권한은 아내나 자식은 물론 노예나 가축 등을 지배한다.

그 권한 중에서도 가부장은 가족의 구성원에 대한 생사를 결정할 수 있을 정도다. 카토는 "남편은 아내를 심판한다. 그 권한은 무제한이다. 아내가 잘못을 저지르면 남편은 징벌을 할 수 있다. 아내가 술을 마시면 남편은 아내를 처벌한다. 만약 아내가 다른 남자와 간통을 하다가 들키면 남편은 바로 아내를 죽인다."

재산의 경우 소유는 가부장에게 집중되어 있었다. 가족 내의 재산은 모두 가부장의 소유로 분류되어 가부장이 처리하였다. 하지만 법률체제가 완성되고서부터 황제나 원로원으로 대변되는 대표집단에게 그 권한이 이행되었다. 거의 절대적이었던 남편의 아내에 대한 처벌권은 약화되었고, 가족회의의 권한이 강화되면서 여성도 재산을 소유할 수 있게 되었고, 여성의 성 문제 역시 법률이나 가족회의를 통해 가부장의 심판을 견제할 수 있게 되었다.

이러한 로마의 법률중심의 합리적 사고에 비추어 보면 유대교적 성차별과 성 문란의 죄는 여성에게 매우 잔혹하기까지 하였다. 재산의 문제 역시 그리스 사회보다 여성에게 더 엄격하였다. 유대 사회가 모세의 율법과 계율에 지배되고 있다고 하지만 종교적인 체제가 정치체제를 지배하고 있어 보여 유대교의 수장이라 할 제사장과 랍비들의 결정이 절대적이었다.

유대교의 신 야훼의 특성을 보면, 물론 모세의 시각이기는 하지만 여성은 아담의 종속적인 역할과 기능으로서 지위가 결정되어 있어 보인다. 노아, 아브라함, 이삭 등 가정이나 부족에서 부족장인 남성의 권한이 재산과 여성의 문제를 결정하는 데 절대적이었고, 이러한 결정은 모두 신의 이름으로 처리되고 있다.

이러한 유대교의 뿌리는 기독교 사회에 대부분 전승되고 있다. 물론 동양의 힌두교 사회나 유교 사회라고 크게 다르지는 않다. 『막달라 마리아』의 기독교 이야기 역시 여성의 성 문제와 재산의 문제에 있어서 마리아의 운명을 결정짓는 주요인으로 해석되고 있으며, 여전히 그 이야기에는 남성 중심의 가부장제의 사상이 지배하고 있다.

오늘날 페미니즘에서 보는 가부장제 개념은 남성이 여성을 지배하고 그 지배를 정당화시키는 사회 메커니즘에서 찾고 있다. 이야기는 이러한 가부장제 개념과 남성 지배 사상의 사회 메커니즘의 형태를 반영하며 캐릭터의 성격과 사건 전개는 그러한 사회 지배 이데올로기의 메커니즘에 의해서 움직이고 있다.

이러한 주의를 소위 마르크스주의 페미니즘이라고 한다. 물론 마르크스주의는 물질이 정신을 지배하는 역사관을 중요시하고 있기 때문에 물질을 소유한, 재산을 소유한 계층이 사회구조를 지배하게 된다고 주장한다. 그리고 페미니즘은 재산을 소유한 계층이 남성이기 때문에 남녀의 역학관계나 가정구조, 사회구조 등은 이러한 재산을 소유한 남성이 지배하고 있다고 주장을 한다. 오늘날 페미니스트들은 마르크스의 유물론적인 분석에 근거하여 남성 중심의 재산 소유권과 여성 차별을 역사적 산물로 보며, 생산양식의 변화가 주어지면 여성의 경제권은 새로운 사회구조를 생산하게 될 것이라고 주장한다.

종교적인 시각에도 그러한 마르크스 페미니즘이 적용되고 있다. 남성 중심의 가부장제 형식이 지배하는 교회구조나 종교철학적 자세는 교회나 종교의식의 권력을 독점하고 있는 계층이 남성으로 지속적으로 남녀관계, 가정구조, 사회구조를 여성에게 불리하게 강화시키고 있다고 본다.

오늘날 마르크스 페미니즘은 남성을 적대적으로 대립시켜 투쟁하는 단계는 지나고 있다. 남성과 동일하게 여성도 권한을 가질 수 있다는 시각도 조금은 시대에 뒤떨어진 사고이기는 하다. 여성의 경제활동은 여전히 해결해야할 과제가 많지만 성 문제의 경우 합리적 법체계가 자리를 잡아가고 있고 남녀나 사회의 공동문제로 인식하는 추세이다.

에코의 『장미의 이름』 이야기가 여성의 성 문제를 이름이 없는 여성, 장미라는 상징으로 간접적이나마 종교적인 차원에서 거론하고 있다면, 브라운의 『다빈치 코드』는 기독교 이데올로기 해체라는 근원적 입장으로부터 여성의 성을 해방시키고 남녀 간의 육체적인 관계까지도 신성시하여 여성 숭배를 지향하는 이야기이다.

이러한 현대의 새로운 가치관들은 무엇으로 어떻게 살 것인가에 대한 역사적 성찰이지만, 동시에 과거를 비추어보는 지렛대이다. 이야기의 역사는 그러한 변천과 성찰에 대한 다양성과 통찰력을 제공해 준다. 『막달라 마리아』 스토리는 기독교의 정신을 살펴 볼 수 있는 이야기로 유대교와 로마, 그리고 그리스의 가치관을 성찰해 볼 수 있는 훌륭한 이야기이다.

스토리는 이처럼 우리에게 즐거움이나 쾌락을 주는 동시에 특정 종교의 메시지, 사회문제, 문화형태, 남녀의 성문제, 가족구조, 사회구조를 말해주는 유익한 정보를 우리에게 준다.

스토리는 언어로 만들어진 허구의 구조물이다. 거짓과 진실 게임은 물론 우리에게 무엇으로 어떻게 살 것인가에 대한 근원적인 질의를 던진다. 이야기를 따라가다 보면 이야기가 흐르는 방향으로 우리도 잘 모르게 종종 빠져든다. 그리고 그 이야기의 결말에 동조하는 자신을 종종 발견하게 된다. 이것이 이야기의 힘이며, 구성의 힘이다.

이야기는 거짓이다. 그렇지만 사실같은 거짓이다. 그러한 그 거짓을 진실로 믿게 하는 힘이 있다. 그것은 그 거짓이 우리의 욕망을 향해 있기 때문이다. 그렇게 바라고자 하는 욕망, 그렇게 되었으면 하는 욕망, 가지고 싶은 욕망, 가르치고 싶은 욕망, 이상에 대한 욕망, 버리고 싶은 욕망, 피하고 싶은 욕망, 거부하고 싶은 욕망 등이 거기에 들어 있다.

거짓이나 허구라도 자신을 자신답게 만드는, 결국 행복추구와 고통해소라는 욕망의 끝에 그 거짓이 맞닿아 있다. 언어는 그러한 욕망을 현실로 가능하게 하며 이야기는 그 욕망의 은유나 상징이다. 이 언어의 사용과 그 해석을 독점하는 계층이 있고 지금도 존재한다. 그것은 그로 인한 권력과 이득이 존재하기 때문이다.

로버트 랭던은 이렇게 말한다.

> "소피, 세상의 모든 믿음은 허구에 바탕을 두고 있어요. 그것이 믿음의 정의요. 진실이라고 상상하는 것은 증명할 수 없지만 이를 마음으로 받아들이는 것이오. 은유는 받아들일 수 없는 것을 우리의 마음이 받아들이도록 돕는 수단이오. 초기 이집트인에서부터 현대의 예배학교까지 모든 종교는 신을 은유와 암시, 과장을 통해서 기술하오. 그 은유를 언어 그대로 믿기 시작할 때 문제는 일어나는 거요."

제5장 이슬람 스토리의 종교성

이슬람 문화에서 스토리하면 『아라비안나이트』가 잘 알려져 있다. 방대한 분량도 분량이지만 대체적으로 잘 알려져 있는 용어들은 알라딘의 램프, 신밧드의 양탄자, 연금사, 사막, 카라반, 할렘, 알라, 마호메드, 하룬, 살라딘 등이 있다. 모두 풍도적인 성격을 보여주는 아랍 특유의 문화적 산물이거나 역사적 인물들이다.

아랍사람들도 그들 나름의 영웅이 있다. 이 영웅들은 그들 이야기에 전형적인 이상형으로 제시되며, 그들 삶의 모델로 그들의 이야기에서 늘 새롭게 재구성된다. 아랍 사람들은 무엇으로 어떻게 살고자 하며, 그 구원의 방식은 무엇일까.

지금의 이라크 수도 바그다드는 전쟁의 참화 속에 있지만, 메소포타미아 문명의 발원지로서 오랜 역사와 문명을 가지고 있다. 메소포타미아, 앗시리아, 바빌로니아, 페르시아 등 중동 문명의 그림자에 늘 바그다드가 중심에 있다. 알렉산더 대왕 역시 수사로 알려져 있지만 바빌로니아 왕국에서 제왕의 기쁨을 누렸고, 그 곳에서 이국의 여인 페르시아 공주와 결혼하고 죽었다.

중세부터 그 곳은 마호메트 이후 사라센 왕국으로 번영을 누렸고 십자군 전쟁 이후 근대 들어 터키 왕국의 지배를 받은 곳이기는 하지만, 고대 문화와 문명의 중심지로 여전히 바그다드는 세인의 관심을 끌고 있다. 미국이 지금은 이곳을 사실상 점령하고 있지만, 영국은 19

세기부터 터키로부터 팔레스타인과 이 지역에 개입하고 있었다.

세계의 중심권이라 할 지중해 문명이 근동문명에서 그 태동의 씨앗을 보았다면 서구문화의 뿌리는 이집트는 물론 이 바그다드라고 하여도 과언이 아니다. 태생적 뿌리와 이곳에 대한 문명과 문화적 향수는 알렉산더 대왕이나 로마로부터 찾아 진다. 모두 이곳을 점령하여야 세계 제국의 소리를 들을 수 있다고 상상한 것이다.

서방 국가로는 십자군 전쟁 때 프랑스가 팔레스타인 지역을 점령하여 예루살렘 왕국을 세워 근 100여년간 지배를 한 적이 있다. 그러한 서방의 뿌리에 대한 콤플렉스와 저항은 그 이후로도 이 지역에 대한 탐색으로 계속된다. 물론 미국은 예외로 석유문제였다고 보고 싶지만 혹여 그러한 세계 패권국가로서 위상을 갖기 위해서 영국이 한 세기 전에 그러하였듯이 이 고대문명의 발상지인 바그다드를 염두에 두었는지 모른다.

바그다드는 지금도 인구에 회자되는 이야기가 있다고 한다. 『아라비안나이트』이다. 세계의 고전이 되고는 있지만 마치 우리가 밥을 먹고 이야기를 즐겨 하듯이 생활의 많은 부분이 이 『아라비안나이트』 이야기라고도 한다. 그만큼 『아리비안나이트』는 이 지역의 문명과 문화적 산물로 중동 아랍의 종교와 생활을 엿볼 수 있는 재미있고 유익한 스토리다.

중동 아랍의 종교와 문화는 이슬람 문화로 그 배경은 아바스 왕조 이후라고 보고 있다. 어느 종교 국가가 그러하듯이 종교와 정치가 함께 움직인다. 제정일치 국가라 할 이슬람제국은 마호메트 이후 왕이 종교의 수장으로서 칼리프 형태의 국가로 분열한다. 하지만 칼리프 국가들은 이슬람 종교로 공통 문화를 유지하고 있다.

이미 마호메트 이후부터 사우디아라비아의 아랍인들을 중심으로 근동 전역과 페르시아, 중앙아시아 등 알렉산더 대왕이 점령하였던 대부분의 서남아시아 지역을 이슬람 종교가 통일하였고, 이 아랍인들이 북부 아프리카를 거쳐 스페인 남부까지 미치는 11세기까지 최대의 사라센 제국과 이슬람 문화를 건설하였다.

근동의 이슬람 문화권은 마호메트의 종교적 계시를 믿으며 아랍어를 공통으로 사용하고 있다. 이러한 언어, 종교, 문화적 통일세계를 구축한 것은 고대 페르시아의 영향이 크다. 한때 세계 제국으로서 그리스를 위협하였던 페르시아 왕국은 이 지역의 인종적, 언어적, 종교적, 문화적 연대감을 구축하였고, 마호메트 이후 최대의 통일된 문화를 만들게 된 배경은 이러한 이란계 아바스 왕조의 힘이 컸다고 한다.

이슬람 문화는 위치로 보아 동서 문화의 중심에 있다. 페니키아의 알파벳 문자 등, 아라비안 숫자, 과학적 토대를 쌓은 연금술 화학, 천문학, 도자기 문화, 의학, 신의 나라 등 사막 문화라고 보기에는 지식의 교류와 상거래 문화가 발달하였다..

근동은 페르시아와 알렉산더 이후 헬레니즘 문화와 페르시아 문화가 융합되는 지역이었다. 인간 중심의 그리스 문화와 현실 위주의 종교철학적 사상을 중시한 페르시아 문화는 중앙아시아, 인도, 중국의 문화가 결합되어 있다. 십자군 전쟁 이후 유럽의 르네상스 문화는 의학이나 수학적 지식은 이슬람 문화에 의존하였다.

특히 종교분야의 경우 마호메트의 『코란』은 절대 유일신 알라에 대한 절대 복종을 강조하는 측면에서 유대교의 야훼 신에 대한 절대적 순종과 그 맥을 같이하고 있다. 하지만 그 태생적인 측면에서 메소포타미아 문명, 이집트 문명, 인도 문명, 중국 문명, 그리스 문명과 결합하면서 종교는 현실적인 시각에 비중을 많이 두고 있었기 때문에 모세처럼 인간의 악의 문제에 집착을 하지는 않았다.

아브라함의 아들 이스마일의 후손이라고 생각 한 아랍인들은 모세 이전의 고대 근동 철학과 종교를 뿌리로 하고 있다. 유대교의 구약과 기독교의 신약 등을 신학적 원리로 출발한 마호메트는 아랍 특유의 고대문화의 성격을 결합하여『코란』의 경전을 구성하였다. 그는 그리스 문화가 가져온 플라톤 철학, 아리스토텔레스 철학을 인용하고 이슬람교 교리에 적용하여 유대교의 유일신 사상을 숭배하였지만 지나친 악의 철학을 경계하였다.

일설에는 아라비아의 철학을 아라비아 학문이라고 한다. 아라비아 학문은 비잔틴과 더불어 고대 그리스 철학자들의 중요 저서를 아랍어로 번역하였고, 서방은 이를 재번역한 것이라고 한다. 그 예로 중세의 스콜라 철학은 아랍어 저서를 라틴어로 번역하는 일에서 그 종교철학적 토대를 갖추게 되었다고 한다. 신의 섭리와 철학의 원리를 결합시키는 방법론은 아라비아 학문의 업적이라고 알려져 있다.

아리비안 종교철학과 이슬람 문화는 점차 그 중심권이 북동쪽으로 이동하며 메소포타미아의 이라크와 페르시아의 이란 문명권으로 이동하며 왕 중심의 칼리프제와 제사장이나 장로 중심의 이슬람 종교 중심 체제로 분열되는 현상을 갖게 되지만 신분의 이동은 대체로 자유로워 보였다.

특히 아바스 왕조 이후 왕족이나 종교계급의 지배계층의 사상과 문학이 발달하였다고 한다. 대표적인 스토리가『아라비안나이트』로 본래 천일야화로 알려져 있다. 아랍문화가 발달하기 시작한 9세기 경 아랍어로 번역되었고, 16세기 초 이집트 카이로에서 인도, 페르시아, 이집트 등의 설화들을 구성하여 완성하였다고 알려져 있지만 오늘날의『아리비안나이트』는 아바스 왕조 때의 사상과 철학이 잘 나타나고 있다.

『아라비안나이트』 스토리는 천 한 개의 밤이라는 뜻으로 본래 페르시아의 천일야화를 기초로 한 중동지역의 오래된 이야기이다. 180편의 주요 이야기와 100편의 짧은 이야기가 부가된 이슬람 이야기의 보고이다.

큰 줄거리는 페르시아의 샤플리야르 왕이 어느 날 사냥을 나갔다가 돌아와 보니 왕비가 흑인 노예와 관계를 맺고 있는 것을 목격하고는 분노로 둘을 죽인다. 그는 이후 여자를 증오하게 되었고 여자와 잠자리를 한 후 다음 날 죽이고는 한다. 그러자 대신의 딸인 쉐하라자드가 이 왕을 섬기며 매일 밤 이야기를 들려준다. 왕은 이야기가 재미가 있어서 쉐하라자드의 이야기에 귀를 기울이게 되고 그녀를 살려둔다.

쉐하라자드는 어부와 악마의 이야기, 짐꾼 신밧드 모험 이야기, 바그다드의 세 소녀 이야기, 알라딘과 램프 이야기, 알리바바와 40인의 도적 이야기 등 천일하고도 하루를 계속하며 이야기를 계속한다. 왕은 쉐하라자드의 이야기가 재미와 즐거움을 주기도 하였지만 이야기 속에서 전달되는 유익한 메시지에 점차 동화되어 간다.

이야기 중에는 왕과 여인에 대한 이야기가 있고, 폭군에 붙잡힌 여인이 자신을 사랑하는 왕의 왕비가 되어 나라에 평화와 질서가 잡힌다는 메시지도 있다. 결국 왕은 쉐하르자드를 왕비로 맞아 행복한 삶을 살게 되고 나라는 태평성대를 누렸다는 다소 고전적인 이야기 구조이다. 다만 왕은 질서의 중심이고 여성은 그 질서를 회복시키는 힘으로 작용하며 자신과 세상을 구원하는 이야기에 있다.

이야기를 보면 근본적으로 아랍인들은 구체적이고 현실적인 인간을 다룬다. 어떤 목적을 가지고 있기는 하지만 어떻게 사느냐에 중점을 두고 있어 보인다. 질투로 아내를 살해하는 남편의 이야기, 장삿길에 온갖 고초를 겪는 상인들의 이야기, 결혼을 했다가 생매장을 당하는 나그네의 이야기 등은 현실 삶과 인간의 모습을 그린 이야기들이다.

이러한 이야기의 전개나 결말에는 늘 유익한 종교적 메시지가 중심을 이룬다. 물론 어떻게 사느냐에 중점을 두고 있어 사람의 사고와 행동에 따르는 지혜와 교훈을 은연중에 강조한다. 이야기에는 권선징악의 성격이 뚜렷하다. 정의는 반드시 승리하고 불의는 몰락한다. 선은 정의이고 악은 불의이다. 알라 신은 이 모든 정의의 중심에 있다. 곧 알라 신의 정의가 삶의 정의이고 인간의 본성의 정의이다. 알라는 대체적으로 선악을 겸하고 있다고 보기보다 선한 존재이다.

신은 인과응보를 철저하게 적용하지만 선과 덕행은 알라 신의 본성이며 이를 권장하는 의미로서의 성격이 강하다. 인간의 선을 보장하고 권장하는 특성이 강해, 잘못이나 악을 저질러도 회개하면 용서한다. 그래서 잘못은 또 쉽게 저지르게 되며, 또한 회개하면 용서를 하여 아랍인들은 늘 유쾌하고 쾌활하며 명랑한 분위기를 주고 있어 보인다.

아랍 이야기는 늘 속임수가 넘치며 재치가 넘치고 현실 위주의 이익을 따른다. 그렇다고 본시 악의에 차 있거나 죄를 저지르면 그에 대한 대가는 철저하다. 불의는 결코 승리할 수 없다는 종교적 메시지가 분명하며 인간은 잘못을 저지르기 쉽다고 보지만 뉘우치면 또한 다시 선한 인간의 모습으로 되돌아온다.

그래서 알라 신은 선하다. 이러한 종교관은 아랍인의 인간관과 세계관을 반영하고 있다. 본시 인간은 선하나 잘못이나 죄에 쉽게 빠진다. 혹은 잘못이나 죄의 선택을 쉽게 한다. 악의 바탕에서 선을 선택하기가 어렵다는 모세의 율법주의보다 선의 바탕이지만 악을 선택하면 그에 따른 벌은 가하나, 잘못을 인정하면 관용을 베푼다.

이러한 선의 인간관은 아랍 이야기에서 무엇을 가지고 살 것인가를 결정하는 주 요인이다. 그래서 사람들은 어떻게 살 것인가가 매우 중요하게 생각이 되므로 알라 신에게 늘 기도로 자신을 정죄하고 회개하는 삶을 갖게 된다. 그리고 그들은 일상의 삶에서 선악의 문제로부터, 죄의식으로부터 자유롭게 활동을 한다.

중동의 사막에서 이야기 문화는 오아시스와 사막, 그리고 그 황량하고 막막한 곳을 떠돌아다니는 카라반의 상인들이 있다. 그들의 상상력은 광막한 사막의 신비로 가득 찼고 초자연적인 존재들을 만들어내고, 그 세계에서 마법과 마술과 환상으로 세속의 삶을 즐거움과 쾌락으로 변화시킨다.

아랍인들을 주로 연금사라고도 한다. 철을 금으로 바꾼다는 연금술로 소위 매직이라고 하며, 그들의 마법과 마법은 아랍인들의 상상력과 관련이 있다. 십자군 전쟁 이후 서방은 아랍인들의 연금술을 가져와 과학의 꽃을 피웠다고 한다. 연금술은 단지 상상 속의 일이 아니라 실제 아랍인들의 일상이었다고 한다.

물론 아랍인들을 주로 사우디아라비아인들이나 팔레스타인들로 가리키고 있지만 요즈음은 이스라엘의 유대인을 제외한 중동의 이슬람 사람들을 전체적으로 가리켜 사용하기도 한다. 하지만 이란은 페르시아의 후예로 종족이나 부족 등 그 위치로 보아 아랍인이라고 잘 부르지는 않는다. 이라크 서부 에서부터 지중해에 이르는 일대에 거주하는 중동인들을 아랍인으로 부르는 것이 일반적이다.

이 아랍인들은 일찍이 연금술을 발전시켜 그 과학적인 업적을 인류에게 전승할 만큼 뛰어난 상상력과 과학적인 사고를 연결시킨 민족이다. 연금술은 말 그대로 무에서 유를 만들어 내는, 거짓을 진짜로 만들어 내는 기술이다. 그들의 상상력은 마치 연금술과 같다.

알라딘의 램프, 신밧드의 양탄자 등은 그러한 연금술의 은유이다.

신밧드의 모험 등의 신밧드의 양탄자, 알라딘과 요술램프, 알리바바와 40인의 도적이야기에는 초자연적인 힘과 마법의 능력을 가진 캐릭터들이 등장한다. 하늘을 날고 마법의 주술처럼 만지면 모든 것을 들어주는 여인이나 건장한 남성이 나타나고, '열려라 참깨'하면 보물이 가득한 동굴이 열리는 등 환상과 공상의 세계에서 무에서 유를 이루는 꿈과 동화의 이야기이다.

이야기의 주 화자인 쉐하라자드는 실존인물인 듯 보이지만 이미 그녀는 상상 속에서 아랍인들의 마음에 이상적인 여성으로 깊이 새겨져 있어 보인다. 그래서 쉐하라자드는 이상적인 왕과 이상적인 왕비 이야기에서 결정적인 역할을 하는 여성으로 자주 나오며, 왕을 도와 혹은 왕의 자세를 바꾸어 선정을 베풀게 하는 적극적인 의미로서의 여성이기도 하다. 이러한 이야기의 배경과는 달리 최근 이슬람 세계의 여성학대와 억압은 지나친 이슬람 원리주의로 복귀하려는 데서 온 정치적, 종교적 폭거로 보인다. 아랍의 세계에서도 여전히 세속의 삶과 제도 종교 간의 갈등은 커 보인다.

이슬람 문학은 이러한 삶과 제도 종교 간의 진실과 거짓 게임에서 늘 삶의 편에 선다. 이슬람 문학에서의 종교는 인간의 삶에 결정적인 영향을 미치는 것보다 늘 삶의 중심에서 선한 역할과 윤리를 심어주며 인간과 세상을 구원하는 적극적인 의미로 다가올 뿐 교리에 얽매이지 않는다.

아랍의 정치와 문화가 전성기에 들어 선 시기가 칼리프 하룬 시대로 알려져 있다. 하룬 시대에 전성기를 맞이하였다는 아랍문화는 하룬의 형인 카마르와의 권력투쟁과 사랑의 이야기가 흥미롭게 전한다.

궁중의 이슬람 장로처럼 보이는 인물이 스토리텔러로서 할렘에 있는 왕, 즉 칼리프(술탄이라고도 부름)의 많은 부인들과 처들에게 가르침을 주는 형식을 취한 이 스토리는 아랍 문화와 『아라비안나이트』를 이해할 수 있는 이야기 구조를 갖고 있다.

이야기의 구도는 주인공 여성으로 춤추는 것을 직업으로 하고 있는 쉐하라자드와, 권력투쟁에 들어 간 배다른 형제인 형 카마르와 아우 하룬은 쉐하라자드를 동시에 사랑하게 되는 삼각관계를 형성한다. 권력투쟁과 동시에 사랑이라는 이 고전적인 삼각구도는 아랍의 정서와 이슬람 유형의 구원 메시지를 드러낸다.

카마르는 어머니가 노예 신분이어서 왕위를 이을 자격이 없다. 그래서 카마르는 자신의 추종자들과 함께 하룬의 권력을 찬탈하고자 한다. 하룬은 자신의 고위 신하인 나단이 배신을 하고 카마르의 편을 들면서 카마르에게 왕권을 빼앗기게 된다.

전체적인 이야기의 중심과 방향은 하룬에게 실려 있다. 그래서 하룬의 태도와 사고는 중요하게 이야기의 내용을 결정한다. 하룬은 보기에도 매우 부드러운 인물이며 동정심이 많고 사람을 좋아하며 서민적인 모습을 준다. 그와는 달리 배다른 형 카마르는 다소 잔인한 인물로 거칠어 보이며 권위와 자존심이 강한 카리스마를 보여준다.

이야기의 처음에 하룬은 바그다의 칼리프로서 왕으로 나온다. 형 카마르는 넓은 곳 중앙에 세워 진 나무에 양팔이 십자 형태로 묶여 고통스러워하는 모습으로 대조를 이루고 있다. 이곳에 나온 하룬은 대신인 나단에게 며칠째 이렇게 묶여 있느냐고 묻는다. 물도 주지 않았음에도 일주일 이상을 버티고 있다고 답한다. 카마르가 죽지 않고 오랫동안 묶여 고통을 받는 모습은 하룬에게 연민을 준다. 카마르를 풀어 주고 싶다고 하자 나단은 그의 반역을 다시 거론한다.

그 때 궁중 벽을 넘어 일단의 자객들이 들이 닥친다. 카마르를 따르는 자들로 카마르를 보고 있던 하룬을 공격하며 그를 죽이려고 한다. 쫓긴 하룬은 궁중 벽을 타고 그들과 칼로 싸우며 피하고 도망가기를 계속한다. 곳곳에 숨어 있던 자객들은 하룬이 지붕을 따라 피하고 있는 길목에서 그를 기다라고 있다가 그를 찌른다. 칼에 찔린 하룬은 지붕에서 바닥으로 떨어진다. 모두 그가 칼에 맞아 떨어져 죽은 것이라 여겼다. 그 사이 카마르는 자신을 따르는 나단과 신하들과 함께 궁중으로 들어간다.

그때 멀지 않은 곳에서 떠돌이 곡예단이 공연을 하고 있었다. 곡예사들이 몇 겹으로 층을 이루며 피라미드 형태를 만들고 있었다. 그때 맨 꼭대기에 올라서게 된 젊은 곡예사가 있었다. 알리라는 곡예사였다. 그가 그 꼭대기에서 물구나무를 서며 얼굴을 궁중의 지붕으로 향하는 순간, 칼싸움을 하다가 한 사람이 칼을 맞고 땅에 떨어지는 모습을 목격한다.

곡예를 중간에 급하게 끝낸 알리는 곡예단의 단장인 아흐맛으로부터 핀잔을 듣게 된다. 이 곡예단은 곡예사이며 이전 배꾼이었던 신밧드와 이상한 램프로 유명해진 알라딘이 포함되어 있었다. 알라딘은 곡예사이면서 잃어버린 요술 램프를 찾고 있는 인물로 나온다. 그리고 댄서인 아름다운 처녀 쉐하라자드는 곡예단의 맴버이기도 하다.

쉐하라자드의 꿈은 왕과 결혼하는 것이었다. 그녀는 자신이 왕과 결혼할 운명을 타고 났다며 신의 계시를 알고 있듯이 행동하고 다녔다. 한때 카마르가 그에게 구혼을 하였으나 거절하였다. 그가 그 때는 왕이 아니어서 자신은 왕과 결혼해야 한다고 거절하였다. 아마 이런 일로 카마르는 더욱 왕권에 대한 집념을 버리지 못하였고, 결국 나단을 조종하여 동생 하룬의 왕위를 찬탈하였다.

곡예사 알리가 바로 이때 칼을 맞고 떨어진 하룬을 목격한 것이다.

알리는 쉐하라자드에게 다가가 이상한 일을 목격하였다며 그녀와 함께 서둘러 하룬이 떨어진 곳으로 갔다. 하룬은 칼에 맞아 죽은 듯 보였지만 의식을 잃고 있었다.

알리와 쉐하라자드는 부상한 사람이 왕인 하룬인지 모르고 그를 급히 데려다가 부상을 치료하고 돌보아 주었다. 단장인 아흐맛은 이런 처사가 못마땅하여 그들에게 불평을 하였으나 알리를 동정하며 쉐하라자드까지 거들게 되자 알리를 더 이상 몰아세우지 못하였다. 곡예단에서 쉐하라자드를 무시하기에는 그녀의 위치가 매우 중요하였기에 아흐맛은 크게 따지지 못하였다.

점차 몸을 회복을 하게 된 하룬은 자신의 신분을 속였다. 이제 칼리프가 된 카마르에게 관심을 갖게 된 쉐하라자드는 나단의 방해를 계속 받게 되었다. 나단은 사람을 보내어 칼리프가 된 카마르의 관심 밖으로 그녀를 밀어내기 위해 온갖 술책을 썼다. 카마르는 칼리프가 되자 떠돌이 곡예단을 따라 다니는 쉐하라자드를 찾고 있었다. 나단의 계략으로 쉐하라자드는 나단을 만날 기회를 만들 수가 없었다.

점차 쉐하라자드는 함께 있던 하룬을 사랑하게 되었다. 그의 유머와 재치와 부드러운 성격은 그녀의 관심을 끌었고, 그의 서민적인 인간애는 곡예단 사람들의 환심을 사기에 충분하였다. 하룬은 철저하게 자신의 신분을 속이고 자신을 알아보지 못하도록 수염까지 깎았다. 아랍 남자에게 수염은 남자의 권위와 위엄의 상징이었다. 그는 내시처럼 보이게 하여 본래의 행색을 감추었다.

알리와 쉐하라자드와 함께 곡예단을 따라다니며 일을 보아 주던 하룬은 범상한 인물이 아니어서 이들의 사랑을 받고 있었다. 그때 나단은 쉐하라자드를 추적하며 방해하고 심지어 죽이려고까지 시도하였다. 나단은 자신의 사람을 보내고 술책을 썼다. 자연히 하룬도 나단의 일에 개입하게 되었다.

돈을 받은 탐욕스러운 관리가 부정직한 노예상에게 곡예단 전체를 팔아넘겨 버렸다. 쉐하라자드, 알리, 하룬, 신밧드, 알라딘, 단장 아흐맛 등은 끌려가지 않기 위해 싸웠으나 힘에 밀려 결국 노예상에게 끌려가 감옥에 갇히는 신세가 되었다.

노예시장에는 수많은 곳에서 끌려 온 사람들이 경매로 팔리고 있었다. 쉐하라자드의 차례가 다가 와 그녀는 노예시장으로 들어갔다. 워낙 출중한 미모라 호가가 치솟았다. 그때 얼굴을 두건으로 가린 남성 하나가 멀리서 천문학적인 값으로 호가를 올리고 값을 쳤다. 변장을 한 칼리프 카마르였다.

결국 낙찰이 되어 말에 실려 끌려가는 운명을 맞는 순간, 극적으로 노예 감옥을 탈출한 하룬 일당은 그녀를 채어 멀리 사막으로 도망을 가게 되었다. 사막에서 알리와 쉐하라자드를 다시 만난 하룬은 그 남성이 자신의 왕권을 가로 챈 카마르임을 알고 왕위를 되찾고자 계략을 세웠다. 이일로 알리는 하룬의 신분을 알게 되고 그를 돕기 위해 나섰다.

쉐하라자드를 추적하는 나단의 자객과 카마르가 보낸 일당들이 서로 얽히고 얽히는 가운 데 하룬 일당은 변장술로 강가의 나루터에서 이들을 속이고 골탕을 먹였다. 쉐하라자드는 결국 카마르에게 알려지게 되어 궁으로 들어갔다. 칼리프와 결혼하는 것이 그녀의 꿈이어서 그녀는 꿈을 이룬 듯이 보였다.

하지만 쉐하라자드는 왠지 하룬을 잊을 수가 없었고 카마르에게 정이 가지 않았다. 신혼을 치루기 위해 할렘에서 하녀들의 시중을 들고 목욕을 하고 치장을 하는 순간에도 하룬을 생각하고 잊을 수가 없었다. 카마르의 의도를 저지하고자 온갖 계략을 꾸몄지만 자신의 신분이

위태로워졌다. 그 사이 나단은 카마르를 제거하고 스스로 칼리프가 되고자 음모를 꾸몄다.

하룬이 쉐하라자드를 찾아 카마르의 궁중으로 들어가려고 하자 알리는 하룬을 따르던 부족들의 도움을 요청하고자 은밀하게 궁중을 벗어나 사막을 벗어난다. 변장을 하여 할렘에 혼자 들어 온 하룬은 단장을 마친 쉐하라자드를 만나 서로간의 깊은 사랑을 확인한다.

쉐하라자드와 함께 그곳을 나오 던 하룬은 나단과 마주치게 된다. 하룬이 죽었다고 생각하였던 나단은 하룬의 정체를 아는 순간 하룬과 카마르 모두를 제거하고자 한다. 궁중에는 이미 나단의 음모가 시작되고 있었다. 나단이 단검으로 뒤에서 카마르를 찌르려고 하는 순간 하룬이 나단을 찌르고 카마르를 위기에서 구한다. 나단은 결국 하룬의 칼에 의해 죽는다.

쉐하라자드를 사랑하는 이 두 인물은 왕권을 두고 결투를 벌이게 된다. 그 순간 알리가 끌고 온 친 하룬계 부족들이 궁중에 들이 닥치자 궁중은 일대 싸움터로 변한다. 결과는 하룬이 카마르를 찌르고 왕권을 되찾게 되며 꿈에 그리던 운명의 여인 쉐하라자드는 사랑하는 하룬과 결혼을 하여 왕비가 된다. 쉐하라자드의 꿈이 이루어지며 이야기는 해피엔딩으로 끝난다.

그리고 할렘의 여인들에게 교훈을 주고자 칼리프 하룬과 쉐하라자드의 사랑이야기를 말하던 스토리텔러는 재미있고 유익하였냐며 이야기를 마친다. 이야기의 구조는 처음 장면으로 되돌아오는 사이클 형태를 보인다.

이 이야기는 바그다드의 술탄 살야르의 배경과 유사하다. 살야르는 왕위를 노린 배다른 동생 샤흐제난이 자신의 결혼 첫날밤 왕비와 음모하여 자신을 암살하려고 하자 매일 악몽에 시달린다. 술탄은 새로운 왕비를 맞이하지만 그 악몽 때문에 신부를 죽이고는 하였다. 그러자 대신의 딸 쉐하라자드는 아버지에게 술탄에 대한 사랑을 고백하며 왕의 신부가 되겠다고 자청한다.

쉐하라자드는 이야기꾼이었다. 첫날밤부터 신밧드의 모험, 알리바바와 40인의 도적, 알라딘의 요술 램프 등의 스토리를 계속하며 술탄의 마음을 살피고 그를 동정하며 이야기 세계 속으로 끌어 들인다. 종종 살야르의 변덕 때문에 위기를 맞게 되지만 그럴수록 그녀는 이야기를 멈추지 않는다. 한때 살야르의 발작으로 순간 위기에 처한 적도 있다.

그 사이 배다른 형제였던 샤흐제난이 다시 추종자들을 모아 바그다드로 쳐들어오고 있다는 소식이 전해진다. 신하 중의 하나가 샤흐제난을 찾아가 살야르의 동정을 말하고 그를 배신한다. 샤흐제난이 바그다드에 이르렀지만 쉐하라자드는 술탄인 아민이 지혜롭게 왕국을 다스린 이야기로 살야르의 마음을 사로잡는다. 지혜를 터득한 술탄은 곧바로 샤흐제난을 제압한 뒤 왕국을 평화롭게 통치하며 이야기는 끝난다.

하룬의 이야기와 살야르의 이야기에 등장하는 쉐하라자드는 동일한 캐릭터는 아니다. 『아라비안나이트』의 스토리텔러는 쉐하라자드이고, 하룬의 이야기에는 궁중 장로가 스토리텔러이지만 여성 캐릭터의 이름이 같다. 이로 보아 쉐하라자드는 인물의 진위를 떠나 중동 이야기의 여성 모델로 보인다. 그녀는 이야기로 지혜를 주고 왕과 결혼하는 꿈을 이루는 소망 성취의 주인공이며, 왕권을 노리는 배다른 형제로부터 왕위를 보호하고 되찾는 이상적인 여인이다.

그러므로 『아라비안나이트』 스토리는 쉐하라자드에게 중심이 몰려 있다. 쉐하라자드는 때로 대신의 딸로 귀족 집안 출신이기도 하지만 댄서로서 왕비를 꿈꾸는 일반 신분의 여인이기도 하다. 댄서로서 그녀의 품성은 자긍심과 도도함으로 굴하지 않는 여인이기도 하지만, 동시에 왕비가 되고자 하는 속물적인 여성이기도 한다. 그녀는 점차 순수한 사랑에 눈을 뜨고 한 남성을 열정적으로 사랑하는 여인으로 변신한다.

하룬이 이야기 말미에 칼리프 신분이 드러나 쉐하라자드의 세속적인 꿈은 이루어진 것처럼 보인다. 하지만 이러한 쉐하라자드의 소망 성취는 이야기의 주요 부분이라기보다 쉐헤라자드의 진정한 사랑의 정신이 가져온 축복의 결과이다. 그래서 쉐하라자드는 신데렐라의 꿈을 꾸는 속물적인 여인의 이미지를 벗어나 진정한 사랑을 깨닫고 사랑을 선택한 여인으로, 결국 그녀는 이상적인 여인의 모습으로 그려진다.

또 다른 이야기의 중심은 카마르가 죽고 하룬이 살아남는 이야기의 축에 있다. 물론 쉐하라자드의 축과 하룬의 축이 결국 접점을 찾게 된다. 하지만 이야기의 표면은 음모와 탐욕으로 얼룩진 카르마가 지배하고, 카르마와 결혼하려는 속물근성의 쉐하라자드가 지배한다. 이 둘은 당시 세속의 그릇된 가치관을 말하고 있다. 왕권계승의 적통을 벗어나 있는 카마르와 헛된 꿈을 꾸는 한 댄서의 무모한 꿈을 나란히 병치시킴으로써 표면 이야기는 이 둘의 비극성을 암시하고 있다. 다만 적통이 아니거나 무모한 꿈만으로 불행을 초래하지는 않는다.

아랍 문화의 질서는 왕권의 적통과 선한자의 승리에 있어 보인다. 하룬이 비록 적통이라 하지만 그의 성격이 선하지 않고 정의로운 인물이 아니라면 그의 왕권도 보장을 받을 수 없는 상황이 아랍의 질서인 것 같다. 언제든지 칼리프는 바뀔 수 있으며, 나단의 음모가 비록 악의 선택이기는 하지만 스스로 칼리프의 꿈을 꾸는 태도로 보아 칼리프의 위치가 매우 유동적이라는 것을 알려준다.

또한 쉐하라자드가 신분이 유랑 곡예단의 댄서이지만 왕과 결혼하려는 꿈이 터무니없는 생각이 아니라는 메시지도 있다. 그녀를 포함하여 곡예단의 일원이었던 곡예사들이 한 순간 노예의 신분으로 팔려가게 되고, 노예의 신분이 왕비가 되는 상황은 신분의 이동이 매우 자유롭다는 것을 말해 주고 있다.

하룬 역시 카마르처럼 할렘의 노예 출신의 자식이라고 한다. 이로보아 댄서 쉐하라자드가 여왕이 되는 이야기의 구도는 노예가 출신으로 결정되지 않는다는 뜻도 있다. 노예가 시장에 나오는 장면 등은 당시 중동의 고민거리였다고 한다. 코란은 노예를 사고 팔 때를 규정해 놓고 있다.

코란은 노예로부터 일반인, 일반인으로부터 노예로의 이동을 언급하고 있다. 이는 왕족과 일반 신분 이동이 자유로운 것을 말하고 있다. 이러한 신분의 이동은 아랍 왕권에 대한 쿠데타가 자주 일어난 역사적인 배경과 관련이 있어 보인다. 나단도 자신이 모시던 하룬과 카마르 두 칼리프를 죽이고 자신이 왕이 되고자 처음부터 시도하지 않았던가.

쉐하라자드나 하룬을 통해 전달하려는 메시지는 정의롭고 선하게 살라는 가치관이다. 이러한 가치관은 물론 아랍만의 가치관은 아니다. 하지만 아랍인들은 이 가치를 신에게 돌리고 있다. 알라에게 모든 것을. 이러한 가치관은 인간의 악한 선택도 그 결과는 알라의 뜻이라는 사고를 엿볼 수 있다. 유교로 보면 사필귀정이라고 할 수 있지만, 그 정의의 근원과 힘을 알라라는 절대신에게 의존한다.

보기에는 유대교의 야훼의 이미지와 비슷하다. 유대인들 역시 모든 선택을 절대신 야훼로부터 찾고 있다. 그들은 원인과 결과 모두 야훼의 법칙에서 움직인다고 믿는다. 신에게 절대적으로 의지하지만 유대인들은 본시 인간의 마음은 선하지 않고 악하다고 믿고 있으며 인간은 선의 선택이 어렵다고 보고 있다. 누구나 죄인은 피할 수 없는 운명이다.

하지만 아랍인들의 생각은 다르다. 『아리비안나이트』의 전반적인 분위기는 밝고 쾌활하고 명랑하다. 유쾌한 사람들이 자유롭게 행동하고 웃고 떠들며 즐기는 분위기다. 캐릭터들은 현실과 환상을 넘나들며 현실의 문제를 해결하고 환상세계로부터 행복과 축복을 가져온다.

그리스 신화처럼 이슬람의 환상세계는 현실세계를 비추는 거울이지 현실세계가 추구해야 할 가치나 이상의 세계는 아니다. 그리스 환상세계의 신들은 인간이 추구해야 할 완벽한 이미지나 모델이지만, 아랍인들은 환상세계로부터 완벽한 이미지들을 직접 현실세계로 끌어 온다. 그렇다고 유대인들처럼 신은 인간이 추구해야할 대상이 아니다. 이슬람의 신은 세속 세계를 지배하는 절대자로 군림하지만 아랍인들은 신을 향하기보다 신으로부터 행복이나 꿈을 가져온다.

그래서 아랍인들은 즐겁다. 악인의 행동은 처벌을 받으나 그가 회개한다면 그는 죄가 없다. 그가 선택을 잘못하여 악을 행하고 악인의 행위를 하게 되지만 신 앞에서 죄를 고백하고 회개하면 처벌은 받겠지만 그 죄는 묻지 않는다. 결국 아랍인이 보는 인간은 본래 선한 존재이며 선은 선택의 문제가 아니라 악이 선택의 문제로 작용한다. 카마르처럼 살지 말라는 메시지가 그러한 예이다.

하룬은 이야기 초기에 이슬람의 가르침, 즉 신의 법과 인간의 법에 대해 고민을 한다. 십자형태의 나무에 묶여 일주일 간 아무것도 먹지 않으면서도 살아 있는 형 카마르에 대해 하룬의 고민이 깊어진다. 그를 살려야 하나? 신의 정의로 그대로 죽게 내버려두나?

하룬은 카마르가 한 여인에 대한 사랑 때문에 자신의 왕권에 도전하다가 잡혀 죽음을 맞이하게 되었다고 그를 동정하고 있다. 쉐하라자드에게 구혼을 청하였지만 그가 칼리프가 아니라는 이유로 거절을 당하자 카마르는 왕권을 갖기 위해 하룬에게 도전하였다가 참변을 당했다고 하룬은 생각하고 있다. 그래서 하룬은 카마르가 인간의 법은 어겼지만 신의 법은 어기지 않았다고 나단에게 토로한다.

한 여자를 사랑하기 때문에 칼리프 자리를 노린 일은 신의 법에 어긋나지 않는다는 아랍인의 기본적인 사고를 볼 수 있다. 칼리프 자리는 누구나 가능하고 사랑을 한 것은 죄가 아니라는 것이다. 물론 이 일로 사람을 죽이고 악한 일을 행하였다면 그는 엄격하게 신의 법을 어긴 것이다.

이러한 세속적 사고와 현실적인 판단은 칼리프에 반역을 한 죄는 신의 법이 아니라 인간의 법을 어겼다는 시각이 깔려 있다. 그래서 하룬은 배다른 형이 반역을 한 죄에 대하여서는 인간으로서 자신이 관용을 베풀 수 있는 문제이기도 하다. 이러한 처사는 아랍이 다소 느슨한 도덕성을 갖고 있는 것처럼 보인다.

카마르가 하룬을 몰아내지만 하룬은 형제애와 연민, 동정을 보이는 인물이다. 하룬이란 인물의 행동, 의식에서 보여 지는 가치관은 현실 권력과 사랑의 태도에서 카마르의 가치관과 대립하고 충돌한다. 쉐하라자드의 경우 세속적으로 돈과 권력을 추구하는 비정한 여인의 이미지를 벗기 어렵다.

카마르가 체포되어 고문을 받는 에피소드를 보면 카마르가 난파되어 궁색한 처지에 댄서 쉐하라자드를 만나게 된다. 그녀에게 반하여 사랑을 고백하지만 쉐하라자드는 돈과 권력이 삶의 목적이었기 때문에 사랑은 결코 관심이 없었다. 카마르가 칼리프가 되기 위해 동생

하룬을 치다 발각이 되어 형벌을 받는 모습은 하룬에게 오히려 사랑을 위해 자신을 공격한 아름다운 남자의 모습으로 비친다.

이러한 인식은 하룬의 낙천적이고 로맨틱한 성격을 보여주는 대목이다. 그의 이러한 성격은 카마르를 결코 악인으로 볼 수 없게 한다. 동정과 연민으로 그를 지켜보던 로맨티스트 하룬은 결국 쉐하라자드의 마음까지 바꾸어 놓는다. 쉐하라자드의 마음을 사로잡지 못하였던 카마르는 비록 권력을 잡았지만 그녀의 마음을 얻지는 못한다. 이러한 카마르의 역모는 하룬에게 도전하였다기보다 하룬의 왕권에 도전한 죄로 인간의 법을 어긴 셈이다.

쉐하라자드 이야기의 경우도 막달라 마리아 이야기 처리 방식과는 다르다. 막달라 마리아가 복수를 위해 로마 사령관 비텔리우스의 권력에 의지할 때 다소 양심의 가책을 느끼는 부분이 주목된다. 무엇인가 양심적으로 꺼려하는 일처럼 죄의식 비슷한 자세가 마리아에게 있다. 아마도 마음에 갖고 있는 죄의식이라고 보여 진다. 하지만 쉐하라자드는 당당하다. 자신의 꿈이 돈과 권력을 얻는 것이라고 밝힌다.

쉐하라자드의 돈과 권력에 대한 욕망은 카마르를 통해 이루려고 하는 데서 부도덕해 보이지만 하룬을 통해서는 당연한 가치로 보인다. 둘 사이가 해피엔딩으로 끝나는 상황은 쉐하라자드의 돈과 권력의 욕망도 경우에 따라 정당한 행위로 비치기 때문에 그 욕망 자체를 특별하게 규제하는 것 같지는 않다.

코란에 보면 과부나 어린 아이를 돌보는 조건으로 아랍 남성은 부인을 넷을 두어도 된다. 아랍 세계에서 이러한 다중 혼인은 도덕적으로 문제가 되지 않는다. 다만 과부나 어린 아이를 돌보는 조건이다. 아이가 딸린 과부의 경우는 재혼하기가 어렵다는 뜻도 된다. 이러한 과부와 어린 아이를 거두어들여 사회적인 문제를 해소하고 생존을 보장해

주는 조처가 마호메트의 다중 혼의 성격이다. 여기에는 특별히 다중혼으로 인한 선악의 문제나 간음의 문제와 같은 인간의 성적 욕망에 대한 죄의식은 없다.

모세의 경우 다른 여성과 혼인을 하기 위해서는 이혼증서를 써 주어야 간음의 죄로부터 면죄부를 받을 수 있다고 하였다. 하지만 야곱의 경우 부인을 넷이나 두었다. 이 야곱의 경우 부인들은 외종사촌 사이이고 부인들 자신들도 자매들로서 근친혼의 성격이 강하지만 이에 대한 도덕적인 편견은 없어 보이며, 또한 간음죄를 논하지 않는 것으로 보아 부족장의 특권으로 보인다.

예수와 붓다 모두 사람이 모델이 된 기독교와 불교를 제외하고는 유대교보다는 이슬람의 경우 다소 관용적이고 여유가 있다. 이로보아 아랍 사회는 현실적인 가치를 정당하게 수용하는 정착 문화로 볼 수 있다. 돈과 권력 욕구가 부정적으로 보여야 함에도 결혼제도를 통해 얻으려는 자세는 정당하게 평가되고 있다는 점이다. 카마르즈측에서 보다 오히려 하룬이 이러한 쉐하라자드를 받아들이는 모습에서 아랍 사회, 이슬람 사회의 가치관이 유대 사회의 것과 다르게 처리되는 상황을 엿볼 수 있다.

사랑의 가치도 세속적 사랑과 신에 대산 사랑이 다르게 처리되어 보인다. 아랍 사회의 경우 세속적 사랑이라도 순수한 마음과 열정이 주어진다면 육체적인 욕망 또한 긍정적으로 평가하고 있어 보인다. 하룬의 성격과 사랑은 아랍사회에서의 이슬람의 가르침으로 볼 수 있다. 이슬람의 이상적인 가르침은 하룬의 가치관이 아닐까. 하룬의 정직, 인정과 동정심은 『아라비안나이트』 이야기의 전체적인 이야기의 흐름을 결정하는 아랍의 요소들이다.

이 아랍 곡예단의 곡예사 중에 신밧드의 모험으로 잘 알려 진 뱃사공 신밧드와 요술 램프를 잃고 찾고 있는 알라딘의 역할도 감초 역할을 한다. 이미 이들의 이름은 잘 알려져 있어서 신밧드와 알라딘이 나온 것만으로도 흥미를 준다. 이들이 왜 이 곡예단에서 젊은 알리와 쉐하라자드 등과 함께 곡예단원이 되었는지, 그리고 하룬의 활약에서 함께 동참하는 지 등은 궁금증을 불러일으킨다.

하지만 이 곡예단에서의 이들의 활동은 이미 신밧드의 모험이나 알라딘의 신비한 마법은 찾을 수 없다. 단지 지난날의 화려하였던 영화를 회상하며 다시 그러한 기회가 오기를 찾고 있는 사람들이다. 이처럼 『아라비안나이트』 이야기에는 궁중의 권력암투와 결혼과 사랑 이야기에 신밧드와 알라딘의 이름이 흔하게 등장한다.

신밧드의 모험이어야 뱃사공으로서 여러 페르시아 만과 인도양 아프리카 해안들을 전전하며 겪는 신비한 모험이야기로 마치 서구의 카르비안 해적 이야기, 보물섬 이야기 등에 유사해 보이지만, 그 원형은 이 『아리비안나이트』에서 찾을 수 있다.

곡예단에서 이들은 웃음과 해학으로 즐거움을 준다. 갑자기 신밧드는 건장한 힘꾼으로 등장하며 거대한 사람 그림자에 "램프를 찾았구나!" 하는 우스갯소리 등이 흥미를 더 해준다. 뱃사공 신밧드의 경우 섬으로 알았던 고래, 다이아몬드 골짜기, 괴물들이 사는 마을, 식인종 마을 등의 이야기는 해양과 아프리카 연안에서 일어나는 에피소드들이다.

아그라바라는 도시에 알라딘이라는 고아소년이 살고 있었다. 그는 좀도둑질로 전전하며 유랑 곡예단에서처럼 떠돌이 생활을 하고 있었다. 하지만 천성이 착하여 어느 날 램프를 얻게 된다. 알라딘이 우연히 램프를 만지다 문지르자 램프 속에서 아름다운 아랍 처녀 지니가 나타난다.

요술 램프 속에 갇혀 있던 지니는 램프를 문지른 사람의 소원을 무엇이든 들어줄 수 있는 마법의 처녀이다. 지니가 제시하는 조건이 흥미롭다. 지니는 알라딘에게 누구를 죽이거나, 죽은 사람을 다시 살리라고 하거나, 다른 사람을 사랑하게 하거나 외의 모든 소원을 들어줄 수 있다고 한다. 이는 아랍사회의 도덕적 기준이나 이슬람 사람들의 죄의 요소를 설명하여 주는 부분이기도 하다.

사람을 죽이는 죄는 인류 문화의 공통 범죄이다. 인간의 법도 어기는 일이지만 신의 법을 어기는 죄악이다. 죽은 사람을 다시 살리는 능력은 신만이 하는 능력이다. 예수의 부활과 죽은 자를 살린다는 기독교적 이야기는 현실적으로 불가능하다고 아랍사람들은 생각하는 것 같다.

그리고 누구를 사랑하게 하는 능력은 그리스 신화의 비너스의 능력이다. 그녀에게 소원을 빌면 비너스는 아들 큐피드를 시켜 사랑을 이루도록 해준다. 어쩔 수 없이 끌리는 마음을 신화적인 이야기로 만든 그리스적 마법이지만, 아랍사회에서는 다소 물질적이다.

알라딘은 자스민 공주와 결혼하려는 소원을 말한다. 우연히 보았던 공주의 아름다움에 반한 이 청년은 술탄에게 결혼을 하겠다고 순진하게 말한다. 술탄은 온갖 보물과 성이 있어야 결혼할 수 있다고 한다. 그래서 요술 램프의 힘을 빌은 알라딘은 보물과 성을 갖게 되어 공주와 결혼을 할 수 있었다.

이야기 속의 결혼의 조건은 우선 그의 순진하고 순수한 마음씨이고 그리고 보물과 성이다. 아랍인들의 삶에 인간의 선한 조건은 당연한 것이고 거기에 재물에 대한 꿈을 버리지 않는다. 돈과 권력에 대한 향수는 아랍인들 특유의 성공 스토리로 이어진다. 신분의 이동은 자유롭고 그것을 허용하는 삶의 형태도 자유롭다. 하지만 그것이 정당한 세속적 방식을 따라야 한다.

현실적으로 불가능한 일이기에 요술은 마법을 부려주고 양탄자는 하늘을 나는 공상과 상상의 세계를 등장시킨다. 하지만 이야기는 아랍인들의 꿈과 소망, 이상을 담고 그러한 환상 세계에 아랍인들을 끌어들인다.

또 다른 알라딘의 이야기로 알라딘은 고아가 아니다. 일찍 돌아가신 아버지 대신에 어머니를 도와드려야 하나, 그는 불량소년으로 나온다. 어머니와 아들은 돈 있는 재력가나 권력이 있는 자에게 재혼을 할 수 있는 코란의 규정이 있다. 천성적으로 낙천적인 이 소년은 할 일 없이 빈둥거리며 산다.

어느 날 숲속으로 들어 간 알라딘은 자신이 알라딘의 작은 아버지라고 하는 한 남자를 만나 그를 집으로 데려온다. 이 남자는 알라딘의 어머니, 즉 형수에게 알라딘을 데리고 가 공부를 시키겠다고 청을 한다. 알라딘을 데리고 간 이 남자는 마법사였다. 숲에 온 마법사가 굴 앞에서 주문을 외자 굴이 열리고, 그 안에는 많은 보물과 신비한 램프가 있었다.

굴속에서 욕심이 생긴 알라딘은 보물을 신기하게 생긴 램프를 가지고 나가려다 마법사에 들켜 갇히게 된다. 우연히 램프를 만지게 된 알라딘은 램프에서 나온 거인에게 소원을 말하여 그의 도움으로 집으로 돌아오게 된다. 집에 돌아온 알라딘은 어머니에게 자기가 겪은 이야기를 하고 보석을 팔러 나간다. 그때 행차를 나온 공주를 보고 한눈에 반하게 된다.

순진한 청년 알라딘은 어머니에게 공주와 결혼하고 싶다고 말하자 생각 없이 어머니는 술탄을 만나 보라고 한다. 병사들에게 저지를 당하여 만날 수 없자 알라딘은 술탄에게 중요하게 아뢸 말이 있다고 하여 술탄 앞에 갈 수 있게 된다. 술탄은 알라딘을 불러 그의 이야기기를 듣고 실소를 금치 못한다. 하지만 그의 순진하고 순수한 마음에 상처를 주고 싶지 않아 공주와 결혼하고 싶으면 어울리는 궁전이 있어야 한다고 충고한다.

술탄의 의도와는 달리 알라딘은 선뜻 이에 응한다. 내일 아침까지 궁전을 짓겠다고 황당하게 약속을 한다. 집에 온 알라딘은 램프의 거인을 불러 궁전을 짓도록 명한다. 궁전이 지어진 것을 보고 신비한 그의 능력을 칭찬하며 술탄은 기뻐한다. 술탄은 약속을 하였기에 알라딘에게 결혼을 허락한다.

그러자 작은 아버지라고 하였던 마법사는 요술 램프의 비밀을 알게 된다. 그는 그 램프를 다시 훔쳐 온다. 그리고 램프의 거인에게 알라딘의 궁전과 공주를 자신에게 데리고 올 것을 명한다. 알라딘은 궁전과 공주가 갑자기 사라지자 놀란다. 하룻밤에 빈털터리가 되고 환상 같은 삶이 공중으로 날아가자, 램프를 찾았지만 램프가 없었다.

다시 램프를 찾고 궁전과 공주를 찾겠다고 나선 알라딘은 마법사가 사는 숲 속으로 들어간다. 숨어서 기회를 보던 알라딘은 숲 속으로 이동한 자신의 궁전으로 숨어들어 간다. 그리고 사랑하는 공주를 만나 마법사를 없앨 계획을 세운다. 공주의 도움으로 알라딘은 술에 약을 타 마법사를 없애게 된다. 공주가 준 술을 마신 마법사는 쓰러져 죽게 되고 알라딘과 공주는 마법사가 가진 부정한 보물을 가난한 사람에게 나누어 준다.

이 이야기에도 돈과 권력의 에피소드가 등장하고 공주와 결혼을 하는 신분상승의 에피소드도 나온다. 단지 이것을 마법의 힘으로 얻게 되는 이치는 같다. 돈 없이 빈둥거리는 한 소년이 어느 날 요술 램프를 얻게 되면서 모든 소원을 다 이루게 된다는 이야기 구조는 동화 속의 이야기이다. 그리고 그 결말은 마법사와는 달리 가난한 사람에게 나누어 준다는 에피소드로 소년의 미덕과 아름다운 마음씨를 드러낸다.

그러나 여기에 아랍인들의 현실적 사고가 깔려 있다. 마법사는 부정한 방법으로 보물을 갖고 있었고, 불순한 마음으로 소년의 궁전과 공주를 빼앗는다. 그는 잘못된 죄를 선택한 대가로 몰락을 하게 되고, 착한 마음씨를 가진 소년은 말썽꾸러기였지만 술탄과 만나 궁전과 공주를 얻은 것이어서 정당한 평가를 받고 있다. 이야기의 결말은 해피엔딩이기 때문이다.

이는 단지 이야기의 세계이지만 아랍인들의 꿈을 볼 수 있다. 아랍인들의 꿈은 현실적 가치를 얻는 것이 무엇보다 중요해 보인다. 단지 사람을 죽이지 않고 억지로 사랑을 얻는 것이 아닌 자연스러운 삶의 연장으로서 가능한 세계가 그려지고 있다. 신비하게 얻은 재물과 권력이지만 거기에 대한 욕망이 자연스럽게 제시되며 그 욕망은 현실을 반영한다.

또 다른 알라딘의 이야기로 재봉사 무스타파의 아들 알라딘은 무스타파라는 재봉사의 아들이다. 아버지가 급작스럽게 돌아가자 알라딘은 동네에 빈둥거리며 말썽을 피우는 불량소년이다. 어느 날 어떤 남자가 알라딘의 삼촌이라며 나타난다. 알라딘의 어머니는 죽은 남편에게 형제가 없다고 말하며 그 삼촌이라고 하는 사람을 의심한다. 그러자 그 남자는 너무나 슬퍼하며 알라딘의 미래를 자신이 책임지겠다고 어머니를 설득한다. 행색이나 차림에도 부자처럼 보여 어머니는 말썽꾸러기 알라딘을 그냥 두고 있기 어려워 승낙을 한다.

아랍의 코란에 과부와 어린애를 돌보는 일은 너무나 자연스러운 법이다. 그래서 아랍인들에게 이러한 이야기의 설정을 매우 자연스럽고 당연하게 받아들이고 있다. 알라딘을 데리고 숲 속에 이른 이 삼촌이라는 남성은 알라딘에게 반지를 끼워준다. 그리고는 입으로 무엇인가를 중얼중얼 거렸다. 그러자 땅 속으로 난 문이 열리고 들어가는 길이 나타났다.

주문을 외웠던 남성은 알라딘에게 어떤 보물도 건드려서는 안된다고 엄명한다. 알라딘에게 허용된 것은 낡은 램프였다. 알라딘은 엄청난 보물에 놀랐다. 알라딘은 이 많은 보물들을 건드리지 말라며 낡은 램프만 만지라고 한 삼촌의 말을 다소 의아하게 생각하였다.

의심이 들어 그 삼촌에게 램프를 주지 않으려고 하였다. 그러자 그 삼촌은 갑자기 돌변하며 자신은 삼촌이 아니라며 입구를 막아버렸다. 땅 속에 갇힌 알라딘은 괜히 그 남자를 화나게 하였다고 후회하며 램프를 우연히 쓰다듬는다. 그 순간 램프에서 거인이 나타나 소원이 무엇이냐 묻는다. 놀란 알라딘은 우선 땅 속에서 빠져나가는 일이 급하다고 말을 하였더니 거인은 엄청난 힘과 마법으로 땅으로 나가는 문을 열어 주었다.

집에 돌아온 알라딘은 램프의 거인에게 배가 고프다고 하자 갑자기 노예들이 나타나 그들 손에 황금쟁반이 들려지고 거기에는 맛있는 음식이 가득하였다. 알라딘은 황금쟁반을 팔아 장사를 했다. 그러던 어느 날 거리를 행차하는 바드랄부드 공주에 반해 즉시 결혼할 생각이 들었다. 어머니는 아들의 소원을 들어 주고자 집안에 있는 보물을 술탄에게 보냈다. 그리고 아들의 소원을 말하니 술탄은 알라딘이 참하고 착한 모습을 보고 결혼을 허락한다.

이야기는 여기서 멈추지 않고 알라딘의 시련이 다가 온다. 알라딘이 어느 날 외출을 하자 마법사라는 남자가 램프 장사꾼으로 변장해 찾아와 낡은 램프를 주면서 새 램프로 바꾸어주겠다고 공주에게 제안을 한다. 무심코 공주는 낡은 램프를 주고 새 램프로 바꾸고자 하였다. 낡은 램프를 주는 순간 마법사는 마법을 부려 공주와 궁전을 순식간에 어디론가 데리고 사라졌다.

집에 돌아온 알라딘은 궁전이나 노예도 흔적도 없이 사라졌고 공주도 보이지 않자 사방으로 찾아 나선다. 자신이 갔던 옛 숲 속에서 궁전을 발견한 알라딘은 담을 넘어 몰래 들어갔다가 공주를 만나게 된다. 공주와 함께 알라딘은 마법사가 마실 포도주에 독을 타 그를 죽이자는 계획을 세운다. 그가 독이 들어 있는 포도주를 마시고 죽자 알라딘은 낡은 램프를 찾았다.

공주에게 낡은 램프의 비밀과 신비의 힘을 말하며 알라딘은 공주와 함께 궁전을 다시 되찾았다. 그때부터 알라딘은 낡은 요술 램프를 깊이 감추었다. 그 후 공주의 부왕이 돌아가자 그를 계승하여 술탄이 되었다.

알라딘이나 쉐하라자드나 이야기 속의 캐릭터들은 연금사들이다. 연금술처럼 철을 금으로 바꾸는 신비를 연출하며 신분상승과 더불어 재물과 권력을 얻게 된다. 모두 술탄과 관련을 맺게 되지만 그들의 신분은 미약하다. 술탄 역시 본래 할렘 노예신분에서 출생한 자들이다. 노예시장은 사람을 항상 파고 사는 곳으로 사람의 신분은 언제든지 바뀌고 있다.

또 다른 『아라비안나이트』 이야기로 『알리바바와 사십인의 도적』 이야기가 알려져 있다. 페르시아제국 때 카심과 알리바바 형제가 살고 있었다. 한국의 놀부와 흥부 형제처럼 형 카심은 부자였고 동생 알리바바는 가난했다. 알리바바는 어느 날 숲 속을 거닐다가 큰 바위 앞에 있는 한 떼의 도적들을 보게 됐다.

그러자 두목처럼 보이는 한 사람이 “열려라, 참깨!”라고 소리치자 바위가 움직이며 동굴이 나타났다. 잠시 이들은 다시 나와 ‘열려라, 참깨!’라고 소리치자 바위가 움직이며 동굴이 다시 닫혔다. 도둑들이 멀리 사라지자 알리바바는 숲 속에서 나와 자신도 그 큰 바위 앞에 섰다.

알리바바는 두목의 목소리를 흉내 내어 “열려라 참깨!”라고 소리를 쳤다. 그러자 아까처럼 바위가 움직이며 동굴이 나타났다. 동굴에 들어가 보니 도둑떼처럼 보이는 사람들이 모아 놓은 보물이 가득 차 있었다. 알리바바는 몰래 보물을 들고 집으로 돌아와 형 카심처럼 부자가 됐다.

이 줄거리는 매우 단순하다. 카심과 알리바바 형제 중 형 카심은 부자로 아마 가난한 알리비바를 돌보지 않은 듯하다. 이로 보아 카심은 알리바바에게 다소 독한 형처럼 비친다. 돈을 많이 가진 카심을 징벌하기보다 이 이야기는 알리바바에게 마법사나 연금사처럼 우연히 재물을 안겨준다. 그가 선한 마음씨와 동정을 줄 수 있는 인물이라고 비치기 때문일 것이다.

또 다른 해설 판은 카심의 불량한 성격을 노골적으로 드러낸다. 알리바바는 돈이 없어 나무를 베며 어렵게 살아가는 인물이다. 우연히 숲속에 나무를 베러갔다가 한 떼의 도둑들이 주문을 외는 장면을 목격하고 그들이 들어 간 동굴에서 많은 보물을 발견한다. 그 한 떼의 도둑은 40인의 도적단이었다. 알리바바는 그 주문을 외고 소리쳐 동굴에 숨겨져 있는 보물을 집으로 가져온다. 그리고 알리바바는 부자가 된다.

알리바바가 부자가 된 이야기를 듣고 찾아 온 카심은 동생을 설득하여 그 연유를 묻는다. 자기도 더 부자가 되면 좋지 않겠느냐며 동생을 설득한 카심은 착한 동생 알리바바로부터 동굴의 보물이야기를 듣게 된다. 욕심 많은 카심은 숲 속의 동굴로 찾아 간다. 들어가기는 하였지만 보물에 눈이 어두워 그만 주문을 잊고 동굴 밖으로 나오지 못하고 갇히게 된다.

40인의 도적떼는 카심을 고문하여 죽인다. 카심으로부터 동굴에 들어오게 된 경유를 알게 된 도둑떼는 알리바바를 찾아 죽이려고 한다. 이야기는 뜻밖에 카심의 여자 노예인 마르자나가 등장한다. 천성이 착하고 선한 마르자나는 기지와 재치를 발휘해 알리바바를 도와 이들을 물리친다. 알리바바는 마르자나를 노예의 신분으로부터 풀어주고 자신의 아들과 결혼을 시킨다.

이야기의 반전은 카심의 여자 노예인 마르자나에 의해 이루어지는 것이 흥미롭다. 마르자나의 입장에서는 우연히 찾아 온 기회에 알리바바를 구하고 신분이 바뀌어 부자 아들과 결혼하게 된다. 여기에도 재물에 관련된 에피소드와 신분상승에 대한 에피소드가 있다. 물론 욕심이 과한 카심을 죽음으로 벌을 받고 선한 알리바바에게 재물로 보상하는 것도 이 이야기의 메시지인 것도 사실이다.

이야기는 여기서 끝나지 않는다. 마르자나의 기지와 용기는 남성들을 능가한다. 하룬과 결혼하게 된 쉐하라자드와는 비교가 안된다. 또한 스토리텔러로서 술탄에게 천일밤의 이야기로 지혜를 주었다는 쉐하라자드 역시 알리바바와 40인의 도적에 나오는 마르자나보다 행동에 있어서는 비교가 되지 않는다.

어느 날 손님으로 가장한 도둑 떼의 두목이 알리바바의 집으로 찾아온다. 동정을 살피던 그는 알리바바와 그 아들을 죽이려고 시도를 한다. 그 순간 숨어서 보고 있던 마르자나가 달려와 이 손님을 칼로 찌른다. 마르자나는 손님의 가슴을 깊숙이 칼로 찔러 그를 단숨에 죽인다.

뜻밖의 장면에 놀란 알리바바와 그의 아들은 비명을 지르며 마르자

나를 지켜보았다. 마르자나는 손님을 찔렀던 칼을 뽑아 천으로 닦고 있었다. 그녀의 대담한 행동에 입을 벌리며 말을 잊고 있던 알리바바는 그녀의 살인에 순간 정신을 차렸다.

"알라 이외 신은 없도다. 이렇게 네가 살인을 하다니!" 그러자 마르자나는 차분하게 대꾸를 하였다. "이자는 아버님과 남편의 목숨을 노리는 도덕 떼의 두목입니다. 이미 한달 전 장사꾼으로 변장을 하여 저 혼자 있을 때 찾아 온 적이 있는 자입니다. 그때 장사에는 관심이 없고 카심 주인과 알리바바 주인에 대해 이것 저것 물어 보아 행색에 의심이 갔었으나 그냥 넘겼지만 이번에 또 찾아 온 것입니다. 제가 확인해 드리겠습니다."

마르자나는 손님이 숨겨놓은 칼을 찾아내었고 그의 가짜 수염을 벗겨보니 오래 전에 보았던, 바위 앞에서 주문을 외우던 두목의 얼굴이었다. 그리고 그의 몸에서 이런 글이 발견되었다. "알라께 맹세코 내 부하들의 목숨을 앗아간 알리바바 일족을 없애리라!"

목숨을 건진 알리바바와 그의 아들은 다시 마르자나의 재치와 기지에 감탄하였다. 그녀에게 감사하며 알라 신에게 맹세하고 그녀를 진실로 대하였다. 여기에 남자 노예로 압둘라가 잠깐 나오지만 전반적으로 마르자나의 용기와 재치로 알리바바는 목숨을 구하였고 40인의 도적은 세상에서 사라졌다.

『알리바바와 40인의 도적』 이야기는 사실상 도적들에 대한 이야기는 별로 없다. 지금까지 본 알리바바에 대한 두 이야기는 형 카심이 욕심이 많다는 것과 가난한 알리바바가 우연히 도둑 떼의 보물 동굴을 발견하고 부자가 되었고, 여자 노예인 마르자나의 도움으로 목숨을 건지고 행복하게 살았으며 사람들을 괴롭히던 악당인 40인의 도적은 그녀의 기지로 모두 죽었다는 내용이다.

하자만 40인의 도적 이야기치고는 조금 싱겁다. 40이라는 숫자는 중동지역에 큰 의미가 있는 숫자인 것만은 분명하다. 예수가 사막에서 보낸 날도 40일이다. 그리고 모세의 나이가 40에 이집트 병사를 죽였고, 40년이 지난 후 이집트에 돌아 와 자기 부족을 이집트에서 끌고 나왔고, 40년을 시내 사막에서 보냈다. 이삭은 40세에 결혼을 하였다.

40인이라는 도적의 숫자에도 무슨 긍정적 의미가 있어 보인다. 『알리바바와 40인의 도적』에 대한 영화 이야기가 있다. 이 영화 이야기에서 40인의 도적은 도적이 아니다. 이들은 불량하고 부정한 부자의 재물을 털어 가난한 사람에게 나누어 주는 의적으로 나온다. 알리바바와 만나게 되면서 이들은 또한 의적으로서가 아니라 재물과 왕권 회복이라는 고전적인 이야기의 인물로 변신한다.

알리바바는 바그다드 술탄의 아들이다. 부왕 술탄은 대신이었던 카심의 배반으로 몽골족의 하굴라 칸과 그의 부하들에 의해 살해된다. 심복의 도움으로 궁중을 빠져 나온 알리바바는 숲 속에서 "열려라 참깨!"를 외치는 40인의 도적을 만난다. 동굴에서 나간 도적들을 흉내내어 동굴에 간 알리바바는 수많은 보물에 놀란다. 다시 돌아 온 그들과 마주치자 궁지에 빠진 알리바바는 기지를 발휘하여 오히려 그들의 호감을 산다. 그들과 함께 의적질을 행하다가 후에 그들의 리더가 된다. 이후 도적들은 잃어버린 왕국을 회복하려는 알리바바의 후원자가 된다.

우연하게 알리바바와 도적들은 하굴라 칸의 약혼녀를 사로잡았다. 그녀는 그가 사랑하였던 아마라였다. 처음 아마라를 오해한 알리바바는 그녀를 이용하여 결혼식 날을 바그다드를 해방시키는 날로 정한다. 그녀의 심복으로 가장하여 결혼식에 들어간 알리바바와 40인의 도적떼는 하굴라 칸과 그 일당, 그리고 카심을 모두 죽이고 바그다드를 다시 찾는다.

아마라의 진심을 알게 된 알리바바는 그녀와 결혼을 하여 새로운 술탄으로서 자신의 지위를 찾게 되고, 40인의 도적은 알리바바의 왕권 회복에 결정적인 공헌을 한 인물들로 새로운 삶을 찾게 된다. 이들 모두 알라 신에게 영광을 돌린다.

이 마지막 이야기가 더 재미가 있고 현실적으로 보인다. 이보다 알리바바의 어린 시절에서 시작하는 이야기가 있다. 13세기 몽골군의 침입이 중앙아시아를 넘어 이라크 바그다드까지 미치고 있었다. 술탄인 하산의 아들로 알리바바는 그때 알리라는 이름이었으며 어려서 이러한 급박한 국제상황을 모르고 아버지의 배다른 형 카심의 딸인 사촌 여동생인 아마라와 함께 행복한 시절을 보내고 있었다.

서자였던 카심은 몽골군이 침입을 하자 동생 하산을 배신한다. 몽골의 회유와 자신의 욕심을 채우고자 몽골에 협조한 카심은 피비린내 나는 반란을 미연에 막는다는 명분으로 몽골군을 끌어 들였다. 그러나 몽골군의 하굴라 칸은 궁에 들어와 하산을 죽이고 자신이 술탄의 지위를 차지하고 카심을 대신으로 삼았다.

그사이 알리는 혼란스러운 상황에서 부왕 하산의 사전 지시로 심복의 도움으로 궁을 빠져나와 사막으로 도망을 갔다. 사막의 동굴 앞에서 알리는 우연히 40인의 도적으로부터 "열려라 참깨!"의 비밀을 목격한다. 도적들이 다시 사라지자 동굴에 들어 간 알리는 그 곳에서 도적들의 잔당과 마주치며 그들에게 잡힌다. 도적들의 두목 늙은 바바는 알리가 가지고 있는 왕족의 신표를 발견하고 그의 신분을 알아본다.

바바는 알리와 함께 생활하며 도적질을 하게 되면서 그가 매우 용감한 인물임을 알게 된다. 그리고 알리를 양자로 들이고 이름을 자신의 이름과 함께 알리바바라 명하였다. 그들은 단순한 도적이 아니라 의적이었고 부정한 부자들의 재물을 훔쳐 가나한 자에게 나누어 주고 있었다. 이들은 그보다 알리바바와 함께 10여년 동안 몽골의 침략과 억압에 저항하는 싸움을 지속하였고 알리바바는 성인으로 성장하였다. 일종의 독립군이었다.

그 사이 독재자인 몽골의 하굴라 칸에게 카심은 자신의 딸 아마라를 결혼시켜 환심을 사고 자신의 신분을 보장하고자 하였다. 그래서 딸을 설득하였으나 그녀는 말을 듣지 않았다. 카심의 의도를 알았지만 몽골의 하굴라 칸은 결혼을 승낙하였다. 그래서 할 수 없이 부친의 말을 거역하지 못해 결혼식을 위해 아마라는 바그다드로 들어가고자 사막을 지나게 되었다.

이 한 떼의 낙타가 오아시스에서 장막을 치고 쉬게 되자 하굴라 칸이 결혼할 신부와 공물로 생각하고 알리바바는 이들을 공격하였다. 우연히 목욕하는 아마라를 만났지만 알리바바는 그녀를 알아보지 못하였다. 아마라는 자신을 여종으로 변장을 하고 알리바바를 속여 몽골 수비병으로 하여금 그를 붙잡았다.

알리바바는 공개처형을 위해 바그다드로 압송되었다. 카심은 수족을 메달아 놓은 알리바바의 몸에서 왕족 신표를 보고 그를 알아보았지만 그의 처형을 계속 밀어붙였다. 그러자 우연하게도 아마라의 충실한 몸종인 자미엘이 몽골군에 대한 적의감과 평소에 그 명성을 듣고 있었던 알리바바 측에 가담을 하였다. 그의 도움으로 40인의 도적들은 궁중을 습격하여 알리바바를 구출하고 카심의 딸 아마라를 납치한다. 카심의 정원에서 옛 어린시절을 기억하면서도 그들은 서로를 알아보지 못한다.

이들은 함께 잠시 시간을 보내면서 서로를 알아보게 된다. 알리바바는 결국 진실을 알게 되고 아마라와 함께 몽골군을 몰아 낼 계책을 세운다. 알리바바는 아마라의 혼인을 미끼로 몽골의 하굴라 칸을 혼인식에 끌어 들인다. 그리고 그 혼인식에서 하굴라 칸과 그 일당을 몰아내고 바그다드의 자유를 찾는다. 40인의 도적들은 아마라와 알리바바와 함께 서로의 승리를 위해 기쁨을 나눈다.

아랍의 이야기 요소들은 유대교나 기독교보다는 현실적인 가치관을 바탕으로 하고 있어 보인다. 이들은 신의 법을 현실의 법으로 이동시켜 세속적 방식을 중요시하고 있어 보인다. 이러한 배경에는 오랜 토착성에서 오는 현실적 안정감에서 오지 않나 싶다. 유대인들의 경우 아랍인들이 현실로 정착하고 있던 땅에 들어 온 유목민이었던 점에 비추어 보면 유대인들은 아랍인들에 비해 이웃에 대한 경계와 의심이 더 강해 보인다.

모세의 율법의 근본은 순종과 혈통의 순수함에 있다. 이웃 종족이나 부족과의 혼인을 금하고 혈족 중심의 혼인을 중시하였던 모세의 계율을 볼 때 이방인이라는 의미는 유대인들의 입장에서 쓸 수 있는 말이지만 아랍인들의 입장에서는 토착인의 성격이 강하다. 따라서 유대인들은 외지인들로부터 자신들을 통제하고 관리할 엄격한 계율이 필요하였을 것으로 추정이 된다.

이와는 달리 아랍인들의 경우 『아라비안나이트』의 정서에서처럼 오랫동안 정착해온 사람들의 생활을 보는 것처럼 유쾌함과 즐거움이 생활 전반에 깔려 있고, 캐릭터들은 성격적으로도 매우 자유롭고 분방하다.

아랍인과 유대인들은 팔레스타인이라는 지역에서 함께 오래 거주하고 있기 때문에 문화적 유산이나 종교적 이야기를 함께 공유하고 있다. 아담에 대해 해석하는 이슬람의 입장을 살펴보면 인간에 대한 그들의 공통점과 차이점을 알 수 있다.

코란에서는 알라 신이 천사들에게 "내가 흙으로부터 한 인간을 창조할 것이니라." 그리고 남성인 아담으로부터 이브를 창조하였다. 알라 신은 그를 그녀와 결혼시켰다. 니싸아장 1절에 "그로부터 배우자를 창조하여 그로 하여금 남녀가 풍성히 번창하도록 하였느니라."고 쓰여 있다. 그 후에 알라 신은 선한 행위에 이용할 수 있도록, 지혜와 지식으로 다른 창조물들을 이끌 수 있도록 인간에게 필요한 지식을 아담에게 가르쳐 주었고, 이성을 그에게 채워주었다고 한다.

그리고 알라 신은 이성에 기억과 회상과 망각의 감각을 넣어 주어 삶의 과정에서 나타나는 어려움과 역경을 이겨내는데 도움을 주고자 하였다고 한다. 코란형 인간은 이성을 소유함으로서 영혼의 요구와 마음의 요구 사이에 균형을 잡을 능력을 소유하게 된다.

코란형 인간은 선과 악 사이에 선택 능력을 주고 있지만 이로 인한 의무감이나 강제성은 없다. 다만 선택과 행위에 따라 인간은 보상과 상금을 얻거나 배상과 징벌을 받게 된다. 실로 인간이 행한 것 모두는 어떠한 강제나 의무는 없고 순수한 그의 선택과 의지를 중시하며 그것에 대한 책임을 묻는다. 알라 신은 인간에게 더 많은 관심을 주고 인간에게 선의 요소들이 넘치게 하였다.

그래서 알라 신은 모든 창조물 가운데 인간을 자신과 가장 가깝게 만들고 가장 사랑하였다. 동시에 알라 신은 인간에게 많은 삶의 역경을 주고 선과 악의 두 갈림길에 두었다. 코란은 그가 불신자이든 우상숭배자이든 간에 그에게 선과 악의 두 길을 주었다라고 말한다.

이로 보아 이슬람 유형의 인간은 선의 요소들이 넘치며 살아가면서 선과 악의 선택이 주어진다. 반드시 선을 선택하고 악을 선택하라는 의무는 없다. 다만 그가 이성의 능력을 가지고 있으니 그의 선택에 따라 상과 벌이 주어진다.

신은 최초의 인간 아담에게 나무열매를 먹는 것을 금하였다. 또한 나무의 이름과 종류도 언급하지 않았다. 이러한 금지의 의도는 인간에게 신의 명령에 대한 복종과 준수가 알라 신을 만족시키는 일이며 구원과 평화가 있음을 확신시키는 일이다. 다만 위반과 불복종은 알라 신의 자비로부터 추방과 손실밖에 없다는 것을 알려주는 일이다.

무엇보다 자신의 행위에 대해 회개하고 개선하는 자는 알라 신께서 그의 회개를 받아들이고 죄를 짓지 않은 자처럼 그의 죄를 용서한다. 아담은 나무 열매를 먹은 후 곧 그가 죄를 저질렀음을 인식하고 알라 신에게 회개하고 용서를 빌었다. 그래서 신은 그의 회개를 받아들였다.

그러한 선인으로는 아브라함 이전에는 아담과 쉬스, 이드리스, 노아, 후드, 쌀리흐, 룻이 있다. 룻은 아브라함과 동 시대의 사람이며 아브라함 이후에는 모세와 다윗 그리고 다윗의 아들 솔로몬과 마리아의 아들 예수가 있으며 그들의 마지막으로 마호메트가 있다. 마호메트는 마지막 선지자이자 사도이며 그 이후에는 선지자가 없다. 아브라함 이후의 모든 선지자와 사도들은 그들 모두가 아브라함의 자손들이다.

또한 바까라장 136절에 "우리는 하나님을 믿고 우리에게 계시된 것과 아브라함과 이스마일, 이삭, 야곱 그리고 그 자손들에게 계시된 것과 모세와 예수가 계시 받은 것과 선지자들이 그들의 주님으로부터 계시 받은 것을 믿나이다. 우리는 그들 어느 누구도 구별치 아니하며 오직 그분에게만 순종할 따름입니다."

이슬람 인들은 모든 선지자들과 사도들을 어느 한 사람 사이의 구별

없이 그리고 의심 없이 믿는다. 그것은 바로 유일신 알라 신을 믿는 한 부분이다. 그리고 행동철학으로서 마음과 말이 일치되고 겉과 속이 일치될 때 그 믿음은 유일신 하나님에 대한 완전한 믿음이며 선지자들과 사도들의 말로서 내려 준 모든 것을 믿는다고 한다.

또한 인간의 믿음의 본성은 알라 신의 유일성에 있으며, 만일 유일신 알라를 경배하며 그의 가르침을 따르면 인간은 그것으로서 행복과 완전한 인간성을 얻게 된다고 한다. 완전한 인간성은 믿음과 행동이 통일된 인간임을 뜻해 보인다.

하지만 사탄의 악을 들어오게 하면 사탄은 인간의 마음과 이성과 영혼을 지배하게 되어 그의 삶은 현세의 삶에 있어 배부름과 편안함 이외에는 어떠한 목적도 없는 동물의 삶과 유사하다고 한다. 그래서 모든 생명체는 자신 이외의 것에 봉사해야한다고 한다.

알라 신은 마호메트에게 계시를 하여 선지자들을 끝냈고, 마호메트의 종교를 이슬람으로 만들었다. 그리고 아담 이래로 마지막인 마호메트까지의 모든 선지자들과 사도들의 선교 활동을 이슬람에 포함시켰다. 무슬림들은 하나님의 모든 선지자들과 사도들을 믿으며 그들을 존경하며 그들 가운데 어느 한 명도 차별하지 않으며, 선지자를 믿지 않거나 속이는 자나 그들 가운데 어느 하나라도 모욕하는 자는 무슬림이 아니며 마지막 사도인 마호메트에게 계시된 것을 믿지 않는 사람이라고 여기고 있다.

예수가 떠난 600년 후에 마호메트가 세상에 태어났다. 이 마호메트는 아랍인들의 조상인 이스마일로부터 아랍인들에게 전해 내려온 아브라함의 종교를 따랐다고 한다. 이스마일은 아브라함 장남이며 사우디아라비아에 정착한 인물로 성서에 소개되고 있다. 마호메트는 나이 40에 이르러 천사 가브리엘을 통해 이슬람의 메시지를 계시 받았다고 한다. 40이라는 숫자도 재미있다.

신이 성서의 추종자들(특히 사울, 후에 바울로 오늘날의 기독교 교리의 기초를 놓음)이 예수의 종교를 왜곡시키고 유일신에 대한 아브라함의 순종의 종교를 버리고 삼위일체와 같은 여러 신들을 숭배하는 종교로 변질시켰다고 마호메트에게 계시하자, 마호메트는 자신이 마지막 사도가 될 것이며, 유태인과 기독교인을 포함한 전 인류를 향한 메시지를 선포하게 되었다고 한다.

이슬람의 기본은 오직 유일신을 신봉한다. 이는 자식도 없고 부모도 없다. 그리고 인간의 모습으로 나타나지도 않으며 인간과 그 외의 모든 것을 창조한 유일 절대자다. 이러한 유일신은 셋이 아니고 셋 중의 하나도 아니다. 유일신은 힘과 권한을 나누어 갖지 않으며, 모든 것을 만들고 주관한다. 그 신의 이름은 알라다.

이러한 유일신의 이름은 알라로 유대교의 유일신 야훼와 성격이 유사하나 기독교의 신으로서 예수의 성격과 삼위일체를 부정한다. 기독교는 인간 예수를 신으로 믿는 예수교이다. 다만 기독교의 하나님(영어로 GOD)은 하나의 신으로 통합되는 셋이다. 이 하나의 신을 삼위일체라고 부른다. 성부, 성자, 성신의 삼위일체의 신들은 모두 동등하며 똑같이 영원하고 같은 존재이다.

이러한 이유로 기독교 교리는 신비주의의 성격을 보이나 신이 인간으로 성육신한 부분을 강조한다. 신의 아들이 인간의 몸을 가지고 세속의 세계에 하강하였다는 의미이다. 신인합일이라는 동양의 신비주의와 다소 유사한 성격을 지니고 있으나 고대 천강신화와 유사한 기독교는 그러한 예수와 예수의 삶을 신과 신성의 구체적 모델로 신격화한다.

예수의 어머니 마리아는 정결하고 믿음이 깊은 여성으로 삼위일체의 두 번째 신이자 모든 면에서 완전하고 전지전능한 신인 예수를 낳았다. 성모 마리아로 불린다. 성모 마리아는 세상의 모든 여인들 중에서 선택되어 깨끗하였으며, 신의 명으로 인간 아버지 없이 예수를 낳았다. 이슬람은 이 예수를 단지 마리아가 낳은 선지자로 받아들인다.

하지만 신의 말씀으로 마리아가 어느 남성 없이도 예수를 잉태할 수 있다는 신비로움은 이슬람에서도 받아들이고 있다. 신은 자비롭고 자애롭고 전지전능하다고 믿고 있기 때문이다. 무슬림들은 모세에게 계시된 구약성서, 다윗에게 계시된 시편, 예수에게 계시된 신약성서와, 마호메트에게 계시된 코란을 비롯하여 이전의 예언자들에게 주어진 전 성서의 존재를 믿는다.

그러나 이슬람 사람들은 이전 성서들이 인간의 손에 의해 수정되었다고 믿고, 성서로는 오직 코란만을 인정할 수 있고 옳다고 받아들이며 코란의 내용과 상반되는 내용들은 인간이 기록한 것으로 믿고 있다.

일설에는 마호메트를 거짓말쟁이나 사기꾼으로 알려져 있다. 어떤 이들은 그를 미치광이, 어떤 이들은 그를 가짜 메시아, 또 어떤 이들은 그를 악마에 쓰인 인물이라고 매도하기도 한다. 또 어떤 이는 마호메트가 기독교인과 유대인들과 공모하여 코란을 만들었다고 한다. 하지만 코란은 알라 신이 인류에게 계시한 마지막 성서로 이슬람 사람들은 믿고 있다. 코란의 문학적 위치는 아랍어로 쓰인 어떤 위대한 작품에 비추어보더라도 코란에 견줄 수가 없다고 한다.

코란은 예수를 아담의 죄로부터 전 인류를 구원하고자 십자가에서 순교한 선지자로 본다. 코란은 예수의 희생이 없었다면 인류는 아담의 죄로 파멸되는 운명을 맞이할 수도 있었다고 인정한다. 그러나 예수는 유대인들에게 내려진 한 명의 사도이며 모세의 순수하고 진실된 종교로 유대인들을 되돌리고 고대 유대인들에게 가해졌던 가혹한 규범의 일부를 덜어주고자 신에 의해 보내졌다.

코란은 예수가 유대인들에게 믿음뿐만 아니라 선행도 행한 선지자로 가르쳤다. 코란은 믿음과 선행을 나누어 설명하지 않는다. 예수가 죽은 자를 되살리고 눈먼 자와 나병환자를 치료하는 기적 모두를 선행으로 설명한다. 예수는 인간으로서 신의 아들이며 또한 동시에 완벽한 신이며 신의 화신이기 때문이다. 다만 코란이 보기에 예수는 이 기적들을 신의 뜻으로 행하였다. 마치 모세나 노아, 고대의 다른 예언자들이 신의 뜻에 의해 기적을 행했던 것과 마찬가지이다.

코란에는 원죄의 개념이 없다. 인간이 신에게 불순종하고 신의 자비를 거절하는 경우를 제외하고는 모두 천국으로 가도록 운명이 지어졌다. 신은 인간의 죄가 하늘에 닿을 정도로 크다고 하더라도 쉽게 그 죄를 용서한다. 아담의 불순종의 죄는 너무나 큰 것이었으나 아담이 스스로 죄인이 될 것이라고 참회하자 신은 아담을 용서해주었다. 이와 마찬가지로 인간에게는 죽는 날까지 신에 의해 용서의 문이 열려있다.

이슬람 문화에는 인간과 신 사이에 어떤 중재자가 있을 수 없다. 사람들은 신에게 진심으로 회개하고, 용서를 구하며, 악한 행동을 멀리한다면 용서받을 수 있다. 진심으로 잘못을 뉘우치는 사람의 죄를 용서해주는 것은 알라 신의 속성이다. 신은 자비와 용서를 피조물에게 베풀기를 좋아하며, 가장 사소한 행위라도 가장 커다란 보상을 준다. 신의 보상을 받기 위해서는 믿음은 물론 선행도 행해야 한다. 조그마한 선행이라도 죄의 행동을 없애준다는 구원의 믿음이 이슬람 사회에 있다.

이슬람과 유대교, 그리고 기독교의 차이는 아담의 사과를 보는 시각으로도 정리할 수 있어 보인다. 이 세 종교는 유대교라는 뿌리에서 갈라진 것으로 보인다. 유대교는 모세의 정신이라고도 볼 수 있다. 구약 첫 오경은 토라라 부르며 모세가 저자로 알려져 있다. 아무래도 모세의 인간간과 세계관, 그리고 우주관이 특별하게 작용하였을 것으로 보인다.

모세의 토라는 모세의 율법을 가리킨다. 이 율법은 순종과 부족 중심의 혈통을 원칙으로 하고 있다. 모세의 부족 신의 이름은 여호와 혹은 야훼이다. 모세의 법은 이 야훼의 법으로 접근한다. 모세는 자신의 조상이 가나안 지역에서 왔다고 보고 그 가나안 지역의 중심인물을 아브라함으로 보고 있다.

아브라함은 모세의 조상이기도 하지만 아랍인들의 조상이기도 하다. 아브라함의 두 아들 이스마일과 이삭에 의해 갈라졌다는 것을 두 부족의 종교로 보아 알 수 있다. 따라서 아브라함의 신에 대한 순종의 정신은 이스마일을 통해 이삭처럼 이슬람에게 그대로 계승되었다고 하나 혈통의 문제를 이슬람은 다르게 접근하고 있다.

아브라함 이후 가나안 지역에 뿌리를 두고 정착해 온 부족은 팔레스타인들로 구약에서는 혯 사람, 후에 블레셋사람으로 불리며 이스마일의 후손과 공존과 상생을 유지하며 오랫동안 팔레스타인 지역에서 함께 동질성을 유지하고 살아온 듯하다. 그래서 혯 부족이 블레셋 부족으로, 달리 말하면 팔레스타인들로 통칭하여 아랍인들을 부르고 있어 보인다.

그래서 부족의 순수 혈통은 이슬람에게 그렇게 중요한 개념은 아니다. 그 땅에 오랫동안 토착인으로서 거주하여 제 종족들을 아우르는 말로 이슬람 사람들은 서기 600년 경 마호메트에 의해 종교적 동질성을 갖게 된다. 그 배경은 기독교가 숭배하는 예수라는 유대인에 대한 서로 다른 해석 때문으로 보인다.

이슬람 사람들이 거주하는 땅은 아브라함의 후손들이 거주한 땅으로 유일신을 숭배하고 있기 때문에 예수와 마리아의 우상숭배적 형태와 삼위일체라는 다신교적 형태를 보이는 예수교나 기독교를 마호메트는 바로잡고자 한 인물인 듯싶다.

그러므로 이슬람과 유대교는 그 뿌리가 하나이지만 토착적 성격과 유목민의 성격을 다르게 보았던 모세의 입장에 따라 신에 대한 순종은 중시하나 혈통 문제에서 서로 의견을 달리하고 있어 보이고, 기독교와의 관계에서는 예수를 신으로 보지 않고 유대 선지자로 보는 차이가 있다. 곧 기독교는 중동 종교가 아니라 서방 종교라는 뜻이다.

이러한 세 입장은 근동 신화의 뿌리인 아담을 해석하는 데서도 다르게 나타난다. 근동에서는 아담을 인류의 선조로 보고 있다. 아담은 그들의 신이 창조한 최초의 인간으로 그의 갈비뼈로 이브를 탄생시켜 부부가 된 최초의 가부장이다. 근동에서는 이 부부가 인류의 부모들이다. 어느 신화이든 인류의 최초는 부족함이 없는 낙원에서 살았지만 점차 인류는 스스로의 타락으로 그 낙원을 잃었다는 향수가 깃들어 있다. 아담 부부도 이 낙원에서 산 행복한 부부였다.

아담이 이브가 준 사과를 먹은 행위는 사과를 먹지 말라는 신의 명에 불순종한 상징적 사건이다. 낙원은 공짜가 아니었다. 지켜야 할 금기가 있었다. 금기를 어기면 개인의 몰락은 물론 공동체의 해체로 이어진다. 아니면 금기를 어긴 커플은 그 공동체에서 쫓겨난다.

부부 중 그래도 여성이 더 용감하였든 싶다. 남성은 다소 이성적이고 합리적이라고들 하고 여성은 보다 감성적이고 직감적이라고들 한다. 과학적으로도 두뇌 활동의 차이가 달라 그 신뢰성이 오늘날 증명

되고 있지만 여성이 감성위주로 주도적이었던 것만은 분명하며, 근동 신화는 이러한 남녀의 특성을 도덕적으로 해석하여 신의 명이라는 조건으로 남녀의 도덕성을 시험한 듯하다.

신의 명을 어긴 최초의 인간은 여성이다. 남성인 아담은 여성이 준 사과를 거절할 수도 있었지만 그녀의 요청에 따랐다. 이성이 있었기에 죄인지 알면서도 그녀의 요구를 따른 것이다. 어쩌면 남성은 충성파이다. 하지만 부부의 사랑이 더 컸기 때문에 이브의 죄를 함께 나누어가지고자 이브의 청을 들어주었다는 해석도 있다. 아무튼 이브와 아담의 선택은 명백하게 신의 명을 어김으로서 도덕적으로도 죄를 지었고 징벌은 피할 수 없었다.

낙원을 쫓겨나게 된 이 부부에 대한 해석으로 모세는 이들이 악을 선택한 것이 아니라 선을 선택하지 못하였기 때문에 징벌을 받아야 한다고 접근한다. 모세가 보기에 사람은 통제를 해야 할 존재로 본래 선하지가 않다. 모세에게 사람은 규율과 조건으로 통제를 해야 하는, 본성이 약한 존재로 선의 선택이 어렵다고 본 것이다. 그의 이러한 접근은 이집트에서 자신의 부족을 데리고 나오면서 경험으로 알게 된 철저한 원칙이다.

모세는 이러한 원칙을 아브라함에게도 적용하였다. 아브라함은 아담처럼 선을 선택하지 못하는 약함이 있었지만 신에게 순종을 철저하게 이행함으로써 축복을 받은 인물로 그려진다. 이삭도 야곱도 그렇게 그려진다. 이들은 선을 선택하기에는 모두 약한 존재들이다. 그래서 신에게 철저하게 의지하는 삶을 선택하는 모습을 보여준다.

인간에 대한 이러한 부정적인 시각은 유대교의 인간관과 세계관의 기초가 되었다. 유대교의 이야기는 배경에서 대체로 무겁고 어두운 황무지를 연상시키며 캐릭터들은 신중하며 선악의 문제로부터 자유롭지 못하다. 오로지 신에게 의지하며 순종을 하는 인물들만이 축복을 받고 불순종과 다른 부족과 관계를 맺는 인물들은 결코 용서하지 않으며 저주를 받는다.

기독교 이야기의 배경은 유대교와 유사하다. 이야기의 배경은 대체로 무겁고 어두운 황무지를 연상시키고 캐릭터들 역시 신중하며 선악의 문제로부터 자유롭지 못하다. 하지만 예수의 실제적 사랑과 구체적 선행을 모델로 받아들여 그 탈출구를 모색한다. 예수를 신의 정신을 철저하게 실천한 참된 선인으로 보고 그의 신성을 신으로 받아들인다.

마호메트의 경우는 모세와 달랐다. 아담과 아브라함을 해석하는 자세가 달랐다. 아담이 불순종으로 죄를 지은 것은 부정할 수 없는 일이다. 그에 대한 벌로 아담은 낙원을 쫓겨나고 공동체로부터 추방은 그의 피할 수 없는 운명이다. 하지만 아담이 진정으로 회개하자 그의 죄는 용서를 받아 본래의 순수한 아담으로 돌아간다. 이처럼 아브라함 역시 불순종으로 그 징벌을 받았으나 그가 회개하며 진정으로 순종하게 되고 선행을 베푸는 인간이 되자 그는 재물로 상을 받고 부족장으로서 권력을 가질 수 있는 보상을 받은 인물이다.

마호메트가 보기에 아담이나 아브라함이나 모두 행복한 인물들로 해피엔딩으로 그들의 운명은 끝난다. 무엇인가 죄의식 같은 미심쩍은 부분이나 의혹이 들거나 양심의 가책 같은 망설임이나 미온적인 부분도 없다. 이들은 세속적인 재물과 권력의 보상에 거리낌이 없다.

기독교와는 달리 초기 예수교의 인물들인 막달라 마리아의 이야기에서 보듯이 마리아에게서는 늘 양심의 가책 등이 따라 다닌다. 세속보다 천국의 가치를 중시하는 예수의 틀에서 보아 세속은 늘 죄에 가깝고 세속의 가치관인 재물과 권력은 늘 양심의 가책으로 접근해 온다.

이슬람은 늘 인간의 자유와 해방이 있어 보이지만 유대교와 예수교는 늘 인간의 죄의식과 양심의 가책으로 괴로워하고 스스로를 구속한다. 이들에게 자신의 구원과 세상의 구원은 전자는 삶에 있어서의 믿음과 선행이지만 후자는 천국에 있어서의 믿음과 선행으로 세상의 악행을 경계한다.

프랑스 인류학자 레비 스트로스(Levi Strauss)는 『슬픈 적도』라는 자신의 저서에서 한 젊은 연인의 슬픈 사랑의 이야기를 전한다. 이 이야기는 고대 원시사회를 그대로 유지하고 있는 남미 열대지방에 사는 한 토인사회를 배경으로 하고 있다. 이 젊은 연인에게 이들이 속한 공동체는 엄격한 금기사항으로 이들의 사고와 행동을 구속한다. 물론 그 금기사항은 이들이 살아가면서 지켜야 할 공동체의 규범이며 조건이다.

고대사회의 형태이기 때문에 원시림에서 정신과 육신은 매우 자유롭게 활동을 한다. 모든 식생활과 거주지는 자연 그대로 원시적이다. 자연의 열매와 짐승이 필요하면 구해다가 먹고 자연의 섭리에 따르며 자연의 대상을 신으로 섬기는 토테미즘이라는 원시신화를 유지하고 있는, 말 그대로 성서의 낙원을 연상시킨다. 거기에는 문명으로서 죄악과 차별이 없다. 육체적인 욕망도 정신생활만큼이나 자유롭고 분방하다.

이들에게도 질서가 있어야 하기 때문에 추장이 있고 자연신을 숭배하고 그 신을 부르는 무당이라는 샤먼이 있는 샤머니즘 종교가 있다. 샤머니즘은 이들의 정신과 육체와 세속의 삶을 지배한다. 그리고 샤먼은 이러한 신과 인간을 중재하는 역할이 주어져 신성시된다.

근대적 사고로 보면 정치의 수장은 추장이고 종교의 수장은 샤먼이다. 일반적으로 추장은 이성의 상징이어서 남성이 지배하고 샤먼은 감성의 상징이어서 일반적으로 여성이 지배한다. 여신 숭배사상이 지배적이었다가 점차 공동체가 커지면서 남성의 이성과 힘, 질서를 중시하는 사회로 더 중요하게 받아들인 결과로 보인다.

추장과 샤먼은 세속적 질서와 초자연적 질서를 지배하며 샤먼은 초자연적 질서를 세속적 질서로 이동시키는 신성한 역할이 주어지고 추장은 이러한 초자연적 질서의 명을 세속적 질서에 실행하는 권한과 힘이 주어진다. 하지만 현실 세계의 질서는 매우 오래된 경험의 법칙을 따르기도 하여 초자연적 신의 질서로 해석하기는 하지만 현실 세계의 질서를 매우 중요시한다.

이 부족에 오랫동안 내려오는 전설이 있다. 이 전설은 단지 그냥 전설이 아니다. 전설은 스토리 형태로 이들 부족의 도덕과 질서를 가르치고 신의 질서를 가르치는 재미있는 스토리이다.

추장에게 쌍둥이가 있었다. 남녀 일란성 쌍둥이었다. 이들은 어려서부터 너무 가깝게 자라서 한 몸이나 같았다. 이들은 자라면서 서로 좋아하는 사이가 되었다. 특히 쌍둥이 처녀가 오빠를 더 좋아한 듯 보였다. 하지만 공동체는 남매의 결합을 금기시하고 있었다. 우리가 촌수로 가족 간의 관계를 표시하여 성관계를 서로 금기시 하듯이 원시 사회에서도 엄격한 직계 근친혼을 금기시하고 있었다.

근친혼을 금하는 계율은 원시 공동 사회의 특징이다. 문명이 발달한 근대 이전 사회에서 흔히 근친혼을 권장하는 예는 무수히 많다. 이러한 근친혼은 정치권력과 경제적 부와 밀접한 관련이 있다. 재물과 권력의 이동은 타인이나 타 부족에게로는 쉽지가 않다. 모세의 생각이나 영국 왕실의 생각이나 고려 왕조의 생각이나 삼성그룹이나 현대그룹이나 크게 다를 것이 없다. 근친혼은 재물과 권력을 유지하려는 지배계층이나 소유계층의 이데올로기의 산물이기도 하다.

하지만 원칙적으로 직계간의 결혼을 금기시한 계율은 원시사회의 유산이다. 이들 쌍둥이 남매는 서로를 좋아하였지만 공동체의 금기가 있어서 서로의 감정을 표현할 수 없었다. 하지만 샤먼의 아들이 이 쌍둥이 남매의 여동생을 좋아하고 있었다. 샤먼의 아들은 추장 아들을 섬기고 있었다. 이들은 그래서 함께 보내는 시간이 많아 서로를 잘 알고 있었다.

쌍둥이 남매는 점차 서로를 그리워하는 시간이 많아지면서 슬픔도 커졌다. 어느 비가 오고 칠흑같이 어두운 밤에 샤먼의 아들은 욕망을 이기지 못해 여동생의 장막으로 몰래 들어간다. 샤먼의 아들은 오빠로 변장을 하여 장막에 들어가 오빠의 행동과 말씨를 흉내 내었다. 오빠로 알고 이를 받아들인 여동생은 샤먼의 아들과 그만 육체적인 관계를 갖게 되었다.

양심의 가책과 벌이 두려웠지만 행복에 잠겨 있던 여동생은 그 이후 오빠의 행색을 눈여겨보았으나 오빠는 그전과 별다른 기미가 없었다. 이상하게 생각한 여동생은 어느 날 오빠에게 슬쩍 그날 밤을 물어 보았다. 오빠는 무슨 소리냐며 놀라 여동생을 쳐다보았다. 순간 일이 잘못되었음을 간파한 여동생은 오빠에게 그날 밤 오빠가 아니었느냐며 오히려 오빠를 추궁하였다.

그 이후 오빠는 그 범인을 샤먼의 아들로 생각하고 그를 추궁하였다. 한사코 부정을 하던 샤먼의 아들은 어머니 샤먼과 의논을 하였다. 한데 샤먼은 아들을 보호하고자 오히려 소문을 냈다. 쌍둥이 남매가 관계를 가졌다는 소문을 흘렸다. 공동체의 구성원들 역시 이들의 관계를 알고 있었지만 그저 쌍둥이 남매로 알았을 뿐 그 정도인지는 알지 못하였으나 소문은 빠르게 사실처럼 받아들여졌다.

공동체의 금기를 어긴 이들은 징벌을 피할 수 없었다. 이들에게 선택은 하나였다. 결백을 주장하며 함께 죽든지 아니면 멀리 도망가는 수밖에 없었다. 이들은 죽음을 선택하였다. 죽음으로서 이들은 자신들의 결백을 주장하였다. 추장은 소문의 진위를 추적해 샤먼의 아들을 붙들어 샤먼과 그의 아들을 공동체에서 내 쫓았다.

이 원시사회의 이야기는 인류의 오랜 금기사항을 전설 형태로 말해주고 있다. 공동체의 금기는 살아가는 조건이다. 종교는 이 조건을 신의 명으로 받아들인다. 그리고 이 조건을 어기면 신의 징벌은 피할 수 없다. 신의 징벌은 죽음의 계율로 혹은 공동체로부터 추방으로 규정되어 있다. 그 끝은 비극으로 묘사된다.

근친혼에 대한 금기는 일반적으로 문명사회 역시 적용된다. 그리스의 오이디푸스 왕의 근친혼은 철저하게 그 보복이 따른다. 영국인 이야기꾼 토마스 하디의 스토리 『쥬드』는 주인공 쥬드와 사촌인 수와의 근친혼의 비극을 말하는 이야기이다. 오늘날 우리 주변에는 동성동본의 혼인으로 숨어 살며 괴로워하고 어려운 삶을 살아가는 커플이 종종 소개된다.

아담과 이브가 사는 에덴동산의 사과는 금기사항이었다. 이슬람은 사과를 먹는 행위를 악의 선택으로 볼 뿐 본래부터 따먹지 말아야 선인이 된다는 전제를 두지 않는다. 따라서 금기사항을 어기는 일은 이에 대한 책임을 물을 뿐 회개하면 용서를 하는 덕목을 중시한다.

아담과 이브 관계는 이브가 아담의 갈비뼈로 만들어 졌다면 어쩌면 남미의 원시사회의 전설에 나오는 쌍둥이 남매인지 모른다. 에덴동산은 쌍둥이 남매가 살고 있는 자연공동체이며 신의 명은 공동체의 금기사항이다. 샤먼의 음모가 없었다면 이들의 비극은 피할 수 있었을지 모른다. 이들의 비극은 공동체의 엄격한 금기사항을 샤먼이 이용하여 이들을 죽음으로 몰았다.

모세는 어쩌면 이 공동체의 샤먼의 역할에 비유될지 모른다. 모세의 이러한 비극적 시각을 교정한 이가 예수이다. 사랑과 용서라는 구원의 메시지는 아담도 이브도 이 쌍둥이 남매도 샤먼의 아들도 사랑과 용서로 구원하였을 수도 있다. 단지 회개하면 신이 용서한다는 마호메트의 정신과는 근본적으로 차이가 있기는 하다.

선과 악의 근원적인 탐색은 유대교와 서방의 기독교에서 찾아 질 뿐 다른 종교에서는 그렇게 본질적인 문제가 아니다. 아마 유대교와 서방 기독교는 이방의 땅에서 생존을 모색하는 종교여서 그런지 엄격한 조건을 요구하고 있는지 모른다. 이슬람 사람들은 인간은 본래 선하지만 잘못할 경우 신에게 용서를 구하면 용서하는 관대한 신을 구원의 실체로 두고 있다.

『아라비안나이트』의 스토리는 그러한 이슬람의 관대한 신을 중심으로 이루어진다. 하룬과 카마르의 사랑을 다르게 접근하는 쉐하라자드의 경우 재물과 권력이 목적이었지만 그 자체가 잘못이 아니라 어떻게 얻느냐를 중시한다. 주어진 세속적 질서로부터 신의 정의에 따라 얻게 되는 재물과 권력은 신의 보상으로 받아들인다. 하룬이 누구였다는 사실을 모르고 그를 진정으로 사랑한 대가가 자신이 늘 추구하던 재물과 권력으로 돌아온다.

그러므로 하룬을 통해 사랑을 점차 깨닫게 된 쉐하라자드는 그 보상으로 돈과 권력을 부차적으로 주어지게 된다. 그녀의 사랑의 본질은 플라토닉해 보이지만 아가페적 희생만을 강요하지는 않는다. 중동의 사랑 형태는 에로스적이며 플라토닉하며 아가페적이다. 쉐하라자드의 사랑은 예수와 막달라 마리아의 아가페적 사랑과 도스토예브스키의 『죄와 벌』의 소냐의 아가페적 사랑과는 본질적으로 차이가 있다.

그렇다고 이슬람 사회의 사랑 형태는 원시사회의 여신 숭배 사랑은 아니다. 아무래도 남성이 지배적이며 여성은 남성에 의해 그 사랑의 결실이 결정이 된다. 쉐하라자드의 사랑은 하룬에 의해 결정을 맺고 축복을 받고 구원을 받게 되지, 그녀의 에로스적 사랑이 주도적으로 남성을 끌어가는 위치에 있지 않다.

쉐하라자드의 또 하나의 특징은 사회계층의 이동성의 자유로움에 있다. 하지만 이도 하룬이라는 남성의 지위에 의해 결정이 된다. 알라딘의 신분도 마법의 힘을 빌지만 공주와 결혼하여 얻게 되고, 카심의 딸인 알리바바의 여자 사촌 아마라는 알리바바의 왕자의 신분과 술탄의 지위로 인해 후에 왕비가 되는 여성이다.

대체적으로 아랍의 이야기는 해피엔딩으로 끝난다. 그리고 그 끝은 유대교의 해피엔딩 이야기처럼 재물과 권력이 주어진다. 하지만 유대교의 비극이나 기독교의 비극은 아랍의 이야기에서 흔하게 찾아보기가 어렵다.

지금도 바그다드에서 잘 회자되는 이야기인 『아라비안나이트』는 알라딘의 요술 램프처럼, 알리바바의 열려라 참깨처럼 환상적인 판타지이기는 하지만 행복에 대한 연금술로 참다운 아랍의 정신을 구체화한 전범에 해당된다.

제6장 힌두 스토리의 종교성

인도 역시 중동처럼 신의 나라로 알려져 있다. 그 이유는 문명의 발상지로 오랜 신의 역사를 가지고 있기 때문일 것이다. 인도는 중동과는 달리 그리스 사회처럼 다신주의다. 수많은 신이 등장하여 누가 누구인지 알 수가 없다. 지역도 워낙 넓어 지역마다 마을마다 믿는 수호신들이 있을 정도여서 그 숫자를 알기도 어렵다.

인도의 신들을 대략 3천에서 5천으로 추정하는 이도 있다. 이들을 믿는 신앙체계를 총칭하여 인도의 종교로 인도교, 달리 말하면 인도 사람들의 종교인 힌두이즘라고 한다. 힌두이즘은 영어로 번역하면 인도주의, 인도적인 정신이다. 서방 사람들은 인도를 인디아, 인도인들을 인디언이라고 부르고 있다. 물론 아메리칸 인디언과 혼동하였다고 하지만 인디언은 인도의 인도인들을 가리켜 부르기 시작한 이름이다.

그래서 힌두이즘, 혹은 힌두교는 종교라고 말하기 어렵다고 한다. 인도이즘이라 인도인의 정신을 말하는 것이거나 그 의미에 가깝다고 한다. 힌두교는 사실상 인도인의 삶과 정신을 가리킨다. 현대에 들어서도 인도의 영화를 보면 대도시의 건물이 번듯함에도 여전히 마차와 소가 지나가는 원시형태의 모습이 공존하는 것을 볼 수 있다. 그래서 인도사회를 종교를 떼어서 설명할 수 없다고 한다. 일상의 삶에 힌두교가 그대로 배어있다는 뜻이다.

마치 이슬람 사람들이 일상의 삶과 종교적인 삶을 분리하기 어려워하듯이 인도 사람들의 일상은 힌두교의 삶과 정신과 떼어놓고 설명하기 어렵다. 첨단기술로 세계를 앞질러가는 인도지만 여전히 소를 숭배하고 갠지스 강에서 구원을 받는다며 목욕하는 사람들을 흔하게 볼 수 있고, 강가에서 죽은 사람을 태우는 화장은 일반적이며, 수도한다고 깡마른 사람이 지팡이 하나 집고 달랑 배낭하나 메고 히말라야 산으로 들어가는 모습이 흔하다.

첨단기술과 힌두교의 원시적 종교성을 묶어서 설명하는 방식은 없을까. 보기에 인도인들에게 이러한 모순은 하나도 이상할 것이 없다. 그들의 종교성에는 세속적인 일과 종교적인 일이 구분되지 않기 때문이다. 첨단기술의 일은 종교적으로 주어지는 의무의 일부분이다. 다만 과거와는 달리 세속에 살면서 해야 하는 일의 성격과 종류가 달라졌을 뿐 일에 대한 본질적인 자세에 인도인의 생각이 크게 달라져 있지 않다.

힌두교는 이처럼 인간의 삶과 정신과 밀접하게 관련된 통일된 세속적 삶의 방식이다. 힌두교에 수많은 신이 있지만 그 중심에 브라흐마라는 절대적이고 유일신이 있다. 브라흐마 신은 절대적 유일신이지만 중동과 서방의 신 개념과는 다소 다르다. 어쩌면 기독교의 유일신적 특성을 포함하고 있다. 다만 인도인들은 인간이 그 유일신과 합일할 수 있다고 믿고 있다. 그래서 인도인들은 인간도 신성을 가질 수 있게 되어 이 세속세계를 해탈하여 영원히 구원받을 수 있다고 믿는다.

이러한 합일의 정신과 형태를 한문어로 범아일체라 한다. 범은 梵으로 브라흐마의 한문식 번역글자이다. 하지만 한문이 표의글자이기 때문에 사운드의 유사성은 물론 의미도 포함하고 있다. 梵은 인도의 고대어로 바라문교를 신봉하는 귀족으로 더러움이 없다는 뜻이라고 한다. 범은 이처럼 바라문교, 혹은 브라만교라고 볼 수 있다. 그리고 귀족이란 뜻에는 요즈음말로 오브리스 노브리즈(귀족의 책임과 의무)의 고결한 의미가 있어, 브라흐마를 신봉하는 귀족은 더러움이 없는 깨끗한 신의 부족이라는 뜻도 있다.

아무튼 범은 브라흐마 신과 브라만 계층을 말하는 중국식 표기이다. 여기에 아는 我로 스스로라는 뜻의 한문이다. 즉 브라흐마 신과 자기가 하나 되어 일체가 된다는 범아일체 사상이다. 이 일체가 될 때 비로소 해탈을 하게 되고 스스로 신성한 존재가 된다는 종교철학적 구원의 뜻을 담고 있다.

아는 인도어인 산스크리트어로 아트만(atman)의 중국식 표의문자이다. 아트만은 인도인에게 자기라는 표기이다. 사운드와 의미를 결합시키는 재주는 중국 사람을 아마 따라갈 민족도 없을 것 같다. 아트만은 인간을 가리킨다. 신과 인간의 결합은 브라흐마 신과 아트만의 결합으로 아트만은 브라흐마의 신성을 갖게 되면 세속을 영원히 해탈하여 영원의 세계로 들어간다.

이러한 해탈의 세계를 인도어로 모크샤(moksa), 혹은 목샤로 부른다. 여기서는 모크샤로 하고 모크샤는 해탈의 세계이다. 신의 경지의 세계이다. 여기에 이르기 위해 인도인들은 피나는 수련과 수양을 쌓아야 한다고 말한다. 그 경지는 자신의 근원적 존재를 찾는 단계이며, 세계와 우주와 그 실체를 터득하는 단계이기도 하다.

인도인들은 우주를 브라흐마 신으로 부르며 브라흐마의 질서가 이 우주를 지배한다고 믿고 있다. 브라흐마는 우주의 실체이며 질서이며 세계의 중심이다. 그래서 이 신을 믿고 숭배하는 계층은 최고의 계급으로 보았으며, 신이 부여한 사람들이라고 하여 신의 사람, 즉 더러움이 없다는 브라만이라는 승려계층이다.

본래 이 브라흐마 신의 개념은 아리안족이 들여온 이방의 신이라고 한다. 기원전 3천년 경 지금의 중앙아시아에 있던 유목민의 하나인 아리안족은 지금의 백인의 조상인 코카서스족의 하나로 중동과 인도로 광범위하게 초원지역에서 유입된 종족으로 보고 있다. 이 아리안족이 중앙아시아의 초원에서 생활을 할 때 그들의 토속 수호신인 브라흐마가 함께 인도에 유입되어 지배계층의 신으로 자리를 잡는다.

이 아리안족은 지금의 파키스탄 지역으로 들어오며 본래 토착인인 드라비다족을 동쪽 끝과 남쪽으로 밀어내며 지금의 인도 중북부 지역을 사실상 지배하게 된다. 그리고 드라비다족은 그 남쪽으로 밀려 내려가지만 종족마다 토착 신앙을 유지하고 본래의 토착문화를 유지하며 살아간다. 지금의 동남쪽에 있는 실론 섬은 고립된 섬 환경 때문에 이 고대 드라비다족의 삶과 종교의 원시형태를 유지하고 있다고 한다.

그래서 인종의 색깔이나 형태도 조금은 다르다. 아리안족의 혈통에 가까운 인도의 중부 북쪽은 코가 크며 눈매도 들어가고 얼굴도 좁은 서양 백인의 얼굴을 닮고 있지만 남쪽으로 내려 갈수록 동남아시아 계통의 납작한 얼굴과 낮은 얼굴, 그리고 보다 검은 얼굴을 하고 있다.

이 아리안족이 지배계층으로 자리하고 드라비다족은 피지배계층으로 남아 공존하게 된다. 지배계층인 아리안족의 신인 브라흐마는 절대적 신으로 숭배되고 그 전통은 그대로 피지배계층으로 이어지며, 지배계층의 지배 이데올로기가 고스란히 브라흐마의 정신에 반영되어 드라비다족의 삶에 깊게 침투하고 개입하게 된다.

브라흐마의 정신을 담은 고전 경전으로는 『베다』 경전이 잘 알려져 있다. 방대한 분량으로 유대교의 구약에 해당될 정도로 문학적 이야기와 시와 노래로 기록되어 있고, 브라만교의 의식과 신에 대한 찬양으로 구성되어 있다. 그리고 실천 경전으로 『우파니샤드』는 유대인들이 아끼는 『탈무드』의 성격이 강하다. 크게 보아 『베다』 경전과 『우파니샤드』는 브라흐마 신을 예찬하는 브라만 계층의 기본 성서이다.

『우파니샤드』의 요약본인 『바가바드기타』는 크리슈나와 아르주나의 에피소드를 통해 그 종교철학적 성격을 분명히 한다. 인도의 성웅 간디가 평생 자신의 생각과 행동의 지침서로 이 『바가바드기타』를 지니고 다닐 정도로 인도인들에게 절대적인 영향을 주는 경전이거나 경서들이다.

간디는 브라만 출신이라고 전해지고 있다. 『바가바드기타』는 4개의 인도의 카스트 계급을 언급하며 각 계급이 해야 할 행동과 활동을 명확하게 기록하고 있다. 가장 상층계급이 브라만이고, 그 다음이 크샤트리아, 그 다음이 바이샤, 마지막이 수드라이다. 『바가바드기타』에 의하면 가장 신성한 계급이 브라만으로 승려계급이며, 정치적 지배계층인 왕족이나 귀족이 크샤트리아며, 지주나 농민 등 생업을 하는 자유인을 바이샤, 그리고 천민이나 노예를 수드라로 규정하고 있다.

『바가바드기타』의 철학은 각 계층이 타고난 대로 계층에 맞게 자신의 의무를 성실하고 충실하게 해야 한다고 적고 있다. 자신이 속한 계층에 주어진 일이나 업무에 최대한 의무를 다하는 것을 신성한 질서로 강조하고 있는 『바가바드기타』의 철학은 종교적으로 그 의무를 신성하고 있다. 이 의무를 인도인들은 달마(dharma) 혹은 다르마고 한다. 우리가 아는 달마대사의 달마와 사운드가 같다. 달마대사는 최고의 승려가 최고의 신성한 의무를 다하여 헌신하는 이상 승려일 수 있다.

달마는 이처럼 『바가바드기타』에서 정해진 질서를 따르는 종교철학적 용어이며 개념이다. 『바가바드기타』에서 주어진 인간관과 세계관은 세계는 엄격하게 4계급으로 나누어져 있으며 이를 범해서는 안 되고 이를 바꿀 수도 없는 절대적 금기사항이다. 한번 브라만이면 그 후손도 브라만이며, 한번 천민이면 그 후손도 천민으로 재물과 권력

또한 합법적으로 승계된다. 그래서 힌두교의 경전은 종교의 경전이지만 어떻게 살아라하는 신명기이다.

힌두교는 이 네 계급의 의무를 영구히 하고 있다. 그래서 이러한 계급이 지배하는 세속 사회를 삼사라(samsara)라고 부른다. 삼사라는 이 세상을 말하며, 이 세상의 인간의 계급을 말하며, 이 세상의 계급의 영구성을 말하는 용어이며 개념이다. 그리고 그 계급의 영구성을 업(業)으로 설명하고 있다. 업하면 우리가 잘 아는 "업보"라는 말의 업이다. 생업의 업이기도 하다.

업은 세상에서 할 일을 말하며 생명이 붙어 있는 한 무엇인가를 활동해야 하므로 주어진 일을 행동해야 한다는 의미에서 업보라고 쓰고, 업은 태어나면서부터 어쩔 수 없이 주어지는 의미로 윤회설을 바탕으로 하고 있다. 업은 삼사라 세계의 원칙이며 원리이고 이는 육신과 영혼의 윤회설로 뒤바침하고 있다.

힌두교에서는 인간이 죽으면 육신만 죽지 영혼은 죽지 않는다. 영혼은 세속에서 어떻게 살았느냐 보다 어떤 계급에 속했느냐에 의해 다음 세계의 육신의 형태가 결정된다. 한번 죽으면 육신은 소멸되나, 불교적 표현으로 영혼은 저승으로 가나 다시 이승으로 올 때 자기가 속한 계급의 부모를 택해 육신을 빌려 온다.

그 순환은 끝이 없다. 그래서 인도의 네 계급은 엄격하게 구분되어지고 이승과 저승이 연결되어 현세로 이어지며 그 업보는 영원히 계속된다고 믿고 있다. 그리고 그 주어진 업보는 주어진 의무(달마)가 있고 어떤 계층이든지 자기 계층에 속한 의무(달마)를 행동해야하는 운명이 주어진다. 이때 계층의 의무에 맞는 행동을 칼마(karma), 혹은 카르마라는 용어로 부른다.

여기에 의무를 방해하는 악마가 존재한다고 한다. 사탄의 성격을 가진 그 악마를 마야(maya)라고 한다. 그래서 삼사라 세계에는 마야가 존재하며 달마를 방해하고 그릇된 카르마를 부추기며, 이는 절대적으로 죄악이다. 이는 결국 심판으로 이어지고 사람은 죽어 다시 천민과 노예로 전락하며 수드라의 계층의 저주를 벗어날 수 없다.

그러면 이러한 철저한 굴레나 망에 탈출구나 구원은 없는가. 인도인들은 탈출구를 마련하고 있다. 그렇지 않으면 사회계급의 엄격한 구조로 인해 낮은 계층의 불만이나 혼란이나 혹은 폭동을 막기 어려울 것이다. 아무리 신의 뜻으로, 종교로 계급의 정당성을 가르치고 설명한다고 하지만 한계가 있을 수 있다. 그러한 종교적, 실천적 탈출구가 해탈이다.

해탈은 누구나 가능하다. 그래서 그들은 의무(달마)를 다하였다고 할 때 해탈의 길에 나선다. 배낭을 하나 메고 막대기를 짓고 히말라야 산으로 들어가 고난의 삶으로 육신을 학대하고 고도의 정신적인 경지에 이르고자 요가와 수양을 닦는다. 그리고 윤회 이전의 본래의 모습과 세속의 이치를 깨닫는 순간 해탈을 하며, 브라흐마의 참뜻을 깨닫고 운명의 사슬이 지배하는 삼사라의 윤회를 영구히 벗어난다. 범아일체를 이루는 순간 모크샤의 경지에 이르게 된다.

하지만 누구나 할 수 있는 일이 아니며 쉬운 일도 아니다. 그리고 소수에 해당될 것이다. 그러므로 그러한 경지에 이른 인물들을 인도인들은 깨달은 자로 부르고 그 들을 추앙하고 숭배하며 때로는 신으로 사원에 모시고 의식을 반복하며, 자신들의 복과 평화를 기원하는 수호신으로 삼기도 한다.

브라흐마는 최고의 신이기는 하나 형태도 없고 알 수도 없는 추상적인 신이어서 그런지 세속에 있지 않아 오히려 실제로 삶 속에 들어와 계층들이 숭배하는 신들이 생긴다. 마치 그리스 종교에 제우스 신이 있고, 그 밑에 창조나 질서의 신인 아폴로 그리고 파괴나 혼돈의 신인 디오니소스 신이 있듯이 브라흐만 신도 구체적으로 행동을 할 수 있는 두 신을 거느리고 있다.

하나는 비슈누신이며 그 상대 신은 시바 신이다. 힌두교가 수천의 신들이 있다지만 그 많은 신들 위에 지배계층이 수호신으로 하고 있는 비슈누가 있고, 피지배계층들이 수호신으로 하고 있는 시바가 있다. 전자는 주로 왕족이나 귀족이 믿는 수호신으로 고전에 나오는 힌두 이야기들에는 반드시 등장한다. 후자는 주로 하층민들이 믿는 신으로 특히 마지막 계급인 수드라가 믿고 기원하는 수호신이다. 이 하층민들의 이야기에 늘 시바는 등장하는 신이기도 하다.

일설로는 힌두교의 성립과정을 네 가지 단계로 나누고 있다. 첫째로 아리아인의 남하로 그들의 신인 브라흐마를 믿는 계층중심의 브라만교이다. 둘째로 계층 간의 평등을 주장하는 불교의 영향으로 브라만교가 힌두교로 발전한다. 셋째로 계층 나름의 수호신이며 인격신 비슈누와 시바 등을 숭배하기 시작한 무렵이다. 넷째로 계층을 극복하고 초월하는 수행법인 요가와 같은 탄트라나 바크티 혹은 박티(자비의 정신)의 발전이다.

이처럼 힌두교는 외래 종교인 브라만이 중심 같지만 점차 불교 등으로 카스트계급의 해방을 탐색하는 오랜 종교 역사과정과 함께 하고 있다. 이처럼 힌두교는 인도의 정신으로 새로운 움직임들을 끊임없이 흡수하고 통합하며 발전해 온 인도인들의 삶의 역사로 보인다. 이방인이던 아리안족의 신 중심 브라만교를 기초로 하고, 갠지스 강을 중심으로 한 고대문명인 드라비다족의 인더스 문명과 결합하여 점차 힌두교는 민중중심으로 움직였으며, 후에 수행 중심의 명상과 목욕과 같은 수행과 고행을 강조하였고 고전적 정화 정신으로 해탈을 중심 모티브로 발전시켰다.

그러므로 아리아인들이 제례 중심이라면 점차 토속신앙인 소에 대한 숭배와 성기 숭배 등은 인더스 문명에서 이어져 온 민중 신앙이다. 비슈누 등을 위협하는 시바는 민중들이 창조한 신으로 억압받고 소외된 민중의 꿈과 소망을 담고 있다. 여기에는 비슈누의 질서강조와 카스트계급을 옹호하는 계층과 정신에 도전하는 위협적인 세력이 늘 등장한다. 이들은 자신들이 빌고 염원하는 시바 신을 그러한 투쟁에 등장시킨다. 이처럼 시바는 이룰 수 없는 현실의 장벽과 현실에서 오는 좌절감을 위로해주고 희망을 주는 민중의 신이다.

다른 종교도 비슷한 경로를 가지고 있다. 민중을 대변하는 신이나 그에 상응하는 상징으로 기독교는 야훼 신 밑에 모세가 기득권층을 대변하고 있고 이 기득권층에 도전한 파괴적인 인물인 민중의 신 예수가 있다. 또 모세가 수많은 인격적 신성한 인물을 창조하듯이, 예수의 추종자들도 수많은 인격적 신성한 인물들을 만들어낸다.

그 배경은 사람들이 살아가는 환경과 비슷한 조건에 따라 종종 이를 극복하고 일반사람들의 꿈을 실현해주는 인물들이 역사에 등장하기 때문이다. 그래서 같은 사람이면서도 그들의 영웅적 행위와 뛰어난 업적을 기리며 그들을 기념하는 일을 반복한다. 또한 그들에게 자신의 소망을 빌고 기원하며 자신도 그렇게 되기를 염원하고, 그의 이름을 반복해서 부르며 자신의 지표로 삼는다.

기독교, 이슬람, 불교, 유교 모두 성자나 현자들이 존재하며, 힌두교에서도 그러한 신들의 화신이 등장한다. 비슈누의 화신은 크리슈나이며, 왕족의 화신은 아르주나이다. 대체적으로 인도의 신화를 들여다보면 크리슈나는 마치 인간처럼 대화하며 실제적인 사건들에서 인간처럼 사고하고 행동하는 인물로 나온다.

인도는 무엇으로 어떻게 살아야 하나는 힌두 스토리가 잘 전하고 있다. 힌두 스토리는 첫째로 계층별의 의무(달마)를 가르치며 구체적인 행동지침(카르마)을 지시한다. 그리고 그로부터 삼사라의 세속 질서와 업보를 이야기 형태로 서술한다.

신들의 대서사시는 힌두교의 경전이다. 기독교의 성서, 불교의 불경, 이슬람의 코란의 성격을 가진 힌두교의 대서사시는 시로 된 스토리이다. 그만큼 인도인들은 이야기꾼들이며 이야기를 좋아하고 이야기를 통해 종교적 메시지와 실천적 삶을 제시하기를 좋아한다. 달리 말하면, 특정한 형식을 별로 좋아하지 않는 특성이기도 하고 특정한 교리에 얽매이지 않는다는 뜻도 된다. 하지만 이야기만큼 자연스럽게 종교적인 사상과 도덕적 규범을 잘 전달하는 방식도 없다. 인도인들도 이를 잘 알고 있었던 듯싶다.

인도인들이라면 누구나 즐겁게 읽고 암송한다는 『마하바라타』와 『라마야나』가 그것이다. 대서사시에 등장하는 크리슈나와 라마는 인도인들의 영웅이지만 이들은 이미 신격화되어 신성을 가지고 있어 오늘날까지도 인도인들의 생활과 신앙의 이상적인 모델로서 인도인들의 삶을 이끌고 지배하고 있다.

『마하바라타』는 바라타족의 전쟁에 관한 스토리이다. 기원전 사백년경에 현재의 형태로 완성되었다고 하지만 줄거리는 기원전 천년쯤 성서의 다윗 왕 시대에 인도 갠지스 강 북쪽에 살던 바라타족의 한 갈래인 쿠루족 왕국의 형제들 사이의 전쟁을 다루고 있다. 전쟁이라 하지만 영웅적인 액션보다 전반적으로 철학적인 내용과 교훈이 지배적이다. 그래서 십팔일 동안 싸운다는 내용이지만 대부분은 크리슈나의 가르침을 전달하는 인도 신화와 전설로 구성되어 있다.

이야기의 시작 부분에 주인공 캐릭터인 아르주나는 전쟁을 앞두고 싸움을 망설인다. 싸움의 대상이 자신의 혈족이거나 혈연관계에 있는 친인척이다. 도덕적이고 양심의 가책을 느껴 싸움을 주저하는 아르주나는 자신의 동지인 크리슈나의 충고와 조언에 힘입어 싸움에 임하여 상대를 물리치게 된다. 이때의 크리슈나는 왕족의 수호신인 비슈누의 화신으로 때로는 마부 등 여러 인간의 모습으로 변신하여 나타난다.

비슈누의 화신인 크리슈나의 메시지는 분명하다. 왕족으로서 의무(달마)를 다하라는 충고하고 그를 설득한다. 마치 이는 신의 계시 혹은 신명에 해당된다. 자신이 속한 계층에 주어진 의무는 행동(카르마)으로 옮겨야 한다는 신의 명이다. 세속 세계(삼사라)는 세속의 원리(업보)가 작용해야 함으로 주어진 과업을 피할 수 없다는 신의 메시지이기도하다.

크리슈나는 아르주나에게 해탈(모크샤)에 이르는 세 가지 길을 제시한다. 먼저 업보를 깨달아야 한다는 지식의 길(삼사라), 이 업보를 실천하는 행위의 길(카르마), 신의 뜻을 따르는 믿음의 길(박티)이다. 박티는 자비나 사랑을 가리킨다. 혹은 신의 뜻으로 이미 정해 진 길을 가야한다는 뜻으로 신에 대한 헌신적인 사랑을 말한다. 세 번째 단계는 고도의 수양과 고난이 필요한 육신의 정화가 필요한 단계이다.

『마하바라타』에서 아르주나는 한때 융성하였던 쿠루 왕국의 왕자이다. 큰 전쟁이 쿠루족(the Kurus)과 이웃 나라인 판찰라족(the Panchalas) 사이에서 일어난다. 판두(Pandu)와 출생 시부터 장님인 드흐리타-라슈트라(Dhrita-rashtra)는 형제였다. 판두가 일찍 죽자 드흐리타-라슈트라가 쿠루 왕이 되며 자신의 수백명의 아들과 함께 판두의 다섯 아들을 키웠다.

판두의 장남인 유디슈시르(Yudhishthir)는 진실하고 믿음이 깊은 사람이었다. 비마(Bhima)는 판두의 둘째 아들로 훌륭한 전사였다. 아르주나(Arjuna)는 판두의 셋째 아들로 다른 형제들보다 가장 싸움을 잘하였다. 그 밑으로 나쿠라(Nakula)와 사하데바(Sahadeva)는 쌍둥이었다.

드흐리타-라슈트라의 장남은 두리요단(Duryodhan)으로 사촌인 판두의 아들들을 질투하였다. 싸움이 일어나자 드흐리타-라슈트라 측의 장수 카르나(Karna)하고 아르주나하고 싸움이 붙었으며 카르나는 아르주나와 결전을 벌였다. 두 인물의 싸움은 호머의『일리아드』이야기에 나오는 헥토르와 아킬레스의 결전을 보는 듯하였다.

싸움에 임하는 인물들은 각 나름의 수호신을 두고 싸우고 있었다. 유디슈시르는 덕의 화신인 달마 신의 아들이었고, 비마는 바람의 화신인 바유(Vaua) 신의 아들이었고, 아르주나는 비의 화신인 인드라(Indra)의 아들이었고, 쌍둥이 형제는 아스윈 쌍둥이(Aswin twins)의 아들이었다. 그리고 그 상대였던 카르나는 태양의 화신인 수르야(Surya)의 아들로서 전차를 잘 모는 아들로 소개되고 있었다. 이들의 수호신은 마치 전생의 신이 인간으로 화신한 모습이다.

싸움의 원인은 판두가 일찍 죽자 장님으로 왕이 된 드흐리타-라슈트라의 장남 두리요단의 형제들과 판두의 장남 유디슈시르의 형제들 사이에 벌어진 왕위계승권에 있었다. 세월이 흘러 자식들이 성년이 되자 판두의 장남인 유디슈시르가 왕권을 주장하였으나 두리요단은 거부하였다. 부왕이 장님이 아니었다면 자신들이 왕위를 당연히 계승하였을 것으로 주장하는 두리요단 형제들과 유디슈시르 형제들의 갈등의 폭은 깊어졌다.

두리요단은 유디슈시르에게 게임방식을 통해 왕권계승을 결정하자고 제안을 하였다. 승자가 왕권을 차지하고 13년이 지난 후 패자가 그 다음 왕권을 이어 받자는 제안을 하였다. 13의 의미는 알기 힘들지만 그 기간은 신의 길로 갈만한 충분한 세속 업보의 시간처럼 보인다. 하지만 두리요단은 불순한 마음으로 그 게임을 속이기로 하였다. 그러한 속마음을 모른 성실한 유디슈시르는 게임에 응하였다가 패하게 되었다. 할 수 없이 게임의 승패에 따라 유디슈시르 형제들은 이웃 나라인 판찰라족의 땅으로 망명을 떠나야 했다.

13년이 지나자 유디슈시르는 왕위 반환을 요구한다. 두리요단은 이를 거부하고 약속을 지키지 않았다. 유디슈시르와 그 형제들은 사촌 형제들이 거부하자 내키지는 않았지만 싸움을 하기로 결정을 하였다. 양쪽의 군대가 전장에서 마주하며 『마하바라타』의 이야기는 시작된다. 그 주요 화자는 유디스티라의 동생 아르주나와 그의 마부로 변신한 비슈누의 화신인 크리슈나이다.

마주한 상대 진을 살펴 본 아르주나는 양심으로 괴로워한다. 상대 진영의 인물들은 자신의 형제들이고 친척이나 인척들이었다. 이때 방황하며 싸움을 주저하는 아르주나에게 크리슈나는 충고와 가르침으로 그를 설득하여 18일간 싸움이 일어난다. 유혈 상쟁에서 상대 진영의 사촌들과 친인척이 모두 죽는다.

전쟁이 끝난 이후 유디슈시르와 형제들은 쿠루 왕국을 되찾아 나라를 잘 다스리고 백성들의 존경을 받는 통치를 한다. 나이가 들어 형제들은 다시 자신들의 자녀에게 왕국을 물려주고 신의 길을 가기 위해 모두 히말라야로 들어간다. 의무(달마)를 다 행한(카르마) 이들은 삼사라 세계의 업보(윤회)로부터 영원한 해탈을 추구한다. 이러한 마지막 모습은 마치 오늘날의 히말라야로 들어가는 고행자들의 삶을 보는 듯하다.

이 바라타족의 전쟁 이야기는 단순한 전쟁이야기가 아니다. 인도인들의 사유방식과 행동양식을 가르치는 규범서이며 모세의 신명기라 할 종교철학적 사상을 계시하고 있다. 왕족의 수호신인 비슈누의 화신으로 크리슈나가 등장하고, 카스트 계급의 의무(달마)를 설명하며 각 계급에 맞는 행동(카르마)을 가르치고, 신의 뜻에 따라 자비와 사랑을 베풀기를 가르친다.

본 이야기는 왕권을 둘러 싼 두 형제 측의 갈등을 묘사하는 상황으로 시작하고 있고, 모두 2행 시구로 구성되어 있다. 드흐리타-라슈트라의 아들들은 자신들의 정통 왕가의 계승권이 있다고 생각하여 분노하고 있었고, 신의 아들로 용감하고 고귀한 전사였던 판두의 아들들은 자신들이 정당한 계승자라고 주장하고 있었다.

브라만 승려인 드로나(Drona)는 중앙 넓은 홀에서 제왕과 제후들에게 큰 소리로 외쳤다. 드로나는 "저들로 하여금 자신들의 용맹을 증명하게 하자"며 좌중을 둘러보며 소리쳤다.

이에 자극된 제왕은 기쁘게 받아들이며, "브라만 승려들과 전사들 중 가장 으뜸인 드로나여 그대의 역할을 고귀하게 다하였노라"며 응답하였다. 그리고 "결전의 장소와 시간을 정하고 싸움의 규칙과 그대 측의 뜻을 알려 달라"고 하였다. 그리고 왕은 신에게 제사를 지내고 제후들과 함께 자리에 앉았다.

이제 맏형인 유디슈시르를 따라 무장한 형제들이 장졸들 앞에 나섰다. 병사들의 함성소리는 지축을 흔들었다. 왕자들은 무기를 흔들며 전차를 내 몰았다. 철퇴를 휘두르며 전장을 휩쓸었다. 용맹에 찬 이들의 활동과 움직임은 신속하였고 가벼웠으며 무기는 공중에서 휘날리며 춤을 추었다.

비마가 나서자 두리요단은 그를 상대하기 위해 철퇴를 높이 들어 올리며 달려 왔고 이들은 마치 사자처럼 넓은 들판을 누비며 철퇴를 휘둘렀다. 쿠루의 맹인 군주는 싸움을 듣고 있었고, 판두의 아름다운 과부인 프리사(Pritha)는 쿠루 왕비에게 자신의 아들들의 용맹을 칭찬하였다. 비마는 두리요단과 접전을 벌이고 있었고, 이들의 싸움은 마치 용쟁호투를 보는 듯하였다. 양측에서 이들을 지원하는 소리는 하늘을 찔렀다.

시각이 좋지 않았던 드로나는 자신의 아들에게 싸움을 중지하라는 전갈을 보냈다. 그리고 북소리와 나팔소리를 멈추게 하고 천둥같은 목소리로 소리쳤다. "아르주나를 나오게 하라! 인드라의 아들이며 비슈누의 용맹으로 가득 찬 아르주나가 나서게 하라."

그러자 전사 중의 으뜸인 아르주나가 화살을 차고 경건한 마음으로 의식을 행한 후 황금 쇠미늘 갑옷을 입고 자랑스럽게 당당하게 앞으로 나섰다. 마치 태양을 가린 밤하늘의 구름 들 사이에 나타난 황금 무지개처럼 보였다. 천둥같은 북소리와 함성이 이어졌다. "보라! 판두의 용맹한 아들, 용맹한 인드라의 후예, 대적할 자 없는 전사를!"라고 어머니인 행복한 프리사가 눈에 눈물이 가득하며 외쳤다.

그러자 눈먼 쿠루의 제왕이 지금 나선이가 누구냐고 묻자 측근인 비두라는 프리사의 용맹한 아들이라고 답하였다. 이에 답하기라도 하듯이 아르주나는 활을 당겨 실타래처럼 화살을 당기고 쏘며 정확하게 목표물들을 꿰뚫었다. 함성은 다시 하늘을 찔렀다.

아르주나의 화살 향연이 끝나자 드로나는 밤하늘의 별처럼 빛나는 판두의 다섯 왕자를 불러 모았다. 창백해진 두리요단은 형제들을 모았다. 이때 정복의 화신인 전사 카르나가 평원을 가로질러 다가왔다. 황금 철퇴를 맨 카르나는 쏜살같았다. 침착하고 조용한 카르나의 모습은 전쟁터의 제왕 같았으며 용맹의 화신처럼 보였다.

공포에 쌓여 숨을 죽이고 지켜보던 장졸들은 카르나의 천둥같은 소리를 들었다. "아르주나! 헛되구나. 더 위대한 것을 보여주겠다."라고 소리치자마자 카르나는 갑작스러운 동작으로 멋진 활솜씨를 선보였다. 이에 두리요단은 기뻐서 소리를 쳤으며, 아르주나의 눈은 분노와 질투로 가득찼다. 카르나는 창과 화살로 아르주나를 욕보이며 되갚았다.

두리요단은 카르나를 껴안으며 기쁨으로 얼굴이 가득 찼다. 분노로 가득 찬 아르주나는 거친 목소리로 카르나에게 소리를 쳤다. "카르나여, 그대는 죽음을 면치 못하리라." 그러자 카르나는 "아르주나여, 그대가 부른다면 결코 앉아서 기다리지 않겠노라"라며 응수하였다. 그러자 비의 신이 아르주나에게 사랑을 보냈고, 태양의 신 수리야가 카르나에게 빛을 보냈다. 아르주나는 잉크 색 구름이 가득 찬 곳에 서 있었고, 카르나는 태양 빛이 가득한 곳에서 빛나고 있었다.

두리요단과 형제들은 카르나 곁에 섰고 드로나는 용감한 아르주나와 비슈마 곁에 섰다. 카르나는 판두의 과부 프리사가 낳은 사생아이기도 하였다. 그녀는 자신의 아들들이 대치한 모습을 보고 고통과 슬픔으로 말을 잇지 못하였다. 누구도 카르나가 그녀의 장남인지 알지 못하였다.

예언자 크리파(Kripa)는 "헬멧을 쓴 아르주나는 쿠루족의 후예이며, 판두와 프리사의 아들이고 명예로운 전사인 왕자이지만 불행하게도 이름 없는 전사들을 상대로 싸우려하는 구나!"라며 소리를 쳤다. 자신이 이름 없는 전사라는 소리에 카르나는 고귀한 후손이 아니라 서자출신 때문에 수치심에 고개를 숙였다.

그러자 두리요단은 전사는 출신으로 말하는 것이 아니라며 카르나는 이미 그 용맹으로 군주가 되었어야 하며 이제 왕국들은 그에게 고개를 숙일 것이라고 말하였다. 카르나는 이미 많은 전투에서 자신의 용맹을 증명한 전사였다. 급작스럽게 브라만 승려들은 그의 용기와 용맹을 찬양하고 카르나를 앙가 영주의 왕으로 추대하며 왕관을 씌워 주었다. 승려들은 붉은 우산을 들어 올리고 부채를 흔들며, "가장 용감한 자에게 명예를! 왕위를 가진 군주에게 축복을!" 소리치며 그의 머리에 기름을 부었다.

두리요단은 신성한 의식이 끝나자 제왕의 의복으로 카르나를 갈아입히며 카르나의 치적을 칭송하고 자신의 가장 가까운 친구요 동무로서 그를 돕겠다고 맹세하였다. 카르나 또한 명예와 두리요단의 은혜로 가득 차 자신의 충성심과 우정을 포옹으로 답례하였다.

그때 노역으로 지친 한 전사의 마부가 왔다. 의복은 남루하였고 막대기로 자신의 몸을 지탱하고 있었다. 이제 제왕이 된 카르나는 아들이 아버지에게 하는 자세로 그 전사의 마부에게 머리를 숙였다. 이를 본 비마가 비아냥거렸다. "그대는 그 마부의 아들인가? 그대는 쿠루족의 영웅이 아닌가! 이제 제왕이라 하지만 정글의 재칼처럼 신성한 제물을 훔쳤구나!"

분노로 입술을 떨며 카르나는 아무 대꾸도 하지 않았다. 하지만 깊은 한숨이 그의 가슴에서 흘러 나왔고 그는 태양을 응시하였다.

두리요단은 형제들과 함께 비마에게 소리쳤다. "한 전사에게 고통을 준 비마여 모욕과 조롱하지 말라. 드로나는 승려이며 전사이지만 미천한 출생이니라. 너와 네 형제들이 고귀한 혈통이기는 하지만 다 옛날이야기다. 카르나는 이제 용기와 미덕으로 앙가는 물론 넓은 영토를 갖게 되었다. 그로 하여금 너에게 대적하게 하고 싶구나!" 장졸들의 함성이 이어졌다.

그 말에 판두의 아들들은 드로나와 함께 어두운 구름 속으로 발길을 힘없이 돌렸다. 장졸들은 "아르주나는 멋진 승리자다! 하지만 용감한 카르나가 오늘 싸움에 이겼다! 오늘 왕자 두리요단이 승리자다"라고 사람들은 말하였다.

프리사는 은밀하게 카르나를 칭찬하였으며 기쁨으로 앙가 왕으로 왕관을 쓴 아들을 지켜보았다. 두리요단은 카르나를 자신의 곁에 앉히면서 카르나로 인해 더 이상 아르주나의 용맹을 두려워하지 않았다. 심지어 이날의 카르나를 본 유디슈시르는 적이지만 배다른 동생인 카르나를 이 세상에서 가장 용감한 전사로 불렀을 정도였고 자신의 친동생인 아르주나의 용맹을 절반쯤 의심할 정도였다.

양측의 질투는 하루가 다르게 커졌다. 유디슈시르는 죽은 판두의 장남으로서 권력을 승계할 자격이 있었기 때문에 그의 권리주장은 옳았다. 하여 두리요단은 화가 나 자신의 형제들과 함께 판두의 아들들을 죽일 음모를 꾸몄다.

마침 판두의 아들들이 멀리 떨어져 있는 바라나바타라는 도시를 어머니 프리사하고 함께 방문하기로 되어 있었다. 그곳에는 이들이 머물 불에 타기 쉬운 재료로 만들어진 한 채의 집이 있었다. 이곳에 도착하여 머무는 동안 급작스럽게 집에 불이 났다. 다행스럽게도 다섯 형제와 어머니는 지하통로를 통하여 불길을 빠져나왔고 숲속으로 도망을 갔다. 이들은 자기들을 해치려는 음모로 생각하여 몸을 숨기기 위해 브라만 승려로 숨어 살았다.

시간이 지나자 판두의 아들들은 이웃 왕국 판찰라족의 공주 결혼식이 다가 오고 있다는 소식을 들었다. 인도 북부에 흩어져 있는 제왕들이 초대되었고, 신부는 고대 스웨얌브라의 관습에 따라 연회에 모인 왕들 사이에서 남편감을 선택할 수 있었다. 판두의 다섯 왕자는 그곳에 가서 그 연회를 지켜보기로 하였다.

판두의 아들들은 즐겁게 길을 나섰다. 우연하게 길에서 승려들을 만났다. 승려들은 그들에게 어디로 가느냐고 물었다. 에카챠크라에서 늙은 어머님과 함께 길을 떠났다고 하자 승려들은 판찰라 왕국의 드루팟의 왕의 축제와 아름다운 공주 결혼식을 보러 간다고 하며 그 소식을 모르냐고 반문하였다.

승려들은 공주가 사방에서 오는 고귀한 신분의 청혼자를 선택할 것이며 화려하고 아름다운 결혼식이 될 것이라고 말하였다. 그들은 그녀의 배우자는 잘생긴 젊은이일 것이며 신앙심이 깊고 강한 정신을 소유한 가장 뛰어난 왕이나 왕자일 거라며 기대가 컸다.

가는 도중에 판두의 왕자들과 승려들은 한 음유시인을 만났다. 그의 이름은 비야사로 신성한 베다 송을 즐겨 낭송하는 풍류가였다. 그의 명성을 알고 있던 왕자들은 그에게 목례를 하며 그의 축복을 받았다. 숲과 시내와 강을 건너 마침내 판찰라가 멀리 보이는 곳까지 이르렀다. 즉시 도시와 성곽을 마주한 판두의 아들들은 승려로 위장을 하고 음식을 구걸하는 행색을 보였다. 구걸승으로 위장해 가난해 보이는 그들을 아무도 쿠루 왕자라고 보지 않았다.

아르주나의 활 쏘는 명성을 듣고 흠모하였던 드루팟은 자신의 딸을 쿠루족의 자랑인 아르주나에게 주고 싶었다. 당연이 아르주나가 이 행사에 참여할 것이라고 기대하고 있던 드루팟은 아르주나를 시험하고 싶었다. 아르주나나 다른 왕족들이 활을 당기지 못할 정도로 강한 활을 만들었다.

세상 사람들에게 드루팟은 이 활을 당겨 저 멀리 있는 높이 솟아 있는 둥근 원반을 넘어 목표를 맞힌 자가 자신의 딸 판찰라의 공주를 얻게 될 것이라고 선포하였다. 인근의 왕족과 전쟁 영웅들은 이곳으로 구름처럼 몰려와 드루팟 왕의 선포에 대해 대화를 주고받고 있었고,

시인들은 신성한 축제와 향연을 노래하고 찬양하였다. 쿠루나라에서는 카르나도 이미 이곳에 와 있었다.

마침내 축제의 날이 이르자 공주의 선택을 구경하고자 넓고 둥근 단위에 사람들이 가득 몰렸다. 왕궁은 히말라야 정상처럼 높게 은빛으로 솟아 있었고, 무장한 제왕들과 명성이 높은 사자 같은 군왕들, 귀족들, 완벽한 족장들이 궁중의 홀을 채웠다. 판두의 아들들은 브라만 승려로 위장하고 찬양하는 승려들 사이에서 드루팟의 영화와 영광을 지켜보고 있었다.

화창하고 청아한 아침에 신부의 화환으로 장식한 공주 드라우파디가 우아한 팔로 부드럽고 달콤하게 걸어 나왔다. 그 순간 한 승려가 기도와 주문을 외며 제물을 드리기 위해 헌화하고 축도를 드리자 나팔소리와 북소리가 숨을 죽였다. 공주의 부왕 드루팟은 아들로 하여금 "제왕들과 군왕들, 왕자와 영웅들은 들으시오. 이 활로 저 원반을 넘어 다섯 화살을 쏘아야만 합니다. 멀리 걸려 있는 목표를 맞힌 자는 드루팟의 아름다운 공주를 배필로 얻을 것이오!"라고 선포를 하였다.

사방에서 온 청혼자들의 소개가 모두 끝나자 한사람씩 활을 당겨 목표를 겨누고 화살을 당겼다. 하지만 누구도 과녁을 맞히지 못하였다. 그러자 카르나가 일어섰다. 이미 자신을 상대할 궁수가 없다고 생각하여 카르나는 활을 집어 들고 화살을 재며 줄을 당겼다. 카르나는 수리야처럼 화려하였고, 아그니처럼 불꽃같이 빛났다. 판두의 아들들은 두려움으로 숨을 죽이며 카르나가 일을 해낼 것이라고 소곤거렸다.

그러자 갑자기 드루팟의 딸, 공주 드라우파디가 일어서며, "제왕의 딸 크샤트리아로 태어난 나는 수드라 출신의 아들과 결혼하지 않겠다!"고 외쳤다. 순간 카르나는 이마에 핏줄이 서는 것을 느끼면서 그 소리를 들었다. 그는 힘이 빠지면서 이미 당긴 활을 놓고 말없이 태양을 응시하였다. 그는 잠시 머뭇거리다가 수치감을 느끼며 자기 자리로 돌아갔다. 이어 축제에 온 다른 청혼자들이 일어서며 카르나의 뒤를 이었지만 아무도 목표를 맞히는 자는 없었다. 모두 실패하였다.

축제장에는 즐거운 웃음소리가 사라졌고 청혼자들은 수치심에 숨을 죽였다. 프리사의 신같은 아들 아르주나가 마침내 승려들의 반열에서 나왔다. 인드라의 무지개처럼 아름다우면서도 차분하면서도 성스럽게 위장한 아르주나가 나서자 브라만 승려들은 모두 겉옷을 흔들며 환호하고 진정으로 그를 환영하였다. 어떤 사람들은 슬픈 걱정의 눈빛을 보였고 근심과 두려움으로 그의 행적을 바라보며 웅얼거리고 있었다.

"어느 영웅도 제왕도 군왕도 당기지 못한 활을 저 천성적으로 약한 브라만 승려가 할 수 있을까? 저 소년 승려가 어리석어 생각 없이 만용을 부리는 것이 확실해! 젊은 혈기로 무모하게 어리석은 용기를 내었어. 저 젊은이의 성급함을 누군가가 말려야 하는 데. 차라리 브라만의 명예를 보존해야 해!"라며 근심과 걱정이 가득 차 모두 한마디씩 하였다. 다른 브라만 승려들도 혹시 자신들의 수치가 될까 걱정하였다.

그러자 일부 제왕과 군왕은 이 무모하고 젊은 승려에게 그의 용맹을 보이고 승리자의 보상을 얻을 수 있는 기회를 주자고 하였다. 승려들의 두려움과 걱정, 한편으로 희망의 소리를 들으며, 젊은 아르주나는 산의 능선처럼 미동도 하지 않은 체 활 곁에 섰다. 순간 신들의 신인 이사나에게 기도하고자 아르주나는 말없이 몸을 숙였다.

아무도 활줄을 당기지 못한 활이지만 인드라 신의 화신인 아르주나는 비슈누의 가공할만한 힘을 모아 드루팟의 활을 당겨 빛나는 화살을 조준하였다. 그러자 그의 빛나는 화살은 원반을 뚫고 이상한 쉬 소리와 함께 날아가 먼 목표를 꿰뚫어 맞혔다.

환호와 함성소리가 축제 향연을 들끓게 하였다. 하늘에서 꽃이 내려오고 음악이 하늘을 채웠다. 승려들은 겉옷을 흔들었지만 제왕과 군왕들이나 왕족들은 모두 솟구치는 분노와 고통을 토해냈다. 나팔소리가 불고 아르주나의 명예로운 행동을 찬양하는 노래와 찬양이 넘쳤다. 드루팟은 한눈에 그 젊은 승려가 용감하고 명예로운 영웅임을 알아차렸다. 그래서 그는 불평하는 다른 제왕들과 왕족들로부터 그 승려를 보호하고 싶었다.

그때 두 쌍둥이 형제와 함께 비마는 폭풍처럼 환호소리를 내며 용맹한 아르주나 곁에 섰다. 여왕처럼 아름다운 공주가 그 용감한 궁사를 향해 웃음을 보내고 있었다. 그리고 신부는 자신의 화환과 의복을 던졌다. 신부는 그 용감한 궁사가 한눈에 범상한 인물이 아님을 알고 그를 배우자로 받아들이겠다는 표시로 꽃다발과 의복을 벗어 던졌다. 마침내 아르주나는 자신의 용맹과 재능으로 판찰라의 공주를 얻게 되었다.

판찰라의 제왕 드루팟이 그 브라만 승려를 환호하고자 가까이 가자 청혼자들은 분노로 소리를 질렀다. "저 승려가 정글의 풀처럼 우리를 짓밟았다. 승려인 브라만과 가장 명예를 소중하게 생각하는 공주가 결혼을 할 리가 없어!" "저 풋내기 때문에 우리의 희망이 없어지고 우리의 희망을 짓밟고 여기 모인 군왕들을 모욕한 드루팟 군왕은 배신자로 죽어야 해! 저 승려의 지위를 알지도 못하고 나이도 모르는 상태이니 드루팟 군왕은 우리의 온당한 분노를 받아도 싸! 저 승려는 우리를 자신의 궁전에 초대도 한 적이 없는 인사이며 우리를 대접해 본적도 없는 자이니 이는 우리의 불명예야!" "부끄러움도 모르고 승려에게 자신의 눈길을 준 공주는 큰 불더미 속에서 자신의 어리석음을 속죄해야 해! 드루팟은 다시는 우리 군왕들을 만나지 못할 거야!"

그리고 그들은 분노가 나 복수를 하고자 무장을 하고 드루팟에게 다가갔다. 주위에 있던 승려들은 두려워 떨며 모두 도망을 갔다. 그들은 정글의 코끼리처럼 드루팟에게 몰려들었다. 그러자 조용히 말없이 서있던 비마와 아르주나가 일어섰다. 분노에 쌓여있던 제왕들은 이 형제들이 자신들의 앞으로 가로질러 가자 그들을 죽이고자 달려들었다. 순간 무기가 없던 비마였지만 번개 같은 속도와 용맹으로 나무 하나를 찢어 엄청난 막대처럼 휘둘러댔다. 그는 모든 적을 맞아 죽기 살기로 싸우기 시작하였다. 아르주나는 손에 활을 들고 형제들과 함께 적을 맞았다.

크리슈나는 브라만 승려의 복장으로 싸우는 전사들을 보고 한눈에 그들의 정체를 알아보았다. 크리슈나는 곁에 있는 바라데바 장로에게 자신의 생각을 토해냈다. "저 활을 가진 젊은이를 보라. 사자와 같은 자세로 헬밋을 쓰고 있는 아르주나가 맞구나. 위대하고도 위대한 전사인 그와 사자의 허리를 가진 비마를 구해야겠구나." "저 유디슈시르 곁에 있는 자들은 쌍둥이 형제들이 아닌가. 의로운 프리사의 아들들이구나. 거친 두리요단이 불을 놓아 그들을 죽이려 하였지만 죽음을 무릅쓰고 그 위험을 벗어나지 않았던가."

그렇게 크리슈나는 군주들 사이에서 벌떡 일어나 싸움을 진정시키고자 분노에 찬 청혼자들에게 의롭고 차분한 목소리로 소리쳤다. 그러자 제왕들은 일제히 크리슈나의 외침에 고개를 숙였다. 크리슈나는 당장 이곳을 떠나기를 요구하였다. 그러자 고개를 숙였던 제왕들은 판찰라를 즉시 떠났다. 사태는 크리슈나의 개입으로 즉시 평온을 찾았다. 크리슈나는 아르주나의 형제들을 보호하고자 하였다. 크리슈나의 도움으로 위기를 넘긴 아르주나는 아름다운 공주에게 다가가 부드럽게 그녀의 손을 끌고 자신이 살고 있는 도예원으로 데리고 갔다.

이제 혼인식을 치르기로 한 판두의 아들들은 젊은 나쿠라로 하여금 쿠루 왕족의 하나인 하스티나를 방문하여 유디슈시르의 혼인 예식에 참석하여 달라고 요청하였다. 드리타-라슈트라는 기쁘게 인드라-프라스사 왕궁에서 참석하였고, 많은 쿠루족 장로는 물론 브라만 계층의 승려들, 원정길을 마다하지 않고 크샤트리아 계층의 군주들이 보석과 보물을 가지고 도예원으로 왔다.

혼인식을 위해 두리요단과 형제들 역시 쿠루의 왕족, 제후, 그리고 카르나와 함께 우정어린 모습으로 도예원에 왔다. 드루팟은 판찰라 왕국의 많은 제후들과 왕족들은 물론 먼 서쪽 해안 왕국에서 온 제후들과 함께 혼인식에 참석하기 위해 도예원으로 들어 왔다.

혼인식장은 꽃으로 벽은 빛나는 보석으로 장식되었고 많은 방들은 카펫을 깔아 손님들을 맞이할 준비를 다 하였다. 수많은 사람들은 넓은 출구에서부터 멀리까지 줄을 섰으며 멀리서 보면 백조같이 하얀 저택에 화려한 눈길을 보내고 있었다. 밝고 빛나는 작은 탑이 마치 높은 히말라야의 빛나는 첨탑처럼 값진 금속으로 장식되어 빛나고 있었다.

판두의 장남 유디슈시르는 쿠루족의 장로인 비슈마, 제사장인 드로나, 시인 크리파, 두리요단과 형제들, 그리고 손님들과 친족들에게 말하였다. “친구와 친족들이여! 이 초라한 유디슈시르의 혼인식에 참석하여 주셔서 대단히 감사합니다. 그대들의 보물과 귀한 선물을 이 초라한 나에게 보내주어 기쁘기 그지없습니다.”

많은 손님들은 유디슈시르에게 선물과 함께 찬사를 보냈고, 두리요단과 형제들 역시 유디슈시르와 형제들에게 찬사를 보냈다. 성스러운 크리슈나 역시 브라만의 명예와 경의를 표했다. “이 아름다운 줌나의 신성한 성지에 초대를 받아 그대의 성스러운 혼인식에 참석하게 되어 무한한 영광입니다."

그리고 유디슈시르는 6개의 불을 밝히고 성스러운 제물을 제단에 올렸다. 식장에 참여한 배고픈 자들은 마음껏 배를 채웠고, 풍부한 쌀과 제물은 고귀한 제물로 신성한 브라만 승려의 차지가 되었다. 브라만 승려들은 비싸고 귀한 제물을 축복으로 생각하고 즐거워하였다.

새벽이 오자 성스럽게 목욕을 하고 기름을 바른 제왕들과 학식이 깊은 브라만 승려들이 유디슈시르가 지나는 길에 모였다. 절대 신 브라흐마의 성전에 제신들과 숭고한 선지자들인 리쉬(rishis)들이 입장하였고, 신성한 의식은 성대하게 치러지기 시작하였다. 심오한 학식과 지식으로 가득 찬 브라만 승려들은 위대한 제왕들과 제후들과 영화로운 시간을 함께 보냈다.

신성한 의식에서 성인들은 지혜에 가득 찬 교훈들을 설교하였다. 승려들 사이에 독수리들이 서로 싸우듯이 날카로운 설전이 계속되었다. 어떤 자들은 의무의 법에 대하여 말하고 어떤 자들은 신성한 맹세를 고백하고 어떤 자들은 비판으로 논란을 거듭하였다.

드바-리쉬인 성자 나랏이 유디슈시르의 빛나는 모습에서 한줄기 천상의 지혜가 자신의 마음을 스치는 것을 느꼈다. 그가 보건데 참석한 모든 제왕들은 성육화된 신들이었으며 천상의 빛으로부터 영광을 받고 있었다. 그 중에서도 크리슈나는 가장 높은 신이었고 로터스(연꽃)의 눈을 가지고 있었다

크리슈나는 이 세계의 보존자이고 위대한 창조주로 의로운 법을 수호하는 제왕이었다. 그리고 제왕들은 신들로서 이 세상에 환생하였다는 것을 알게 되었다. 그들은 빛나는 하늘에다 보다 숭고한 가치를 두고 세상의 덕을 위해 싸우다 전쟁에서 죽어갔던 영웅들이었다.

유디슈시르는 "세상의 보존자인 나라야나가 이 세상에 불멸의 신들

을 보냈구나. 그 스스로 야두족으로서 인간으로 환생을 하셨구나. 비슈누의 고귀한 종족으로 태어나 혹성의 달처럼 인자(人子)로서 나라야나는 많은 신들로부터 추앙을 받고 있구나!" "근원적 원인이며 스스로 창조주인 나라야나가 자신의 높은 목적을 이루면 이 불멸의 신들을 다시 천상에 있는 자신의 거처로 데리고 가겠지." 유디슈시르는 참석한 많은 영웅들이 내세에서 신들이었다는 것을 통찰하고 있었다.

"제물을 드릴 가장 고귀한자가 누구십니까?"라며 유디슈시르가 좌중을 둘러보았다. 그리고 크리슈나를 보며, "크리슈나의 신성한 권능이 이 성스러운 의식과 영광을 보여줄 수 있을 것이오!" 그 말이 떨어지는 순간 기대하고 있었던 비슈마는 사하드바에게 제물을 드리라고 명하였다. 하지만 크리슈나가 제물을 가지고 가자 시수팔라는 얼굴색이 변하며 몸을 떨었다. 시수팔라는 분노에 차 유디슈시르와 비슈마, 위대한 크리슈나에게 몸을 돌리며 이글거리는 눈으로 소리를 쳤다.

"유디슈시르는 아직 왕이 된 적이 없는 자이며 천한 명예만을 가지고 있소. 판두의 아들들은 아직은 성숙하지 않았으며 이들의 지식은 여전히 축복받지 못하고 있고 심지어 비슈마의 지혜는 궁중의 법도를 어겼소. 의무의 법을 배웠지만 부분적인 신애만을 가졌을 뿐이요. 하는 짓으로 보아 우리의 증오심을 일으켰소. 여기에 있는 제왕들! 제후들이여! 왕관이 없는 자가 어떻게 최고의 서열과 명예를 요구할 수 있소?"

"그런 그가 크리슈나를 리쉬로서 최고의 서열에 천거할 수 있나요?" "위대한 두리요단이야 말로 가장 적임자요. 쿠루의 제사장 크리파야 말로 모든 성직자중에서 가장 위대한 성직자요. 용감한 궁사 카르나야 말로 환생한 인물로는 따를 자가 없을 것이요!" 호랑이 심장을 가진 시수팔라는 분노에 차 크게 소리를 쳤다.

이에 크리슈나는 조용히 하지만 빛나는 눈을 들며 응답하였다. "들어 보시오! 제왕들, 제후들, 왕자들이여! 사악한 시수팔라가 우리 종족에게 자신의 혈통을 들먹이고 있소. 나, 크리슈나는 이러한 무모하고 잘못된 분노와 모욕에도 불구하고 결코 그의 종족을 진심으로 헐뜯어 본 적이 없소."

"한번은 내가 동쪽에 갔을 때 시수팔라는 나의 명예로운 항구 드왈카를 불태우고 시장과 사원을 붕괴시켰소. 한번은 우리의 우방인 브효자를 무너뜨리고 그의 신하들을 무참하게 살해하고 자신의 지옥 같은 감옥에 그를 쳐 넣었소. 한번은 시수팔라가 바수드바가 보낸 훌륭한 말을 훔쳤고 그의 의로운 행동을 중지시켰소. 한번은 시수팔라가 자신의 욕정을 이기지 못하고 광기에 차 성자 같은 밥흐류의 배우자를 강간하였소."

크리슈나는 시수팔라의 죄악과 부도덕한 과거의 행적을 낱낱이 외쳤다. 시수팔라는 수치와 부끄러움보다는 크게 웃으며 더 심한 경멸과 조롱으로 맞섰다.

"만약 그대의 부인과 배우자가 나의 이 젊은 욕망에 불을 당겼다면 그대는 이 회당에서 지금 자신의 부끄러운 이야기를 그렇게 외칠 수 있겠는가? 상식과 명예가 있는 자가, 지혜와 명예가 있는 자가 자신의 배우자를 또 다른 사람의 신부였다고 선포할 수 있겠는가? 분노와 무절제로 그대는 지금 최악의 행위를 서슴치 않고 있구나!"

크리슈나는 화가 나 "이 곳에 모인 제왕들이여! 저 불경스러운 군주가 크리슈나의 고귀한 분노를 시험하는구나. 그의 어미에게 서약하고 맹세하건데 나 크리슈나는 시수팔라의 죄악을 용서하노라. 나는 서약을 지켰지만 그의 죄는 말로하기 어렵다. 이 복수의 칼 아래에서 시수팔라는 이제 기가 꺾일 것이라!"고 소리쳤다.

말이 떨어지는 순간 밝을 빛을 내며 소용돌이치는 원반이 불경스러운 시수팔라위로 떨어지며 그의 머리를 내리쳤다. 그러자 천둥에 바위가 산에서 흔들리듯이 시수팔라의 몸은 바닥으로 떨어졌다. 누군가는 무기를 찾고 손가락을 떨며 분노에 입술을 깨물었고 몸체를 흔들었다.

다른 사람들은 크리슈나의 의로운 행동을 속으로 반겼으며 죄인에게 어울리는 대가라며 시수팔라의 죽음을 시원하게 생각하였다. 리쉬들은 나름대로 크리슈나의 행동을 찬양하였고, 브라만들은 그러한 의로운 크리슈나의 행동을 찬양으로 노래하였다.

슬픔을 느낀 유디슈시르는 부드러운 마음으로 자신의 형제들에게 "장례식은 죽은 왕의 명예를 존중하여 행해지기를 바란다"고 말하였다. 왕족으로서 의무감이 강한 이 신실한 형제들은 죽은 왕에 필요한 신성한 의식을 거행하였고, 그의 군주로서 서열과 용기에 걸맞게 장례식을 치루어 주었다. 시수팔라의 아들들은 부친의 자리에 앉아 왕으로서의 부친을 애도하였다.

우연한 돌발 장애가 없어지자 신성한 제물이 즐겁고 빛나게 주어졌고 금과 쌀이 주어졌다. 신처럼 크리슈나는 온유하게 자신의 활과 원반과 철퇴를 들고 이를 지켜보았으며 유디슈시르는 친절과 애정을 가지고 이 의식을 마쳤다. 브라만 승려들은 신성한 물을 제왕에게 뿌렸으며 모든 군주들은 경의를 표하고 화기애애한 말을 주고받았다.

아르주나는 고귀한 영혼의 소유자 드루팟과 서로 의기가 투합되었고 고결한 신애로 명성을 높인 그의 형 비마는 늙은 비슈마에에 경의를 표하였다. 동생인 용감한 나쿠라는 다른 군주들과 잘 어울리고 있었다. 장형 유디슈시르는 기쁨에 차 말문을 열었다.

"쿠루족의 기쁨과 긍지를 갖게 한 크리슈나는 명예와 용기로 그리고 자신의 존재로 이 고귀한 행사를 빛나게 하였다. 이렇게 많은 값비

싼 선물과 재물을 가지고 제왕들과 제후들이 훌륭한 찬사를 보내고자 오셨다. 완벽한 크리슈나! 가장 친애하는 친구여! 이제 그대가 헤어지고자 하는구려."

유디슈시르의 왕비 드라우파디는 눈물로 작별하고 아르주나의 부인 수바드라는 크리슈나의 누이동생과 작별하였다. 그리고 신들에게 제물이 바쳐지고 승려들이 축복을 암송하자 크리슈나는 마차에 올라 애정어린 눈길로 친구들과 작별인사를 나누었다. 크리슈나는 마차를 다시 멈추고 작별의 축복을 외쳤다.

"떨어지는 빗방울이 가뭄이 든 대지를 적시듯이 뜨거운 열기로부터 그늘을 만들어 주는 나무가 되기를 기원하오. 마치 푸른 하늘이 영원히 그대들 위에 있도록 덕이 가득한 정신으로 오만과 열정을 다스리기를 기원하오." 그리고 크리슈나는 떠났다. 유디슈시르는 슬픔으로 가득 찼다.

두리요단은 유디슈시르에 대한 질투심으로 자신의 왕국에 돌아 왔다. 그리고 그는 음모를 꾸몄다. 간다라의 왕자인 사쿠니 역시 판두의 아들들에 대한 증오심으로 그의 음흉한 계략을 도왔다. 유디슈시르에게 한 가지 약점이 있었다. 노름을 너무 좋아하였다. 노름은 그 시대의 군주들의 죄악 중의 하나였다. 사쿠니는 주사위 게임을 속이는 전문가였기 때문에 유디슈시르에게 도전장을 내 밀었다. 유디슈시르 역시 그러한 도전을 거절하는 것이 자신의 명예를 해치는 일이라고 보았다.

유디슈시르는 새로운 수도 인드라-프라스사에서 두리요단의 수도인 하스티나-푸라에 자신의 어머니, 형제들, 그리고 공주 드라우파디와 함께 왔다. 그리고 게임은 시작되었다. 유디슈시르는 게임마다 지자 화가나 마지막으로 운명이 걸린 게임을 무모하게 걸었다. 자신이 가진 재산과 보석, 금, 종말, 코끼리, 마차, 노예, 왕국, 그리고 소유물들을 걸었다. 그리고는 마침내 사쿠니의 속임수에 걸려 패하고 말았다.

이미 제정신을 잃은 유디슈시르는 자신의 형제까지 걸었고 자신까지 그리고 아름다운 공주 드라우파디까지 걸었다. 결국 게임에 지자 인드라-프라스사의 제왕과 가족들은 세상에 있는 모든 소유물들을 빼앗겼고 두리요단의 노예가 되고 말았다. 늙은 왕 드흐리타-라슈트라가 이 소식을 듣고 그들을 노예 신분으로부터 실제 방면하여 주었지만 다섯 형제들은 집 없는 망명자 신세가 되어 숲속으로 숨어들어 갔다.

두리요단은 공주 드라우파디에게 "판두의 의로운 아들이 자신의 게임에 졌고 공주까지 걸었으니 가솔로서 자신을 섬기도록 요구"하였다. 그리고 자신의 왕궁에서 자신의 노예로 봉사하기를 요구하였다.

그러자 드라우파디는 "나의 주인이 노름에서 이성을 잃고 혼인한 부인을 걸다니요!" 공주는 물론 유디슈시르는 자신이 가진 모든 것을 노름에 걸었다고 두리요단은 그녀에게 응답하였다. "당신은 물론 그의 형제들까지요!"

그러자 드라우파디는 "자신의 주인이 스스로 노예로 자처하였다면 그 노예는 아무런 재산도 다른 사람의 생명도 소유하고 있지 않는 것이요!" "내기 자체가 처음부터 잘못된 것이오!" "그러한 행위는 무효이오."

이 말을 들은 두리요단은 "그의 형제들 모두 노예로 전락하였으니 두려워할 것이 없다. 가서 우리를 주인으로 섬기도록 하라!"고 소리쳤다. 이를 전해들은 드라우파다는 힘없이 고개를 숙이고 수치와 치욕으로 몸을 떠는 순간 두리요단의 부하가 그녀의 긴 머리채를 휘어잡고 끌고 갔다. 질질 끌려가는 그녀는 창백한 체 몸을 떨며 말을 이었다. "나를 이대로 내버려 두어라! 결혼한 부인으로서 이렇게 허술한 옷차

림으로 갈 수는 없다."

두리요단의 부하는 들은 체도 않으며 "허술하게 옷을 입었든 의복을 제대로 갖추지 않았든 너는 두리요단의 궁중으로 가야한다. 그리고 거기에서 천박한 신세로 주인을 섬겨야 하며 우리의 뜻대로 우리에게 봉사해야 한다"며 그녀를 막무가내 끌고 갔다.

궁궐에 끌려온 드라우파디는 눈물을 흘리며 "장로들이여! 이 드라우파디는 이 비참한 처지에서 용서를 구하고자 합니다. 이렇게 치욕과 불명예로 저를 대할 수 있나요. 불결한 손으로 나를 만지지 마시오!"라고 슬피 외쳤다. 분노에 가득 찬 그녀의 말과 태도는 엄하고도 고귀하였다. 이를 듣게 된 판두의 아들들은 치욕과 분노로 처절한 복수심을 다졌다.

그러나 전사인 카르나는 아르주나의 적이지만 "드라우파디! 그대의 죄가 아니오. 그대의 유디슈시르가 장자상속권을 팔았소. 그리고 당신을 팔았소. 아내는 남편과 함께 추락하는 것이오. 그리고 거기에 복종을 해야 하오. 그대는 쿠루 궁중에서 살아야하고 쿠루 왕자들의 말에 따라야 하오. 아름다운 공주여! 어리석게 게임에서 사랑하는 여자를 걸지 않을 다른 남편을 찾아보오. 이제 당신의 주인은 당신의 남편이 아니오. 그대는 단지 노예일 뿐이오."

이 모든 말을 듣고 있던 유디슈시르와 형제들의 큰아버지인 맹인 드흐리타-라슈트라는 갑작스러운 두려움으로 몸을 떨었다. "아들 두리요단아! 드루팟의 딸을 모욕하지 말거라. 옛 사람들이 말하듯이 친절하게 그리고 부드럽게 그녀를 대하거라. 고귀한 왕후이며 사람들의 칭송을 받는 그녀는 훌륭한 유디슈시르의 정숙한 부인이기도 하다. 하늘이여! 내 아들의 잘못을 용서하고 분노를 누르고 잘못된 행동을 용서하여 주십시오."

큰 아버지이며 왕인 드흐리타-라슈트라 덕분에 판두의 아들들과 드라우파디는 노예로부터 해방되는 대신 추방을 당하여 망명의 길에 나섰다. 유디슈시르는 궁중의 왕족과 친족들과 이별을 나누었고, 용서를 구한 드흐리타-라슈트라에게 작별을 고하였다. 어머니 프리사는 궁궐에 남기로 하였다. 드라우파디는 시어머니인 왕비 프리사에게 다가가 작별의 인사를 나누었다. 쿠루의 왕비 프리사는 소리 높이 슬프게 울었다.

그렇게 판두의 아들들은 드라우파디와 함께 숲속의 황무지에서 12년을 보냈다. 많은 사건들이 숲속의 삶에서 일어났지만 크리슈나는 어려움에 처해 있는 유디슈시르를 찾아와 그의 곁을 지켰다. 크리슈나는 슬픔에 쌓여 있는 드라우파디를 위로하였고 유디슈시르 형제들에게 좋은 충언을 마다하지 않았다.

드라우파디는 자존심에 상처를 받았고 모욕과 분노를 잊지 못해 유디슈시르에게 망명의 상황을 접고 왕국을 되찾기를 호소하였다. 비마 역시 같은 마음이었지만 유디슈시르는 자신이 서약한 말이 있어 움직이지 않았다.

어느 날 위대한 리쉬 뷔아사가 유디슈시르를 방문하였다. 그리고 아르주나에게 충고하여 고행과 경배로 하늘의 힘을 얻도록 간청하였다. 아르주나는 그의 말을 따라 사냥꾼으로 위장을 한 체 이제 파괴를 도모하는 시바 신을 만났다. 그는 싸움에 임할 때의 용기로 시바 신까지 감동시켰다. 시바 신의 축복으로 파수파타 무기를 얻게 된 아르주나는 인드라의 하늘 세계로 가 천상의 무기도 얻게 되었다.

그사이 두리요단은 자신의 사촌들인 판두의 아들들이 망명을 떠난 일에 불만이 많아 그들 에게 자신이 가진 모든 권한과 권력으로 더한 모욕과 굴욕을 주고 싶었다. 그러나 사태는 그가 생각했던 것과는 다르게 진행되고 있었다. 그는 하늘의 존재들인 간다르바스와 우연히 싸움을 하게 되었고 그들에게 포로로 잡혔다. 그때 판드부 형제가 그를 포로에서 풀어주게 되었고 두리요단은 무사히 왕국에 돌아 올 수 있었다.

두리요단은 자신이 방면되자 이일로 오히려 가슴이 부글거렸고 증오심은 더 깊어졌다. 두리요단의 친구이며 신두의 왕인 자야드라사가 두리요단의 요청으로 판두의 아들들이 살고 있던 숲속으로 갔다. 판두의 아들들이 마침 그곳에 없자 자야드라사는 드라우파디를 납치하였다. 드라우파다가 없어진 것을 안 판두의 아들들은 자야드라샤를 추적하여 그를 붙들었고, 그를 심하게 비난하며 드라우파디를 구출하였다.

그 이후로도 많은 성인들이 유디슈시르를 방문하였고 고대 왕들의 이야기와 전설들을 그에게 전해주었다. 그 중에서 나라와 다마얀티의 이야기는 유명하다. 대양을 마르게 한 아가스탸의 전설, 파라수 라마인 브라만 승려가 크샤트리아를 죽인 전설, 갠지스 강을 하늘에서 땅으로 가져왔던 바기라사의 전설, 만과 대홍수 전설, 비슈누와 다른 신들에 관한 전설, 서사시『라마야나』주제를 만들고 있는 라마와 그의 행동들은 숲속에서 살고 있는 판두의 아들들에게 훌륭한 교훈이 되었다. 숲속 삶은 고대 인도의 수많은 이야기들과 전통들로 넘쳤다.

특히 한 진실된 여성의 사랑은 영원한 귀감으로 전해오고 있다. 죽음도 정복하지 못한 이 여성의 사랑에 대한 이야기는 신분이 높든 낮든 부유하든 가난하든 인도 전 지역의 수많은 인도 여성들에게 도덕적 메시지를 주고 있고, 그녀를 기념하는 의식을 베풀고 있다. 사피트리 이야기이다.

어느 마드라 나라에 정결한 마음과 의로운 정신으로 브라흐마 신을 숭배하는 어떤 왕이 살고 있었다. 그는 백성들로부터 사랑을 받았고 신들의 은총을 받았으며 여러 형제들을 돕고 있었다. 그 왕의 이름은 아스와파티였다. 하지만 그는 자식이 없었다.

아스와파티 왕은 나이가 들자 고통으로 괴로워하였다. 이미 노쇠해진 자신의 삶을 유지하기조차 힘들어하였다. 그는 신들에게 서약한대로 스스로 고행과 신실한 삶으로 모든 이의 모범이 되는 왕이었다. 신들을 찬양하며 제물과 번제를 드리고 늘 경배하는 삶을 살았다.

세월이 지나자 그는 큰 덕을 갖추게 되었고 큰 공적을 쌓게 되었으며 점차 그의 육신과 정신은 강해졌다. 여신 사피트리가 마침내 그의 진정한 찬양과 의식에 웃음을 보내 주었다. 제단의 불이 성스럽게 빛을 내고 있을 때 사피트리는 아름다운 여사제의 몸으로 환생하였다. 부드러운 목소리로 훌륭하고 용감한 그 왕을 축복하였고, 그의 의식에 복을 주었으며 그의 신성한 고행에 은혜를 주었다.

"그대의 고행과 번제는 신들의 마음을 움직였소. 그대의 정결한 행동은 그대의 신애를 입증하였소. 아스와파티 왕이여! 고귀하고 성스러운 신들이 그대의 진정한 욕망을 들어줄 것이오. 그대의 소망을 말하시오."

"나는 성실과 신애로 신들을 섬겼고 고난과 고행으로 정진하는 일을 멈추지 않았습니다. 나의 의식과 제물이 그대의 은총을 입었다면 나의 고귀한 혈통에 어울리는 자손을 허락해 주십시오"라며 아스와파티 왕은 간구하였다.

그러자 여사제는 "그대는 뜻을 이룰 것이오. 내 그대에게 축복을 가져다주리다. 한 고귀한 혈통의 딸이 그대의 명성과 왕족에 어울리는 자손이 될 것이오"라며 앞에서 사라졌다. 여신의 계시를 들은 왕은 희망을 가지고 왕비가 수태하기를 기다렸다. 어느 날 왕비는 기적처럼 수태를 하였다. 달이 차자 연꽃 눈을 가진 딸이 태어났다. 딸의 출생은 부모의 즐거움과 희망이었으며 고귀한 신들의 선물이었다.

왕은 딸의 출생을 위해 성대하게 잔치를 베풀었다. 여신 사비트리가 아름다운 딸을 주자 브라만 승려들은 그 아이의 이름을 사비트리라 지었고 하늘의 성스러운 선물로 여겼다. 그녀는 점차 비할 데 없이 아름다운 몸과 정신으로 꽃봉오리가 피듯이 화사하게 자랐다. "데바-카니아!" 모든 사람은 여신이 태어났다고 말하였다.

어느 화려하고 풍요로운 축제날에 이 아름다운 공주는 목욕재계하고 제단에 가 기도를 드리고자 하였다. 제물을 제단에 드리고 하늘처럼 빛나는 모습으로 부왕에게 갔다. 말없이 부왕에게 절을 하였고 성스러운 꽃을 왕 곁에 슬며시 놓았다. 그러자 왕은 "딸아. 이제 너의 짝을 찾을 때가 되었구나. 왕족으로 남편이 될 구혼자를 택해야 되겠구나. 너 스스로 명예와 고귀한 혈통을 가진 남편을 택하거라."

그러자 공주는 부왕에게 작별을 고하고 남편감을 찾아 여행을 떠났다. 종종 가난한 자들과 배고픈 자들에게 은혜를 베풀며 몇 날 몇 달이 지나자 여행을 끝내고 공주는 다시 부왕에게 돌아 왔다. 부왕은 딸에게 어떤 남편을 선택하였는지 물었다.

"부왕이여. 제 말을 들어 보소서. 살와의 군주가 나이가 들어 허약해지고 시력을 잃자 그의 적들이 그의 왕국을 훔쳤습니다. 왕비와 어린 자식과 함께 이 허약한 왕은 쫓겨나 정글을 왕궁삼아 떠돌아다니게 되었습니다. 왕은 고통과 힘든 삶에도 성스러운 서약을 준수하였습니다. 세월이 지나자 어린 아들은 청년이 되었고 나는 그를 내 주인으로 남편으로 선택하였습니다. 그의 이름은 사티야반입니다. 진리의 영혼이라는 뜻을 가진 이름입니다."

그러자 왕의 리쉬 나랏이 한참 생각을 하다가 슬픈 말을 하였다.

"공주 사비트리여. 그대가 이 젊은이와 결혼한다면 슬픈 재난이 닥칠 것이요." 하지만 그 젊은이는 말을 사랑하고 예술을 사랑하는 훌륭한 자였으며 부친은 진리를 사랑하는 왕이며 모친은 신실한 왕비였다. 그래서 사비트리는 운명을 따르기로 결정하였다. 왕은 나랏에게 자신의 딸이 겪을 슬픈 고난에 대해 물었다.

나랏은 "그 젊은이는 수리야의 명성과 브리하스팟의 지혜를 가지고 있으나 슬픈 재앙을 가지고 태어났습니다." 왕은 다시 "내 딸이 그러한 위대하고 재능이 많은 젊은이에게 가지 않을 수 있는 구실이라도 말 해주시오." "무슨 치명적인 결함이 있나요?"

나랏은 "그 젊은이는 슬픈 운명을 가지고 태어났습니다. 하늘의 명대로 오늘부터 12달이 지나면 그 왕자는 죽을 것입니다." 이 말에 몸을 떤 왕은 공포와 두려움으로 "그렇게 수명이 짧다니! 그러한 신랑에게 내 딸을 줄 수는 없지 않느냐. 사비트리야. 다른 남편감을 고르도록 하여라."

"아버지! 나는 이미 하늘의 명을 받았습니다. 저를 용서해 주십시오. 사티야반은 여전히 나의 남편입니다. 그는 이미 나의 마음과 진심을 가져갔으니 제가 이제 어떻게 다른 남편을 선택할 수 있습니까." 딸의 말을 들은 왕은 슬피 울며 기도를 하고 "하늘만이 장차 이 악을 없애줄 수밖에 없구나. 할 수 없구나. 너의 운명에 순종하는 수밖에." 마침내 부왕의 허락을 받은 그들은 결혼식을 치렀다.

어두운 숲속의 생활이었지만 정해진 운명의 12달이 지나자 아름다운 사비트리는 매일 깊은 생각을 하며 고행을 하였고, 신들에게 정성으로 기도하고 자신의 마음을 바쳤다. 이제 하늘에 모든 것을 맡길 수밖에 없었다. 부왕은 딸에게 걱정하지 말라고 위로하였다. 내일 죽어야 할 운명의 날 저녁에 그녀의 눈은 너무 울어 눈물도 말랐고 잠을 잘 수가 없었다.

새벽이 오자 사비트리는 피가 말랐지만 열정을 가지고 침묵 속에서 간절한 기도를 드렸다. 부왕은 "너의 운명은 끝났으니 이제 고행을 끝내고 음식을 먹도록 하여라. 너의 아침 기도는 응답이 있을 것이다." "부왕이여! 용서하십시오. 다른 날 음식을 먹겠습니다." 마침내 눈물이 그녀의 눈에 가득 찼다.

남편에게 다가 와 가슴에 머리를 얹고 "오랫동안 햇빛도 들어오지 않는 깊고 어두운 정글을 나도 보고 싶었으니 부디 저를 데려가 주세요. 오늘 저는 그곳에 함께 가겠습니다." "부인 오지 마시오. 어떻게 그 힘든 숲속의 길을 갈 수 있단 말이오." "어찌 남편이 곁에 있는 데 그 숲속의 길이 힘들겠습니까." 남편은 손을 흔들며 "그대의 부모님에게 말씀을 드려 허락을 얻으세요."

사비트리는 부왕에게 남편을 따라 가겠다고 간청을 하였다. 할 수 없이 딸에게 "너의 간청을 허락하마. 부디 안전하게 너의 남편과 함께 가 움막을 찾도록 하여라." 부모님에게 절을 하고 사비트리는 헤어져 남편을 따라 깊고 어두운 숲속으로 갔다. 힘들고 어려운 길을 말없이 따라가던 사비트리는 갈수록 창백하게 얼굴색이 변하는 남편을 자신의 무릎위에 놓으며 남편의 얼굴을 지켜보았다.

자신의 심장소리가 들리도록 남편을 껴안은 체 헐떡이는 그의 입술에 키스를 하였다. 아무도 없는 깊은 숲속에서 그는 죽음의 잠을 잤다. 깊은 어둠 속에서 짙은 의복을 입고 머리에 왕관을 쓴, 무섭고 검은 환영이 나타났다. 검은 광채가 빛나는 모습이었으며 눈은 핏빛으로 빛나고 있었다. 경건한 침묵 속에서 죽은 자를 바라보자 사비트리는 남편의 머리를 가만히 잔디위에 놓았다.

사비트리는 두려움에 떨었지만 이상하게 강해진 여자의 사랑으로 다소 떨리는 목소리지만 가슴에 손을 얹고 "당신은 누구신가요? 그대의 뜻은 무엇인가요?" 야마라는 그 환영은 "나는 이 어둠의 세계를 지배하는 죽은 자들의 왕이니라." "여자로서 진실한 마음으로 너의 남편을 사랑하는구나. 하지만 그의 생이 끝나고 사랑도 끝나 너를 떠나게 되었구나. 내 그의 영혼의 불꽃을 가져가겠다." 그렇게 야마는 젊은이의 차가운 혼을 데리고 남쪽을 향해 갔다.

사비트리는 여전히 야마를 따라갔다. 야마는 "사비트리! 그만 돌아가거라. 정해진 운명이 그에게 임하였으니 너의 부인으로서 의무도 끝났느니라. 쓸데없는 고통으로 나를 따라오지 말거라." "하지만 그대가 나의 남편의 혼을 데리고 가는 곳으로 따라가지 않을 수 없습니다. 영원의 법도 사랑하는 남편과 충실한 아내사이를 갈라놓지 못할 것입니다. 내 그를 따라가도록 허용해주시오."

"인간의 의무는 네 가지입니다. 첫째는 성스러운 지식을 연구하는 일이오. 다음에 훌륭한 가족으로서 사는 일이오. 다음에 문밖의 배고픈 자들에게 공양을 하는 일이오. 그리고 고행 속에서 한 시절을 보내다가 최후에 지극히 높은 상념을 갖는 일입니다. 하지만 마지막 큰 덕의 목표는 진리이며 죽음도 없는 사랑입니다!"

야마는 "너의 말이 맞구나. 그러한 신앙심이 나를 진실로 기쁘게 하는 구나. 내 너에게 축복을 주지만 사비트리여! 죽은 자는 삶의 세계로 오지 못하니라. 다른 축복과 은총을 차라리 요청하거라." 떠나려는 야마를 붙들고 사비트리는 계속해서 자신의 사랑에 축복과 은혜를 베풀어 주기를 간청하고 간청하였다. 마침내 야마는 "네가 원하는 것을 가져가거라. 너의 주인은 다시 살아 날 것이며 아버지가 되고 그의 자녀들이 그의 왕국을 통치할 것이라. 한 여자의 사랑이 죽음의 운명보다 더 고귀한 힘이 있구나!"

그렇게 사비트리는 운명을 이기고 남편을 다시 자신의 품으로 데려올 수 있었다. 차갑게 의식이 없는 죽은 자의 곁 잔디에 앉은 사비트리는 부드럽게 남편의 머리를 무릎위에 놓고 그를 만졌다. 그러자 마치 멀리 떠났다가 부인에게 돌아 온 남편처럼 남편은 기운이 돌아 다시 생명을 찾았다. "내가 얼마나 이곳에서 오랫동안 잠을 잤나요?" "이 무릎을 베개 삼아 땅위에 오래 누워 있었습니다. 이제 죽었다가 다시 일어 나셨으니 이 어두운 숲속을 떠나 집으로 돌아가십시다." 조용히 함께 일어난 이 한 쌍은 별빛이 내리 쬐는 숲속의 길을 따라 걸어갔고, 숨을 죽인 밤은 그들의 영원한 사랑을 지켜보고 있었다.

판두의 아들들의 추방 생활은 힘들었다. 12년이 지나자 숨어서 1년을 보냈다. 마지막 해에 다시 발견되면 그들은 또 13년 망명생활을 보내야 했다. 숲속에서 12년의 망명생활을 보내자 형제들은 자신들을 위장하기 위해 숨어서 마치야스의 왕인 비라타에게 가 비천한 일을 시작하였다.

유디슈시르는 스스로 브라만 승려로서 처신하였고 그리고 게임에 능하였다. 그래서 왕의 신하가 되었다. 비마는 요리사로서 왕을 섬겼고, 아르주나는 너무나 잘 알려져 있어서 더 엄격하게 자신을 감추어야 했다. 팔찌도 끼고 귀고리도 차고 머리도 땋았다. 마치 천성적으로 남성과 여성의 성적 차이가 없이 태어난 자처럼 처신하고 행동하였다. 그는 왕의 내실에서 살았다.

아르주나는 브리하날라로 개명하여 음악과 춤을 왕족의 가족들에게 가르쳤다. 나쿨라는 왕의 말을 돌보는 마부가 되었고, 사하드바는 왕의 소를 돌보았다. 드라우파디 역시 위장하여 하녀로 변신하였고 천한 일을 마다하지 않고 마치야의 공주에게 봉사하였다.

판두의 아들들은 안전하게 그렇게 1년을 숨어서 보내며 두리요단의 추적을 피하였다. 마침내 그 해가 끝나는 무렵 그들이 발견되는 한 사건이 일어났다. 고대 그리스처럼 고대 인도의 왕들 역시 소도둑이 일상적인 일이어서 항상 경계를 늦추지 않아야했다.

트리가르타스 왕과 쿠루 왕은 함께 좋은 가축이 많기로 유명한 마치야스의 왕을 침입하고자 음모를 꾸몄다. 트리가르타스가 동남쪽에서 침략을 해 오자 비라타가 이를 막고자 군대를 보냈지만, 두리요단이 쿠루 군대를 거느리고 북쪽에서 침입해 들어오면서 상황은 돌변하였다.

쿠루족이 왕국을 침략한다는 소식이 전해지자 이를 방어할 군대가 더 없었다. 비라타 왕은 동남쪽에서 침입해 오는 트리가르타스를 대적하고자 대부분의 자신 군대를 그곳으로 보내버렸다. 위장하여 그곳에 있던 아르주나가 마침내 이 왕국을 구원하고자 나서게 되었다. 아르주나의 형제들은 활, 화살, 검을 나무 뒤에 숨기고 사람 시체처럼 위장하고 무기를 숨겼다.

이를 모르고 숲속을 지나던 쿠루족 군대는 기습을 받았다. 혼비백산이 된 쿠루족 군대는 별 싸워보지도 못하고 공포에 쌓여 도망가느라고 바빴다. 미처 도망가지 못한 자들은 시체더미가 되었다. 쿠루족이 싱겁게 아르주나의 기습전쟁에 패하자 비라타는 가축들은 다시 안전하게 지킬 수 있었다.

전쟁을 승리로 이끈 판두의 아들들은 비라타의 총애를 받게 되었고 전쟁에 이겨 가축을 지킨 왕은 기뻐서 어쩔 줄을 몰랐다. 비라타의 왕국에 크리슈나가 자신의 누이이며 아르주나의 부인인 수바드라와 그들의 아들인 아비마뉴와 함께 들어 왔다. 멋진 전차와 말을 타고 들어 온 이들은 비라타의 대대적인 환영을 받았다. 그리고 비라타의 딸과 아비마뉴의 혼인식이 성대하게 베풀어졌다. 아르주나와 비라타는 이 결혼으로 사돈이 된 것이다.

추방 기간이 다 끝나자 유디슈시르는 인드라-프라스사의 왕국을 돌려달라고 요구하였다. 큰아버지이며 늙은 맹인 드흐리타-라슈트라는 자신의 왕비, 가신들에게 유디슈시르에게 왕권을 돌려주고자 통고하였지만 질투심이 많은 두리요단은 사촌들을 증오하여 동의할 수 없었다. 모든 사촌들 간의 협상은 무의미하게 끝나게 되었고 양측은 가장 피비린내 나는, 처절한 전쟁을 벌이는 상황에 직면하게 되었다.

평화롭게 쿠루 왕국을 찾겠다는 협상은 모두 실패하였다. 양측은 이제 전쟁을 준비하게 되었고 고대 북인도의 대평원에서 가장 처절한 한판 싸움이 불가피하여졌다. 북인도의 대부분의 나라들이 음으로 양으로 이 싸움에 개입하게 되었다.

두리요단의 군대는 10개 동맹국으로 구성되었고, 각 동맹국의 군사력은 기병, 보병, 군마, 코끼리 등을 포함하여 만명의 군대에 가까웠다. 두리요단의 군대를 포함하여 거의 수십만명의 군사가 동원되었다.

유디슈시르는 군사가 그보다 부족하였다. 약 7만명 정도의 군사력으로 자신의 장인인 판찰라 왕의 군대, 아르주나의 사돈 마치야스 왕의 군대, 아르주나의 친구와 고문으로서 참가한 크리슈나의 군대가 주력군이었다.

양측의 군대는 정렬을 마치고 서로를 마주하게 되었다. 아르주나는 자신이 존경하는 장로들과 사랑하는 친구들과 친척들이 적들 사이에 있는 것을 보았다. 그는 싸우고 싶지 않았다. 이때 크리슈나가 아르주나에게 왕족으로서 의무의 원칙과 원리를 설명하고 있었다. 이를 『바가바드기타』라고 한다.

『바가바드기타』는 인도의 카스트 계층에게 주어진 의무를 잘 설명하고 있다. 최고의 의무가 아르주나에게 주어져 있었고, 어느 계층이든지 열정적으로 자신의 의무를 수행해야하는 가르침을 따라야 했고, 의무의 이행이나 수행은 가장 중요한 행위였다.

『바가바드기타』 18장에 보면 브라만과 크샤트리아 바이샤와 수드라들의 행위들은 본성(삼사라)에 의해 그 신분과 의무(달마 혹은 다르마)로 해야 할 행위(칼마 혹은 카르마)가 업보로 주어져있다. 브라만들은 평정, 자제, 고행, 순결, 인내, 그리고 정직, 지혜, 통찰, 믿음이 본성이며, 크샤트리아들은 용맹, 활력, 굳은 의지, 숙련, 임전무퇴, 배려, 보시, 지배자적 품성과 자질이 본성이며, 바이샤들은 농사, 목축, 상업이 본성이며, 그리고 수드라들은 봉사가 본성이다. 이들 계층은 나름의 본성에 따른 의무를 행해야 한다.

각 계층에 속한 자들은 자신의 행위를 즐겁게 완수할 수 있어야한다. 그 목표는 인간과 세상이 원만하게 조화를 이루는 일이다. 그러기 위해서 인간은 스스로의 경배하고 기도하고 완성을 얻어야 한다. 공덕(베푸는 행위 혹은 보시)을 베풀지 않는다고 해도 자신의 의무를 남의 의무보다 잘 하는 것이 낫고 본성으로 정해진 행위를 행하면 죄과를 얻지 않는다.

"각 계층의 존재는 결함이 있다 하여도 타고난 행위를 버리지 말 것이라." 모든 것과 모든 일은 연기가 불을 덮듯 결함으로 덮여있기 때문이다. 아무 데도 집착하지 않는 마음으로 자신을 절제하고 욕망이 사라진다면 각자는 초연하게 가장 높은 경지의 완성에 이르게 된다. 말과 마음을 절제하고 선정의 요가에 열중하고 힘과 오만, 욕망과 분노, 소유를 버리고 무념으로 평안한 자는 브라흐마가 되기에 적합하다.

브라흐마 신과 합일하는 정신은 마음이 청정하여 슬퍼하지도 않으며 갈망하지도 않으며 모든 존재들을 평등하게 여기게 되고 브라흐마 신에 대한 지고의 사랑을 얻는다. 이 신에 대한 사랑은 결국 자신의 궁극적 자아와 존재를 깨닫게 되고 어떤 행위를 하더라도 은총을 입고 영원불멸의 세계에 이른다.

크리슈나는 "브라흐마의 가르침을 경청하고, 사랑하고 제사하고 경배하며 모든 의무들을 행하고 브라흐마만을 향하면 모든 악으로부터 구원을 받으리라." 아르주나는 "이제 미혹은 사라지고 확신이 섰습니다. 의심은 사라지고 확고하게 된즉 그대의 말씀을 행하리라." "요가의 주 크리슈나가 있는 곳, 거기에는 행복과 승리와 축복이 있을 것이며 확고한 통치가 있을 것으로 믿습니다."

크리슈나의 가르침으로 전사로서 자신의 의무를 상기시킨 아르주나는 전장에 임하였다. 본래 요가(yoga)는 말을 수레에 매다는 뜻으로 혹은 멍에를 매다는 뜻으로 정신이 산만하지 않도록 제어된 상태로, 각종 욕망에 끌리기보다 정신을 집중하는 인간의 마음상태를 지향하고 있다. 이러한 상태는 끊임없는 번민과 욕구의 악순환으로부터, 갈등과 혼란으로부터 평안한 안식을 얻는 것을 말하며 깨닫는 자(목샤 혹은 모크샤)는 이러한 안식을 얻는 자를 가리킨다. 비로소 브라흐마의 세계에 들어가는 궁극적 자유와 세속으로부터 해탈(모크샤)의 경지를 얻은 사람이다.

아르주나는 싸움에 임하면서 브라흐마 신에 대한 신앙적 자세를 찾게 된다. 그는 지혜의 단계, 행위의 단계, 그리고 신애의 단계를 거치면서 신애를 통해 마침내 해탈과 영원한 안식의 길을 걷게 된다. 그리고 크샤트리아 계층으로서 적을 물리치고 세상에 평화를 가져와야 하는 주어진 의무를 다하고자 결심한다. 일종의 모세의 신명기에 해당되는 신의 명이며 계시를 가리키는 신의 법에 따르기로 하였다.

전장에 임하는 아르주나 측을 본 두리요단은 총사령관으로 비슈마를 선택하였다. 첫 10일동안 비슈마는 유디슈시르 측으로부터 치명적인 손실을 입어 무수한 사망자를 냈다. 이때 비슈마는 아르주나를 대적하였다가 그에게 죽었고, 두리요단의 8 형제가 죽었고, 사티아키의 아들들도 죽었다. 교전 중에 비마가 적에게 둘러싸여 위험에 처하였으나 아르주나의 아들과 용감한 12족장들에 의해 구출되었다.

비슈마가 아르주나와 결전을 벌이다 죽자 최고의 브라만 승려인 드로나는 쿠루 군대의 수장으로 임명이 되었다. 5일 동안 드로나는 판두의 아들들과 전투를 벌였다. 치열한 접전 끝에 양측의 손실은 치명적이었다. 결국 아르주나의 아들 아비마뉴가 적의 손에 죽었다. 아들을 잃은 아르주나는 복수하는 마음으로 싸움에 임하였고 점차 싸움은 치열하여 졌다. 마침내 드로나는 유디슈시르의 장인인 판찰라 왕을 죽였지만 그 역시 판찰라의 아들에 의해 결국 죽었다.

드로나가 죽자 두리요단은 이어 카르나를 총사령관으로 임명하였다. 카르나는 쿠루군대를 이끌고 2일을 꼬빡 싸웠다. 싸움의 백미는 트로이 전쟁에서처럼 호머의 영웅들인 아킬레우스와 헥토르를 연상하는 카르나와 아르주나간의 싸움에 있었다. 이 결전이 이 서사시의 최후의 클라이맥스였다.

힘과 기술 모두 이 두 영웅은 불꽃을 튀겼으며 결국 카르나의 패배로 끝났다. 카르나의 죽음은 비운의 운명이었다. 카르나와 아르주나는 배다른 형제였지만 카르나는 두리요단을 따랐고 아르주나는 사촌 두리요단의 적이 되었다.

카르나가 죽자 드로나의 아들 살리아가 18일째 날 마지막 쿠루군대를 이끌었다. 한밤중 칠흑같이 어두운 시간, 거의 자정이 되어 가는 시간 판두의 아들들의 진영에 살리아가 복수심에 불타 기습을 하였다.

살리아의 군대는 아르주나의 진영을 휩쓸며 수많은 장졸들을 도살하다시피 죽였다. 피아를 구분하기 어려울 정도의 한밤중 치열한 싸움이 벌어졌다.

비마는 그 혼란 중에 두리요단을 발견하여 그에게 달려들었다. 둘의 싸움은 가히 용호상박이었다. 다소 밀리기 시작한 두리요단은 마침내 치명적인 부상을 당하였다. 수하 장졸들에 의해 구출을 받았지만 두리요단은 이미 상처가 깊었다. 두리요단은 아르주나의 군대의 치명적 손실과 도살소식을 듣고 위안을 받으며 죽어 갔다.

부상을 당하여 늪지에 누워있던 두리요단은 약한 숨결로 살리아의 도살 전갈을 들었고 죽어가면서도 자신의 복수가 이루어졌다는 생각에 기쁨으로 마음이 즐거웠다. 그는 그렇게 역사의 장에서 마지막으로 사라져갔다. 그리고 살리아 역시 그날 밤 아르주나를 만나 이슬로 사라졌다.

두리요단의 죽음은 전쟁을 마감한 사건이었다. 소식은 쿠루 궁중에 알려졌고 승리의 소식을 기다리던 여성들의 슬픔은 듣는 이의 간장을 녹였다. 쿠루족의 여성들이 이미 싸움이 끝난 전쟁터를 찾았다. 두리요단의 부왕 드흐리타-라슈트라는 아들을 잃자 슬픔과 고통으로 신음하였고, 여왕 간다리와 프리사 등 전사들의 배우자들은 소식을 듣고 전쟁터로 달려와 고통으로 울부짖었다.

간다리는 자신의 자식들인 두리요단과 그 형제들의 죽음을 애통하였고 프리사는 자신이 낳은 카르나가 아버지가 다르지만 자신이 낳은 아르주나와 싸우다 죽은 것을 보고 슬픔과 고통으로 자신의 운명을 저주하였다.

처참한 전쟁에서 승리자로 남은 유디슈시르는 평원을 바라보며 친족들과 친구들, 제왕들과 제장들이 목숨을 잃고 쓰러져 있는 광경을 슬프게 살폈다. "경건한 의식으로 부족함이 없도록 격식을 차려 진행하라!"며 고통스럽게 소리쳤다.

수도 없이 장작이 쌓여졌으며 시체를 올리고 불이 부쳐졌다. 모든 죽은 자들이 타서 재로 변해갔다. 그렇게 수많은 영웅들이 재로 사라져갔다. 드흐리타-라슈트라와 유디슈시르는 갠지스 강을 걸으며 이 광경에 애도를 표하였다.

신성한 강 갠지스는 말없이 흐르고 있었다. 자식을 잃은 여인네들과 남편을 잃은 과부들은 죽은 자들의 장례의식을 고통과 오열 속에서 지켜보고 있었다. 유디슈시르는 영웅 카르나에게 봉헌을 드리며 그의 죽음을 애도하였다. 새로운 슬픔이 일자 모든 여인네들은 다시 오열을 토해내었다. 장례식이 끝나자 쿠루족 사람들은 슬프게 마음이 텅 비어 천천히 하스티나로 돌아갔다.

위대한 전사 비슈마는 치명적인 부상을 입어 죽음의 침상에 누워 있으면서도 새로 왕위에 오른 유디슈시르 등 왕족 계층과 이들의 의무, 카스트 계층마다 주어진 의무, 이들의 네 계층이 행해야 할 삶의 의무들을 가르쳤다. 비슈마는 산키야의 철학, 요가 철학, 결혼 법, 계승 법, 규범, 의식의 규범 등을 설명하였다. 마치 그는 구약의 모세처럼 신명기를 인도인들에게 카스트 계급에 맞는 율법을 설교하고 기록하였다.

비슈마는 크리슈나 의식을 진행하며 설교를 하고 수많은 전설, 이야기들, 전통, 성자, 신들, 영웅들에 관한 신화들을 이야기하였다. 이러한 비슈마의 율법은 거의 2만2천 2행시로 거의 전 서사시의 4분의 1을 차지하고 있을 정도다. 이 서사시는 건조한 법전, 철학, 브라흐마 신학이라기보다 크게는 훌륭한 힌두 이야기 형식의 종교적 가르침이었다.

사실 이 서사시에 비슈마보다 더 존경을 받는 인물도 없다. 그가 설법한 규범과 율법은 자신의 장엄한 죽음과 함께 숭고하게 비쳤다. 힌두의 법과 전통, 그리고 도덕적 규범을 담은 이야기로 이 이상의 가치가 있는 텍스트도 드물었다. 물론 이러한 규범과 율법은 서사시로 보기는 어렵다. 사실상 전쟁 이야기는 크게 보아 이 힌두의 규범과 율법을 가르치는 데 있어서 훌륭한 소재로 기능한다.

비슈마는 죽고 화장이 되었다. 하지만 율법, 전설, 도덕, 규범은 죽지 않고 영원히 살아남는다. 크리슈나는 자신의 과제를 새로운 장에 정리를 하고 싶었다. 그는 『바가바드기타』에 앞서 그 과제를 정리하였고 영혼, 해탈, 창조와 삶의 수레바퀴, 진리와 의식, 참회 등을 세심하게 다루었다.

쿠루족의 왕이 된 유디슈시르는 왕국이 안정이 되자 아들 아비마뉴의 아들인 파릭쉿에게 쿠루의 왕위를 물려주고 전쟁에서 오는 죄의식과 고통으로 속죄의 길을 가고 싶었다. 제물로 말을 봉헌하는 의식은 고대 힌두의 관습이었으며 주로 제왕들에 의해 행하여 졌다.

관습대로 모든 이웃 제왕들을 불러들인 유디슈시르는 제물이 될 말들을 들판에 풀었다. 그는 아르주나로 하여금 제물이 될 말을 붙들어 의식을 준비하도록 명하였다. 마침내 아르주나는 말을 찾아 제물로 끌고 왔다. 의식은 브라만 승려들에 의해 베풀어 졌고 제물은 브라흐마 신에게 바쳐졌다.

마침내 크리슈나는 이 모든 의식이 끝나자 자신의 마차에 오르며 기쁨과 슬픔을 동시에 느꼈다. 그는 평화와 전쟁을 기억하며 아르주나, 비마, 훌륭한 유디슈시르에게 작별을 고하며 하스티나를 떠났다.

드흐리타-라슈트라는 여왕 간다리, 판두의 여왕 프리사와 함께 숲속으로 들어갔다. 그곳에 외롭게 살면서 드흐리타-라슈트라는 전쟁에서 죽은 영혼들을 만나고 그들을 위로하였다. 망령처럼 떠돌아다니는 죽은 자들의 영혼들을 비야사로 하여금 위로하는 의식을 베풀었다. 그도 여왕들과 함께 죽자 숲속에서 신성한 화장으로 장례가 치러져 영혼의 세계로 입적하였다.

크리슈나가 죽었다는 전갈이 왔다. 판두의 아들들은 아르주나의 손자 프락쉿에게 왕위를 물려주고 히말라야 산으로 들어가 고행의 길을 결심하였다. 드라우파디, 사하데바, 나쿨라, 아르주나, 비마 모두 차례로 그 고행 속에서 죽었고, 유디슈시르만 천국으로 혼자 여정을 떠날 수 있었다.

히말라야에서 유디슈시르는 온갖 고행을 겪고 그 후 신성한 갠지스강에서 몸을 씻은 후 하늘의 사람(天人)으로 승천하였다. 그는 이제 천인이 된, 영광과 천상의 빛으로 가득 찬 크리슈나를 만났고, 이미 먼저 떠났지만 이제 하늘의 사람들이 된 불멸의 영혼을 소유한 자신의 형제들을 만났다. 인드라 신이 유디슈시르 앞에 나타나 유디슈시르가 생전에 교류하였던 하늘의 사람들에게 그를 인도하였다.

이렇게 『마하바라타』의 이야기는 끝이 없이 영혼의 세계로 독자를 이끈다. 전쟁은 오랜 세월이 지나자 기억 속으로 사라지고 전설적인 영웅들과 제왕들은 인도인들의 기억 속에 남아 높은 도덕적 모델들이 되었다. 미덕의 승리와 악의 패배라는 권선징악의 메시지는 이 위대한 서사시의 주제와 이야기의 방향이 되었다.

오랫동안 고대 힌두의 가르침은 이 서사시에 보존되어 오늘날까지 인도인들의 성스러운 경전으로 남아 있게 되었으며 인도인들에게 어떻게 무엇으로 살아야 하는 지를 가르치고 있었고 그들의 의식과 행동을 지배하였다. 이야기 속의 캐릭터들은 그러한 인도인들이 생각하는 이상적인 가치관과 이상사회를 염원하는 인물들이다. 거기에는 보상과 벌이라는 엄격한 이야기의 법칙이 지배하고 있고, 인도인들에게 이 이야기의 법칙은 살아 숨쉬는 삶의 가르침으로 자리를 잡는다.

이처럼 『마하바라타』 이야기의 법칙과 삶의 원리는 인도인의 정신이고 힌두교의 근원적 신학이다. 거기에는 엄격한 카스트 계급이 지배하는 '삼사라'의 세계와 '계급의 윤회 법칙'과 '의무'를 지속적으로 가르치고 있다. 이 카스트 계급이 인도인들이 생각하는 우주의 질서이다. 이 질서를 보존하고 지켜주는 수호신으로 그 으뜸 신은 브라흐마이며 계층을 수호하는 신으로 크샤트리아 지배계층의 수호신 비슈마(이야기 속의 화신), 혹은 비슈누 신, 그의 화신인 크리슈나(이야기 속의 화신), 그의 화신인 아르주나, 영원한 브라흐마 세계로 해탈을 한 유디슈시르는 인도인들의 규범적 모델로 영원히 이야기 속에 살아 숨쉬며 인도 사회의 미덕과 질서를 가르친다.

또 하나의 힌두 이야기 『라마야나』는 가정에 관한 덕목이 주제이다. 이 주제에 어울리도록 그려지는 주인공 캐릭터 라마와 시타의 말과 행동은 인도인들이 바라는 이상적 형태로 힌두교의 정신에 해당된다.

라마는 기원전 12세기에서 10세기경 북 인도에서 실제 살았던 두 종족인 코살라 종족과 비데하 종족 간에 일어난 사건 속에 나오는 크샤트리아 계층으로 라마는 코살라족의 왕자였고, 시타 역시 크샤트리아 계층으로 비데하족의 공주였다.

코살라족의 왕인 다사-라사는 네 자식이 있었다. 그 중에서 맏이가 라마였다. 비데아족의 왕인 자낙에게는 딸인 시타가 있었으며 그녀는 들판의 밭고랑에서 기적적으로 태어났다고 하여 인구에 회자되는 여인이었다.

자낙은 자신의 딸 시타를 위해 그녀의 배우자가 되기 위해서는 인도의 관습이었던 엄격한 시험을 치르게 하였다. 자낙은 자신이 전쟁 때 쓰던 활을 구부릴 수 있는 자를 시타의 배우자가 될 수 있다고 선포하였다. 마치 오디세이의 활을 연상시키는 대목이다. 페넬로페가 자신에게 청혼하기 위해 몰려 든 청혼자들을 검증하고자 활에 줄을 매는 시험을 주는 장면과 유사하다.

수많은 왕자와 전사들과 제왕들이 자낙의 왕국에 들어 왔다. 시험장에는 곳곳에서 온 사람들로 넘쳐 났다. 많은 영웅들과 제왕들이 나섰지만 자낙의 활을 구부린 자는 없었다. 라마가 나서자 환호성이 터졌고 라마는 늠름하게 나서며 활을 잡자 단숨에 구부려 활을 부러뜨리는 괴력을 과시하였다. 라마가 결정이 되자 청혼을 하기 위해 왔던 청혼자들은 실망하여 돌아 가버렸다.

라마와 아름다운 공주 시타의 혼인식을 보기 위해 또한 수많은 사람들이 몰려들었다. 코살라의 왕 다사-라사는 자신의 자식들과 함께 이 신성한 결혼의식을 치르기 위해 무대에 나타났다. 성자 시인 바시슈사가 베다 송을 낭송하며 행복한 결혼을 축하하는 노래를 불렀다. 라마가 시타를 배우자로 얻게 된 결혼은 자신의 세 형제와 시타의 자매와 사촌들의 결혼으로 이어졌다.

결혼식이 끝나자 라마의 부왕 다사-라사는 자신의 왕국인 아요디야로 돌아갔다. 히말라야의 고봉처럼 높게 솟아 밝게 빛나고 있는 왕궁에 다사-라사 왕이 천천히 들어오자 여왕 카우사리야, 카이케이, 수미트라가 기쁘게 맞이하며 라마의 형제들의 결혼에 대해 축복을 주었다. 이어 친족들의 축하 인사로 왕궁은 행복과 기쁨에 넘쳤다.

라마는 신실한 의무로 신의 총애를 받고 신을 사랑한, 이제 나이가 든 부왕을 섬겼다. 부왕의 명에 의해 자신의 고귀한 의무로서 백성들에게 선정과 덕을 베풀었으며 백성의 행복을 가장 으뜸의 법으로 삼았다. 그는 자신의 모친과 친족들을 또한 성심껏 효로 섬겼으며 헌신적으로 그들을 살폈다. 그러한 그를 브라흐마 신은 축복하였으며 백성들은 충성으로 그를 축복하고 존경으로 대하였다.

라마는 공주이며 부인인 시타를 사랑하였으며 시타는 마음 깊이 라마를 사랑하였다. 시타는 진정으로 그를 섬겼으며 라마는 시타의 사랑 속에서 행복과 즐거움을 느꼈다. 즐거움과 기쁨의 시간들은 미의 여왕처럼 그녀를 더 빛나게 하였으며 그녀의 태도와 말씨는 사랑과 은총으로 넘쳤다. 신 비슈누가 자신의 배우자와 함께 천상에서 떨어져 세속에 살고 있듯이 라마는 시타의 사랑 속에서 달콤한 교감을 나누며 행복하게 살고 있었다.

왕자로서 라마의 덕목은 사람들의 칭송을 가득 받았으며 시타의 아름답고 고귀한 자태는 사람들의 우상이 되었다. 라마는 백성에게 베푸는 공덕으로 미덕의 화신이 되었고, 타고난 자긍심과 숨겨진 지혜는 그의 노력으로 더욱 빛났다. 숙련된 싸움 기술과 사나운 말과 토끼들을 잘 길들였으며 싸움에서는 용감한 리더였고 그 명성은 따를 자가 없을 정도였다.

어느 날 라마의 부왕 다사-라사는 인근 왕국의 제왕들과 왕자들 영웅들을 초청하여 잔치를 베풀고자 하였다. 다사-라사에게는 세 왕비가 있었다. 첫 번째 왕비인 카우사리야, 둘째 왕비인 카이케이, 세 번째 왕비인 수미트라였다. 첫 번째 왕비인 카우사리야가 라마의 어머니이고 라마 왕자는 다사-라사의 장남이었다.

한데 카이케이는 왕의 총애를 받고 있는 젊은 왕비였고, 그녀에게는 바랏이라는 왕자가 있었다. 카이케이는 왕의 총애를 이용해 자신의 아들을 후계자로 은근히 바라고 있었다. 이러한 속셈으로 카이케이는 축제의 날이 되자 기쁘게 행사와 향연을 지켜보고 있었다.

그러자 카우사리야의 유모이며 하녀인 만사라가 갑자기 증오심에 가득 차 화려하게 깃발들이 나부끼는 도시를 가리키며 카이케이를 향해 경멸에 찬 목소리를 토해 냈다.

"카이케이! 그대의 선물을 다시 가지고 가시오. 그대의 선물은 이 땅에 맞지 않느니라. 슬픔의 구름이 닥치면 고통이 너의 즐거움이 되리라. 그대의 어리석음은 나의 비웃음을 샀으며 나의 한숨을 깨웠도다. 지금은 기쁨으로 너의 가슴이 차고 있지만 곧 가장 큰 고통이 다가오리라! 카우사리야 여왕이 있는 데 그러한 더러운 행동을 서슴치 않다니. 바랏의 명성은 당할 자가 없으나 쌍둥이 형제 중 락슈만은 라마를 따르고 삿루그나는 바랏의 높은 명성을 따르니 왕의 후계자로 바랏은 그대의 음모이구나."

"감히 다복한 카우살리아의 신분과 권위에 천한 카이케이가 도전을 하다니! 비록 라마가 가장 나이 어린 쌍둥이 형제로부터는 위협을 느끼지 못하지만 바랏의 명성과 덕목에 비추어 라마는 모욕과 질투를 느낄 수 있을 것이다. 라마의 통치는 바랏의 죽음이겠지만 나의 명예로운 여왕에 대한 모욕이다!"

카이케이가 짧게 응수하였다. "무슨 일로 이러는 가. 이 사악한 여인아. 가장 훌륭하고 장자인 라마가 자격이 없다는 것이 아니다. 라마의 통치가 끝나면 혹여 신들이 바랏을 세우겠지만 물론 법으로나 관습으로나 나이 어린 아들이 왕위를 계승하지는 않는다. 현재는 라마가 축복을 받고 그 다음이 바랏이어야 한다. 하지만 바랏 또한 라마만큼 사랑스럽고 일찍이 의무에 충실한 왕자가 아닌가! 라마의 영토는 동반자로서 바랏의 왕국이기도 하니라!"

모욕과 분노가 카이케이를 흔들었다. 그러자 만사라가 다시 응수하였다. “분노와 광기의 구름이 그대의 심장을 덮고 그대의 눈을 멀게 하였구나. 결국 그대는 대재앙에 빠질 것이며 무서운 위험이 따를 것이니라. 고통의 늪에 빠져 파멸에 이를 것이다. 모르는가? 법과 관습에 따라 라마의 아들이 라마를 계승할 것이며 운이 없는 바랏은 무시될 것이다. 형제들은 왕국을 나누는 것이 아니며 하나씩 승계하지도 않느니라. 장자가 아버지를 계승하지 어린 자녀가 지배할 수 없느니라.”

분하여 몸을 떨고 있는 카이케이는 정성으로 왕을 모셨고 왕도 결국 자신의 뜻을 따를 것으로 생각하였으나 왕비는 어쩔 줄 몰라 하였다. 말없이 눈물을 흘리는 카이케이 왕비를 보자 왕은 솟아오르는 감정 때문에 함께 어쩔 줄 몰라 하였다. 나이가 든 남편이 젊은 부인을 더 사랑하듯이 자신의 삶보다 그녀가 더 사랑스러웠다. 늙은 왕은 눈이 멀어 그녀의 머리를 들어 올리고 그녀의 소망을 들어 주겠다고 맹세하였다.

“라마를 위한 이 향연이지만 나의 신하가 소식을 가져오리라. 라마가 아니라 나의 바랏이 왕통을 계승하리라. 14년 동안 단닥의 숲속에서 라마는 동굴이나 은둔의 세월을 보내리라. 왕비 카이케이의 소망대로 라마는 오늘부터 추방이다.”

그런 후 왕은 정신을 차렸지만 이미 맹세를 하였기에 마음이 무겁고 어두웠다. 쉿 소리를 내며 다가오는 뱀처럼 숨이 막히고 순간 그 충격으로 몸을 떨었다. 정신을 차린 왕은 붉은 빛과 핏줄이 나오는 듯한 눈으로 카이케이 왕비에게 소리쳤다.

“그대의 남편이며 왕인 나에게 반역하는 여자가 되다니. 그대의 종족을 파괴하는 자가 되다니. 카우사리야에 대한 저주 때문에 그대의 아들이기도 한 라마에게 이유 없이 복수를 하다니. 카이케이! 내 그대를 총애하였고 진심으로 아꼈거늘 독을 가진 뱀 이빨로 나를 물려고 하는 구나. 나의 라마는 백성의 사랑이거늘 그대가 라마를 추방하다니!"

"나의 왕비 카우사리야, 왕비 수미트라를 멀리 추방하다니! 하지만 라마는 내 생명이 다할 때까지 결코 이 부왕의 곁을 떠나지 않으리라." "카이케이! 다른 소망을 말하시오. 하늘이 내려다보고 있으니 불명예로 나를 더럽히지 마시오."

그러자 카이케이는 "왕이시여, 자신의 말을 어기고 맹세를 깨뜨리고 약속을 지키지 않는 다면 왕으로서 신망이 없어질 것입니다."라며 차갑게 대답하였다. 왕은 "그대의 모습은 아름답기 짝이 없고, 그대의 얼굴에는 아름다움이 가득 한 데 어찌 그러한 잔인한 생각과 어둡고 증오스러운 정신은 검은 속임수들로 채워져 있는가? 당신이 나의 신부가 되던 날 여성으로서 덕망이 가득하지 않았는가! 이제 나의 라마를 어둡고 길도 없는 황무지로 내 쫓겠다니 잔인한 소망이구려."

아침이 되자 의무감에 라마는 궁중으로 발길을 돌려 작별의 인사를 하고자 하였다. 부왕의 명에 복종하는 것이 의무라고 보았다. 라마는 나이가 든 부왕이 제왕의 풍채와 영광으로 빛나고 있는 것을 보았고 여왕 카이케이가 부왕의 곁에 앉아 있는 것을 보았다. 의무감으로 의로운 라마는 나이 든 왕의 발을 만지고 여왕의 발을 만지며 자식으로서 도리를 다하였다.

왕은 나이가 들고 마음이 약하여 마음이 아프지만 라마에게 "너는 14년을 정글 속에서 살아야 할 것이며 나무껍질이 너의 의복이 될 것이고 은둔자의 동굴이 너의 집이 될 것이다. 코살라의 제국까지 부귀와 금괴, 무장 군대로 나의 왕자 바랏이 통치할 것이다. 너는 진실로 나의 명을 따르거라."

조용하게 라마는 왕의 명을 듣고 있었다. 고통도 분노도 그에게는 없었다. 이미 이별할 준비가 되어 있었다. 시타와 충실한 락슈만이 망명길을 떠나는 라마를 동반하였다. 충성스러운 아요디야 사람들은 망명길을 떠나는 왕자를 타마스강까지 따라 나섰다. 밤에 라마는 몰래 사람들을 떠나 성스러운 은둔 생활이 있는 아름다운 숲속까지 여행을 계속하였다.

코살라족과 비데하스족이 살았던 시기는 대략 3천년 전이지만 라마의 이 슬픈 이야기는 인도인의 삶에 여전히 깊은 흔적을 남기고 있다. 라마의 여정은 오늘날까지 인도인들에게 잘 알려지고 있다. 수천 명의 순례자들이 매년 라마의 여정을 따라 순례에 나선다. 과거는 죽지 않고 인도에 여전히 살아 숨쉬고 있다. 라마의 여정은 수백만 명의 성실하고 충실한 여성과 남성의 마음에 살아 움직이고 있고 인도인의 삶에 영원한 귀감으로 남아 있다.

그 여정은 이러하다. 3일째 되는 날 라마와 시타 그리고 락스만은 갠지스강을 건넜다. 4일째 되는 날 그들은 은둔지 바하랏-바자에 이르렀다. 그곳은 갠지스강과 줌나강이 만나는 곳으로 알라하밧이라 불렸다. 5일째 되는 날 줌나강을 건넜고, 강 남쪽은 숲으로 둘러싸여 있었다. 6일째 되는 날 치트라의 언덕에 이르렀고 그곳에서 그들은 성자 발미키를 만났다. 인도 서사시에 잘 등장하는 스토리텔러이다.

성자 발미키는 힌두교도들을 비슈누의 화신으로 보았다. 치트라 언덕은 힌두교도들의 신성한 땅으로 녹색의 언덕으로 되어 있었다. 그곳은 라마의 땅이 되었다. 그곳의 모든 두렁길은 라마와 관련된 전설을 전해 주고 있었고, 그곳의 모든 동굴은 그의 이름을 기억하고 있었다. 몇몇 야생 과일은 그의 망명을 기억나게 하는 시타-팔이라 불릴 정도이다. 근래에도 수천, 수만 명의 사람들이 이 치트라 언덕을 찾는다.

치트라 언덕위의 둥근 길은 융기가 되어 있고 그 위에 보행을 위한 길이 있다. 라마가 이 망명지에서 신들을 향한 사랑과 열정을 바친 곳이다. 그의 행적을 알 수 있는 맨발의 흔적과 신성한 경이로움으로 가득 찬 그의 보행은 지금도 느껴질 정도이다. 그 보행의 길은 라마의 고통과 고행의 길로 여전히 부왕 다사-라사에게 깊은 병을 주었다.

연약한 늙은 왕 다사-라사는 한시도 애처라운 자식 라마를 잊어버릴 수 없었다. 점차 그는 쇠약해지며 죽음을 맞이하고 있었다. 그는 자신이 젊었을 때 어떤 늙은 은둔자의 자식을 죽인 일이 생각나 고난의 사슬을 느꼈다. 그에게 슬픔과 죽음을 불러 일으켰던 고통스러운 이 기억은 자신을 다시 괴롭히고 있었다. 죽어가던 왕은 자식 라마에 대한 연민과 회한을 지울 수 없었다.

수만트라 전차 운전자가 갠지스 강에 와 왕에게 라마의 메시지를 전달하였다. 다사-라사의 마음은 슬픔으로 밤을 지새웠다. 어느 날 왕은 라마의 어머니인 카우사리야에게 지난날의 기억을 슬프게 말하였다.

"카우사리야, 살면서 우리가 한 행동들은 고통스러운 것이든 달콤한 것이든 과실을 가져오는 것 같소. 그리고 인과응보를 동반하는 것 같소. 자신의 카르마(karma)에 대한 신들의 거대한 섭리 말이오. 종종 광기와 어리석음으로 망고 숲을 파괴하고 그 곳에 우리가 좋아하는 붉은 꽃을 심기도 하오."

"이 붉은 꽃은 팔라사로 열매가 없소. 내가 심은 카르마요. 나의 열매 없는 이 붉은 팔라사는 내 자신의 행동 때문에 평생 점점 시들어 갔소. 카우살리야, 내 젊은 시절의 이야기를 들어 보시오."

"나는 젊었을 때 소리만 들어도 활을 쏘아 맞힐 정도였소. 사람들은 그런 나를 궁사 왕자인 삽다-베디라 불렀소. 보이지 않는 목표까지 소리로 맞힐 수 있을 정도로 내 젊을 때는 명예와 명성으로 가득하였소. 한 어린아이에게 독약을 마시게 할 정도로 나는 한때 자만에 빠져 있었소. 그때 나는 부왕을 섭정하고 있었고 당신을 아직 만나지 못한 때요."

"아름다운 사라유 강 곁에서 사냥을 하며 혼자 마차를 몰고 있었소. 버팔로 소인가 엄니 멧돼지 인가 강둑에 자주 출몰하여 사슴을 훔치고는 하였소. 강둑에 몸을 숨기고 사냥감을 기다리고 있는 동안 물 속에서 이상한 소리가 날카롭게 내 귀를 때렸소. 어둠 속에서 나는 소리는 야생 짐승이 물을 마시는 소리였소. '코끼리가 틀림없어. 엄니로 물을 마시는 거야.'하고 생각하고 나의 멋진 활솜씨로 소리를 향해 시위를 당기고 화살을 날렸소."

"아니, 짐승의 소리가 아니라 사람의 울부짖음이 순간 가슴을 쳤소. 말할 수 없는 공포가 갑자기 나를 엄습하였소. 사라유 강을 따라 가다 한 소년이 은둔자의 머리타래를 하고 그곳에 쓰러져 있었소. 붉은 피가 연못을 이루고 있었고, 피가 흥건하게 고여 있는 곳에 그 은둔자는 들리지 않는 목소리로 무엇인가를 말하려고 하였소."

"무슨 죄악이오? 군주여! 그렇게 군왕의 정의로 이 은자를 죽이다니. 늙고 연약한 부모님이 의무와 책임으로 가득 한 이 소년을 미천한 움막에서 목이 타게 기다리고 있소이다. 그대의 화살이 나를 죽였소. 나의 늙은 부모가 죽어가오. 도움도 없이, 친구도 없이 고통 속에서 그들은 죽을 것이오. 나의 부모님에게 서둘러 가 그들의 슬픔과 고통을 위로해 주시오. 아스람으로 가면 지름길을 만날 수 있을 것이오. 가서 그들을 보살피고 그들의 분노를 달래 주시오."

"그 은둔자가 고통으로 몸을 비틀자 나는 화살을 뽑았고 그는 그대로 그곳에서 죽었소. 깊은 어둠 속 이었지만 은둔자의 주전자에 물을 가득 채워 앞을 보지 못한다는 그의 부모님을 찾아 갔었소. 그의 부친은 내 발자국 소리를 듣자 늙고 힘이 없는 목소리로 '아들이 왔느냐. 왜 그렇게 오래 있었니. 물소리에 미혹되어 한동안 빠져 있었느냐. 너의 어머니가 걱정하며 갈증으로 너를 기다리고 있구나.'"

"그렇게 앞을 못 보는 그의 부친은 자신의 아들을 살해한 자를 환영하였고, 나의 가슴은 찢어들 듯이 아팠소. 나는 두려움으로 정신이 빠져 떨리는 목소리로 '나는 당신의 아들이 아닙니다. 성스러운 은둔자여. 내가 사라유 강 숲속에 사냥을 나갔다가 그만 당신의 아들을 멧돼지로 알고 물소리를 향해 치명적인 화살을 쏘아 그가 죽었소. 내 이렇게 슬프니 용서해주시오.'"

"그러자 그들은 이미 죽어 싸늘해진 아들의 주검 곁에서 오랫동안 큰 소리로 통곡을 하고, 찬양가와 신성한 물로 화장을 치를 준비를 하였소. 눈물로 범벅이 된 체 있는 힘을 다해 그는 소리치기를 '사랑하는 아들에 대한 슬픔이 이 아비의 가장 힘든 고통이오. 다사-라사! 그대는 알아야 하오. 사랑하는 아들에 대한 슬픔을 말이오. 죽어간 아들로 그 부모가 통곡하며 죽어가는 것을 보시오. 그대도 사랑스럽고 의로운 아들로 통곡하고 죽을 것이오! 시간은 빠르오. 고통 속에서 그대의 죄악을 죽음으로 갚을 것이오!'"

"세월은 흘러 나의 죄악의 결실이 올 때가 된 것이오. 라마! 내 장자가 태어났고 이어 참되고 충실한 락슈만이 태어났소. 여왕 카이케이로 인해 그 죄 없는 자식들이 사라지고 카우사리야 그대의 주군인 왕도 살해되고 있소. 그대 손을 이리 놓으시오. 내 눈물을 닦아드리리다."

그 밤에 왕은 카우사리야를 축복하고, 추방된 아들들을 축복하고 힘없이 죽었다. 그가 죽자 바랏은 어머니 카이케이의 왕국으로 돌아와 자신의 부왕의 죽음을 들었고, 형의 망명 소식을 듣고 왕위를 거절하였다. 바랏은 치트라의 숲속과 정글을 뒤지며 형 라마를 찾아 나섰다.

라마를 만난 바랏은 왕국에 돌아오라는 간청과 함께 라마가 부왕의 왕권을 계승하기를 바랐다. 하지만 라마는 자신의 말을 지키려 하였고 자신이 한 말에서 물러서지 않았다.

라마는 바랏에게 통치자로서의 의무들을 충고하였다. 그리고 왕위를 계승하라는 바랏의 열정어린 호소를 강하게 거절하였다. "바랏! 나는 지금 하늘에 성자로 계시는 부왕에게 나의 약속을 지켜야 한다. 너나 비난을 받고 있는 너의 어머니에게가 아니다. 나는 부왕의 기대에 충실하고자 이 숲에 왔느니라. 라마는 이 정글에서 자신의 의무를 다할 것이다."

"바랏! 너가 왕국을 통치하렴. 사랑스러운 백성들을 보살피거라. 나는 이 숲속에서 나무껍질로 의복을 삼고 사슴 가죽을 덮고 이 숲속에서 살겠다. 의로운 부친은 의무에 찬 이 아들을 기억하지 않을 것이다!"

어머니 카우살리야 역시 숲속에서 라마와 시타를 만나자 슬프게 통곡하였다. "나의 라마여. 코살라 왕국이 어둡구나. 시타여 함께 돌아가자." 라마와 시타는 "의로운 부친은 결코 의무에 충실하고 있는 우리를 부르지 않을 것입니다!"라며 어머니의 간청을 거절하였다.

함께 있던 금욕주의자로 알려진 자발리는 천상 세계를 부정하고, 세속 사후의 삶을 부정하고, 의무감에 대한 생각이나 미래의 삶에 대한 생각을 부정하고, 라마의 종교사상과 철학을 조롱하는 이성을 숭배하는 합리주의자였다. 그는 라마가 바랏과 어머니 카우살리야의 제안을 거절하자 그렇게 라마를 냉소적으로 비웃었다. 하지만 라마는 의롭고 진실을 사랑하는 사람으로서 신을 두려워할 줄 모르는 자발리의 부정과 조롱을 거부하였다.

모든 설득이 헛수고로 돌아가자 바랏은 라마의 샌들을 들고 돌아왔다. 바랏은 그 샌들을 왕좌에 두었고, 라마가 망명하는 동안 라마의 통치권을 상징하고자 하였다. 라마는 오히려 치트라를 떠나 더 깊은 숲속인 단닥으로 들어갔다. 그의 친구들과 친척들이 라마가 망명하는 동안 그를 다시 찾지 못할 곳이었다. 라마는 성자 아트리의 은둔지를 찾았다. 아트리의 늙은 부인은 젊은 시타를 환영하였고, 미지의 남쪽으로 떠나는 날 저녁에 그녀에게 좋은 의복과 보석으로 치장시켜 주었다.

라마의 순례는 데칸에서도 계속되었다. 그곳에서 성자 아카스티야를 만났고 고다바리 강둑에 거처를 마련하였다. 이제 라마는 북인도를 떠나 있었고 남인도의 빈디야 산악을 넘어 데칸까지 이르렀다. 아카스티야의 이름은 데칸을 상징하고 있었다. 빈디야 산맥은 위대한 성자 아카스티야를 낳았고 3천년간 남인도를 대표하는 유명한 힌두교도였다. 마치 라마는 아리안족의 후예로 남인도의 토착 종족인 드라비다족과 그 일대를 순례하며 그들을 교화시키는 인물처럼 비쳤다.

라마는 고다바리 강가 판차바티 숲에 거주지를 마련하였다. 지금의 봄베이로부터 수백마일 떨어진 곳이기도 하다. 라마는 자신의 부인 시타와 동생과 함께 평화와 경건함 속에서 살았고, 이들은 고다바리 강에 가 목욕재계하고 육신과 정신의 더러움을 씻고 몸과 마음을 깨끗하게 정진하여 신애의 정신과 의무를 다하고 있었다. 매일 신에게 기도하였고 나태하거나 게으르지 않게 의식과 의무를 행하였다. 그리고 그들은 붉게 떠오르는 태양을 보며 만트라를 암송하였다.

이제 스토리는 불화와 긴장으로 흐르고 전쟁이 일어나는 사건이 발생하였다. 라마가 머무는 곳에는 락샤 지역으로 그곳을 지배하던 라반이란 왕이 있었고 그에게는 사납고 거칠기 그지없는 공주인 여동생이 있었다. 그런데 우연하게 이 라반의 여동생은 그만 라마와 락슈만에 대한 사랑에 빠지게 되었다.

하지만 수양과 정진만을 계속하던 라마와 락슈만은 이 락샤의 공주의 애정을 경멸로 거절하게 되었다. 그러자 공주는 자신의 오빠 라반을 부추겨 모욕에 대한 복수를 하고자 하였다. 케이론의 왕인 라반은 누이의 복수를 위해 군대를 동원하였다. 케이론은 당시 미개한 숲속 지역으로 케이론 사람들은 주로 숲속에서 마법을 부리는 악마의 모습으로 그려지고 있었다.

라반은 수하 장수인 마리챠를 아름다운 사슴모습으로 변신시켜 보내 움막으로부터 라마와 락슈만을 끌어내려고 하였다. 그리고 그때 홀로 남는 시타를 납치하고자 기회를 만들 음모를 꾸몄다. 일반적으로 재난은 자신이 저지른 죄로부터 일어난다. 위기에 빠진 라마 때문에 락슈만을 의심하게 된 이 음모사건은 평소 흠이 없던 시타의 마음을 흔들었다. 자연히 락슈만에 대해 곱지 않은 말이 시타의 입에서 흘러나왔다. 이 이상적인 여성 시타가 결국 불의한 생각을 갖게 되었고 그녀의 분노는 락슈만을 비난하였다.

그 결과 인도에서 그 예를 찾아보기 힘든 전설적인 비극적 운명의 한 여인의 이야기를 생산하였다. 수백만, 수천만의 인도인들에게 시타는 여성의 사랑과 헌신의 상징이요 이상이었다. 락슈만에 대한 그녀의 의심은 그녀의 남편 라마에 대한 지나친 애정에서 나왔다. 그녀의 운명과 긴 시련은 그 영원한 사랑을 향한 여정이었다.

이야기의 시작은 어둔 숲속에 살던 한 처녀가 우연하게 마음이 쓰여 라마의 움막을 향하였다. 이 처녀는 락샤의 공주 수르파-낙하였다. 수르파-낙하는 라반 왕의 누이로 라마의 사자 같은 가슴과 강한 신체와 로터스(연꽃 모양)의 눈을 보자 그만 사랑에 빠졌다. 제왕 같은 라마의 높은 자세를 본 수르파-낙하는 한눈에 그에게 반하였지만 얼굴은 평범한 정도로 그렇게 아름다운 처녀는 아니었다.

"은둔자의 의복을 입은 당신은 누구인가요? 빛나는 아름다움과 한 젊은 여성과 강한 활로 무장한 당신이 이 정글에서 외롭게 떨어져 머물고 있는 데 어디에서 오셨나요?" 라마는 조용하고 침착하게 하지만 강한 목소리로 자신의 망명에 대하여 이야기를 하여 주었다. "나는 수르파-낙하로 나의 오빠가 라반이며 이 지역의 영웅이고 왕이오. 내 그대를 나의 배우자로서 택하고자 하니 그대의 부인을 내쳐 주시오!"

"인간의 살은 나의 음식이오. 저 연약한 시타는 내가 죽일 것이오. 그리고 그대의 형제까지 죽여 당신을 내 남편으로 복종시키겠소. 이 높은 산맥 어둡고 외딴 숲속에서 우리 영원히 즐겁게 함께 삽시다!"

라마는 그녀의 불경스러운 말과 목적을 듣자 그만 이 못된 여자에게 경멸에 찬 목소리로, "들으시오! 이 못된 여자여. 시타는 나의 고귀한 부인이오. 락슈만은 나의 동생으로 온유한 얼굴과 그의 욕맹은 따를 자가 없소. 그가 부인이 없으니 그대의 그러한 욕망의 대상은 될 수 있을 것이오." 그 순간 수르파-낙하는 열정이 가득 차 락슈만을 향해 눈길을 돌렸다.

락슈만은 "나는 라마를 섬기는 가신인데도 그대가 나 같은 가신의 신부가 되고 싶소?"라며 되받아 거칠게 소리쳤다. 그러자 수르파-낙하는 기분이 상해 "내 그대의 신부가 되드니 차라리 시타를 추방하고 시타의 시들어가는 아름다움보다 더 빛나는 즐거움을 라마에게 줄 것이오. 그리고 그에게 나의 사랑을 구걸하도록 할 것이오."

순간 수르파-낙하가 분연히 일어나 자신을 살해하려고 하자 시타는 공포에 휩싸였다. 그때 라마가 일어나 그 살인자를 막았고 시타를 보호하였다. "형제여! 이 미개인 종자와 더불어 우리가 잘못된 행동을 하였구나. 농담이 그만 위험을 불러들였구나. 이것이 우리 행동의 고통이 되었구나. 죽음이 내 사랑하는 시타에게 떨어졌구나. 내 시타를 보호하고 철면피 한 저 여자를 주살하겠다."

수르파-낙하가 가까이 이르자 락슈만은 분노가 치솟았다. 그는 번개처럼 일어나 검으로 그녀의 코와 귀를 갈랐다. 수루파-낙하가 비명을 지르자 온 숲속이 울렸고, 그 고통 소리는 온 숲을 흔들었다. 이 소리를 들은 락샤의 용사들인 카라와 두산이 순식간에 들이닥쳤다. 하지만 싸움에서 이들은 라마와 락슈만의 상대가 되지 못하였다. 곧 그들은 시체로 변하였다.

라반은 누이동생인 수르파-낙하의 소식을 듣고 그들을 정면으로 상대하기가 어렵다고 생각하여 음모를 꾸몄다. 라반은 자신의 수하인 마리차로 하여금 아름다운 사슴으로 위장하도록 하고 라마와 락슈만을 끌어내고자 하였다.

숲속을 떠돌던 시타가 그 사슴을 알아채고는 락슈만을 불렀다. "저 보세요! 경이롭게 빛나는 숲속의 아름다운 사슴을." "내 마음이 내키지 않습니다. 형수님!" 락슈만은 망설였다. "락샤가 혹시 변장을 하였을 까 싶습니다. 락샤들은 위장을 잘 하여 사냥을 한다는 데...."

아름다운 사슴은 숲속에서 보일 듯 말 듯 영리하게 유혹하며 도망을 쳤다. 그러자 라마는 락슈만에게 시타와 함께 머물러 있으라 하고 사슴을 찾아 나섰고 계곡과 호수를 헤매었다. 그러자 라마의 목소리를 흉내 낸 사슴으로 변신한 마리챠는 "빨리! 내 충실한 락슈만아! 내 숲속의 함정에 빠져 죽게 생겼구나!" 이 소리를 멀리서 들은 락슈만은 그대로 있을 수가 없었다.

시타는 "아니! 저 멀리서 들리는 위험에 빠진 목소리는 내 남편의 목소리가 아닌가요? 정말 저런 황량한 곳으로 내 남편을 보냈다니. 제발 용감한 락슈만이여. 내 라마를 도와주세요. 멀리서 슬픔의 목소리가 들려오네요. 내 가슴이 철렁합니다. 앞이 안보이네요."

"시타! 내 형님이 당신과 함께 이 움막에 있으라고 했잖아요. 나는 여기를 떠나지 않겠습니다. 나는 복종할 의무가 있어요. 락샤족은 이 숲속을 돌아다니며 능란한 술책과 목소리를 흉내 내기를 잘해요. 제발 그 이유 없는 고통을 그만 호소하세요!"

시타는 분노에 휩싸여 거친 숨소리와 함께 말을 토해냈다. 남편의 위험이 순간 그녀의 분별력을 잃게 하였다. "라마의 위험을 듣고도 그렇게 냉정하고 무심할 수 있나요. 그대야 말로 잔인한 마음을 감추고 있군요. 그대는 형님의 죽음을 기다리고 있고 그의 과부의 손길을 기다리고 있군요!" "그대의 희망은 잘못될 거예요. 나 시타는 충실한 부인이에요. 라마를 살아서나 죽어서나 따를 거예요."

몸을 떨며 락슈만은 분노에 싸여 눈물이 가득 차 서 있었다. "내 형님의 명으로 그대의 안전을 위해 여기 있었으나, 내 형님 내외에 대한 의무감이 헛되게 되었구나. 그런 어둔 의심으로 나를 정직하지 못한 자로 이렇게 몰아 부치다니." "그래요. 내 그대의 명에 따르겠노라. 내! 나의 형에게 가겠노라. 이 숲의 정령이 그대를 보이지 않는 적으로부터 보호해주기를 간절히 기원합니다. 위험한 징후가 있다면 정말 나의 고통이 커질 것이지만 라마 곁에서 그대를 보았으면 하노라. 부디 몸 조심하기를...."

라반은 이 순간을 기다렸다. 라반은 은둔자로 위장을 하여 슬픔에 싸여 있는 시타에게 접근하였다. 머리 술이 많은 머리카락, 황갈색의 소박한 의복, 샌들을 신은 발, 어깨로부터 내려 온 막대 위에 사발을 든 모습으로 혼자 있는 시타에게 다가 왔다. 짙은 어둠 속에서 시타에게 눈길을 주며 복수의 마음을 숨기고 라반은 침착하고 조용하게 그녀를 응시하였다.

"그대는 누구인가? 브라만 승려인가? 아니면 위대한 성현 리쉬(rishi)인가? 나는 명문 왕족의 후예로서 비록 망명길에 있지만 위대한 라마의 아내요. 그대의 출신은 어디인가?" 시타의 질의에 라반은 "나는 브라만도 아니요 의로운 성현 리쉬도 아니오. 나는 분노에 싸인 락샤의 지도자 란카의 군주인 왕이오." "그대의 아름다움은 나의 마음을 흔들었소. 내 왕국을 함께 나눌 사람으로 나의 명예가 되어 주시오. 많은 왕비가 이 라반을 기다리나 그대는 그 중에서 으뜸이 될 것이며 나의 왕의 지위를 갖게 될 것이오."

시타는 그 정체를 알게 되자 분노에 몸을 떨며 자긍심과 경멸로 "그대는 라마를 알고 있지 않은가. 위대하고 신 같은 라마는 싸움에 적이 없고 대양처럼 깊고 냉정한 사람이오. 내가 그 라마의 아내요! 그대는 라마의 명예와 왕자의 풍모를 알고 있지 않은가. 라마의 아내를 취하기 전에 그대는 지옥으로 떨어 질 것이오. 라마를 모욕하기 전에 그의 분노로 잔혹하게 그대는 가시철의 심판을 받을 것이오."

시타의 위협은 아무런 쓸모가 없었다. 라반은 왼손으로 그녀의 머리채를 잡고 오른손으로 실신한 몸을 들어 올렸다. 시타를 마차에 태워 속도를 내어 그곳을 벗어났다. 라마와 락슈만은 곧 시타가 라반에 의해 납치되었다는 것을 알게 되었다. 라반은 라마의 신부를 데리고 끝없는 대양을 향해 라마의 추격을 벗어났다.

라마는 날기리 산들을 다 수색하였다. 그곳의 지배자인 수그리바를 만나 그의 도움을 받았다. 수그리바는 원시 미개 종족으로 원숭이와 곰들과 함께 살아가는 종족의 왕으로 알려지고 있다. 이들과의 교류는 라마가 북인도의 아리안 왕족의 지배계층으로서 남인도의 드라비다족의 미개한 종족을 마치 교화시키는 역할을 수행하고 있어 보인다.

아무튼 이들 야만 종족은 라마와 동맹을 맺고 라마를 위해 싸우게 된다. 그리고 케이론 왕으로부터 시타를 다시 찾게 된다. 라마의 명에 따른 의무감 때문에 수그리바 왕은 자신의 장자인 젊은 안갓으로 왕위를 계승시키고 싸움에 나섰다. 라마와 락슈만은 수그리바와 함께 닐기리 산들을 철저하게 수색하였다. 산은 높아 천둥이 종종 하늘을 찢었고 대양이 가까워 비와 구름에 싸여 수색에 애를 먹게 하였다. 강인한 의지로 비를 뚫고 수그리바는 제장들과 함께 동쪽으로 향하며 라반이 숨어 있는 곳을 찾아 나섰다.

갠지스 강과 만나는 먼 곳을 따라 까마귀 바위들과 깊은 숲과 그늘진 언덕과 깊은 동굴을 넘어 찾아 나섰다. 신들의 집인 하얀 카일라사에 이르자 거대한 황량한 지역이 기다리고 있었다. 이 지역을 넘어 쿠베라의 초원을 지나가자 호전적인 여성들과 말 얼굴을 한 여성들이 사는 곳인 크라운차 산들이 가로막았다. 이 산들까지 수색하고, 북방의 쿠루족이 살고 있는 곳까지 진출을 하였다. 넓은 땅의 경계는 물론 신들이 사는 곳, 영혼들이 머무는 곳까지 멈추지 않고 수색은 계속되었다. 수그리바는 시타를 찾고자 여러 지역에 많은 제장들을 보냈고 그의 수장인 하누만이 마침내 실론에 있는 시타를 찾았다는 보고를 받았다.

실론은 바다 해협으로 인하여 본토 인도와 떨어져 있다. 하누만은 하늘을 날고 대기를 날아 해협을 건넜다. 어두운 아소카 정원에 숨어 들어가 보니 시타가 락샤의 여인들에 의해 감시를 당하고 있었다. 시타는 마치 으르렁거리는 늑대들 곁에 힘없고 소심한 사슴모양을 하고 있었다. 머리는 흐트러져 있었고 눈은 빛을 잃었으며 이마는 그늘이 지어 있었다. "그녀구나! 라마의 사랑스러운 동반자이며 납치를 당한 성자 같은 시타가 틀림없구나!"

하누만은 깊이 생각을 하였다. 여전히 그녀는 부드러운 눈매로 울고 있었으나 행동과 말은 미동도 없이 충실한 자태를 유지하고 있었다. 시타는 의로운 라마를 위해 살고자 하였으며 라마라면 기꺼이 죽을 생각이었다. 시타는 아소카 나무 정원에 감금이 되어 있었다. 락샤의 여인들이 무서울 정도로 시타를 감시하였지만 이러한 힘든 상황에서도 시타는 남편을 향한 진실되고 충실한 의무를 지켰다.

하누만은 "들으시오! 다사-라사는 전쟁에서 명성을 얻었고 진실과 덕으로 자신의 왕국을 다스렸으며 싸움에서는 용감하였고 평화 시에는 위대한 군주였습니다. 그의 장자 라마는 의로운 자로 별처럼 빛나는 영혼을 소유한 자입니다. 자신의 신성한 의무에 진실하며 신앙과 덕의 친구이자 범죄에 엄격한 자로 자신의 백성을 사랑하는 자요. 나는 수그리바를 모시는 신하로 그대를 찾고자 대양을 건넜소."라며 시타에게 조용히 속삭였다.

시타는 희망이 솟는 것을 느꼈다. 잔혹한 운명이 이제 자신을 떠나고 있어 보였다. 하누만은 라마로부터 받은 징표를 시타에게 주었다. 그리고 다시 라마에게 돌아와 시타의 애정과 진실을 말하는 징표를 주었다. 하누만을 본 라마는 그녀의 처지를 물었고, 수그리바에게 군대의 소집을 요청하였다. 오랫동안 란카에 갇혀 살고 있는 시타을 생각하니 한시도 지체할 수 없었다. 이제 해협을 건너 라마는 란카의 불경스러운 왕을 궤멸하고자 복수의 날개를 달았다.

라반은 하누만의 공격과 철저한 행동으로 공포에 싸였다. 하누만은 실론 섬으로 침투하였을 뿐만 아니라 감금 중에 있는 시타를 발견하였고 섬을 떠나기 전 궁중의 대부분을 불을 지르려고 하였다. 라반은 궁중 회의를 열었다. 예상하였던 대로 모든 회의 참석자들이라 할 중신들은 조심성 없이 라반을 부추기며 전쟁을 권하였다.

하지만 라바의 가장 어린 동생인 비비산만이 라반의 어리석음과 범죄를 비난하며 이 원인을 라반에 돌렸다. 라반이 의롭고 남을 해치지 않는 라마를 공격하고 모욕을 주어 전쟁이 일어났다고 열변을 토하였다. 그는 시타를 다시 라마에게 돌려보내고 라마와 평화를 모색하기를 주장하였다. 그의 목소리는 맹렬한 중신들의 외침에 곧 묻혔다.

라반의 둘째 동생인 쿰부라-카르나 또한 장형의 행동을 비난하는 용기를 내었다. 하지만 비비산과는 달리 라반이 옳든 그르든 왕을 위해 싸우기로 결심하였다. 왕이 벌린 일과 자신의 나라를 위해 쿰부라-카르나는 비난을 받으면서도 헌신적으로 충성심을 보였다. 그의 행동은 가히 숭고할 정도로 감동적이었다. 비비산은 모욕과 냉대로 궁중에서 쫓겨났다. 비비산은 라마의 군대로 들어가 란카와 그 전사들에 대한 정보를 제공하였다.

라마는 인도 대륙에서 실론 섬으로 자신의 군대와 함께 바다를 건넜다. 거기에는 해협을 가로지는 일련의 섬들이 펴져 있었다. 란카의 도시 실론의 수도는 전쟁준비에 분주하였고 이어 벌어진 전쟁은 란카의 제장들과 왕자들로 양측의 치열한 공방은 가히 장관을 이루었다. 마침내 라반은 마지막 공격을 하였지만 거기에서 칼을 맞아 죽게 되었다. 한 많은 그의 죽음으로 전쟁은 끝이 났다.

전쟁 장면을 보면 라반 자신과 그의 동생 쿰바-카르나, 그의 아들 인드라짓이 주도적으로 싸움을 수도 없이 이끌었고 이 싸움은 인도 대륙의 시인들에게 훌륭한 이야기 소재가 되었다. 전사들에 대한 시인들의 묘사는 생생하였고 마치 이들은 직접 싸움에 임하고 있듯이 전쟁 묘사는 살아 있었다.

그 중에서도 단연 으뜸은 라반 측을 상대로 한 라마였다. 그는 결코 싸움터에서 패배를 모르는 용장이었다. 그 다음으로 란카의 군주 라반이 뒤를 이었다. 라반은 두 번이나 라마의 동생 락슈만을 패배시킬 정도였다. 그리고 라마와의 싸움에서는 결코 뒤로 물러서는 법이 없었다. 라반의 동생인 쿰바-카르나와 라마의 동생 락슈만 사이의 싸움은 가히 말로 형언하기 어려울 정도의 라이벌로 치열한 접전을 치렀다. 그들은 딱 한번 붙었다.

용기에 있어서 다섯째 정도인 라반의 아들 인드리짓은 마법을 무리는 명수였다. 마법으로 안개를 부려 몸을 숨기고 두 번이나 라마와 락슈만을 공격하기도 하였다. 하지만 그도 마침내 락슈만과의 일대일 접전에서 락슈만에게 패하고 죽었다. 이 다섯 용장 외에도 양측의수 많은 전사들이 목숨을 걸고 명예를 걸고 전투에 임하여 수많은 전사자가 발생하였다. 전쟁이 끝나자 라반의 주검과 많은 전사들의 주검을 위한 화장 의식이 이어졌다.

라마와 시타는 행복하게 자신의 고향인 아요디야로 돌아왔다. 라반에 납치되어 있던 시련은 시타에게 호된 불지옥이 되어 시타를 기다리고 있었다. 라반의 영지에 감금되었던 사건으로 그녀에 대한 소문은 한 여성의 수치심을 자극하는 내용으로 가득하였다. 의로운 라마조차도 그 소문으로 인한 수치심에 안색이 변할 정도였다.

시타는 "라마! 도대체 어디에서부터 말을 해야 하나요. 그대가 나의 믿음을 불신한다면 한 여성에 대한 의심은 결국 그녀의 죽음밖에 없습니다. 당신의 징표로 추락한 여성이 다시 구원을 받았잖아요. 라마 모두 잊어 버렸나요? 성현 자낙이 나의 출생신분을 목격하였고 대지의 어머니로부터 이 시타는 태어났고, 흠결이 없는 진실된 처녀로서 그대에게 인생의 동반자가 되었거늘, 이제 한 여성의 인생을 어둡게 하는 그러한 불명예는 죽음으로 밖에 해결할 수 없게 되었군요." "내가 화장의 불꽃으로 죽어야 나에 대한 의심을 쫓아내고 의로운 남편의 냉담한 눈을 피할 수 있겠군요." 그러면서 시타는 자신을 화장시키기 위한 준비를 서둘렀다.

라마의 어둔 얼굴색과 굳게 닫힌 입과 강한 눈매는 그의 고통을 짐작하게 하였다. 시타가 만든 화장 불을 락슈만은 뛰는 가슴으로 바라보고 있었다. 시타는 조국 비데하를 향하여 신들에게 간곡한 기도를 드리고 있었다.

"나의 이름을 걸고 나의 행동과 생각이 나의 죄와 공덕을 안다면 이 불꽃이 나의 명예를 지켜 주리라. 그릇되고 거짓된 추문이 한 충실한 여성의 수치를 불러일으켰다면 이 불꽃이 나의 명예를 지켜 주리라. 평생 사랑해야 하는 세속의 의무로부터 이제 나는 자유로우니 죄와 비난을 벗어나 이 불꽃이 나의 명예를 지켜 주리라."

두려움도 없이 시타는 장작더미위로 올라갔다. 그녀의 아름다운 자태는 휘감기는 불꽃 안으로 둥글게 사라졌다. 사람들은 고통으로 신음하였으며 대양은 폭풍이 일고 있었다. 그리고 모두 시타의 진실을 위해 울고 있었다. 성현 리쉬들과 위대한 간다르바스도 신들도 시타의 높은 신애와 한 여성의 높은 지조를 목격하였다. 넘치는 생명이 큰 바다를 감싸고 있었고 철저하게 의무에 충실한 한 진실되고 흠결 없는 아내의 행동이 순간 사람들의 마음을 사로잡았다.

붉은 불꽃이 천천히 타고 없어지자 그 타고 난 불꽃에서 불의 신이 나타났다. 아름다운 비데하의 무죄한 여인은 그 불의 신의 빛나는 가슴에 안겨, 머리도 흐트러지지 않고, 이마는 반듯하게 그녀의 의복은 한점도 그을음도 없이 빛이 나고 있었다.

불의 신은 "라반은 그대의 충성스러운 여인을 불경스럽게 범하려고 하였으나 그녀의 한결같은 덕은 그녀를 더욱 강하게 만들었노라. 종종 락샤의 여성들이 어두운 무서운 숲속에서 유혹하였지만 의연하게 그녀는 고통과 슬픔 속에서도 그대를 향한 마음 한결 같았노라." "라반은 그대의 부인이 숲속에 홀로 있을 때 줄기차게 유혹하였으나 그대만을 생각하며 혼인의 진실과 미덕을 지켰노라. 내가 그 모든 행위와 언동의 증인이니 나의 신성한 명을 따르라!"

라마의 어둔 기색이 걷히며 그의 눈은 다시 빛나기 시작하였다. "내가 시타의 순결을 의심하다니! 시타의 고결하고도 한결같은 진실을 의심하였다니! 내 일찍이 그녀의 무죄함을 알았거늘 세상이 그녀의 고결함을 알도록 하라. 불의 신이 그녀의 진실과 맹세의 증인이니라!" "라반은 자신의 자존심과 열정에도 불구하고 한 여인의 사랑을 정복하지 못하였노라. 라반은 분노와 어리석음으로 한 충절한 여인을 범하지 못하였노라. 태양 빛처럼 의로운 한 여인의 삶이 지금 이렇게 빛나고 있고, 세상은 이제 이 진실의 목격자가 되었노라. 순수하고 순결한 나의 아내여." 눈물로 라마는 시타를 포옹하고 자신의 가슴에 그녀의 얼굴을 묻었다.

시타는 라마와 락슈만과 함께 신들로부터 얻은, 비비산이 라마에게 건네준 천상의 마차를 타고 금의환향하였다. 이 돌아오는 과정은 실론섬에서 인도 대륙을 횡단하는 일로 수많은 인도의 풍경과 그 풍경에 얽힌 전설과 신화를 함께 전하고 있다.

아요디야에 모인 백성들은 라마를 환영하였으며 베다 찬양으로 라마의 성스러움을 노래하고 봉헌하였다. "기쁘도다! 기쁘도다! 14년의 모진 시련이 끝나 라마는 이제 자신의 자리를 찾았으니 지친 전사가 부왕의 왕좌를 되찾았구나." 그들은 성스러운 물을 먼 곳에서 길러오고, 거대한 대양에서 길러 오고, 먼 계곡까지 길어 와 군주를 환영하였고 보석과 진귀한 보물로 장식된 왕좌로 라마를 인도하였다.

아요디야로 돌아온 라마의 귀환은 또 다른 서사시 『우타라-칸다』(*Uttara-Kanda*) 스토리에 따로 기록되어 있다. 이 이야기는 시타의 운명과 그녀의 슬픈 종말을 전한다. 어두운 의심의 구름은 여전히 시타의 명예를 덥고 있었다. 아요디야 백성은 자신들의 왕의 처신에 여러 가지 생각을 갖게 되었다. 라반의 궁중에서 살아남았던 한 여성을 다시 궁중에 데리고 온 사건에서다. 이들은 시타의 참된 고행이 끝나지 않았다고 생각하였다.

라마는 자신의 백성들의 의견을 따라 사랑하는 충절한 아내 시타를 고행 정진을 위해 숲속에 살도록 멀리 보내야 했다. 시타는 발미키라는 은둔지에서 은신처를 찾았다. 거기에서 시타는 쌍둥이를 낳았다. 라바와 쿠사이다. 수년이 흘러 라바와 쿠사는 은둔 소년들로 성장하였고 발미키의 제자로 어린 시절을 보냈다. 라마는 관습에 따라 훌륭한 말 번제를 드리기로 하였다. 제왕과 왕자들이 이웃나라로부터 초대되었고 큰 축제를 열었다.

발미키가 라바와 쿠사를 데리고 이 헌제 의식에 참석하고자 라마의 궁중에 들어왔다. 위대한 서사시 『라마야나』가 살아 있는 라마를 향해 암송되고 찬양되었다. 라마의 행동은 이미 노래와 시로 고대 인도인들의 기억 속으로 기록되었으며 어린 소년들은 전체 시를 학습하고 암송하였다.

『라마야나』는 전체 7권으로 500개의 노래와 24,000개의 이행시로 구성되어 있다. 20개의 노래는 매일 암송되고 있고 전체 시의 암송은 25일이 걸렸다고 한다. 이러한 기념 의식을 위해 그러한 암송은 고대 인도 사회에 훌륭한 스토리텔링으로 잘 보존되었다.

라마는 어떤 소년의 음송이 있자 순간 그들이 자신의 아들임을 알아보았으며 시타를 향한 그리움과 열정이 다시 밀려들었다. 그가 추방은 하였지만 결코 잊지 않고 있던 여인이었다. 그는 시인 발미키에게 자신의 아내를 자신에게 돌려주기를 간청하였다. 그리고 그는 시타가 커다란 회당에서 자신의 순결을 다시 입증해줄 수 있기를 바랐다. 그럼으로써 자신의 백성이 그녀를 인정하여 다시 데리고 올 수 있도록 발미키를 설득하였다.

시타는 마침내 궁중으로 돌아왔다. 하지만 그녀의 삶은 부당한 의심 때문에 어두움으로 가득 찼었다. 그녀의 마음은 이미 부서져 과거의 시타가 아니었다. 그녀는 오랜 고행 정진으로 정신적 성숙을 갖고 있었다. 근엄하고 경건하게 보이는 그녀는 이미 신의 사람으로 그녀의 어머니 대지가 다시 데리고 갔다. 대지는 시타에게 생명을 주었던 어머니로 히품을 하여 고통에 빠진 자신의 아이를 가슴에 품었다.

고대 찬양가 『리그베다』를 보면 시타는 곡식을 품고 있는 들의 밭고랑을 수호하는 여신이다. 『라마야나』 스토리는 이러한 시타 신에 대한 이야기를 담고 있다. 시타는 여전히 전답에서 태어난 여성으로 세속에서 온갖 시련과 의심과 모험을 겪고 다시 대지로 귀환한 여성 신이다. 그녀에 대한 이야기는 신이 인간으로 다시 신으로 돌아가는 원형 사이클 구조를 보이고 있다. 인도에서 시타는 우화가 아니다. 인도인의 마음속에, 힌두교도의 마음속에 사랑의 모델로서, 헌신의 모델로서, 한 아내의 고귀한 자기극기의 상징으로서 영원히 살아 숨쉬고 있다.

아요디야에 귀환한 라마의 행복한 귀환은 또 다른 서사시 『우타라-칸다』(*Uttara-Kanda*) 스토리를 통해 잘 알려져 있다. 행복은 라마의 통치기간 백성들에게 만들어졌으며 오늘날까지도 살아 있는 전통이 되고 있다. 라마의 후손과 그의 형제들은 서인도에서 약 기원전 4, 5세기 경에 번성하였던 위대한 도시들과 왕국을 세운 인물들로 기록되고 있다.

배다른 동생 바랏은 탁사와 푸쉬칼라라는 두 아들이 있었다. 탁사는 인더스 강 동쪽에 탁사-실라를 세웠고 알렉산더 대왕 때 탁실라로 알려져 있다. 푸쉬칼라는 푸쉬칼라-바티를 인더스 강 서쪽에 세웠고 알렉산서 대왕 때 푸에켈라오시트로 알려져 있다. 바랏의 아들은 기원전 4세기 경 인더스 강 양쪽에 번성하였던 왕국들을 세웠다.

락슈만은 안가다와 챤드라케투 두 아들을 두었다. 안가다는 카루파다 왕국을 세웠고 챤드라케투는 말의 나라에 챤드라케투 도시를 세웠다.

라마의 두 아들인 라바와 쿠사의 경우 라바는 기원전 5, 6세기 경 붓다 시절에 오우드흐 수도엿던 스라바스티를 통치하였고, 쿠사는 빈디야 산맥 자락에 쿠사바티를 세웠다. 라마와 그 형제들은 자신들의 의무기한이 다 차자 아요디야를 떠나 사라유를 건너 히말라야로 들어가 인간의 생명을 다하고 하늘에 입적하였다.

고대 인도의 스토리는 고대 그리스 스토리처럼 2개의 커다란 서사시가 있다. 『마하바라타』가 그 하나로 위대한 역사적 전쟁에 관한 전설과 전통을 토대로 쓴 이야기로 가히 이를 인도의 『일리아드』라 할만하다. 그 다음 『라마야나』로 자신의 나라에서 추방된 한 왕자의 여정과 모험을 그리고 있고 『오디세이』에 버금가는 유사성이 있다.

고대 인도인들, 달리 힌두교도들의 서사 이야기들은 고대 인도의 문명과 문화, 정치와 사회, 종교와 사상을 살펴볼 수 있게 해준다. 『마하바라타』처럼 『라마야나』는 수세기에 걸쳐서 완성된 스토리이다. 주로 북인도에서 기원전 일천년 전 번성하였던 많은 문화 종족들, 주로 아리안족의 후예들이지만 그 중에서도 오유드흐의 코살라 종족 및 비데하 종족들은 가장 문화적으로 선진화되어 있었다.

이들 종족의 군주들은 학문이나 용맹으로 명성을 얻고 있었으며 이들의 성직자들은 인도 전체에 걸쳐 학파들을 만들었다. 가장 명성이 있던 학파는 파리샤드 학파로 베다 찬양을 편찬하였고, 다양한 지역이 이를 사용할 수 있었다. 이들 학파는 영혼의 신비로움과 보편적 영혼의 속성을 탐구하였다. 이 탐구는 고대 『우파니샤드』에 잘 보존되어 있다.

코살라 족과 비데하 족이 번성하던 시기는 이제 갔다. 하지만 그들의 용기와 학문에 대한 전통은 인도의 유산으로 남게 되었다. 이때가 인도의 황금시기로 시인들의 상상력은 위대한 유산을 후대에 남겨주었다. 의로워야 히고 진실해야 한다는 힌두적 가치관과 삶의 원리들은 인간이 학습하고 보존해야하고 실천해야 할 이상적 형태와 행위로 발전하였다.

고대 인도의 스토리들은 그러한 이상 가치관과 삶의 원리를 토대로 속세의 이야기들을 만들어내었다. 코살라의 왕 다사-라사는 이상적인 왕으로 왕족이 '선' 가치를 위해 어떻게 처신해야하는 지를 보여준 모델이며, 라마는 다사-라사의 장자로서 스토리의 영웅이며 그의 이상적인 덕목은 용감하고 공적이 뛰어난 자질에 있다.

라마는 크샤트리아 지배계층으로서 왕자 신분이 해야 할 의무, 진실에 있어 결코 흔들리지 않는 강인한 정신력과 한결같은 숭고한 정신을 소유한 이상적인 왕자로서 모든 품위와 덕목을 갖춘 자이다.

비데하의 왕 자낙은 군주이며 성자이기도 하다. 그의 딸 시타는 충절을 지킨 여인으로 남편에게 헌신한 여인의 상징이 되고 있다. 그녀의 진실되고 고귀한 품성과 덕목은 일반인이 숭배할 만한 신적인 이미지를 만들어 낸다. 당시에도 가정생활의 덕목은 아내에 있어 보인다. 고대 힌두교도들의 가정의 덕목은 부드러움과 연민에 있어 보인다. 지금 이 시대에도 여전히 이러한 가정 덕목은 인도인들이 추구하고 추앙하는 보편적 덕목이기도 하다.

라마의 덕목, 시타의 충절, 아들을 추방시킨 늙은 군왕의 고통과 슬픔, 그 어머니의 고통과 슬픔, 라마의 동생 락슈만의 애정 어린 헌신, 성자들의 성스러움, 라마가 방문하였던 은둔지의 은둔자들의 이상적 교훈 등은 모두 반복적인 이미지들로 고대 인도의 상징적 가치관들이다.

『라마야나』 스토리의 가치관은 『마하바라타』와 본질적으로 유사해 보이지만 후자의 경우 쿠루와 판찰라 사이의 역사적 전쟁은 전설과 전통으로 남아있다. 『마하바라타』는 역사상 위대한 행동가들의 미덕과 동시에 이들의 죄에 관한 세속적 이야기들이다. 이들에 대한 보상과 처벌은 고대 이야기의 권선징악의 형태이다.

『라마야나』는 코살라와 비데하의 황금시기를 회상하며 지은 이야기이다. 역사적 이야기라기보다 기억들을 추려 신애와 믿음이라는 높은 이상들을 지향한 가정의 모습과 부부의 애정을 현대 인도에 남겨주고 있다. 이 이야기는 일상의 삶에서 오는 감성들을 나열하기보다 뿌리가 깊은 정신적 가치에 두고 있다.

시타의 혼인식은 드라우파디의 혼인식에 비해 초라하고 평범하게 보인다. 드라우파디의 혼인식에는 호전적인 청혼자들이 실제 시합을 해야 하는 내용과 부산함이 엿보인다. 싸움의 모습에서도 라마와 라반의 결투, 락슈만과 인드라짓의 결전은 아르주나와 카르나, 비마와 두리요단의 평생에 걸친 질투와 증오와는 비교가 되지 않는다.

라반에게 행한 시타의 저항과 반항은 궁중에서 모욕을 당한 드라우파디의 수치심과 열정보다 다소 부족한 느낌을 준다. 라반에 의해 주도되던 전쟁에 관한 중신들의 회의 모습 역시 마치야 왕국의 유디슈시르의 회의 모습에 비추어 다소 초라하다. 그리고 라반에게 평화를 호소하던 비비산의 호소는 크리슈나가 쿠루족의 늙은 군왕에게 간청하는 장엄한 연설에 비해 균등하게 비교하기가 어렵다.

전체적으로 『라마야나』 스토리는 카르나나 아르주나, 비마 혹은 두리요단 사이에 자리 잡고 있는 증오심과 분노에 어울리는 인물은 거의 등장하지 않는다. 라마의 전쟁 이야기에는 자극적이고 선동적이고 흥분을 일으키는 아비마뉴의 죽음, 아르주나의 복수, 아르주나와 카르나의 최후 결전, 비마와 두리요단의 최후 결전 등의 사건이 없다.

『라마야나』 분위기는 가라앉아 있고 조용한 반면에 『마하바라타』 분위기는 호전적이고 다소 흥분되어 있다. 하지만 『라마야나』는 일상의 삶을 중심으로 유연하고 깊은 감성들을 묘사하는 부분에 있어서 『마하바라타』를 능가한다. 이러한 일상 묘사는 본질적으로 힌두교의 삶이기도 하지만 모든 민족이나 나라들에게도 적용될 수 있는 인간의 본성을 호소한다.

라마의 백성에 대한 애정, 라마를 향한 백성의 충성심은 강하다기보다 가슴에 호소하고 있고 부드러운 색깔을 보인다. 이러한 색깔은 힌두의 요소를 가장 잘 가리키는 특성이기도 하다. 예를 들면 아버지가 자녀들과 백성들을 사랑하는 마음으로 다가 오고 고향을 축복하고 처녀와 부인들을 대하는 태도는 친근감이 가는 부분들이다. 눈물을 흘리는 라마의 모습에서 인간의 여린 감성과 동정을 이끌어 내고, 고통받고 고난의 생활을 마다 않는 라마로부터 의무와 속죄의 삶을 살펴볼 수 있다.

부친을 향한 라마의 의무, 라마를 향한 부친의 애정, 죽어가는 부친의 마음과 조국에서 들려오는 어둔 소식 등은 인도 스토리에서 가장 강력하고도 연민이 가는 에피소드들이다. 라마의 계모 그리고 왕자의 미덕과 공덕 등은 라마의 명예와 함께 나란히 병치되어 묘사되고 있고, 한 여성의 질투와 시기와 자식에 대한 그릇된 욕망은 시대와 공간을 떠나 많은 인간들의 자화상을 대표하고 있다.

또한 그릇된 욕망이 낳은 것이기도 하지만 왕은 자신이 한 말에 대한 약속을 지키려는 자세, 왕의 명에 복종하려는 자식의 마음, 친 어머니의 애절한 자식에 대한 사랑에도 불구하고 동시에 힌두교의 근원적인 가치라 할 카스트 계급의 의무와 책임, 그리고 거기에 따른 신성에 대한 갈망과 사랑과 인간성의 가치들은 타 문화의 스토리에서 보기 힘든 힌두 요소들이다.

그러한 요소들은 라마의 의무감과 의로움, 시타의 의무감과 의로움, 거기에 지배계층의 모범이 되는 말과 행동의 규범이 라마와 시타를 통하여 힌두의 가치를 잘 설명하고 있다. 라마와 시타는 완벽한 남성과 여성의 힌두 이상형이다. 힌두 이야기는 그러한 남성과 여성의 모습을 스토리에 담아 그렇게 되었으면 하는 이상과 당위성으로 캐릭터와 이야기의 에피소드를 끌고 간다.

그러는 이야기 과정은 온갖 에피소드마다 이들의 이상적 가치를 시험하는 시련과 유혹들이 등장한다. 이들의 가치는 상실 속에서도 버리지 않는 인내와 희망, 의무에 대한 헌신, 가혹한 운명의 도전에도 불구하고 강인한 정신력과 쇠처럼 단단한 굳은 의지에 있다. 이러한 힌두 형식의 의로운 삶과 참된 믿음의 형태는 마치 단테의 신곡을 읽는 기분을 준다.

단테의 『신곡』 역시 참된 믿음의 형태와 의로운 삶을 제시해 준다. 물론 기독교적 방식이다. 『신곡』은 세편으로 나뉘어 있다. 지옥, 연옥, 천국편이다. 천국은 행복과 웃음이 가득한 곳이다. 완전하고 온전한 사람만이 갈 수 있다는 기도교적 낙원의 세계이다. 그러기 위해서는 그냥 무료로 갈 수 있는 곳이 아니다. 잘못하고 그릇된 삶을 산 사람들은 지옥으로 가게 되고, 다시 온갖 시련과 어려움을 겪은 연옥에서의 삶을 완수한 이후에야 영원한 천국 세계로 들어간다는 스토리 구성을 보여준다.

현세에서의 우리 자신의 완벽하고 이상적인 삶의 형태는 무엇일까. 힌두교적 형태는 단연 라마와 시타이다. 숲속에서의 고난의 삶은 유혹이 많다. 그만두고 싶은 유혹은 인간을 가장 괴롭히는 부분이다. 슬픔, 고통, 시련, 인내 등은 하늘의 세계에 입적할 수 있는 영광을 가진 인물들에게나 가능한 형태이며 이 형태는 세속의 삶에 거울처럼 반사하여 사람들에게 어떻게 무엇을 가지고 살라는 스토리를 통해 비추어준다.

라마는 14년 동안 유배지에서 갖은 고난과 고통의 삶에도 불구하고 고귀한 자의 의무로 생각하여 굳은 의지로 이를 의롭게 지켰고 상실과 불행은 오히려 그를 강하게 만들었다. 그리고 그는 부왕의 왕좌에 떳떳하게 갈 수 있었다. 이 부분은 세속의 삶이 주는 보상이다. 스토리는 이 보상이 반드시 주어져야 하고 이 스토리를 읽는 독자에게 비로소 교훈과 삶의 가치를 지시해 줄 수 있다.

대부분의 아리안 족의 소년은 어렸을 때부터 부모에게 떨어져 지낸다. 그리고 은둔자의 힘든 삶을 살게 되고 12년, 혹은 24년 혹은 36년 동안 결혼하기 전에 그리고 가장으로서 자리를 잡기 전에 스승으로부터 지도를 받는다. 아리안 족의 소년은 거친 의복을 걸치고 지팡이를 갖고 배우는 수도자의 의복을 걸친다. 그리고 거지처럼 음식을 구걸하고 집집마다 탁발하는 삶을 살아야 한다. 그 과정에서 자신을 시험하고 성년이 되기까지의 고단한 삶을 통해 고통과 인내를 배운다.

라마의 진실과 인내는 고통과 상실에서 오게 되고 인간에게 심오한 교훈을 전달한다. 그는 바로 힌두적 의로운 삶의 전형으로 그려진다. 물론 현대 인도인들의 이상과는 다소 거리가 있지만 고대 힌두적 사고와 삶을 명확하게 이해하거나 연구하지 못한다면 현대 인도인들의 도덕적 메시지와 위대한 고대 서사시의 관련성을 이해하지 못할 것이다.

고대 인도인들의 계층구조는 카스트 구조에 있다. 계층구조마다 계층에 따른 이상적인 모습이나 가치관이나 삶의 형태를 지향하는 신들을 끌어 들인다. 그 신들은 절대신이며 유일신인 브라흐마의 화신들로 마치 인간처럼 생각하고 말하며 인간에게 밀착되어 등장한다. 이는 추상적으로만 존재하는 신과 신의 이미지와는 달리 세속의 삶에 신들을 깊이 끌어들여 인간이 어떻게 살아야 하는 가를 명한다. 이는 신의 계시이며 신탁이기도 하다. 사실 신의 계시나 신탁은 화신들의 언어, 즉 음성 밖에 없다.

라마나 아르주나의 수호신은 브라흐마의 화신인 비슈누, 그리고 인간으로 형상화한 크리슈나로 라마나 아르주나의 행동과 사고에 직접적으로 개입하고 동행하며 늘 어떻게 무엇으로 살 것인지를 가르친다. 반대로 라마나 아르주나는 수호신이라 할 크리슈나의 가르침을 직접 구하며 그의 말과 행동을 모델로 그를 추종하며, 어둠속에서 빛을 따라 가듯이 잃어버린 곳에서 광명을 찾아 올바른 길을 찾아 나선다.

라마의 이야기나 아르주나의 이야기 모두 세속의 삶에서 자신들만의 수호신을 그리며 그들을 거울삼아, 마치 모세의 신명기처럼 힌두적 가르침을 철저하게 자신들의 삶의 원리와 원칙으로 받아들이고 실천하고자 한다. 『라마야나』와 『마하바라타』는 그러한 이들의 삶을 그려낸 스토리로 일반적으로 인간의 삶이 어떠해야하는가를 보여주기도 하지만, 카스트 계층의 엄격한 계율을 의무로 실천하려는 계층 중심의 이념도 함께 제시해주고 있다.

힌두적 의무는 "달마" 혹은 "다르마"라고 한다. 그 의무에 따른 행위를 실천하는 것을 "카르마"라고 한다. 의무와 그를 실천하는 행위, 즉 "달마"와 "카르마"는 세속의 삶에 있어서 주어진 업이다. 그 계율이 적용되는 세속을 "삼사라"고 한다. 이 삼사라는 카스트 계층에 따른 윤회의 법칙이 지배하고 있다. 이승과 저승으로 이어지는 계층의 순환 고리는 누구나 피할 수 없는 인과적 법칙(인과율)에 따른 숙명이고 운명이다.

그 윤회의 법칙에 따른 계층의 운명은 "마야", 즉 세상의 죄악으로부터 항상 유혹을 받기 때문에 의로움과 강인한 의지가 필요하다. 그 의로움의 끝에는 고난의 시간이 주어지고 신을 만나는 경지, 브라흐마와 합일을 이루는 경지이며 즉 해탈("모크사" 혹은 "목샤")을 이룰 수 있는 단계이다. 그때야 비로소 세속 윤회의 사슬을 벗어나 하늘의 세계에 영원히 입적할 수 있다.

세속의 삶의 형태로 남성의 경우 힌두적 이상이 시련과 인내라면 헌신과 자기극기는 여성의 힌두적 이상이다. 이러한 이상 가치는 아주 어린 나이에서부터 듣게 되고 가족 관계에서부터 형성되는 가르침이다. 인도인들은 이러한 가르침을 기억하고 소중하게 보존하고 현실에서 실천한다. 황량한 사막에서 갖는 시타의 모험이나 적에게 납치되어 감금되어 있는 시련도 여성 삶의 혹독한 시험을 보여주는 이야기 형태이다.

모든 고난이나 어려움 속에서도 자신의 의무에 충실하고 헌신하는 삶은 인도인에게 매우 자연스러운 형태로 다음 생애로 이어지고 있다. 물론 삶의 이상은 즐거움과 행복이다. 이 즐거움과 행복을 이 세속에서 찾느냐 신의 세계에서 찾느냐는 지역마다 풍토적으로 다소 다르다. 인도인들이 세속의 의무에 따른 고난과 고통과 정진을 소중히 한 반면에 그리스인들은 세속의 즐거움과 행복을 더 강조한다.

인도 여인 시타가 세속의 경건함과 인내, 그리고 헌신을 다해 신들의 즐거움과 행복을 추구하는 자세와는 달리 그리스 여인 헬렌은 여신의 아름다움과 사랑스러움을 세속에서 추구하려는 자세를 보인다. 다만 두 여인 모두 태어날 때부터 죄를 지을 수밖에 없고 선을 선택하기 어렵다는 유대교적 사고와 기독교적 사고에서 나타나는 부정적 이미지를 갖고 있지는 않다.

그래서 인도의 경우 그리스처럼 여성을 보면 사회적이고 문화적인 규범에 따라 남성에 헌신하고 남성의 가치에 예속되기는 하지만 인간의 본질에 비추어 여성이 죄의 근원이라는 시각은 없다. 이러한 시각은 이슬람 문화와 유사한 특성으로 『아라비안나이트』의 쉐하르자드의 경우 세속적 욕망과 야망이 비록 남성을 통해 이루어지고 있지만 그 욕망을 죄악시하지는 않는다.

시타는 헬렌과 다소 다르며 쉐하르자드와도 다르며 막달리 마리아와도 다르다. 여성의 인성적 특성이 다르다기보다 이들이 살아가는 환경이 다르다는 뜻이다. 환경이 다르므로 그 환경에서 주어지는 오랜 역사적이고 문화적인 규범이 다를 수 있고, 그 풍토에서 자란 종교적 가치와 원리가 다르다. 이러한 다른 종교적 가치가 다르기 때문에 각 여성의 인성적 특성은 다르게 규정되고 다르게 이들의 인생행로가 스토리에 나타나기 마련이다.

무엇을 가지고 어떻게 살아야 하는가? 시타는 힌두적 가치와 원리에 따라 자신의 삶을 정해야 하고, 헬렌은 그리스적 가치와 원리에 따라 자신의 삶을 정해야 하고, 막달라 마리아는 유대교적 가치와 원리에 따라, 예수의 가치와 원리에 따라 자신의 삶을 정해야 하고, 쉐하라자드는 이슬람 가치와 원리에 따라 자신의 삶을 정해야 한다.

스토리는 각 가치와 원리에 따라 살 때 그 결말은 행복과 즐거움이라는 보상이 주어지게 되고, 그렇지 않을 때는 그 반대로 불행과 고통이 주어진다. 물론 스토리의 세계는 현실의 세계와는 다소 다르다. 스토리가 추구하는 긍정적 가치에 따라 살지 않는 다고 하여 덜 행복하거나 덜 즐거울 수 있다고 말하기는 어렵다. 거짓말을 하고도 쾌락을 추구하고도 더 잘사는 사람들은 현실에 얼마든지 있다. 다만 스토리 세계에서는 그 정의적 가치에 대한 평가가 반드시 이루어져야 한다.

시타의 경우 자신의 남편에게 신뢰와 헌신으로 혼인 전처럼 신에게 맹세하여 자신의 결백을 입증하였지만 자신이 속한 집단의 신뢰를 얻기 위해서는 또 한번 숲속으로 추방을 당하는 운명을 맞게 된다. 이러한 여성에 대한 힌두 가치는 여성에게 그만큼 어렵고 힘든 의무를 지우고 있다는 뜻이기도 하다.

그럼에도 시타는 흔들리지 않는 믿음으로 그 의무를 묵묵히 행하여 자신이 태어난 대지의 여신 세계로 행복하게 축복을 받으며 진입한다. 결국 그녀의 구원은 세속에 있지 않고 저승에 있었다. 세속에서 힌두 가치를 철저하게 신봉하고 따랐을 때에야 저승에 가 행복과 축복을 받는 다는 힌두 구원의 메시지가 시타에 관한 이야기이다.

『마하바라타』가 인도인들의 용기, 영웅주의, 야망, 고결한 기사도 정신과 같은 남성 중심의 정치적 삶을 묘사한 스토리라면『라마야나』는 부드러움, 달콤함, 인내, 그리고 헌신이라는 여성 중심의 가정적이고 종교적 삶을 구체화한 스토리이다. 전자의 스토리와 후자의 스토리는 배타적이기보다 상호 보완적이다. 마치 그리스인 호머의『일리아드』와『오디세이』를 연상시킨다.

그리스인들처럼 인도인들도 인간이 신이 될 수 있다고 믿고 있다. 인간이 완벽한 경지에 이르면 신의 속성이 부여되어 그 인간은 영원히 기억되고 추앙의 대상이 된다. 심지어 종교적인 경배의 대상이 되어 오랜 세월이 지나는 동안 신의 이미지를 갖게 된다. 헤라클레스가 신이 된 것처럼 라마 역시 신의 혼을 가진 자로 참되고 의무에 찬 인간으로 그려지지만 세상의 보존자인 비슈누의 화신으로 하강한 성육화로 그려진다.

기원후 13세기에서 14세기에 걸쳐 라마난다라는 인도인은 라마를 이슬람의 마호메트로 연결시켜 힌두의 절대 신 브라흐마와 마호메트의 절대 신 알라를 같은 신으로 통합하는 시도를 하였다. 다만 인도인들은 그리스인들처럼 라마를 신으로 숭배하고 이슬람의 신 알라로 숭배하기도 하였다. 라마가 실제 살았다는 베나레 도시는 성지이고 이슬람의 성지는 메카로 신이 살고 있는 곳이라고 한다.

고대 인도나 현대 인도는 차이가 있지만 여전히 브라만 승려 계급과 크샤트리아 계급 중심의 사회 지배구조를 유지하고 있다. 그러므로 이 지배계층의 종교적 가치는 절대적이며 다른 계급의 가치를 지배하고 있다. 왕족들의 이야기는 곧 하부계층의 삶의 원리로 작용한다. 고대 서사시의 신들인 크리슈나는 크샤트리아가 숭배하는 비슈누의 화신이며 라마는 크리슈나의 화신이라고 인도인들은 믿고 있다.

그렇다고 지배계층의 수호신 비슈누가 모든 계층의 이익을 대변하고 있지 않고, 항상 라마 같은 지배자가 있는 것도 아니다. 혹은 라마와 같은 가치를 실현하는 군주가 세속에는 없을 수 있기 때문에 다수의 피지배계층은 늘 억압과 불행과 가난을 경험한다. 이들을 해방시킬 수 있는 궁극적인 길은 종교적 해탈이기는 하지만, 세속에서 이들을 구원해 줄 절대적인 수호신이 필요하기는 마찬가지다.

인도의 피지배계층의 신은 시바로 알려져 있다. 시바는 창조와 보존의 의미가 아니라 파괴와 소멸의 의미이다. 세속의 형태가 바뀌어, 아니면 혁명이 일어나 미천한 신분을 해방시킬 수 있는 어떤 전지전능한 신이 있기를 바라는 소망은 곧 시바의 탄생을 의미한다. 시바는 브라흐마 아래의 비슈누와 그런 의미에서 동격이다. 당연히 비슈누의 화신이 현실에서 인간의 형태로 나타날 수 있다고 믿는 것처럼 시바 역시 그 화신이 현실에서 인간의 형태로 나타날 수 있다고 피지배계층은 믿는다. 시바의 화신이야말로 윤회의 사슬(인과적 법칙)로부터 구원해 줄 초자연적 존재로 다수의 민중은 믿고 있다.

주로 드라비다족이 많이 사는 남인도 지역에서 숭배되는 신이 시바 신이다. 북인도 지역은 아리안족의 정치적 영역 내이지만 이 지역의 토착 드라비다족이나 피지배계층은 시바 신을 자신들을 구원해 줄 신으로 믿고 숭배한다. 라마가 귀족 계층이 염원하는, 기존 질서를 숭상하는 세속의 화신이라면 '바바니'는 피지배계층이 염원하는, 기존 질서를 전복하고 싶어 하는 세속 화신의 하나다.

여신 '바바니'를 숭배하고 그 여신을 통해 세속의 염원을 이루어 보려는 열망은 인도 하층민의 이야기들 속에 잘 드러난다. 아마 '바바니' 여신은 라마처럼 역사적으로 생존하였던 여성이었든가 싶다. 한때 라마가 인도인의 이상이 되고 시타가 인도 여성의 이상이 되는 인물이었다면, 바바니는 핍박받고 억압받는 하층민의 여성일 수 있을 것이다. 전자가 인도인의 숭배의 대상으로 신격화되고 종교적 의식을 통해 비슷한 염원을 꾸는 사람들의 소망을 들어 주는 신으로 자리를 잡은 것이라면, 반대로 '바바니' 역시 그 인생행로는 반대일 수 있지만 비슷한 과정을 걸었을 것이다.

고대 인도인들의 설화나 전설 그리고 신화적인 이야기를 떠나 현대 인도인들의 삶을 잘 보여주는 『벤디트 퀸』 스토리가 있다. 시반 신이 피지배계층을 상징하고 기득권 세력에 저항하며 지배세력의 가치관을 파괴하는 의미를 담고 있다면 『벤디트 퀸』은 그러한 피지배계층을 대변하는 시바 신의 이야기이다.

당연히 피지배계층은 비슈누에 관한 이야기 보다 시바 신에 관한 이야기를 즐겨 만들며 기득세력에 저항하는 정신을 그 이야기에 담으려고 한다. 그래서 이들의 이야기는 혼란과 무질서를 보여주어 지배계층을 종종 당혹스럽게 한다. 현대의 피지배계층의 한스러운 이야기에는 언제든지 이 시바 신이 등장한다.

『벤디트 퀸』은 도둑떼의 여왕이라는 뜻이다. 최하위 계층인 수드라 출신의 한 여성이 이 도둑떼를 이끌고 지주계층이나 지배계층에 저항하고 대항한 중심인물로 나온다. 그렇다고 도둑떼라면 비도덕적으로 비치니, 이 또한 지배계층의 말이고 피지배계층은 의적단으로 부르기를 좋아한다. 부정하고 부당한 지배계층으로부터 재물을 빼앗아 빼앗기고 소외된 피지배계층인, 특히 수드라 계층에 공덕을 베푸는 훌륭한 인물로 스토리에 등장한다.

이들은 항상 시바 신을 위해 의식을 베풀며 자신들의 꿈을 실현시켜 줄 것을 기대한다. 이야기의 전개와 캐릭터는 당연히 이 꿈의 방향과 일치하고 있다. 무엇보다 브라흐마이든 비슈누이든 시바이든 인간과는 거리가 멀다. 그래서 인간은 또 구체적인 신을 창조하고 싶어 인간 곁에 두고자 한다.

비슈누의 화신이 크리슈나인 것처럼 시바의 화신은 『벤디트 퀸』을 보면 '바바니' 신이다. 물론 비슈누를 상징하는 인간의 모습을 한 수많은 화신들과, 시바를 상징하는 인간의 모습을 한 수많은 화신들이 지역마다 다르게 각 수호신의 기능과 역할을 한다. 『벤디트 퀸』의 '바바니' 신은 하층 여성을 수호하는 신으로 주인공 캐릭터가 자신을 보호하고 수호하는 의미로 이 '바바니' 여신을 끌어 들인다.

이러한 인간의 모습을 한 화신들은 인간의 활동 영역에서 매우 구체성을 보여준다. 아마도 이러한 신들의 이름은 한때 그러한 이름을 쓴 인간이 그 계층의 꿈과 염원을 갖고 최고의 활동을 했던 인물들일 수 있다. 그로 인해 후세에 그 계층에 속한 사람들로부터 신격화되었을 수도 있다. 크리슈나나 바바니 등의 신은 인간이 할 수 있는 최선의 덕목과 그 계층의 이익을 대변하며 이 각 계층의 정의를 실현하는 신들로 그려진다.

그래서 그 계층을 대변하는 인물들은 그들이 죽은 이후 그들이 속한 계층사람들에 의해 기억되고 제사나 의식 속에서 신으로 숭배되는, 즉 신화 속의 인물로 탈바꿈한다. 신화 속의 인물은 대체로 신처럼 활동하는 존재로 이상형 인물들이다. 세속의 꿈과 염원을 상징하는 이 신 같은 인물들은 결국 세속 이야기의 주인공들이다. 이들을 통해 세속의 행복추구와 고통해소를 이루려는 종교적인 차원의 숭배의식이 이야기 속에서 반복적으로 나타난다.

『벤디트 퀸』은 하층 계급 수드라의 우상인 풀란 데비(Phoolan Devi)

에 관한 자서전적 스토리이다. 그녀가 감옥에 있을 때 썼다고 한 이 스토리는 세카르 카 푸르 감독에 의해 1994년 『벤디트 퀸』이라는 영화로 만들어 졌다. 풀란 도적떼의 실제 주인공으로 잘 알려진 풀란 데비는 한때 인도의 하원의원으로 2001년 7월 25일 뉴델리 시내의 자택 앞에서 괴한의 총에 맞아 숨졌다. 인도 경찰은 풀란 데비 의원이 승용차로 의회에서 집에 도착한 순간 3명의 괴한들이 총을 난사해 숨졌다고 밝혔다.

풀란 데비의 죽음을 둘러싸고 많은 의혹이 있었지만 지금까지도 시원하게 밝혀진 것이 없다고 한다. 그녀의 동료들은 그녀의 죽음이 정치적 음모라고 주장하였고 한때 그녀의 죽음으로 인도의 수도가 천민계급의 폭동이 있을까하여 혼란과 공포에 싸였다고 하지만 지금까지 그녀의 죽음에 대한 원인이 밝혀지지 않고 있다.

스토리 『벤디트 퀸』의 주인공 풀란 데비의 죽음은 정치적 이유도 크지만 인도 사회의 오랜 카스트 제도로 인한 한 여성의 죽음으로 보는 시각도 있다. 매우 흥미로운 주제로, 인도사회의 종교적 카스트 계급을 살펴 볼 수 있는 현대판 인도 스토리가 만들어 질수 있는 훌륭한 이야기 소재이다.

이단과 여성의 문제는 에코의 『장미의 이름』이나 브라운의 『다빈치 코드』만의 이야기는 아니다. 『벤디트 퀸』에 나타나는 인도의 이단의 문제와 여성의 문제는 첨단기술과 급격한 산업사회의 발전에도 불구하고 현대 인도사회를 진단해 볼 수 있는 매우 심각한 쟁점을 던진다.

이단은 물론 정통 해석에 반하는 다른 해석을 가리킨다. 정통 해석이란 카스트 계급을 옹호하거나 기존의 질서를 유지하려는 기득계층의 지배 권력의 담론을 말한다. 이 지배계층의 이념은 오랜 동안 인도사회를 바쳐온 힌두교의 종교적 이념에서 출발하고 있다. 『라마야나』

와 『마하바라타』에서 볼 수 있는 크리슈나와 아르주나, 라마나 시타의 이야기에서 찾아 볼 수 있는 지배계층의 의무와 도덕성의 숭배이다.

『벤디트 퀸』은 이러한 고대 인도의 오랜 종교철학과 정치적 질서를 붕괴시키려는 저의를 담고 있다. 하층 계급 수드라의 한 여성 풀란 데비가 인도 하원의원이 되었다는 사실 하나만이라도 인도 사회에 큰 충격이지만 그녀가 차지하고 있는 하층 계급의 정치적 비중은 생각보다 엄청나다.

그녀는 하층 계급의 우상이 되었으며 거의 신격화되었다고 하여도 과언이 아니다. 아마 그녀의 죽음은 하층 계급의 숭배로, 혹은 여신으로 오랫동안 그들의 염원을 담아내는 이상이 될 것이며 기득계층의 폭력과 이에 대한 저항의 상징이 될 것이다.

『벤디트 퀸』에서 보여 지는 하층민의 생활은 20세기 후반까지도 비참한 천민 계급에 대한 이야기이다. 특히 여성의 생활은 더욱 비참하였다. 주어진 '삼사라'의 인과적 원리에 승복해야하고 저승에서부터 주어진 천민신분은 윤회의 법칙으로 인해 이를 벗어나려는 어떤 종교적 원리나 해석도 인도사회에서는 금기시되거나 논의 자체가 금물이다.

대부분의 하층민이나 인도 여성들은 이러한 윤회의 법칙을 묵묵히 운명처럼 받아들이고 자신이 속한 계층의 의무를 당연시하고 그 의무에 따른 행동을 숙명처럼 안고 살아간다. 그들의 삶은 현대사회에 비추어 죽는 게 나을 정도였다. 풀란 데비는 이러한 사회 모순에 대하여 적극적으로 투쟁해 나간 여전사였고 순교자였다.

풀란 데비는 기존 계급에는 도적이었지만 그녀가 속한 계급에는 부조리한 사회 모순에 저항하고 이를 전복시키려던 행동주의자 의적이었다. 그녀는 있는 계층의 재산을 강탈하여 천민에게 나누어 주었다.

그러니 천민들은 그녀를 하늘에서 온 신으로 보았고, 인간의 모습으로 하강하여 자신들의 곁에서 자신들을 구원해주는 구세주로 받아들였다. 그들의 신은 시바였고, 그 하층민의 여성 화신은 '바바니'였다. 시바에서 바바니로 이어지고 또 하나의 바바니가 풀란 데비로 전생에서 환생하였다고 믿게 되었다.

영국의 하층민의 우상인 로빈 훗, 헝가리의 샨도르, 조선의 임꺽정과 홍길동은 도적이지만, 달리 의적으로 추앙을 받는 인물들이다. 정의는 어디에 있을까? 진실과 거짓 게임은 스토리의 중요한 모티브이다. 시바 신의 입장에서 볼 때의 정의와 진실의 형태, 비슈누 신의 입장에서 볼 때의 정의와 진실의 형태는 어떻게 각 스토리에서 모양을 갖출 수 있을까.

스토리 『벤디트 퀸』은 여성에 대한 화두로 시작을 한다. "짐승, 북, 문맹, 여자는 때려야한다." 힌두교의 풍습이라고 하지만 스토리 내내 풀란을 다루는 시각은 하층민의 여성은 짐승이나 북으로 취급되며 그리고 보다 심각한 것은 여성들에 대한 무지였다. 인도 사회의 편견은 생각할 수 없을 정도의 계급사회가 지배하고 있었으며, 하층 계급에 대한 억압과 폭력, 남자들로부터 맞는 여성의 모습은 계층 차별은 물론 여성차별이라는 이중고를 적나라하게 보여주고 있었다.

실제로 풀란은 39살에 의원이 되었다가 43세 때 총격을 받았지만 17살에 산적에게 납치된 뒤 19살부터 고향 우따르 프레데시 주 북부에서 산적 떼를 이끌며 천민의 영웅으로 떠오른다. 21살이 되던 1983년에 그녀는 경찰에 투항하여 11년간의 옥살이를 하게 되고, 후에 사면을 받아 산적에서 정치인으로 그 신분이 바뀐다. 그녀의 인생은 하층민에서 신분상승을 경험하게 된 말 그대로 자유와 해탈의 상징이다.

이로보아 그녀의 출생은 1958년으로 1994년 풀려나 정치에 입문하게 되고 2001년 사망한 여성이다. 북인도 우따르 프라데시 주의 작은 마을에서 수드라 계급으로 태어나 11살 때인 1968년 여름 당시 인도의 풍습이 그랬던 것처럼 염소 한 마리와 녹슬어가는 자전거 한대에 팔려 시집을 가게 된다. 스토리는 이러한 풀란의 어린 시절로 시작한다.

11살인 풀란은 어머니가 반대하고 여섯 아이를 둔 아버지가 사위가 될 청년이 33살임에도 불구하고 어머니가 늙어 돌보아 줄 며느리가 필요하다는 그의 말에 시집을 강제로 보낸다. 아버지 데비딘은 철저하게 카스트 사회 구조와 의무에 충실한 인물로 나온다.

아버지의 생각에 여자는 "남편의 발을 만지며" 남편의 축복을 받고 살아야한다. 동네 아낙들은 풀란에게 "남자들은 노둑놈 이래"라며 어린 나이에 시집가는 풀란에게 동정을 보내지만 어린 풀란은 "내 혼내 줄래"라며 거침없는 성격을 드러낸다. 물론 아직 어려 세상 물정을 잘 모르는 나이이기도 하다.

간단한 결혼의식을 치른 풀란은 어머니로부터 자그마한 패물을 받게 된다. 남편을 따라 떠나는 날 아버지에게 들켜 손 안에 든 패물을 모두 빼앗기고 작은 보따리를 들고 22살이나 차이가 나는 남편을 따라 길을 나선다. 가는 길의 큰 강에는 높은 현대식 다리와 큰 트럭들이 현대 인도의 모습을 상징하듯이 빠르게 질주하는 모습은 어린 풀란이 자그마한 보따리를 들고 남편의 뒤를 떨어져 따라가는 모습과 대조를 이루고 있다. 산업과 첨단 사회의 인도와 오랜 악습의 인도가 기묘하게 대조를 이루고 있다.

시집을 온 풀란의 눈물겨운 천대는 우물가의 에피소드에서부터 전해진다. 우물가는 마을이 공동으로 사용하는 곳으로 풀란 비슷한 또래의 아동들과 아낙내들이 모이는 곳이다. 물 항아리에 물을 채우는 풀란을 보고 동네 처녀들이 "천민은 저쪽으로 가라!"며 소리를 지른다. 꾹 참으며 물을 길은 풀란은 머리에 항아리를 이고 우물가를 나서 집으로 향한다.

우물가에서 조금 떨어지자 비슷한 또래의 남자 아이들이 "늙은이의 여편네야!"하며 풀란을 비웃고 조롱을 하다가 그만 새총으로 항아리를 깨드리고 풀란은 물을 뒤집어쓴다. 순간 풀란은 뒤로 돌아서며 "염병할 새끼들! 마녀에게나 장가가거라!"하며 당차게 저주를 퍼붓는다. 그러자 우물가에 있던 아낙내들과 또래의 여성들이 놀라서 풀란을 쳐다보고 아이들은 놀래 도망을 가게 된다.

이 장면은 풀란의 성격을 묘사하고 있다. 어쩔 수 없이 시집을 왔지만 풀란은 여느 소녀와 달랐다. 거침없이 내 뱉고 있는 말과 독설은 그녀의 앙칼진 성격은 물론 굴하지 않는 강인함고 당찬 행동을 보여주고 있었다.

집에 돌아 온 풀란은 깨진 항아리로 인해 시어머니로부터 호된 꾸지람을 듣는다. 그러자 풀란은 오히려 시어머니에게 "지주들처럼 놋그릇을 사주었으면 이런 일이 없었다"고 항변한다. 그 말을 들은 시어머지는 어처구니 없어하며 "팔려 온 주제에"라며 할 말을 잃는다. 그리고 아들을 불러 풀란의 버릇을 고치라고 한다.

그날 밤 남편은 풀란을 때리며, 옷을 벗기고 성적으로 어린 소녀를 학대한다. 남편이 아내에게 하듯이 "언제 크느냐"며 성행위를 강요하고 폭력을 행사한다. 어둔 방에서 폭력과 아픔으로 슬프게 울부짖는 풀란의 울음은 한밤의 적막을 깨뜨리며 온 집안에 울린다. 어둠 속에서 지켜보던 시어머니는 슬그머니 자기 방으로 돌아간다. 풀란이 당하는 가정폭력과 고통은 홀로 어린 나이에 감당해야 할 너무 버거운 것이어서 연민을 불러일으킨다.

다음날부터 몸 아래가 아파 호소하는 풀란이지만 시집으로부터 노역과 냉대를 당한다. 매일 들판으로 나가 염소도 돌보아야 하는 생활을 한다. 북인도에 넓게 펼쳐져 있는 황량한 산악은 풀도 없는 언덕들이 수겹씩 걸쳐져 있었으며, 그곳으로 풀란은 염소 떼를 몰고 간다. 그리고 그 넓게 펼쳐진 자연환경 속에서 무한한 해방과 자유로움을 느끼는 순간 염소 떼를 몰던 막대를 내 던지고 그대로 자연 속으로 빨려 들어간다.

결국 풀란은 고된 시집살이와 성적 학대를 견디다 못하여 그 길로 어린 나이에 집으로 도망을 가버린다. 이는 두 번째 에피소드로 풀란이 어느 소녀와 다른 행동을 보여주는 사건이다. 그녀를 본 아버지는 "돈 있는 집에서는 참고 살아야 하는 데 저것은 이제 망쳤어!"라며 딸을 미워한다. 참고 살지 않는 그녀의 성격은 다소 당돌하고 도발적이었다.

고향으로 돌아 온 풀란은 집안일을 돌보며 소녀기를 보낸다. 17살이 되는 무렵 이미 몸은 성숙하여 예쁜 얼굴과 처녀티를 내고 있었다. 동내 총각들이 동내를 오가는 풀란을 그냥두지 않았다. "천민 주제에 남편을 버리고 도망을 왔어!" 때로는 성희롱을 하며 지나가는 그녀를 모욕하는 말을 서슴지 않았다.

그 마을에 촌장 아들 아쇼크가 있었다. 어느 날 풀란이 집안의 땔감을 주우러 나오자 뒤를 따라 온 촌장 아들은 그녀를 희롱하였다. 가볍게 생각한 풀란은 몇 마디 농을 주고받았지만 촌장 아들은 돌아가는 풀란을 뒤에서 껴안으며 그녀를 범하려 하였다. 실랑이를 하다 옆에 있는 곡식 덤불 위에 넘어지는 순간 강압적으로 아쇼크가 덮치자 풀란은 벌떡 일어서 촌장 아들을 발로 차고 밀며 거친 말로 몰아붙였다.

이 사건으로 마을 회의가 열렸다. 마을 사람들은 신분에 따라 두

패로 나뉘어져 중앙에 풀란을 세웠다. 한쪽은 지주계급으로 바이샤 계층이고 반대쪽은 천민계급으로 수드라 계층이었다. 바이샤 계층이 일방적으로 수드라 계층을 몰아세우며 마을 회의를 끌고 가고 있었다. 마을 회의가 아니었다. 바이샤 계층의 일방적인 몰아세우기로 수드라 계층은 아무런 말도 하지 못하고 있었다.

촌장의 심문이 이어졌다. "너 혼자 들에 왜 나갔느냐? 버릇없이 머리에 숄도 쓰지 않다니! 아쇼크는 왜 불렀냐?" 아쇼크는 "짐을 들어 주려 하였을 뿐입니다." 아쇼크의 숙부 술래쉬가 거들었다. "아쇼크에게 한번 해달라고, 몸이 근질거린다고 하였다나요." 동네 사람들 중 바이사 계층의 사람들은 크게 웃으며 풀란과 그 아버지를 비웃었다. 수드라 측의 사람들은 아무런 항변을 못하고 있었다. 일그러진 얼굴의 아버지와 풀란의 모습은 세상의 부조리한 모습 그대로 그들의 삶 자체였다. 촌장은 "풀란은 마을 사람들에게 해로우니 마을에서 추방을 한다"는 판결을 내리고 남자들을 유혹한다는 누명을 씌워 풀란을 내 쫓는다.

풀란은 고향을 쫓겨나 다른 마을에 살고 있는 사촌 오빠 마도의 집으로 가게 된다. 자전거 뒤에 풀란을 태우고 자기 집으로 가던 사촌 오빠 마도는 사촌임에도 불구하고 예쁜 얼굴과 매력적인 몸을 가진 풀란을 장난기 어리게 희롱을 한다. 급기야 풀란은 마도에게 자신이 자전거 앞에 타고 싶다며 앞으로 옮겨 타고 몰고 가다가 언덕 아래 길에 와서는 자전거를 멈추지 못하고 곤두박질치게 된다.

하지만 이들은 친남매처럼 재미있어하고 즐거워한다. 풀란의 거침없는 성격은 황야 그대로 충동적이며 도발적이다. 그때 총을 든 일단의 산적들이 그들의 앞을 가로 막는다. 마도가 평소 연락을 하던 산속의 도적떼였다. 산적 떼의 부두목 비크람이었다. 비크람은 마도에게 그녀가 누구인가를 물었다. 그러자 풀란은 "나에게 직접 물어보라!" "남편은 내가 버렸다." "도둑 아닌가!" 비크람은 의외로 도발적인 풀란의 태도에서 특별한 것을 보았고 그녀에게 관대하였다. 풀란과 비크람의 첫 만남이었다.

철도 다리 밑 강에서 목욕을 하는 풀란을 훔쳐보던 비크람과 그러한 그의 모습을 한편으로 알면서도 모른 척 목욕을 하던 풀란의 태도에서 이들의 운명적 사랑이 싹트고 있었다. 비크람은 풀란과 같은 천민출신이었다. 황야의 산 속은 자유와 해방 그대로였다. 문명세계와 마을은 엄격한 카스트 계급이 지배하고 있었고 황야의 들판은 마치 계급이 없는 해방 공간처럼 보였다.

오빠 마도의 집에서 한동안 기숙하던 풀란과 마도의 관계가 심상치 않아 보여 올케가 마침내 마도에게 어린아이들도 많고 집안이 넉넉지도 못하니 이제 풀란을 돌려보내라고 마도를 몰아붙였다. 마도는 직접 자신이 말을 할 수가 없다고 하자 올케가 이제 지낼만큼 지냈으니 떠나라고 한다. 이 말을 들은 풀란은 바로 가차 없이 오빠 마도의 집을 떠난다.

마도는 "마을에 가면 널 죽일거야! 고집 부리지마!"라고 말렸으나 풀란은 "오빠나 마누라 비위나 맞히고 살라고"하며 뒤도 돌아보지 않고 철도다리를 건넌다. 말리는 마도에도 불구하고 철도를 따라 다리를 건너는 풀란의 모습과 멀리서 급히 다리 위를 스쳐가는 기차의 아슬아슬한 모습에서 겁이 없는 풀란의 모습이 기묘하게 교차된다.

다시 고향 마을에 돌아 온 풀란은 경찰에 체포된다. 촌장 집이 털린 배후로 지목을 당한 풀란은 경찰서 유치장에 감금된다. 왜 돌아왔느냐는 경찰의 심문에 풀란은 "갈 데가 없어요"라고 대답한다. 사촌 오빠 마도와 산적을 만났다는 정보가 들어 와 그녀의 유치장 감금과 심문은 생각보다 간단치 않았다. 점차 경찰은 그녀의 신분과 감금되어 심문하는 과정에서 성적 희롱을 하게 되고 급기야 성 폭력으로 이어진다. 경찰의 성 폭력은 상상외로 심각하였다.

경찰들에게 돌아가며 강간을 당한 풀란이 처참한 모습으로 감옥에 방치되고 있을 때 어떤 지주가 보석금 2만5천루피를 주고 그녀의 석방을 시도한다. 풀려난 풀란은 아버지에게 인도되어 집으로 돌아온다. 그 지주가 촌장 아들인 아쇼크였다. 아버지는 "딸을 갖는 것은 저주받은 거야!"하며 불평을 하였다. 그날 밤 촌장 아들 아쇼크의 사주를 받은 산적의 우두머리격인 바부가 보석금을 이유로 풀란을 산으로 끌고 가고자 들이 닥친다.

이들을 피해 골방에 숨었던 풀란은 바부가 남동생을 죽이겠다고 가족들을 협박하자 할 수 없이 모습을 드러내고 그들을 따라 나선다. 거기에는 오빠 마도도 있었고 비크람도 함께 하고 있었다. 바부는 "천민은 맞아야 해!"라고 소리치며 풀란을 붙잡아 산 속으로 끌고 간다. 이후 풀란은 바부의 성노리개로 전락한다. 그녀는 심한 구타와 성적 학대에 시달리며 산속 생활을 계속한다.

이를 보다 못한 비크람이 바부에게 항의를 하자 "천민주제에!"하며 비크람을 모욕과 심한 욕설로 몰아붙인다. 풀란은 처지 그대로 운명의 벼랑 끝에서 고통과 절망으로 버려진 짐승처럼 취급되었다. 바부와 비크람은 그럼에도 계속 마을이나 도로에 나가 도적질을 하였다. 경찰은 그러한 산적을 쫓고 산을 수색하는 일을 반복하였다.

어느 날 경찰은 은신처를 습격하였고 기습을 당한 산적들은 도망가기에 바빴다. 한참 깊은 산속으로 도망을 갔던 산적 떼들이 휴식을 취하자, 바부는 다시 풀란에게 강제로 성행위를 요구하였다. 산속 황야, 그것도 대낮에 부하들이 멀리 보이는 곳에서 바부는 풀란을 강제로 성폭력을 행사하고 있었다. 비크람의 부하들이 보다 못하여 비크람에게 "이대로 참아야 하느냐! 천민으로 무엇 때문에 산적이 되었느냐?"며 비크람을 원망한다. 비크람은 "힌두교 세력권이라 바부가 대장이지 않느냐"며 패배의식을 드러낸다.

하지만 몸부림치고 울부짖는 풀란을 보다 못한 비크람은 바부를 사살하고 만다. 그 순간 비크람을 따르던 천민 출신들이 일제히 바부의 측근들을 총으로 사살하기 시작하였다. 비크람은 그 순간 "바바니 여신 만세! 여신께서 바부를 벌한 것이다." "죽은 놈들을 뒤져 돈은 빈민에게 주어라. 그 돈은 빈민의 것이다. 이 여자는 오늘부터 우리의 동지다!"라며 산에 들어와 도적이 된 목적을 분명히 하고 풀란에게 연민을 보인다.

일시에 도둑 떼를 장악한 비크람과 부하들은 남은 바부 부하들을 회유하고 바부의 잔당을 없앤다. 비크람은 말 그대로 산에 들어 온 목적과 목표를 실천한다. 세상의 악과 편견을 피해, 그리고 그러한 사회 부조리에 저항하고자 산에 들어 왔던 천민 출신들과 비크람은 비로소 도적의 탈을 벗고 의적으로 변신한다.

같은 천민 출신이었던 풀란은 비크람에 의해 인간 대접을 받게 된다. 둘은 마을의 빈민이나 천민보다 부정한 지주들을 공격하여 재물을 빼앗는다. 그들은 합심하여 그 재물을 빈민들에게 나누어주는 의적활동을 시작한다. 의적으로 변신한 풀란은 마을에 들어와 "우리는 경찰도 지주도 아니며 제사를 지내러 왔다. 시바와 바바니의 이름으로 맹세한다. 마을을 보호하기 위해 의식을 치루겠다. 풀란 데비는 마을의 수호신이다!"

여자가 도적이라는 신기한 모습에 마을 사람들은 호기심으로 그녀를 바라보고 풀란을 위해 의식을 베푼 비크람은 붉은 띠를 풀란의 머리에 씌워주며 신의 선물이라고 말한다. "여신 바바니가 운은 스스로 개척한다고 가르쳐 주었다"며 "풀란 데비는 마을을 지켜주는 수호신이야"라고 마을에 선포한다. 그리고 비크람은 오빠 마도를 시켜 지주가 낸 2만5천루피 보석금을 이자까지 합쳐 갚아준다.

말 그대로 황야에서 비크람과의 삶은 자유와 행복 그대로였다. 비크람은 "난 돈으로 여자를 사지 않아!"라며 정의감과 의로움을 가진 도적이었다. 지주에 대한 증오로 그는 풀란에게 총을 쏘는 법과 산타는 법을 가르쳤다. 한번은 경찰의 수색대에 몰려 피하기 어렵게 되자 둘은 꼭 껴안은 채 좁은 곳에 숨어 경찰의 눈을 피한다. 이때 어떤 감정을 서로 느낀 둘이지만 풀란은 오히려 비크람의 뺨을 때리며 자신을 원하느냐고 묻는다.

말이 없는 비크람을 보고 사랑을 느낀 풀란은 자신이 주도적이고 적극적인 행동으로 비크람을 이끈다. 따뜻한 비크람의 마음씨는 풀란의 마음을 녹였다. 경찰복장으로 지나가는 차량을 함께 털며 이들은 "비크람과 풀란의 부대다! 비크람과 아름다운 산적 풀란이다!"소리치며 자신들의 의로운 행동을 세상에 알린다. 바바니 여신의 은총을 입고 의적으로 서로 사랑하게 된 이 둘은 점차 그 명성이 널리 퍼진다.

지주에 대한 저주로 마을을 습격하여 재물을 빼앗고 빈민에 나누어 주던 이들은 지배계층에는 두려움의 대상으로 천민에게는 동경과 숭배의 대상이 되었다. 경찰의 추적과 수색이 계속되었으나 천민들의 도움으로 풀란과 비크람은 쉽게 포위망을 빠져나가곤 하였다. 할 수 없이 경찰은 감옥에 갇혀 있던 비크람의 대장 스리람을 풀어주고 이들을 잡고자 하였다.

경찰서장과 밀약을 한 스리람은 "천민 비크람과 풀란을 내가 처리하겠다"며 자신의 부하인 비크람을 죽이려는 거래를 하였다. "그 놈은 대장감이 못되고 원숭이에 불과"하다며 출옥한 스리람은 비크람 부대가 있는 산으로 들어간다. 스리람의 음모를 모르는 비크람은 출옥한 스리람을 환영하며 그의 복귀를 반긴다. 비크람을 본 스리람은 "비크람! 유명해졌더군." "이 여자가 풀란이야?" "여자와 함께 산적 일을 하다니!"

그러한 스리람에게 비크람은 "풀란은 우리의 동지요!" 그럼에도 불구하고 스리람은 풀란의 미모와 몸을 탐내었다. "풀란! 이리와 보아." 자신에게 소리치는 스리람을 거역할 수 없어 풀란은 비크람의 눈치를 보며 두목 스리람 곁으로 갔다. 갑자기 자신을 희롱하려하자 이를 뿌리친 풀란은 겨우 몸을 뺐다.

꿈에 까마귀를 보아 불길하다는 풀란의 말과 소극적이었던 비크람은 스리람 문제로 서로 다투었다. 풀란은 "왜 가만히 있었느냐"며 자신을 외면한 비크람을 향해 "당신 대장도요?" 비크람은 "대장이라도 거절해!"라며 소리를 쳤다. 그러자 풀란은 "다음에는 내가 쏘아 버릴 거예요!"

앙심을 품은 스리람은 기회를 보고 있었다. 어느 날 강가에서 풀란이 빨래를 하고 있었다. 그녀 곁에는 비크람이 한가롭게 누워있었다. 그 순간 멀리서 저격탄이 비크람을 향해 날아들었고, 비크람이 신음을 냈다. 총을 맞은 비크람이 물가로 쓰러지자 풀란은 놀라 소리를 질렀다. 풀란은 급하게 비크람의 부하들에게 명을 하여 방어 자세를 갖추고 총소리가 나는 쪽으로 고개를 돌렸다. 슬며시 나타난 스리람은 오히려 아무 일도 없던 것처럼 그 장소를 피하였다.

저격을 당해 사경을 헤매던 비크람은 풀란에게 "아무도 믿지마"라고 속삭였다. 비크람의 부하들에게 명하여 돈을 챙긴 풀란은 칸푸르시로 비크람을 데리고 잠입하였다. 숙박업소에 들어가 의사를 불렀다.

치료비용으로 뭉치 돈을 꺼내는 풀란을 본 의사는 탐욕의 시선으로 그 돈을 바라보았고 이들의 신분을 알아 차렸다.

의사가 가자 조금 있다 방을 노크한 인물이 있었다. 의사가 보낸 인물로 그는 비밀보장을 조건으로 추가 돈을 요구하였다. 의사는 누이 결혼이라며 6천루피를 요구하였다. 부정하고 타락한 의사의 모습은 인도 사회의 부패와 불의가 심각하다는 것을 말하고 있었다. 사람들은 할 수 없이 산에 들어가 도적질을 하게 되고 도적떼는 점차 늘어나고 있었다.

몸을 치유한 비크람과 풀란은 풀란의 고향으로 들어갔다. 가족들과 행복한 시간을 잠시 갖게 된 풀란은 어머니를 상봉하고 누이와 남동생을 만나고 조카들을 만나며 행복한 시간을 가졌다. 아버지는 함께 온 비크람과 풀란을 걱정하며 남편에게 돌아가라고 풀란을 부추겼다. "지옥이에요!" 화가 난 풀란은 아버지의 뜻대로 남편에게 가겠다고 하며 아버지에게 거칠게 대들었다. 아버지는 비크람에게 "이 애는 남편한테 가야 해." "애 남편이 보복할 거야"라며 여전히 신분계층의 틀을 벗어나지 못하였다.

과거의 일이 생각난 풀란은 비크람과 함께 남편의 마을로 들어가 그를 끌어내었다. 그를 묶어 산으로 끌고 온 풀란은 몸을 묶고 총으로 가격하였다. "어린애를 강간하는 놈은 모두 내가 죽인다!" 11살에 시집을 가 겪었던 성 폭행과 폭력이 되살아 나 죽도록 남편을 팬 풀란은 용서를 비는 남편을 그대로 두지 않았다. 경찰에 자신의 추악한 죄를 낱낱이 편지에 쓰라고 하였다.

한을 푼 풀란과 비크람은 마을을 떠났다. 이미 부하들에게 자신의 소식을 전한 비크람과 풀란은 산 입구에서 부하들을 만나려고 기다리고 있었다. 바위에 누운 비크람과 풀란은 잠시 가벼운 농을 주고받으며 행복한 시간을 보내고 있었다. 비크람은 "이젠 진짜 의적이야!"라며 풀란을 인정하였다. "최소한 20명이상 죽여야 영웅이야. 그땐 주장을 할 수 있어. 그땐 항복해 달라고 애원을 하지. 1명 정도는 잡히면 교수형이야!"라며 풀란을 부추겼다.

풀란은 비크람에게 그렇게 유명해지려고 산적이 되었느냐 결혼한 적이 있느냐고 물었다. 결혼하였다는 비크람에게 풀란은 "사랑이 없는 결혼은 무의미해요. 단지 정열의 찌꺼기일 뿐이에요!" "난 사랑의 결실로 태어난 걸까?"하며 여성으로서 낭만적이고 순수한 사랑의 의미를 새기고 있었다. 사랑은 마치 계급과 세상의 편견을 극복하는 마술 같아 보였다.

그 순간 어디에선가 총소리가 나며 갑자기 바위에 있던 비크람이 몸을 웅크리고 굴러 떨어졌다. 몇 발의 총알이 더 비크람의 몸에 꽂혔다. 비명을 지르며 쓰러진 비크람의 몸을 안은 풀란은 스리람이 다가오는 소리를 들었다. "저년을 데리고 가!" 소리와 함께 비크람의 시체는 짐승의 밥이 되는 신세로 버려졌다.

산 속으로 끌려 온 풀란은 스리람에게 엄청 얻어맞고 온몸이 만신창이가 되었다. 배에 염소와 함께 태워진 풀란은 베마이 마을로 끌려갔다. 베마이 마을은 스리람의 본거지였다. 창고에 묶여 갇힌 풀란은 그날 저녁 스리람의 부하들에게 하나씩 윤간을 당하고 심지어 베마이 마을 유지 20여명으로부터 윤간을 당하였다. 그 순간 그녀는 희미하게 비크람의 환영을 보았다. 문에서 활짝 웃고 들어오는 비크람의 환영과 자신의 몸을 덮치는 베마이 마을 지주들의 얼굴이 겹치며 온몸은 만신창이로 찢기고 버려졌다.

그렇게 3일이 지난 후 스리람은 풀란의 몸을 벗기고 나체로 마을 중앙에 있는 우물터로 끌고 와 물을 길으라며 온갖 모욕과 수모를 주었다. 마을 한 복판 우물터에서 물을 길는 풀란은 발가벗은 몸이었고 마을 사람들은 그런 그녀를 지켜보고 있었다. 스리람은 풀란에게 다가가 풀란의 머리를 붙들고 마을 사람들에게 "이게 풀란 데비야! 벤디트 퀸이야! 산적의 여왕이야!" 소리쳤다. 아이러니하게도 스토리 타이틀인 '벤디트 퀸' 용어가 처참한 풀란에게 치욕적으로 처음 등장하였다. 모욕과 치욕으로 철저하게 유린당한 풀란은 그렇게 버려졌다.

겨우 도망쳐 오빠 마도의 집 주위에서 마도에게 발견당한 풀란은 마도에게마저 "오빠도 탐이 나면 나를 가져!"라고 몸부림치며 처참하게 울부짖었다. 폴란은 그의 도움으로 몸을 회복하였다. 이미 도둑으로 유명해진 풀란을 본 마도는 비크람의 측근이었던 만싱을 천거하였다. 남자를 경계하고 믿지 못하게 된 풀란이었지만 비크람이 가장 믿은 부하라는 마도의 말에 만싱을 만나게 되었다. 만싱의 소개로 풀란은 이슬람 도적 떼의 두목인 바바를 만났다.

이슬람 도적 떼들은 힌두교도들처럼 계급이 없었고 다소 신분상 자유로워 보였다. 바바에게 자신은 "지주, 귀족들과 싸워 의적이 되었다. 이곳은 이슬람 영역이지만 곧 혼란이 올 것이다"고 하자, 바바는 "계급을 완전히 무시할 수는 없다. 하지만 의리가 있다!"며 그녀에게 호의를 보였다. 하지만 그 역시 적은 소리로 "여자가 뭘 하겠어" 하며 비웃고 있었다.

풀란은 자신의 독립된 의적단을 요구하였다. 만싱과 풀란을 손잡게 하고 바바는 천민임에도 그녀를 따를 부하가 있다면 자발적으로 선택하도록 하였다. 순간 수십 명이 그녀의 부하를 자처하였다.

바바는 풀란에게 스리람은 경찰의 끄나풀이니 조심하라고 경고한다. 완전히 바뀐 풀란은 베레모를 쓰고 군인 복장을 하고 마을을 습격하였다. 그녀는 지주를 공격하여 재물을 빼앗아 빈민에게 나누어주었다. 그리고 바바에게 헌납하였다. 마을을 습격할 때마다 풀란은 "만싱과 풀란이다! 빈민들은 안심하라! 부녀자들은 걱정하지 마라!"며 금붙이와 귀중품을 털었다. 그녀의 태도는 당당하고 눈빛은 형형하였다.

이미 명성이 나기 시작한 어느 날 풀란이 마을을 습격하는 동안 경찰이 차를 몰고 달려 왔다. 침착한 풀란은 마을을 빠져 나가면서도 골목에서 어린 소녀를 만나자 그녀의 이름을 묻는다. 다마얀티라고 하자 아빠는 어디 계시냐고 묻는다. 술을 마신다는 답에 풀란은 빼앗은 귀중품 일부를 그녀에게 주며, "내가 주는 선물이다. 천민이라고 기죽어선 안돼!"는 말과 함께 천민 소녀에 대한 동정과 연민을 드러내었다.

경찰의 추적을 뿌리치고 산으로 도망을 간 풀란은 마을 습격에 성공을 하였다. 산에 들어 온 풀란은 부하들로부터 "바바 만세! 풀란 만세!"라며 환호와 환영을 받았다. 풀란의 명성은 전국적으로 유명하여졌고 그녀의 이름은 공포 그 자체였다. 그녀는 천민들에게 바바니 여신 자체였고 그들의 수호신이었다. 풀란은 늘 비크람이 바바니 신의 선물이라고 준 붉은 머리띠를 하고 있었다.

그 무렵 바바는 스리람의 결혼 소식을 풀란에게 알려 주었다. 비크람에 대한 풀란의 복수심이 끓어올랐다. 그녀는 이미 결혼식이 열리는 베마이 마을을 향하고 있었다. 1981년 2월 14일 결혼식이 열리는 베마이 마을에 들어 간 풀란은 마을을 이 잡듯이 뒤지며 스리람을 수색하였다. 눈치를 챈 스리람은 이미 마을을 빠져 나가고 없었다.

풀란은 "부녀자들은 집에서 나오지 말라! 남자는 모두 끄집어 내라!"고 소리치며 혼란에 빠진 마을을 수색하고 자신을 능욕하였던 베마이 마을 지주들을 모두 끌어내기 시작하였다. "개 같은 지주 놈들!" 지주들을 저주하며 풀란은 마을 중앙 우물터 한쪽 벽에 마을 남자들을 일

렬로 세워 놓고 분을 삭이지 못하고 있었다. 풀란은 그들의 얼굴을 하나씩 쳐들어 보며 소리치고 그날의 수치와 모욕으로 제정신을 잃었다. 풀란은 무참하게 그들 모두를 살육하여 보복하였다.

풀란은 비크람의 말처럼 20여명 이상인 24명을 한꺼번에 죽였다. 풀란의 명성은 전국 뉴스거리로 번졌고 언론을 통해 세상에 널리 알려지게 되었다. 죽은 베마이 사람들의 화장은 며칠을 두고 승려들이 다비식을 베풀고 장례를 치렀을 정도였다.

풀란의 이름은 "다슈 순다리" 즉, 아름다운 의적으로 불리며 하층계급의 영웅으로 떠올랐고 일약 국내외 유명인이 되어버렸다. 국가경찰 간부들과 관리들은 비상이 걸렸다. 내무부장관은 '천민이니 곧 잡히겠지! 언론이 풀란을 영웅으로 만들고 있다!'며 불평을 할 정도였다. 연일 신문이나 방송은 풀란의 소식을 전하고 있었다. 베마이 마을의 친인척들은 정부를 압박하였다. 국민의 원성이 커지자 경찰총수가 직접 나서 도적떼의 소탕에 나섰고 풀란의 체포에 나섰다.

바바는 그 과정에서 경찰의 수색에 걸려 총살형을 당하였고 스리람은 도망을 쳤다. 경찰의 보복으로 잡히면 교수형에 처할 것이라는 포고문이 붙었다. 풀란의 부하들은 경찰의 집중적인 수색에 하나씩 잡혀 즉결 총살에 처해졌다. 죽은 도둑들의 시체 옆에서 공을 세우기 위해 경찰들은 사진을 찍었다. 신문과 방송은 도적떼 소탕과 즉결 총살의 소식을 전하고 있었고, 이미 국가적인 문제로 떠 오른 도적떼의 소탕은 내각 총 사퇴라는 인도 국민의 압력으로까지 일이 번졌다.

스리람은 풀란이 두려워 경찰에 보호를 요청하였다. 경찰도 스리람을 이용하여 풀란의 체포에 나섰으나 풀란의 체포는 쉽지 않았다. 경찰은 산 속의 웅덩이나 물이 고인 곳에 독을 뿌려 풀란 일당을 잡고자 하였다. 풀란은 "시바 신이 나에게 화냈나 보아. 엄마가 보고 싶어. 아버지도 보고 싶어..."라고 말하며 지친 몸을 만싱과 함께 산 속에서 보내고 있었다. 부하들은 거의 잡혀 사살되고 있었고 정부에서는 풀란의 투항을 요구하고 있었다.

왜 시바 신이 화를 내었을까? 지나친 복수심과 보복 행위는 신까지도 풀란을 버린 듯 하였다. 마침내 오빠 마도가 산속에 들어왔다. 경찰의 위협에 살기 힘들다며 풀란의 자수를 권고하였다. 이제 총알도 없고 부하도 없으니 자수하라는 마도의 말에 "나는 계곡이 보호해주어 잡히지 않을꺼야!"라며 풀란은 오빠를 조롱하며 큰 소리를 쳤다.

마도는 "현실을 수용하고 새 삶을 찾으라"고 풀란을 설득하였다. 마도가 돌아 간 이후에도 풀란은 한동안 산속에서 은거하였다. 정부의 투항요구와 동료들이 사살되고 주위에 아무도 없어지자 풀란은 자수를 결심하였다. 웅덩이의 물도 모두 독을 풀아 놓아 버티기 힘들었다. 풀란은 만싱과 함께 1983년 2월 12일 마침내 산에서 내려왔다.

풀란의 자수는 당시 수상에게 정치적으로 어떤 승리를 주는 큰 사건이었다. 풀란은 투항하면서 조건을 내걸었다. "동지들의 안전과 경작할 땅을 제공하고, 여자를 사고파는 행위나 강간에 대한 특별법을 제정하고, 천민에 대한 무상교육" 조건이었다. 또한 풀란은 8년 후 석방 조건으로 하였다. 정부는 풀란의 요구를 들어주기로 하였다. 수상과 정부 관료, 모든 언론이 지켜보고 있는 곳에서 천민들의 환호 속에 나타난 풀란은 군중들의 지지에 놀랐다.

1993년 11월 인도정부는 천민 자치주를 선포하였고 힌두교 악습을 금지시켰다. 그리고 1994년 2월 38세에 티하르 감옥에서 풀란은 석방이 되었다. 나중 일이지만 풀란은 힌두교도에서 불교도로 개정하였다고 한다. 매우 뜻밖의 일이지만 불교의 정신은 평등사상에 있었기 때문에 풀란의 한 맺힌 심정을 들여다 볼 수 있는 사건이기도 하다.

그녀는 천민 계층을 위한 자선사업가로 변신하여 소외되어 억압받은 자와 여성을 대변하겠다고 국민 좌파 전선 연합 내 사회당 후보로 카푸르 시에서 하원의원으로 출마하여 당선되었다.

1963년 인도의 천민계급으로 태어나 11살 때 염소 한 마리와 자전거 한 대에 팔려 33살의 홀아비에게 시집을 간 여자로 풀란은 14살 때 지주에게 강간을 당한 뒤 마을에서 쫓겨났고, 17살에 산적에게 납치되어 윤간을 당하고, 19살에 산적 떼의 두목이 되어 베마이 마을 지주 24명을 공개 처형한 여자이다.

그녀는 그처럼 도적떼의 여왕이었다. 정부를 상대로 천민계급과 동지들의 안전을 협상조건으로 하여 투항한 여자로서 풀란은『벤디트 퀸』 스토리의 실제 주인공이었다. 인도의 카스트 계급 사회의 모습과 힌두교도의 악습에 따라 천민으로서 굴절된 삶을 살았던 풀란은『라마야나』의 시타와는 전혀 별종의 여자였다. 무려 3천년 이상 지속되어 온 인도의 카스트 계급사회는 삼사라의 윤회법칙에 따라 현대 인도인들의 생활 깊숙이 자리하고 있었다.

풀란의 이름에는 인도 여성, 특히 수드라 계층의 여성에 대한 비참한 절망과 사회 구조의 폭력과 여성의 희생을 상징하고 있다. 그녀의 삶은 인도의 부조리한 카스트 계급에 온몸으로 저항하고 천민계급을 해방시킨 순례의 여정에 해당되어 보인다.

풀란은 인도 민중들의 영웅으로 우뚝 서 정치인으로 탈바꿈하였고, 천민계급의 살아 있는 여신 '바바니'가 되었다. 바바니 여신의 존재는 풀란에게 수호신으로 그녀에게 어떤 가치로 어떻게 살아야 하는 가를 가르친 이상과 모델이었다. 바바니 여신은 카스트의 윤회 업보를 해탈해줄 수 있는 사막과 황야에서 만난, 신의 계시를 가르치는 신탁의 존재였다.

2001년 7월 25일 오후 1시 30분 경 3명의 괴한들은 20초 동안 풀란을 향해 자동소총을 난사했다고 한다. 풀란은 모두 6발의 총알을 맞았고 그 중 3발은 관자놀이를 관통했다고 한다. 마치 파키스탄의 여걸 부토가 2007년 12월 27일 선거 직전 폭탄테러로 살해된 장면을 연상시킨다. 인도의 언론들은 그녀의 적이었던 상층 카스트가 저지른 복수라고 추측하는 보도를 내보냈다.

7월 26일 "라나"라는 용의자가 자수를 하였고 라나는 풀란이 1981년 베마이에서 공개 처형했던 지주들의 복수를 한 것이라고 인터뷰에서 밝혔다. "난 내가 한 일을 자랑스럽게 여긴다. 나는 작년에 베마이를 방문했다. 거기서 풀란이 죽인 사람들의 미망인들을 만났다. 그늘의 얼굴엔 고통과 분노로 가득하여 있었다."

다른 정치적인 이유가 무성하게 퍼졌지만, 라나의 말은 인도 사회의 현주소를 알려주는 상징적인 이야기이다. 풀란은 1994년 출옥 이후 지금의 남편 우메드 싱을 만나 결혼을 하였다. 힌두교에서는 과부의 재혼을 허용하지 않아 11세의 어린 나이였지만 한번 결혼을 한데다 남성들에게 윤간을 당한 바 있는 풀란의 재혼은 힌두교로선 용인하기 어려운 부분이었다.

풀란이 불교도로 개종한 배경에는 재혼의 문제가 있었다고 한다. 풀란과 우메드의 결합은 힌두교의 인습을 뛰어넘는, 풀란의 말처럼 "사랑이 없는 결혼은 욕정의 찌꺼기"라는 신념을 실천한 사랑의 결정체처럼 보였다. 불교의 정신은 과연 그러한 힌두교의 인습 타파와 어떤 관련이 있을 까.

풀란의 가까운 친구들에 의하면 책과 영화로 유명해진 풀란의 재산 때문에 우메드가 결혼했다는 것이며, 재산 문제로 자주 이들은 다투었다고 한다. 처음 우메드와 이혼을 반대하였던 풀란이 심경의 변화를 일으켜 비밀리에 이혼을 추진하자 그에 앙심을 품은 우메드가 사람을 시켜 저지른 범행이라는 추측도 있다.

풀란을 둘러 싼 진실과 거짓 게임은 『벤디트 퀸』스토리의 맥을 이루고 있다. 인도 사회의 카스트 계급구조의 진실은 고대 인도 경전 『마하바라타』나 『라마야나』가 만들어낸 지배계층의 이데올로기 산물이지만 무지한 하층 계급에게는 지켜야 할 의무와 행동 규범만이 지속적으로 이야기를 통해 그들의 삶을 지배하고 있다. 삼사라를 지배하는 윤회의 법칙(달마와 카르마)은 인도인들의 삶을 지배하는 우주의 원리로 보인다.

풀란의 죽음은 그러한 인도 사회의 업보인지 모른다. 설혹 업보가 아니라 하더라도 인도식의 사유방식은 풀란의 태생과 삶, 풀란의 죽음, 풀란의 내세를 해석하는 원리로 작용하고 있는 것은 분명하다. 천민으로서 태어나 천민으로서 지켜야 할 의무와 행동은 그녀의 죽음을 재촉하였다.

힌두 인과율의 법칙에 따른다면 세속의 눈에 풀란의 삶은 당연히 천민의 의무와 행동을 다 해야 한다. 즉, 풀란이 사는 환경은 스토리의 배경에 해당된다. 스토리의 세계는 풀란에게 거짓된 세계이지만 세속의 눈에 그 세계는 풀란이 진실로 승복하고 살아야 할 카스트 진리의 세계이다. 풀란은 이 카스트 진리를 거부하고 저항하였던 셈이다.

결국 풀란의 해방과 자유는 불교에 있었다. 불교식의 사유방식과 출생, 삶, 죽음, 내세에 대한 해석은 풀란을 이 세속에서 해방시킬 수 있는 새로운 원리나 가치일 수 있다. 그녀는 재혼의 문제이기도 하였지만 새로운 삶의 원리로 불교를 선택하였다. 힌두 사회의 경우 첨단

문화나 영화 산업이 발전하는 인도이지만 여전히 힌두 관습과 장르를 철저히 배제하기는 어려울 것이다.

한국에서는 일찍 상영되었지만 인도에서 상영이 금지되었던 『벤디트 퀸』이 칸에서 선보인지 2년이 지나서야 인도에서 상영되었다고 한다. 내용상 폭력과 노골적인 성적 표현은 삭제되었지만 흥행은 성공하였다고 한다. 인도 대법원은 풀란의 가슴 노출과 성적 행위, 그리고 폭력적이고 선동적인 풀란의 언어 때문에 상영을 금지시켰다고 한다. 여전히 풀란이 사는 세계는 힌두적 가치 세계이다.

제7장 불교 스토리의 종교성

스토리 『삼사라』의 타이틀은 인도인들의 사고를 알 수 있는 용어이다. 이 "삼사라"는 인도인들이 생각하는 인간관과 세계관을 말한다. 삼사라는 우리가 사는 세상을 가리키는 인도인의 용어이며 그들의 인간관과 세계관을 설명하는 개념이다. 인도인들은 이 삼사라가 어떤 법칙에 의해 움직인다고 믿고 있다. 그 법칙의 원리를 "업"(業)이라는 개념으로 설명한다.

이 "업"은 인도 힌두교의 원리 중의 하나로 카르마라고 하며 불교에 전승된 인과율의 법칙으로 인간 존재에 관한 윤회사상을 말한다. 영어로 성육신 'reincarnation'에 해당되는 개념으로 예수의 성육신의 정도는 아니지만 인간은 죽어서 저승에 있다가 다시 우리가 사는 현세상인 이승으로 돌아오게 된다는 의미이다. 이런 원칙은 현세에 사는 인간은 그 전생의 삶과 필연적으로 인과관계가 있다고 설명한다.

그래서 힌두적 인간은 죽은 후 육신만 소멸되고 영혼은 저승에서 떠돌다 인간의 육신을 빌려, 혹은 부모를 선택하여 자신의 혼을 태어날 육신 형태에 담아 다시 태어날 뿐이다. 하지만 이 태어난 형태는 죽기 전 어떤 사회계층에 있었느냐에 따라 결정되기 때문에 개인이 임의로 정할 수 없다.

물론 그 사회계층이란 인도의 카스트 계급구조로 승려계급인 브라만 계층, 왕족이나 귀족 혹은 소위 상류계급인 크샤트리아 계층, 요즘으로 보아 지주계층 혹은 농공상에 속해 있는 일반 평민은 바이샤계층, 그리고 노예나 농노 등 하층민에 속한 계급인 수드라 계층을 말한다. 이러한 사회계급 구조를 개인은 선택할 수도 없고 한번 주어지게 되면 다시 태어나도 영원히 이 굴레로부터 벗어날 수 없다.

벗어날 방법은 없지 않다. 인도 용어 모크샤(혹은 moksa, 목샤)는 불교의 니르바나로 영어 단어 'nirvana'에 해당되는 용어로 열반의 뜻을 담고 있는 해탈을 의미한다. 벗어날 수 있는 출구를 주어야 어떻게든 올바르게 살려고 하지 않을까 싶다. 이 모크샤의 용어는 이승에서의 인간의 평등사상을 담고 있다. 또한 윤회의 업이라 할 삼사라 세계로부터 영원히 해방을 꿈꾸는 인간의 욕망을 가리킨다.

모든 것으로부터의 해방, 자유, 영원한 삶, 이것은 종교성의 기본 정신이다. 그러기 위해 인도인들은 현실에서 꿈을 꾼다. 하지만 꿈만 꾸어서 될 일은 아니고 오랜 기간의 수행과 자기 정진이 필요하다. 그 끝에 인간과 삶과 세상과 우주에 대한 깨달음을 얻는 순간 영혼은 육체로부터 물질세계로부터 자유로워진다.

이 깨달음의 경지가 브라흐마 신과 합일하는 신비한 체험이다. 스스로 신이 되어 어디인지는 모르지만 저 멀리 영혼이 자유롭게 해방된다. 개인은 아트만(atman)이라고 하며 정신과 육신으로 분리되어 있지만 정신은 범(brahman-梵)에 연결되어 있으며 육신은 삼사라에 연결되어 있다.

따라서 육신은 중요하지 않으므로 부단히 고통을 주고 학대하여 고도의 정신세계를 지향한다. 그러기 위해 수양방식으로 요가가 중요한 육신 활동에 해당된다. 불교에서는 이를 '선'이라 하며 일본에서는 이를 중심으로 선불교가 발전시켰다. 물론 동아시아에서는 '참선'이라는 용어가 흔히 사용된다.

고대인들에게 육신과 관련된 세상이 좋을 리가 없다. 특히 종교인들은 인간이 육신으로 인하여 악행을 저지를 가능성이 크다고 본다. 그래서 인도인들은 육신을 지배하는, 물질을 지배하는 세상의 악이 있다고 생각한다. 그 용어를 마야라 하며, 영어 단어로 'maya'로 쓴다. 물론 마야부인을 연상할 수 있지만 육신의 쾌락을 추구하지 않는다고 할 수 없기 때문에 마야부인은 때로 숭배의 대상이기도 하다. 이러한 육신의 행동을 카르마, 혹은 칼마, 영어 단어로 'karma'라 한다. 그래서 인도의 경우 남녀의 노골적인 섹스 장면을 숭배하는 신상들이 많다. 이 경우도 하층계급이라 할 드라비다족의 유산일 수 있다.

기독교가 유대교의 끝자락에 나온 것처럼 불교는 힌두교의 끝자락에서 나온다. 기독교나 불교 모두 토착 종교인 유대교와 힌두교로부터 나오고 거기에는 인간이 모델이 된 종교형태이다. 따라서 기존 종교가 신을 중시하는 반면에 기독교와 불교는 인간을 중시하는 종교적 정신을 갖고 있다. 따라서 기독교와 불교는 인간을 가리키는 개념에서 출발하므로 기독교는 예수이고 불교는 싯다르타이다. 이러한 인간 중심의 종교는 지배계층의 종교에 대항하는 정신을 갖기 때문에 기득권층에 위협적인 형태로서 기존종교를 파괴적으로 위협하고 질서를 무너뜨리고자 한다.

예수가 가난하고 소외된 자를 위하고 스스로 청빈정신을 강조하였듯이 부처는 병들고 가난하고 소외된 자를 위해 스스로 고난의 삶을 택하였다. 이들의 꿈은 유대교와 힌두교의 기존질서에 도전하고 새로운 질서를 모색하고 있었다. 그 으뜸에는 세속을 지배하고 있는 하늘의 법칙을 깨는 작업이었다. 그 하늘의 법칙은 예수의 경우 모세의 율법이었고, 부처의 경우 『마하바라타』나 『라마야냐』의 아르주나나 라마의 율법이다.

인도의 스토리에는 40대, 50대쯤 되면 삶을 정리하고 히말라야 산으로 들어가는 인도인들이 전형적으로 나타난다. 브라흐마 신과 만나기 위한 구도자의 삶을 택하고 거기에서 해탈을 이야기 하며 계급구조로부터 영원히 벗어나고자 한다. 카스트의 오랜 전통과 이를 옹호하는 경전들인 『바가바드 기타』, 『베단타』 등은 카스트를 정당화시킨다.

인도의 경전에 나오는 신들은 크샤트리아 계층을 옹호하고 계급구조를 지원하는 신들이 등장하지만 또한 영원히 세속의 굴레를 벗어나는 방법을 제시한다. 불교도들은 전자 보다 후자의 목표를 집중 조명한다. 이들은 부처의 상을 신으로 숭배하지 않으며 다만 영원한 행복은 완전한 인간 단계에 도달하는 것이다. 누구나 완전한 인간이 될 수 있다는 생각과 신이 될 수 있다는 생각은 불교와 힌두교의 차이이며 힌두교에 대한 불교의 대항가치이다.

불교의 『본생경』은 부처의 전생과 이승의 생에 대한 스토리이다. 부처는 생전에 쌓은 공덕으로 저승에 가서도 다시 전생의 선행과 공덕으로 점차 이승에서 부처가 될 수 있다고 한다. 『본생경』은 이처럼 부처의 전생과 이승에 얽힌 인과율의 이야기 547가지를 모았다. 사실상 부처는 예수처럼 글을 쓰지 않았다고 한다. 모두 후에 제자들이 스승의 이야기를 모아 경전으로 만든 것이 『본생경』이고 성서의 『신약』이다. 이들은 모두 이야기 천재, 즉 이야기 전문가인 이야기꾼이다. 예수가 중동의 포도원 이야기가 많다면 부처의 경우 모두 인도의 풍토적인 내용인 코끼리 등의 이야기가 많이 나온다.

부처가 이승에서 깨달음을 얻기 전 수행자로 있을 때의 스토리를 편찬한 『본생경』은 바로 부처 이전 단계인 보살 또는 대사의 이야기이다. 『본생경』은 팔리어로 쓰여 진 다섯 소부에 속하고 『자타카』라 하며, 불교식 인간간과 세계관의 원형에 해당된다. 이 『본생경』은 『생경』, 『백연경』, 『현우경』, 『잡보장경』 등의 한문으로 번역되었다고 한다.

부처님의 전생 이야기는 또한 『육도집경』, 『보살본연경』, 『보살본행경』, 『보살본생만론』 등에 실려 있다고 하며 약 700여 편의 부처 전생 이야기가 있다고 한다. 부처의 깨달음과 가르침은 너무 위대하여 싯다르타라는 세속 이름과 깨달음 이후의 석가모니만으로 설명하기 어렵다고 한다. 또한 그의 6년 고행만으로 불교의 진리를 깨달을 수 없을 것으로 보고 있다.

하지만 왕자 싯다르타는 힌두교로 교육을 받고 성장하였기에 힌두의 윤회 법칙에서 오는 힌두교적 인간관과 세계관을 잘 알고 있었다. 다만 불교에서는 윤회의 법칙을 카스트계급으로 설명하기보다 전생의 이야기와 현세의 이야기 사이의 인과율로만 설명하고자 한다.

출신성분은 자유롭다. 현세에서의 삶의 형태가 전생의 삶의 형태를 결정지으며 다시 현세의 삶의 형태를 결정하는 인과율의 법칙을 불교는 따르기 때문에 계급에 억매이기보다 모든 삼라만상에 이를 적용한다. 모든 삼라만상의 점까지도 이러한 인과율의 법칙에 따르고 있다고 보기 때문에 점이 곧 우주이며 우주가 곧 점이라는 종교철학사상으로 발전한다.

이러한 순환은 한번에 끝나는 것이 아니라 무량세월, 즉 셀 수 없는 세월동안 반복과 반복을 거듭하게 된다. 그래서 인생은 한번 죽고 끝나는 것이 아니라 계속해서 살아가는 원형 형태이므로 한번 죽으면 예수의 재림을 기다려 심판을 받는 기독교의 선형적 운명론에 비해 불교의 운명론은 다음 생을 위한 여유를 준다.

사실 어떤 면에서 불교의 운명론은 기독교의 운명론보다 더 가혹한 세월을 살지 모른다. 끝없이 반복되는 주기적 삶은 이승의 삶이 얼마나 중요한 것인가를 가르치고 있지만 다른 한편으로 보아 피곤감과 허무주의를 준다. 사실 내용은 하나인데 수없이 겉모양만 바꾸는 삶이 불교적이라 할 수 있기 때문에 살아간다는 것은 그저 반복적인 주기를 거듭할 뿐이다.

그래서 우리가 살아가는 겉모습은 비어있는 '공' 상태일지 모른다. '실'이 내용이라 한다면 그 궁극적 원형은 무엇일까. 최초의 원형의 모습은 무엇일까. 알 수가 없다. 불교식으로 말하면 깨달음의 경지에 이르는 순간 그 원형의 모습을 볼 수 있고, 그 원형의 모습으로부터 영겁의 세월 동안 살아온 흔적을 볼 수 있다고 한다. 그래서 때로는 부처의 전생은 사람으로만 태어난 것이 아니라 여자, 토끼, 말, 코끼리, 개미 등 동물이나 신 등으로 태어난다.

부처의 이야기에는 그래서 전생의 사람의 모습이 승려는 물론 장사꾼 등 각종 직업을 가진 사람으로 등장한다. 이러한 각종 전생의 모습은 최초의 원형이 살아 온 형태이며 최초의 원형은 그대로 있으면서 현세에서 어떻게 살았느냐에 따라 다음 생의 형태만 결정된다. 그래서 힌두교처럼 불교도 살아서 행하는 공덕을 매우 중요시한다. 그 최초의 원형에 가까이 가기 위해서다.

힌두교의 경우 남에게 베푸는 공덕은 라마나 시타의 덕목처럼 자신에게 주어진 의무와 의로움을 다하는 일이다. 의무와 의로움은 현세에서의 업이다. 그 업에 주어진 과업을 충실히 행하고자 하지만 악마인 마야의 유혹에 빠질 수 있다고 보기 때문에 인간은 잘못되고 그릇된 행동을 하게 된다. 그 결과로서 다시 현세에서 낮은 서열의 형태로 태어난다는 인과응보 혹은 권선징악의 사슬을 불교 역시 강조한다.

불교식 방식에 따르면 사람은 현재의 좋거나 나쁜 결과 모두 전생의 업으로 결정이 된다. 그래서 『본생경』스토리는 서론 부분에는 부처의 전생 이야기가 배경이 되는 경우와 장소를 밝혀 주고, 본론 부분에는 부처의 전생 캐릭터와 사건전개가 나오며, 결론 부분에는 이 전생 이야기에 나타난 캐릭터가 누구인지를 밝힌다. 일반적으로 불교의 원리와 원칙에 따라 중생을 제도하는 이야기 방식은 선인은 선으로 보상을 받고 악인은 악으로 응징을 하는 권선징악의 교훈을 전해준다.

부처의 스토리 중에 말이 캐릭터로 나오는 이야기가 있다. 먼저 부처가 왜 말이 되는가에 대한 상황을 말하고, 말이라는 캐릭터가 일련의 사건 속에서 훌륭한 공덕을 베푼 활동이 전개되며, 그 말이 결국 부처 자신이었다는 이야기 구도를 보여준다. 결국 이 세 부분들은 서론, 본론, 결론 이라는 논리적 인과관계를 구성하고 있으며, 스토리에서는 스토리의 시작, 전개, 결말이라는 선형적 인과관계를 밝히고 있다.

부처는 과거의 긴 세월 동안 윤회전생을 거듭하며 동물에 이르기까지 온갖 삶의 형태를 거치기 때문에 그의 현세에서의 활동은 가르침과 깨달음의 목표를 향해 있다. 대부분의 스토리가 그러하듯이 이야기는 매우 평범하고 누구나 잘 알 수 있는 내용이며 매우 평이하게 전개된다.

경우에 따라 부처의 이야기가 교화적 목적이 있다면 이는 도덕이나 윤리를 가르치고자 하기 때문에 부처 이야기 역시 우화의 형태로 보인다. 우화는 재미있게 비유하는 형식으로 세속의 이야기를 전생에 비추어 말하는 방식을 취한다. 전생의 이야기는 초자연적인 속성이 있어 다소 신화적 성격을 보이며, 이야기는 우화지만 현세에 밀접한 상호 인과적 법칙에 의해 만들어진다. 이는 마치 종교적 의식을 베푸는 행위와 같다.

언어, 은유, 신화, 형식은 문학과 종교성을 이해하는 기본적인 요건이다. 이점에서 부처는 매우 훌륭한 이야기꾼으로 이야기의 소재를 어떤 목표를 향해 재구성하는 천부적인 수사학의 대가이다. 수사학이란 설득의 이론이다. 이야기의 요건을 치밀하게 구성하여 메시지를 가장 효과적으로 전달하는 전략이 수사학이다. 부처의 말의 이야기가 그러한 예이다.

부처가 전생에 말로 살았을 때의 이야기이다. 어느 날 제타바나라는 수행하는 곳을 들렸을 때 부처는 비구들이 논쟁하는 이야기를 우연히 듣게 되었다. 비구들의 이야기는 용맹정진의 마음으로 궁극의 깨우침을 하지 않으면 도를 볼 수 없다는 주제였다. 이를 가만히 들어 보던 부처는 비구들에게 이야기를 해 주었다.

옛날 바라나시에 한 왕이 있었는데 왕궁에서 한 마리의 명마가 있었다. 어느 날 주변 왕국이 바라나국을 탐내고 전쟁을 걸어 왔다. 제왕들과 장수들, 왕자들 7명이 연합하여 한꺼번에 군사들을 몰고 왔다. 바라나시 왕은 신하들을 불러 궁중회의를 열었고 전쟁에 대한 대처방안을 물었다. 그중 한 용감한 장수가 궁중에 있는 명마를 자신에 준다면 전쟁에 나가 7명의 적장들과 군사를 무찌르겠다고 장담하였다.

왕은 기뻐 그 장수에게 이를 허락하자 그 용감한 장수는 명마를 타고 빠른 속도로 달려가 첫 번째 진영을 쳐부수고 왕을 생포해 성안으로 끌고 왔다. 장수와 명마는 다시 차례로 다섯 명의 왕들을 모두 생포해 왔다. 마지막 왕과의 싸움에서 명마가 그만 부상을 입게 되었다. 그러자 명마는 부상으로 너무 많은 양의 피를 흘려 고통스러운 상황에도 불구하고 사람처럼 깊은 생각을 하였다.

명마는 몸을 길게 누워 헐떡거리면서도 싸움에 대하여 걱정을 하였다. 자신이 없으면 그 장수가 마지막 왕과 그 군대를 물리칠 수 없을 것으로 생각하여 왕에게 간청을 하였다. 자신이 나가 다시 싸우겠다고. 그렇지 않으면 전쟁에 패할 것이라며. 바라나국 왕은 어쩔 수 없이 명마에게 기회를 주었다. 힘을 낸 명마는 장수를 태우고 부상한 몸이지만 용맹정진하여 싸움에 전력을 다하였다. 용감한 장수는 이 명마를 타고 마지막 왕과 군대를 물리쳤다.

용감한 장수는 명마를 왕궁에 데리고 왔다. 명마는 왕에게, "왕이시여! 일곱 명의 왕을 죽이지 말고 다시 전쟁을 하지 않겠다고 맹세하게 한 후 풀어 주십시오. 그리고 공을 세운 저 용감한 장수도 잘 보상해 주십시오. 왕께서도 보시를 행하고 덕을 베푸십시오. 또한 공정하고 평등하게 왕국을 다스려 주십시오"라고 말하며 숨을 거두었다.

명마의 요청대로 왕은 공정하고 평등하게 왕국을 잘 다스렸다. 모든 백성들이 행복해 했고 왕은 자신의 업보에 따라 이승을 떠나 저승에 입적하였다.

이야기를 마친 부처는 비구들에게 "비구들아, 구도자들은 절망 상태에 놓이더라도 용맹정진을 실천하였다. 나는 전생에 저 명마였다. 부상을 입으면서도 포기한 적이 없었다. 그러므로 그대들도 용맹정진해야 할 것이다."

이게 이야기의 끝이다. 용맹정진의 주제로 그러한 특성을 갖는 명마를 캐릭터로 하고 전쟁에서 몇 차례 그 용맹정진의 특성을 보여주며 벼랑 끝에서도 그 용맹정진을 포기하지 않는 다는 이야기이다. 그리고 부처는 그 용맹정진한 명마가 전생의 자신이었다고 결론을 맺는 형식을 취한다.

부처는 전생의 이야기를 현세의 비구들의 세계에 관련지어 설명한다. 소위 사성제라고 한다. "그때 국왕은 지금의 아난이었고, 그때의 용감한 장수는 사리불이었고, 명마는 바로 지금의 나였느니라."

부처의 전생이야기 중에서 중요한 역할을 하는 세 캐릭터인 명마, 용감한 장수, 국왕은 현재 이야기를 시작한 배경에 있는 세 인물로 관련지어 결론을 내린다. 이 『본생경』의 이야기에서 부처의 화신은 명마이다. 명마는 용맹정진력을 투철하게 실천하는 캐릭터로 벼랑 끝에서도 보시와 공덕을 베풀며, 이러한 보시와 공덕이 쌓이고 쌓이면 점차 금강처럼 마음이 흔들리지 않는 부처에 이르게 된다.

왕게의 집게발 스토리가 있다. 부처가 기원정사에 있다가 한 부부의 방문을 맞게 된다. 그들에게 지금 온 행선지를 물었다. 그러자 남편인 우바새가 아내 덕분에 목숨을 건진 이야기를 한다. 이야기 속의 이야기이지만 부처가 생전에 만난 일임으로 현세에 속한다.

우바새는 장사를 하는 사람으로 부자였다. 어느 날 아내와 함께 지방에 돈을 받으러 갔다가 돌아오는 도중에 산적을 만난다. 산적 두목은 우바새 아내의 아름다운 모습에 끌려 남편을 죽이려 하였다. 남편을 부하들이 끌고 가자 이를 본 아내가 통곡을 하며 두목에게 애원하고 간청하였다.

"저를 차지하기 위해 남편을 죽인다면 저 역시 이 자리에서 목숨을 끊겠습니다. 결코 나는 당신의 아내가 될 수 없으니 죄 없는 내 남편을 죽이지 마십시오"라며 울며 두목에게 하소연하였다. 너무나 애타게 간청을 하여 그만 두목도 감동이 되어 남편을 풀어주고 여인도 풀어주었다. 이야기를 들은 부처는 그들의 전생에 대하여 그들에게 이야기를 하기 시작하였다.

옛날 히말라야의 거대한 호수에 엄청나게 큰 왕게가 살고 있었다. 왕게는 지나가는 코끼리를 잡아먹고 살았다. 소문이 나자 코끼리들은 호수 곁을 피하였다. 그때 왕궁에는 코끼리 왕의 새끼가 태어났다. 어머니 코끼리 왕비는 혹시 아기 코끼리에게 변이 생길까 보아 호수에서 먼 곳으로 가 코끼리를 돌보았다.

청년으로 자란 코끼리 왕자는 왕게의 소문을 들었다. 청년 코끼리 왕자는 히말라야의 거대한 호수의 물을 마음대로 마시고 싶었다. 하지만 왕게 때문에 마음대로 할 수 없어 울분을 참을 수가 없었다. 그는 기회를 엿보기로 하였다. 청년 코끼리 왕자는 때가 되어 결혼을 하여 가정을 갖게 되었다. 왕게로 인해 나라의 변고가 생긴데다 이제 어느 정도 용기가 생긴 청년 코끼리 왕자는 부왕에게 자신의 생각을 아뢰었다.

청년 코끼리는 왕게를 잡겠다면서 부왕을 졸랐다. 난감해진 부왕은 자식의 마음을 돌리고자 온갖 방법과 회유를 써 왕게 잡겠다는 생각을 포기하게 하였지만 소용이 없었다. 고집스럽게 왕게를 잡겠다는 청년 코끼리의 간청에 부왕도 포기하고 그만 승낙하였다.

호수에 온 청년 코끼리는 같이 데리고 온 코끼리들과 함께 상황을 살피고 숙의하였다. 함께 온 코끼리 신하들은 우선 왕게가 공격하는 시점이 물을 다 마시고 안심하고 돌아 설 때라고 하였다. 그래서 논의 끝에 무리를 먼저 물을 마시게 하고 제일 나중에 청년 코끼리가 물을 마시며 왕게를 유도하기로 하였다. 왕게가 물 밖으로 나오는 순간 자신이 왕게를 짓밟아 죽이기로 하였다.

무리가 다 물을 마시는 동안에도 왕게는 물 밖으로 나오지 않았다. 청년 코끼리 왕자가 제일 나중에 물을 마시며 왕게를 기다렸지만 왕게는 보이지 않았다. 그래서 몸을 천천히 돌리는 순간 왕게는 그 커다란 집게발로 청년 코끼리의 뒤축을 노렸다.

뒤를 보고 있던 그의 아내 코끼리가 "위험해요!" 소리를 쳤지만 이미 때는 늦었다. 뒤축을 문 왕게는 점점 강하게 조이며 청년 코끼리를 물속으로 끌어 들였다. 남편 코끼리는 고통으로 신음하며 안간 힘으로 버텼지만 점점 더 끌려 내려갔다.

코끼리들은 이를 보며 비명을 질렀지만 어떻게 할 수 없었다. 그저 그 광경만 보고 발을 구르고 있을 뿐 속수무책이었다. 청년 코끼리는 이제는 힘이 빠져 축 늘어지고 있었고 점점 빨리 끌려 들어갔다. 그러자 청년 코끼리는 아내 코끼리에게 호소하였다.

"내 사랑! 나를 버리지 마시오!" 아내는 다시 남편을 돌아보며 "오! 내 남편이여. 그대를 저 버릴 수 없나이다."라며 외쳤고, 왕게를 향하여 "이 세상에서 가장 용감한 왕게여. 나의 남편으로 내 슬픔이 이렇게 크니 부디 풀어주시오."라고 애원하고 애원하고 눈물로 하소연하였다.

순간 왕게가 기분이 우쭐해지자 강하게 조였던 집게발이 조금 느슨하여졌다. 이때를 놓칠세라 남편 코끼리는 재빨리 앞발을 들어 몸을 돌려 왕게의 등을 노리고 찍어 눌렀다. 왕게의 등이 부서지는 소리가 천지에 울렸고 그만 왕게는 만신창이가 되었다.

청년 코끼리의 환호소리와 왕게의 비명 소리에 정신을 차린 코끼리들이 일제히 눈을 크게 떴다. 무리는 청년 코끼리에게 기쁨의 소리를 지르며 달려 왔다. 그리고 왕게를 모두 발로 짓이겨 박살을 내었다. 아내 코끼리와 청년 코끼리는 기뻐 서로 안고 위로를 하였다.

부처는 왕게의 집게발 이야기를 마치자, 자신을 찾아 왔던 부부를 보며 마무리하였다. 그때의 아내 코끼리는 지금 그대의 아내요. 그때의 청년 코끼리는 지금의 자신이었다고 말하였다.

부처의 이 전생이야기에서 중요한 역할을 하는 두 캐릭터인 청년 코끼리와 아내 코끼리는 현재 이야기를 시작한 배경에 있는 한 부부로 관련지어 결론을 내린다. 이 『본생경』의 이야기에서 부처의 화신은 청년 코끼리이다. 청년 코끼리는 용맹하였고 아내의 간절한 도움으로 목숨을 건진 캐릭터로 벼랑 끝에서도 보시와 공덕을 베풀며 부부간의 사랑과 헌신을 보이고 있다.

명마로 청년 코끼리로 화신한 부처의 전생 이야기는 수많은 캐릭터로 다른 이야기에 나타난다. 가짜 궁사의 자만심에 나오는 활을 제일 잘 쏘는 못생긴 궁술사, 후림새 자고에 나오는 수행자, 시비 왕의 보시에 나오는 시비 왕, 상카의 보시에 나오는 상카, 삼브라의 사랑에 나오는 부왕이었던 수행자, 불 속에 핀 연꽃에 나오는 음식을 공양한 부유한 상인, 쥐가 갉아먹은 옷에 나오는 수행자, 칼라카의 간계에 나오는 담마다쟈 등으로 영겁의 세월 동안 지금의 부처로 환생하기까지 모든 이야기의 주 캐릭터는 모두 부처이다.

부처의 이야기에서 서론은 현세의 상황이 나오고 본론은 부처의 전생 이야기이며 이때 주 캐릭터는 공덕을 베풀며 보시를 선행하는 행동을 보인다. 이야기의 결말은 해피엔딩으로 본론의 주 캐릭터와 서론의 상황에 나오는 인물과 현세의 부처를 관련을 맺는 이야기로 마무리 한다.

『리틀 부다』 영화 이야기를 살펴보자. 이 이야기는 싯다르타에 관한 이야기이며 또한 현대적 배경 속에 불교 이야기의 세 과정인 현세의 상황, 전생, 현세의 인물과 부처를 관련 맺는 구조를 보인다. 이야기 전개구조는 일반적인 불교 스토리의 맥을 이루고 있다.

우선 현세의 상황으로는 이야기의 시작에 티베트의 한 사원에서 어린 동자들을 앞에 두고 나이 든 승려가 불교적 이야기를 하고 있다. "승려와 염소"에 관한 이야기이다. 이 이야기는 전체 이야기의 속의 시작 부분에 해당되는 또 다른 이야기지만 전체 이야기를 상징적으로 담고 있다. 이야기의 메시지는 살아 있는 것은 절대 희생시켜서는 안 된다는 것이다. 이 메시지를 전달하고자 등장시키는 캐릭터와 사건 전개가 매우 불교적이다.

어떤 승려가 499번 환생을 하였다는 이야기를 말하자 염소가 그를 비웃고 한 염소는 울음을 터트린다. 염소의 웃음과 울음은 현세의 상황으로 이들의 내세에 대한 이야기로는 모두 사람이었으며 웃음을 띤 염소는 이제 사람으로 다시 환생을 하게 되어 웃게 되었고, 울음을 터트린 염소는 염소를 제물로 하였던 그 승려에 대한 전생의 모습이다. 그래서 현세의 염소 모습은 전생의 인간 모습과 관련을 맺고 있는 인과율의 적용을 받고 있다.

이 승려와 염소이야기는 어린 동자들에게 어떻게 살라는 가르침이기도 하지만 인간을 바라보는 불교적 시각을 나타내고 있을 뿐만 아니라 세상을, 우주를 보는 불교적 시각을 보여준다. 현세의 인간은 전생과 불가분의 관계를 맺고 있기에 보다 현명하고 지혜롭게 살라는 메시지이지만 현세의 처지는 전생의 자신의 삶과 모습에서 온 것이기에 누구를 원망할 수 없는 윤회적 법칙에 따른 결과이다.

이러한 세상의 윤회적 법칙, 달리 말하면 업보로부터 피할 수 없는 방법은 없을까. 힌두교처럼 불교 역시 미덕을 쌓고 베풀어 공덕을 쌓으라고 한다. 그러면 점차 나은 모습으로 현세에 태어나며 그 영속의 시간 끝에 부처의 모습으로 다시 환생한다는 것이다. 부처는 이처럼 오랜 영겁의 세월동안 공덕을 베풀고 덕을 쌓아 완전한 인간의 모습으로 환생하고 그 끝에 윤회의 사슬을 벗어나 영원의 세계로 해탈을 하고 열반에 든다는 종교철학에 기초한 인물이다.

『리틀 부다』 이야기는 이러한 승려와 염소 이야기로 시작을 하며,

그 이야기의 화자인 노부 라마로부터 시작을 한다. 노부란 나이든 아버지란 뜻이고 라마는 티베트 언어로 승려란 뜻이다. 그래서 노부 라마는 사원에서 가장 나이든 승려요 정신적 지도자이기도 하다.

노부 라마는 이야기 끝에 전갈을 받게 된다. 도제 라마 소식이라는 전보를 받게 된다. 도제는 가장 높은 지위의 타이틀이다. 달라이 라마를 유사한 뜻으로 한문 표기한 직제로 사실상 불교 사원을 지배하는 정신적 지도자요 불교 국가를 지배하는 정치적 지도자이기도 하다.

그 도제 라마가 죽은 지 9년이 되었다는 뜻이며 9년이나 도제 라마의 환생을 기다리고 있었다는 뜻이다. 어디엔가 죽은 도제가 다시 환생을 하였을 것이고 그 흔적에 대한 보고를 노부 라마가 기다리고 있었다. 지금의 부탄의 파로사원이 도제 라마의 유품을 소지하고 있었다. 특히 도제 라마가 쓰던 공양그릇(밥그릇)의 주인공을 찾고 있었던 셈이다.

"어디서 왔다 어디로 가는지 궁금하구나"가 노부 라마의 화두이다. 죽기 전 파로사원의 최고 승려로서 이미 9년 전에 죽었던 도제 라마의 환생을 찾는 과업을 완수해야 하는 노부 라마는 인간에 대한 궁극적인 철학적, 종교적 질의를 하고 있었다.

그 환생이 나타났다는 곳이 미국의 시애틀이다. 시애틀에 도착한 노부 라마는 그곳에서 포교활동과 승려생활을 하던 제자 켄포텐진의 영접을 받는다. 자동차 속에서 켄포텐진은 자신이 꿈속에서 도제 라마의 환생을 보았다는 것이다. 그리고 그는 노부 라마를 시애틀 도시의 한 언덕 위의 집으로 인도한다. 켄포텐진은 도제 라마가 꿈에 나타나 그 시애틀 언덕을 올라가며 자신에게 손짓을 하였다는 것이다. 켄포텐진은 이러한 꿈을 연달아 꾸게 되자 기이하게 생각을 하였다.

마치 신의 계시처럼, 그리스 신의 신탁처럼, 간절한 소망이 꿈에 현몽하여 어떤 신비한 목소리를 듣거나 신비로운 인물을 만나게 되는 이치이다. 그래서 켄포텐진은 도제 라마의 환생으로 보고 그곳을 몇 차례 방문하였다. 하지만 처음에 그곳은 단지 빈 공터였다. 그러다 2주 전에 집이 들어서 있는 것을 보았으며 그곳에 한 미국 어린아이 제시가 9살이었다. 알고 보니 도제 라마가 열반한지 한달 후 태어났다는 사실을 알게 되었다.

알아보니 그 제시가 태어난 일시가 3월 1일 오전 6시30분으로 매우 특별하게 느껴졌다고 한다. 그래서 그곳을 방문하여 보니 남편이 건축가였으며 어머니가 초등학교 수학선생님으로 이름은 리자 콘라드라고 하였다. 남편의 이름은 딘 콘라드였다. 그들은 유복하고 행복한 가정을 가지고 있었다.

켄포텐진과 노부 라마는 그곳을 곧 방문하였다. 그리고 제시와 제시의 어머니를 만났다. 유심히 제시를 관찰하던 노부 라마와 켄포텐진은 시애틀에 있는 불교 사원인 달마센터에 이들을 초청하였다. 그리고 싯다르타 왕자의 이야기라는 만화책을 제시에게 주었다.

이 서양 아동인 제시는 이상할 정도로 싯다르타 왕자 이야기에 심취하였다. 목욕탕까지 그 책을 들고 다니며 고대 인도의 수수께끼 속으로 빠져 들었다. 석가모니의 탄생과 성장에 관한 이야기였다.

이야기는 제시의 책읽기를 통하여 석가모니의 이야기 속으로 우리를 인도하고 있었다. 이러한 이야기 구조는 어린 제시, 특히 인도에 대한 지식이 전혀 없었거나 접해 본적이 없는 서양 아동을 불교의 세계로 이끌고 어떤 가르침을 전달하는 형태를 보여준다. 말하자만 어린 아동에 대한 훈육의 의미가 크다. 전혀 모르는 상태에서 점차 불교적 지식을 알아가는 과정으로 제시 같은 독자에게 불교적 지식을 가르치는 형태이다.

제시는 처음에 싯다르타가 태어난 이야기를 접하게 된다. 2500여년 전 히말라야에 가까운 고대 인도의 작은 왕국의 왕비인 마야 부인은 관습에 따라 출산을 위해 친정으로 가게 된다. 마야 왕비는 아기 코끼리가 곁에 나타나 긴 코로 자신을 축복해 주는 신비한 태몽을 꾼다. 마야 왕비는 이 꿈을 이제 출산하는 아이의 태몽으로 생각하였다.

친정집에 미처 도착하기 전, 숲에서 잠시 쉬고 있던 마야 왕비는 갑자기 산기를 느끼며 황홀한 느낌과 기분에 휩싸였다. 숲 깊은 곳에 들어가자 산통이 시작되었고, 마야 부인은 나무 가지를 잡고 서서 아이를 분만하였다. 신비한 일은 나무도 이를 알고 마야 부인의 산고를 덜기 위해 가지를 천천히 내려 주었다는 것이다. 그리고 마야 부인은 전혀 산통을 느끼지 않고 피부는 황금빛으로 빛나고 있었고 의식이 분명하여 눈도 크게 뜬 상태로 두발로 서서 아이를 낳았다.

태어나자마자 아이는 "나는 세상에 광명을 주고 번뇌에서 해방을 시키고자 태어났다"고 크게 소리를 지를 정도로 걸음도 걷고 말을 하고 있었다. 아이가 걸을 때마다 그 발밑에는 연꽃이 피어나고 있었다. 위대한 한 인간의 탄생비화이다.

『본생경』을 보면 싯다르타의 탄생은 자신이 선택한 것으로 그려지고 있다. 전생에 공덕을 많이 쌓아 입적한 부처는 다시 태어나기 위해 자신의 처지에 맞는 부모를 고르고 있었다. 히말라야 인근 한 왕국의 왕과 왕비가 지극한 의무와 충실한 행동으로 칭송을 받고 있었다. 이 부부는 큰 덕을 베풀며 평소 모범이 되는 처신으로 명성이 있었기에 부처는 그들을 자신에게 피와 살을 줄 부모로 생각하여 스스로 선택하다고 한다.

어느 날 마야 부인이 잠을 자고 있는 동안 부처가 그녀의 옆구리로 슬쩍 들어가자 마야 부인이 임신을 하였다고 전하고 있다. 이미 몇주

전부터 마야 부인은 자신의 몸가짐을 바르게 하고 잠자리도 피하였으며 신에게 기도하며 정신을 맑게 하고 육체를 정결하게 하였다고 한다. 마치 예수의 어머니처럼 행위 없이 싯다르타는 태어난 셈이다. 인도 카스트 계급으로 보아 싯다르타는 크샤트리아 출신이다.

다시 이야기는 제시의 가정 이야기로 복선을 깐다. 제시의 부모 딘과 리자의 대화로 이어지며, 건축가로서 성공을 하였던 딘이 최근 어려움에 휩싸인 에피소드가 나온다. 시애틀 시내에서 큰 센터를 건축하였던 딘은 사업 파트너이자 친구인 에반이 파산하였다는 소식을 듣는다. 에반이 딘에게 파산 사실을 감추는 바람에 딘은 센터로부터 건축비용을 한푼도 받지 못하게 된다. 상황이 악화되면 살고 있던 집을 잃을 수도 있다며 딘은 괴로워한다.

집안 사정을 모른 제시는 여전히 싯다르타의 이야기에 몰입하고, 독자는 싯다르타의 이야기 속으로 다시 빠진다. 부탄의 왕 수도다나는 갓 태어난 아이의 이름을 '선을 가져온 다는 뜻'의 싯다르타로 짓고 탄생을 기념하며 큰 연회를 베푼다.

연회에 참석한 은둔자 아시타는 브라만 승려로 오랫동안 아무도 만나지 않고 오로지 숲 속에서 고행과 수행을 한 점성학에 능한 예언가이기도 하다. 그는 아기를 보자 눈물을 흘렸다. 어머니 마야 왕비가 오래 살지 못할 것이라고 예언하고, "세계를 비출 구세주가 될 것"이라고 예언을 하였다. 마치 예수의 탄생 때 찾아온 동방박사의 모습과 유사하다.

아시타는 이어 "인간의 소망은 신의 섭리에 비추어 보잘 것 없다"며 부왕 수도다나의 희망을 저버리는 뜻의 말을 한다. 이 말을 들은 수도다나 왕은 싯다르타가 성장하여 출가를 할까 걱정을 하였다. 자신의 왕국을 다스릴 왕이 되기를 바랐던 수도다나 왕은 아시타의 예언이 못내 마음에 걸렸다.

7일 후 마야 왕비가 시름시름 앓으며 병상에 눕게 되었다. 왕비에게는 프라자파티라는 여동생이 있었다. 마야 왕비는 프라자파티에게 "친아들처럼 돌보아 주기"를 부탁하며 아들의 성취를 보지 못하고 죽는다.

제시는 이 이야기를 읽으며 아이 예수를 연상한다. 제시는 아버지 딘에게 부처가 예수처럼 신이냐고 묻는다. 딘은 예수처럼 인간이라고 답한다. 젊은 왕자인 싯다르타는 갑자기 청년의 모습으로 나타난다. 그는 말을 잘 타고 화살을 잘 쏘았으며 씨름놀이에 능하였다. 마치 『라마야나』의 라마와 『마하바라타』의 아르주나를 연상시킬 정도로 왕자로서 무예와 덕목을 잘 갖춘 인물로 그려지고 있다.

이때 싯다르타는 이미 야소다라는 공주와 결혼을 한 왕자였으며, 크샤트리아 계급으로서 자신의 의무와 그 의무에 따른 행동을 잘 터득한 왕자였다. 아버지 수도다나 왕은 아시타의 예언이 늘 마음에 걸려 다 자란 싯다르타가 다른 생각을 하지 못하도록 궁전을 세 개나 지워주고 고통이나 근심을 모르고 살기를 바랐다.

어느 날 싯다르타는 신비한 이상한 노래 소리에 이끌려 노래가 흘러나오는 곳으로 찾아가게 되었다. 처음 듣는 노래로 무척 슬프고 마음에 연민을 자극하고 있었다. 노래는 이방의 나라에 대한 노래였다. 어떤 한 소녀가 어렸을 때 본 자연의 모습을 찬미하는 가락이었다. 소녀는 옛 산과 호수를 그리워하는 슬프고 아름다운 선율로 노래하고 있었고, 싯다르타는 전혀 전에 가져보지 못했던 감정을 느꼈다. 싯다르타는 무엇이 그렇게 만드는지, 무슨 뜻인지 스스로 질의를 하기 시작하였다.

궁전 내부의 모든 것은 완벽하게 갖추어 있었지만 고통이란 것을 모르고 자란 싯다르타에게 세상을 직접 보고 싶은 충동과 욕망을 불러 일으켰다. 세상은 아름답다고 하는 데 자신이 직접 그것을 보고 싶었다. 인간의 고통과 자연의 아름다움이 무엇인지를 직접 보고 싶었다.

이야기는 다시 제시에게 돌아 와 제시가 시애틀의 사원을 방문하게 된다. 제시는 그 불교 사원이 마치 교회같이 보인다며 자신의 기독교 문화를 중심으로 불교적인 것들을 연상하고 있었다. 그 사원에는 참파나 푼도 등의 승려들이 있었다. 제시는 곧 공양 그릇을 한눈에 알아보는 행동을 보였다. 이 공양 그릇은 노부 라마가 도제 라마의 환생을 알아보기 위해 제시 모르게 제시가 알아 볼 수 있는 위치에 놓아든 도제 라마의 소지품이었다. 만약 제시가 이를 알아본다면 제시는 도제 라마의 후보가 되는 자격을 갖게 된다는 뜻이다. 제시는 자신도 모르게 1차 자격을 통과한 셈이다.

다시 싯다르타의 이야기로 이어지며 수도다나 왕은 자식의 간청을 계속 거절하지 못한다. 결국 그의 외출을 허락한다. 왕은 신하들에게 싯다르타가 지나가는 곳을 미리 준비하도록 하여 왕자의 심기를 거슬리는 모든 곳을 가리게 한다. 건강한 젊은이만 보이게 하고 만나도록 하고 거리에서 환호와 함께 대환영을 하도록 배려한다.

싯다르타의 시동인 치나는 세심한 배려를 하였으나 싯다르타는 환호하는 백성들 사이 후미진 곳에 잠시 비친 허리가 굽은 늙은이의 모습을 지나치지 못하였다. 마차에서 내려 골목에 들어 선 싯다르타는 두 노인을 보고 "같은 인간임에도 이렇게 늙다니. 늙는다는 것은 무엇인가?"하고 치나에게 물었다. 치나는 "기억력, 아름다움, 힘이 파괴되는 현상"이라고 답한다. 그리고는 관심을 갖지 말 것과 알 필요도 없다고 왕자에게 진언한다.

마침내 빈민가를 방문하게 된 왕자는 병든 자가 고통 때문에 아파서

울고 있자, 치나는 죽음에 이르기 전 누구나 아프다고 한다. 그러자 왕자는 왕도 그러느냐고 묻는다. 그러면서 왕자는 "죽는 다는 것은 무엇이지?" 하며 자신에 죽음을 보여 달라고 간청을 한다. 그러자 치나는 할 수 없이 강가에서 얼굴과 발에 물을 뿌리고 육신을 태우는 화장식을 보여준다. 육신이 나무처럼 차가워지면 죽음으로 죽음은 이별을 의미한다고 한다. 그래서 나무처럼 육신을 태워야 하고 태운 재는 물로 다시 강물에 흘러간다. 싯다르타는 그 광경에 고통과 슬픔을 느끼며 인간의 숙명에 대한 고통과 연민을 갖게 된다.

제시 아버지 딘은 싯다르타 이야기를 들으며 아름다운 스토리를 가진 아름다운 신화라고 하자, 노부 라마는 "진실을 전달하는 아이들이 좋아하는 좋은 방법"이 스토리라며 싯다르타 이야기 의미를 설명한다. 환생을 믿지 않는 이 서양 남성을 향해 노부 라마는 그릇과 내용물을 비유로 우주의 이치를 설명한다.

노부 라마의 비유에 따르면 컵과 홍차가 있다고 할 때 컵은 용기일 뿐 그 안의 홍차만이 변하지 않는 물체라고 한다. 이처럼 영혼은 옮겨질 대상이며 컵은 그 영혼을 담는 그릇이라고 한다. 컵이 떨어지더라도 그 홍차를 수건으로 훔칠 경우 수건에 있는 홍차는 변하지 않는다고 한다. 그러자 딘은 "마실 수가 없겠군요!"라며 수건에 스며든 홍차를 빗대어 이성적인 접근을 보인다.

그러면서 노부 라마는 제시가 도제 라마의 영혼이 환생한 아이일 수 있다며 딘을 설득한다. 노루 라마는 미국인도 교육을 받으면 영적인 지도자가 될 수 있으며 성인이 되어 본인이 결정할 수 있다고 한다. 그리고 제시를 티베트에 데리고 갈 수 있도록 간청한다.

노부 라마는 그간 카투만두의 소년이 도제 라마의 환생으로 보인다는 소식을 받았다. 도제 라마의 후보는 많이 나타날 수 있어 귀국해야 한다며 불법을 잠깐 설한다.

"진리란 인간은 고통의 존재이며 생로병사로 질병과 빈곤을 피할 수 없으며 사랑 또한 사랑하기 때문에 감옥이며 아기는 태어나 다시 가장이 되고 아내와 아들을 사랑하지만 그들도 고통으로 죽을 것"이라고 한다. "그대도 그렇고 나도 그렇고 우리 모두 다시 태어나 죽고 다시 태어나는 벗을 수 없는 굴레가 있다"며 노부 라마는 딘에게 불법을 설한다. 자신이 할일은 그 고통의 해답을 주는 일로 고통의 굴레를 벗어야 한다고 한다.

집에 돌아온 딘은 어느 날 친구 에반에 관한 전화를 한통 받는다. 에반이 샌프란시스코에서 사고를 당하여 죽었다는 소식이다. 에반의 죽음으로 딘은 슬프게 울고 자신에게 닥친 경제적 어려움으로 괴로워한다.

싯다르타는 출가를 결심하였다. 부왕에게 고하면 출가할 수 없을 것 같아 그는 밤중에 모르게 궁을 빠져나가기로 하였다. 잠자는 아내와 아기를 보러 간 싯다르타는 깨어 있는 어린 아들의 모습에 가슴이 아팠으나 결심을 굽힐 수 없었다. 궁궐이 깊은 잠에 빠지고 신비한 구름이 궁전을 덮자 세상은 온통 꿈에 빠져있는 듯 했다. 이때가 그의 나이 35세였다고 한다. 예수가 출가할 때 30세였다.

고행을 통한 긴 구도의 여정이 시작되었다. 모든 안락함을 포기하고 고행자의 길을 걷게 된 싯다르타는 깨달음을 얻을 때까지 숲에서 나가지 않겠다고 맹세하였다. 모두를 위해 이 길을 택하였다며 스스로 머리카락을 잘라 치나에게 주었다.

"나는 자유를 찾고 있다!"고 선언한 싯다르타는 숲속에서 무한한 자유를 누렸다. 거지를 보자 불쌍히 여겨 입고 있던 옷을 모두 바꾸어 입자 나뭇가지들도 그에게 연민을 느껴 머리를 숙였다. 그의 고행의 시작은 참선의 자세로부터였다. 곧 힌두교의 요가로 고요히 앉아 명상에 빠졌다. 싯다르타의 머리에 나무로부터 내려 온 첫 번째 적이 있었으니 뱀이었다.

예수의 사막 고행에서 사탄을 연상시키는 이 뱀은 거대한 코브라였다. 폭풍우 속에서도 꼼짝도 않고 정좌한 싯다르타 머리위로 빗방울이 쏟아지고 있었으나 코브라가 그러한 싯다르타를 우산처럼 막아주는 신비한 일이 벌어졌다. 주위의 다섯 고행자들이 이러한 기적을 보고 경의를 느끼고 그의 제자를 자청하였다.

다시 제시의 집으로, 경제적 곤궁에 빠진 딘과 리자지만 침대 위에서 뱀과 싯다르타 이야기를 읽고 있는 제시를 보고 흐뭇해한다. 이어 딘은 리자에게 성적인 교섭을 요구한다. 리자는 이를 거절한다. 갑자기 좌절감에 빠진 딘은 마침내 제시를 부탄에 보내고 싶다고 하며, 자신도 잠시 바람을 쐬고 싶다고 리자에게 간청한다. 리자는 제시가 학기 중이어서 학교문제로 갈 수가 없다며 딘의 간청을 거부한다.

딘은 제시에게 큰 기회가 될 것이며 리자는 학교에 가야하고 자신은 변호사 일 이외에는 할일이 없다고 말한다. 더욱이 이번에 삶을 다시 생각할 기회를 갖고 싶고 지금의 현실을 피하고 싶다는 딘의 말에 리자는 혼자만 남는 불안에 화가 났으나 결국 딘의 간청을 허락한다.

다시 싯다르타는 제자들과 함께 6년을 고행으로 숲에서 보냈으나 깨달음을 얻지 못하고 있었다. 빗물을 마시며 힘든 참선의 시간을 가졌고, 육욕을 잊기 위해 마음을 강하게 정진하고 그릇된 길을 경계하며 다이아몬드처럼 마음을 강하게 가졌으나 여전히 해탈의 길을 찾을 수가 없었다. 마치 불교의 금강경을 연상시키는 고도의 정신수련에도 불구하고 몸은 점차 피골이 상접하고 정신만 맑아질 뿐 궁극의 길은 찾을 수가 없었다.

그러는 순간 싯다르타는 악기의 소리를 들었다. 악기의 소리에서 그는 갑자기 어떤 계시를 느꼈다. 간절한 마음 끝에 어떤 깨달음을 느꼈다. 위대한 진리란 단순함 속에 있었다. 갑자기 그는 물속에 들어가 물을 마시고 물속에 고개를 박고 몸을 씻은 후 처음으로 제대로 된 음식을 먹기 시작하였다. 목욕을 하고 음식을 먹으니 그는 힘이 났다.

그러한 모습에 제자들은 싯다르타가 구도를 포기하고 자신들을 배신하였다고 생각하였다. 그러자 싯다르타는 "악기의 줄은 너무 팽팽하면 끊어지고 너무 느슨하면 연주를 할 수 없으니 깨달음의 길은 중용에 있다. 극단으로부터 중간을 지키는 길, 양극단을 피하는 중용의 길이 진리"라고 하며 밥을 먹던 공양그릇을 물 위에 띄우자 공양그릇은 균형을 유지하며 물을 거슬러 위로 올라가고 있었다.

세상을 이끌 진리를 구하고 이를 깨달았다고 하자 힌두교적 제자들은 싯다르타를 떠났다. 왕자의 신분이든 천민의 신분이든 누구나 도를 구하고 깨달음을 얻어 궁극의 진리를 터득할 수 있는 길을 열었다는 불교의 평등사상은 이렇게 그 기초를 갖게 되었고, 윤회의 굴레로부터 영원히 해탈할 수 있는 길을 제시하였다.

카투만투에 도착한 제시 일행은 고대와 현대가 공존하는 도시의 모습에서 동양의 신비로움과 종교적 열정을 보았다. 사원 광장 한 가운데에 있는 불탑은 사각을 기초로 하고 있었고 시계방향으로 사람들은 돌고 있었다. 사각은 땅을 말하고 큰 돔의 모습은 물을 말하며 큰 눈은 깨달음의 불을 말하며 맨위의 차양은 공기를 뜻한다는, 땅, 물, 불, 공기라는 서양의 네 원소 물질인 사대원소가 이곳에서도 목격되었다.

사원 중간에는 두 소년이 음악에 맞추어 춤을 추고 있었다. 제시는 만투와 라주라는 티베트 형제가 게임기를 가지고 놀자 함께 자연스럽게 어울렸다. 이 라주라는 소년이 두 번째 도제 라마의 환생으로 지목된 소년이었다. 이들은 전생에 도제 라마의 화신인 것처럼 처음 만났음에도 너무 잘 아는 사이처럼 어울리며 놀고 있었다. 라주는 게임기의 천재였다. 제시와 라주의 첫 만남이었다.

세 번째 후보가 등장하였다. 이번에는 지타라는 소녀였다. 도제 라마가 제시와 라주를 데리고 지타의 집을 방문하였다. 지타를 본 라주가 "여자 도제는 없다"고 하자 "내가 진짜고 너희들은 가짜다"며 지타가 소리를 질렀다. 그리고 "라주는 학교도 안다니고 제시는 외국인이다"며 자신은 "호랑이가 먹이를 찾고 있을 때 자신의 할아버지가 육신으로 호랑이에게 공양이 되었으니 위대한 사람만이 도제 라마가 될 수 있다"고 일갈하였다.

그러자 제시는 "호랑이의 이빨에 할아버지 뼈가 딱딱하였겠네!"하며 지타의 공양에 대해 다소 우스갯소리를 하였다. 지타의 어머니는 노부 라마가 방문을 하자 "도제 라마가 죽는 날 임신을 하였으며 지타가 태어나자마자 알아들을 수 없는 소리로 경전을 암송하였는데 티베트어가 아니라 경전언어인 산스크리트어였다"고 강조하였다.

다시 싯다르타는 중용의 길을 깨우치기 위해 심신을 수양하였다. 뷰가야(보리수) 나무 아래에서 참선을 행하던 싯다르타에게 다섯 소녀가 나타났다. 암흑의 제왕 마라의 딸들이었다. 오만, 탐욕, 두려움, 무지, 욕망의 화신으로 싯다르타의 수도를 방해하였다. 물이 엎어지고 넘쳐 싯다르타를 에워싸고, 마왕이 물에서 나타나 바람이 심하게 불고, 다섯 딸들이 나타나며 유혹을 하였으나 싯다르타는 꿈쩍도 하지 않았다.

이러한 다섯 화신은 싯다르타의 참선 중에 마음에 일어나는 번뇌로 중용을 유지하고자하는 다이아몬드 같은 마음을 흔드는 유혹이었다.

결국 다섯 딸은 먼지로 변해 공중으로 날아가 버렸다. 다시 천지개벽하듯이 바다에 폭풍이 일고 파도와 불이 싯다르타를 덮치고 군대가 불화살로 싯다르타를 위협하고 시험하였으나 이번에도 싯다르타는 꿈쩍도 않고 미동도 하지 않았다. 그러자 군대는 모두 연꽃잎으로 변하였다.

꽃잎과 구름은 마왕 마라의 패배를 의미하였다. 싯다르타를 향한 외부의 공격과 세력은 싯다르타 마음의 번뇌를 형상화한 이미지로 그의 다양한 욕망 형태를 가리켜 보였다. 그러한 내적 욕망 형태는 다양한 악마의 분신으로 나타나고 우리 눈과 감각으로 볼 수 있도록 사악한 이미지를 주고 있었다. 남성은 인간의 상상이 만들어 낼 수 있는 가장 두려운 모습이었고 여성은 성적 쾌락을 자극하는 모습이었다. 욕망에 대한 그릇된 개념을 심어주는 에피소드들이다.

이 욕망을 이겨내는 순간 모든 미혹과 유혹이 사라지자 빛나는 광채가 싯다르타를 에워쌌다. 싯다르타는 비로소 깨달음을 얻게 되었다. 모든 감정으로부터 초연하는 경지, 곧 자아를 초월하거나 극복하는 것을 말한다. 쾌락이나 고통 모두를 초월하는 순간, 심지어 심적 동요로부터 분리되는 순간 싯다르타는 자신의 전생의 모든 모습을 보게 된다.

싯다르타는 한때 여자, 돌고래, 원숭이, 염소, 코끼리 등 첫 탄생에서부터 모든 것을 기억하는 능력을 보인다. 이미 싯다르타는 삼라만상의 궁극적 실체를 통찰하고 관조할 수 있는 경지에 이르러 세상의 모든 움직임을 인과의 결과로 보았다. 싯다르타는 이제 자비가 없이는 구원이 없다고 보았다. 이후 그는 "깨달은 사람", 즉 부처라 불렸다.

다시 현세의 세계 카투만투로 돌아 온 제시, 라주, 지타는 많은 어린 승려들이 사원에서 놀고 있는 곳으로 들어오고 그들에게 둘러싸인다.

그 가운데에 모래로 만다라의 이미지를 만들고 있었다. 노부 라마는 "모래로 만든 만다라는 삼라만상의 불연속성의 상징으로 완성이 되면 한 손으로 날려 보낸다"고 설명한다. 아마 삼라만상의 순환이 완성되는 끝에 만다라가 있고, 완성은 곧 해체라는 뜻일 것이다.

이제 도제 라마를 선택하는 일만 남게 되었다. 노부 라마는 제시, 라주, 지타를 어느 방으로 데리고 가 모자를 선택하도록 한다. 그 모자 중에 빨간 모자가 죽은 도제 라마가 썼던 모자이다. 인연의 끈을 찾고 있었다. 제시는 그 빨간 모자를 장난삼아 쓰기까지 하자 노부 라마가 그 행동을 불경스럽다며 멈추게 하였다. 결국 세 어린이 모두 그 모자를 선택함에 따라 노부 라마는 어느 한 어린애를 선택해야만 하였다.

도제 라마는 달라이 라마를 의미한 듯하였다. 달라이 라마를 추대하는 의식이 시작되었다. 결국 노부 라마는 라주를 새로운 달라이 라마로 추대하고 그에게 절을 하자 모든 승려들이 그 앞에서 절을 하였다. 라주는 이제 승려들의 스승으로 선택되었다. 마치 교황을 선택하는 의식과 절차 같아 보였다.

지타와 제시에게 또한 똑 같이 인사하고 이들은 스승님이라 노부 라마는 칭하였다. 제시 아버지 딘에게 노부 라마는 "세월이 흐르면 저를 찾아 주시기 바랍니다"하며 절을 하며 바닥에 이마를 대었다. 그러면서 노부 라마는 죽은 도제 라마가 기독교의 트리너티(trinity)처럼, 즉 삼위일체처럼 세 분신으로 태어났다며 이를 각각 "육신", "말씀", "마음"이라 칭하였다. 이 셋은 따로 분리되어 있지 않고 우주에 서로 속해 있다고 설한다.

마치 요한복음 1장에 "태초에 말씀이 있었나니 이는 하나님이라"는 구절과 비슷한 해석이다. 말은 언어이고 언어는 로고스로 말은 곧 신의 성육신이다. 성육신, 말, 정신은 하나를 가리키는 언어의 여러 은유에 해당되는 이치이다. 혼이 육신을 갖게 되고 그 인과율은 말로 형상화되며 마음은 그 모든 인과율을 깨닫는 실체라 할 수 있다.

노부 라마는 가장 중요한 가르침은 자비로운 마음을 잊지 말라고 딘에게 당부한다. 그리고 남에게 베풀며 부처처럼 지혜를 전파하기를 간구한다. 육신, 말씀, 마음, 그 중에서 자비로운 마음이 최고이며 깨달은 지혜를 가르침으로 삼길 당부하는 노부 라마에게 이제 죽음이 가까워오고 있었다.

노부 라마는 "세속에 대한 미련이 끝나지 않았는 가 봅니다. 우리 모두 어린애입니다."라며 죽은 도제 라마의 공양 그릇을 제시에게 주었다. 자신의 임무는 끝났으므로 내세로 돌아갈 수 있다고 한다. 그러면서 딘에게 여전히 환생을 믿지 못하고 있음을 안타까워한다.

노부 라마는 사원에 들어가 가부좌를 틀고 입적할 순간까지 참선을 수행하였다. 코에서 호흡이 콧바람으로 나오자 가운을 승려들이 걸쳐주고 어둠 속에서 향과 촛불이 꺼질 때까지 정진은 계속되었다. 제시 아버지 딘은 그러한 노부 라마의 정진하는 모습을 지켜보고 있었다. 밖에서는 새로운 도제 라마에 대한 대제전 행사가 벌어지고 있었고 소녀들이 즐겁게 춤을 추고 있었다. 의식의 행렬에는 춤과 북이 어울렸다. 사람들은 산스크리트어로 경전을 암송하며 세 어린이, 제시, 라주, 지타는 도제 라마 의식을 치루고 있었다.

노부 라마는 선문답 형식으로 극락정토로 돌아간다는 말과 함께 10일 동안 가부좌를 틀고 태산처럼, 바다처럼 깊은 명상에 빠져 있었다. 그는 죽어가고 있었다. "우리는 매 순간 모두 죽어갑니다. 삶에 대한 열정은 숭고한 것이니 다시 태어나니까요."

노부 라마는 마침내 열반에 들고 라주, 제시, 지타는 반야심경을 읊고 있었다. 경전 읊는 소리는 온 사원에 울려 퍼졌다. "색은 공이요

공은 색이니. 보고, 듣고, 냄새 모두 공허한 것이요. 맛, 색깔, 존재 모두 공허하며, 말, 육체, 마음 모두 공허하다."

제시도 깨달음을 얻는 듯하였다. 제시는 장난기 어린 태도로 아버지 딘에게 "제시도 없고 라마도 없고 죽음도 두려움도 없네요. 늙는 것도 죽음도 없으며, 끝도 없고 고통도 없고 원인도 고통의 끝도 없느니라. 길도 지혜도 없으며 얻는 것도 잃는 것도 없다"며 "보고, 듣는 것 모두 공허하고 아빠도 공허하다"고 웃는다.

관세음보살. 완벽한 이해에는 생각의 장애가 없고 두려움도 없고 헛된 망상에서 벗어나는 것, 이것이 열반이다. 불교의 메시지는 분명하였다.

다시 시애틀로 돌아 온 제시와 딘은 제시가 가져 온 노부 라마의 화장재를 강에 뿌렸다. 제시 엄마는 임신하고 있었다. 여동생일지도 모른 다는 농담에 혹여 노부 라마가 환생하였나하는 암시를 준다. 그리고 카투만두에서는 라주가 풍선을 띄우고 제시는 바다에 쟁반을 띄우며 노부 라마를 마지막 보내고 있었다.

『리틀 부다』 스토리는 다시 현세의 첫 장면으로 되돌아오고 있었다. 이 현세가 전생의 스토리와 인과적 관련이 있다고 암시하며 인간의 필연적인 업보와 그 업보로부터 해탈하는 깨달음을 가르치고 있었다. 불교적 진리란 참된 그 이치 자체라고 한다. 따라서 인간을 기준으로 해도 안되며, 인간의 정신을 기준으로 해도 안되고 어떤 가치를 기준으로 하여도 안되는 오로지 원칙의 이치일 뿐이라고 한다.

우매한 사람은 이 어려운 가르침을 알아듣지 못하니 쉽게 설명할 수 없나요? 지존(석가모니)은 "사람이 영생하지 못하는 이유는 태초에 세상의 유지를 위해 그 전제로서 변화를 선택한 것이다. 사람이 영생한다면 변화를 거부한 것이오. 변화가 없으면 세상은 유지되지 않는다. 사람은 자신의 죽음을 알고도 죽지 않음을 알 것이다. 물질적으로 변화가 없으나 원칙을 알게 되면 세상의 유지가 곧 사람 자신임을 알게 된다. 그 자신의 죽음을 통해 세상의 영생을 스스로 자신으로 여기게 될 것이다."

"영혼은 하나이며, 남이 곧 나임을 알게 되고, 내가 남 속에서 살게 되며 내가 남 속에서 영생함을 알게 될 것이다. 세상에는 오로지 하나의 존재만이 있으니 그것은 물질이요, 영혼이다. 영혼은 하나이나 존재는 쪼개지는 것이며 우리는 여러 존재로 살고 있으나 본시 하나이며 우리 일생의 체험은 운명의 굴레 속에서 하나의 실타래에 불과하다."

"우리는 시간 속에 살고 일체 하루살이 같은 존재로 나왔다 꺼져가는 실타래라면 이는 구원이 아니니 구속이나 두려움을 극복하고 세상을 구원하라. 불교도들이여 세상을 구하고자 할 때 세상은 고통이 아닌 극락과 천상이 될 것이라. 이곳은 타인의 눈 속에서 자신을 볼 것이며 남에게 베풀고 타인을 해치는 일은 세상에서 사라질 것이다. 세상은 사랑과 행복으로 찬가로 가득할 것이다."

불교의 가르침은 이로 보아 '삼사라'라는 업보의 세계가 극락도 천상도 될 수 있다고 가르치고 있어 보인다. 우리의 존재는 하루살이처럼 인연에 얽히어 실타래처럼 보이지만 우리가 본시 하나이니 두려움을 극복하고 세상을 구원하면 영생을 얻을 수 있고 세상은 행복으로 가득 찬 극락이 될 것이라고 한다.

『삼사라』는 이야기가 있다. 장소는 티베트이다. 주인공 캐릭터는 아주 어린 나이에 출가한 타쉬이다. 성년이 되면서 타쉬는 고위 승려에 정식 입문하는 절차로 3년 3개월 3일 동안 홀로 신의 산이라는 히말라야 산자락 토굴에서 고행과 정진의 시간을 가져야만 한다. 스토리는 이 정진의 시간이 끝나는 시기로 시작한다.

타쉬를 맞이하러 간 큰 스님 일행은 산 속의 외딴 움막에서 3년3개월3일 동안 가부좌를 틀고 태산처럼, 바다처럼 깊은 명상으로 정진하고 있던 타쉬를 깨운다. "너무 열심히 정진하였구나"하며 큰 스님은 기뻐한다. 일행은 오랫동안 빛을 보지 못한 타쉬의 눈이 상할까보아 수건을 눈에 둘러주었다. 오는 도중에 너무 자란 손톱과 발톱을 깎아 주며 덥수룩이 자란 수염과 머리를 밀어 주었다. 젊은 타쉬는 마치 수양이 높은 고승처럼 고고해 보였다.

사원에 도착한 타쉬는 사원 가운데에 놀고 있는 어린 동자들을 보고 자신을 생각하며 "아버지가 나를 저렇게 두고 갔지"하며 웃었다. 타쉬는 무척 행복해 보였다. 그날 밤 타쉬는 잠을 잘 때 성욕을 느끼고 아침에 성기가 발기되어 몽정을 경험하였다. 혹여 음식 때문일 까하고 대수롭지 않게 생각을 하였으나 몽정과 발기가 계속되어 고통스러웠다.

사원에는 싯다르타에 대한 설법이 진행되고 있었다. 싯다르타가 부인 야소다와 어린 라울을 버리고 인간이 왜 고통을 받고 있는지를 깨닫고자 출가를 한 이야기를 어른 스님이 어린 동자들에게 하고 있었다. 한 동자가 싯다르타가 아들을 버렸다는 이야기를 듣고는 울음을 터트린다. 마치 이 어린 동자는 자신을 버리고 간 아버지를 생각하고 울었는지 모른다. 이 『싯다르타』 이야기는 『삼사라』 전체의 이야기에 매우 상징적이다.

타쉬는 3년 고행 끝에 열반에 들었다는 찬사를 받고 있었다. 그래서 사원에서는 타쉬에게 고위승직인 '캔포'직을 하사하려는 절차에 들어갔다. 엄격한 계급구조가 있어 보이는 승려들은 어린 동자들에게서부터 고승인 도제 라마에게까지 일정한 절차와 정진의 정도에 의해 승직이 결정되고 있었다.

타쉬에게는 고행에 들어가기 전부터 '칼라'라는 개가 있었다. 그 개가 타쉬에게 늘 붙어 다니며 타쉬와 정분을 나누고 있었다. 사원에는 늘 축제가 있었다. 이 축제의식에는 고위 승려들이 모두 참석한 자리에서 가면을 쓴 승려들이 둥글게 춤을 추고 마을에서 찾아 온 아낙네들은 탑돌이를 하였다.

타쉬는 가면을 쓰고 춤을 추다가 갑자기 멈칫하며 주저앉는다. 순간 돌아가던 춤 행사는 질서가 깨지고 약간의 소란이 발생한다. 타쉬는 자신도 모르게 아이에게 젖을 주기 위해 가슴을 드러낸 여인에게 눈길을 주고 있었다. 타쉬가 움직이지 않자 축제는 다소 분위기가 이상해지고 고위 승려들이나 마을 사람들은 타쉬의 태도를 기이하게 여겼다.

그날 밤에도 여지없이 타쉬는 몽정과 발기가 되어 있는 자신을 발견하게 되었다. 가장 친한 동료 승려인 소남이 이를 걱정스럽게 바라보고 있었다. '켄포'라는 고위 승직을 앞에 둔 타쉬에 대해 이제는 타쉬가 승려로서 자격에 있는지 의심을 갖게 되었다. 타쉬의 스승 아포는 지나친 고행과 정진이 이유인가 싶어 타쉬를 마을의 추수축제에 데리고 가 바람을 쐬라고 명한다.

마을을 방문한 타쉬 일행은 모두 찬가를 부르지만 유독 타쉬만 따라하지 않는다. 마을사람들은 승려들의 방문을 환영하고 늘 음식을 봉양하는 관습이 있었다. 저녁을 먹고 타쉬는 자신의 개 칼라와 함께 산책을 나가 개와 함께 어울리고 음식을 주다가 다시 집에 들어오는 순간 우연히 좁은 통로에서 한 젊은 여인과 부딪치게 된다.

그 여성은 매우 아름다웠으며 매력적이었다. 그 여성의 눈과 입술은 너무 매혹적이어서 타쉬는 순간 호흡이 멎는 것을 느꼈다. 그 여성도 당황스러워 하면서도 순간 서로 기이한 감정을 느꼈다. 한마디로 필(feel)이 꽂혔다. 그리고는 그것으로 끝나 보였다. 그 여성은 그 집의 딸인 미혼 여성 페마였다. 운명적인 만남이었다.

사원에 돌아 온 타쉬는 마을 추수 축제에 바람을 쐬고 온 이후에도 나아진 것이 없었다. 몽정과 발기는 계속되었고 주위의 시선은 이제 못마땅한 분위기로 채워졌고 눈초리나 태도 모두 차가울 정도였다. 이를 본 동료 승려 소남은 슬피 울었다.

이제는 선택할 때가 되었다고 판단한 스승 아포는 타쉬에게 지도를 하나 주었다. 타쉬는 개 칼라와 함께 말을 타고 지도대로 멀리 외지에 떨어 진 암자에 기거하는 선사를 방문하였다. 그 암자에는 늙은 승려 혼자 기거하고 있었다. 차를 내놓자 훌쩍 마신 타쉬는 이어 보여주는 도색그림과 춘화로 기이한 경험을 하게 된다. 춘화는 보기에 여성과 남성의 성 장면이 노골적으로 그려져 있었다.

타쉬가 보는 동안 노골적인 성애를 그려놓은 그림들이 갑자기 육신은 없어지고 해골만 비쳤다. 그림마다 춘화 속의 남녀가 잠시 해골만 비치자 흉악한 욕정의 쓰레기로 비쳤다. 아마도 성욕의 끝은 허무하고 끔찍하며 후회만 남는다는 메시지 같아 보였다.

늙은 승려가 보여준 춘화는 성행위 자체를 노골적으로 묘사한 그림으로 타쉬에게 승려로서의 마지막 가르침을 주는 듯 보였다. 그리고 그 끝에 그 승려는 타쉬에게 "이 세상 모든 것에 도가 있느니"라며 모호한 말을 남긴다. 아마도 반드시 승려의 길만이 도가 아닐 것이니 너무 집착하지 말라는 설법처럼 보인다.

다시 사원에 돌아온 타쉬를 본 스승 아포 스님은 타쉬와 선문답의 시간을 가졌다. 타쉬는 "부처도 29세까지 속세에서 생활을 하였으나 나는 5세 때부터 부처처럼 살았습니다. 부처의 깨달음도 속세의 경험을 통해 자유를 가졌을 것이고 금욕의 만족감도 이룰 수 있었을 것입니다."

타쉬는 이어 "자신의 관점으로 깨닫고 깨우치기 위해서는 몰라도 되지만 포기하기 위해 알아둘 것도 있는 것 같습니다." 아포는 타쉬의 말에 "마을에서의 일은 꿈이 아니었구나"라며 타쉬를 마지막 진단하였다.

그 다음날 새벽 싯다르타가 왕궁을 떠나던 날처럼 타쉬는 스승과 동자들, 동료를 물끄러미 쳐다보며 조용히 사원을 떠났다. 보따리를 싸고 마을에 환속한 타쉬는 싯다르타와는 반대의 길을 걸었다. 세속의 생활과 고행과 수행의 끝에 악기의 줄로부터 진리의 길을 깨달았던 싯다르타와는 달리 타쉬는 고행과 수행의 끝에 세속의 생활로 환속을 하였다.

마을에 들어서기 전 강에서 몸을 벗고 타쉬는 자신의 정신과 육신의 탈을 벗는 나름의 의식을 갖는다. 자신의 몸과 정신을 정화시키고 속세로 들어가는 일종의 변신의 몸짓이었고 그 준비였다. 강은 그 세속으로 들어가는 문이었다. 변해 버린 타쉬의 모습에 칼라 개가 도망을 쳤다.

마을에 들어 온 타쉬는 페마의 집에가 떠돌이 흉내를 내며 페마의 아버지에게 추수 때까지 있게 해달라고 간청한다. 일손이 부족한 페마의 아버지는 타쉬를 받아들인다. 페마의 어머니는 그러한 남편을 두고 식구가 늘었으니 "나의 일은 늘고 당신 일은 줄어 들었군요"하며 가벼운 투정을 한다.

타쉬를 다시 만난 페마는 타쉬의 환속이 자신 때문이라고 생각을 한다. 추수 때 들에서 다시 만난 이들은 당시 처음 만났던 순간을 기억하며 대화를 주고받는다. 페마는 그날 밤 타쉬를 위로하려 하였을 뿐이라며 그의 환속에 가책을 느끼고 있다고 고백한다. 그러자 타쉬는 "단순한 위로였다면 지금 떠나겠소!"라며 자신의 심정을 토로한다.

결국 페마는 타쉬의 환속이 전생의 인연으로 받아들이고 결심을 한다. 그리고 그녀는 타쉬의 곁에 드러눕는다. 이윽고 이들은 사랑의 행위에 빠지게 된다. 이들의 성행위는 영혼은 하나이지만 존재만 쪼개져 있는 불가의 원칙처럼 육신과 영혼은 하나로 몰입되었다. 환희와 기쁨에 싸여 이들은 자연 속 그대로 발가벗은 체 하나로 용해되었다. 마치 정적인 찰나에 동적인 환희로 영원한 쾌락을 향하고 있었다. 마치 이들은 신들 앞에서 신성한 성의식을 치르는 듯 보였다.

늦은 밤 귀가하는 페마를 지켜보던 어머니는 들어오는 딸에게 "검은 칠을 얼굴에 뿌릴테니 당분간 그러고 다니라!"고 소리를 친다. 아마 미혼 처녀가 남자와 바람이 났다는 표시로 동네에 알리고 페마는 이를 수치로 알라는 관습일 것이다.

페마의 부친과 페마의 약혼자인 자마양이 타쉬를 찾아 몰매를 준다. "스님이라고? 용서? 용서할 수 없구나!" 이미 부모에게 청혼을 약속받았던 자마양은 견딜 수 없었다. 그는 거칠게 숨을 내 뿜었고 욕설을 퍼 부었다. 페마의 진심이 의심스러웠다.

티베트의 관습에 따라 불교의 승려에서가 아니라 민간 풍습의 하나인 점쟁이의 점을 듣기로 하였다. 페마의 결혼은 점쟁이의 말에 달려 있게 되었다. 자마양은 "왜 점쟁이의 말을 들어야 하지? 페마의 결정이면 되는 일을?" 하며 페마의 결심을 요구하였지만 이미 상황은 그의 뜻대로 되지 않고 있었다.

다음 날 점쟁이가 찾아 와 혼인 기일을 10일로 정해주었다. 점쟁이는 사실 페마의 남자관계를 모르고 있었다. 그러자 페마의 아버지가 "누구하고 혼인을 하나요?" 그러자 점쟁이가 "어젯밤에 정하지 않았나요?"라며 반문한다. 곧 자마양이 "타쉬와 페마로 결정해 주라"고 끼어든다. 이미 그는 페마에게 "점괘가 내가 나오더라도 넌 나랑은 결혼 안할거야!?" 라며 페마의 변심을 탄한다.

페마와 타쉬는 풍습에 따라 결혼식을 치렀다. 혼인 첫날 밤 이들은 혼신을 다하여 정사를 치른다. 마치 신성한 의식을 치르는 것처럼 진지하게 열정적으로 몰입한 두 남녀는 육체의 결합을 환희와 극락의 세계로 승화시켰다. 곧 페마는 임신을 하였다.

그해 추수기가 들자 수확한 농작물을 사고자 도시에서 중간상인이 마을에 들어왔다. 중간상인의 이름은 다와로 마을에 들어와 농작물의 값을 흥정하였다. 다와는 누가 보기에도 농간을 부렸다. 저울질에서부터 무게를 다는 추의 무게를 속이고 곡식을 싸게 흥정하였다. 사실 가격을 후려친 셈이다. 다른 사람들은 가만있었으나 이를 보고 있던 타쉬는 저울을 스스로 달아보고는 중간상인 다와의 속임수를 폭로하였다.

다와는 모든 흥정을 멈추고 "그렇게 하고 싶으면 알아서 하라"는 등, "새 곡간을 짓지 그래"하며 타쉬를 비아냥거렸다. 다와는 지리적으로 외진 마을의 상황과 마을 사람들의 무지를 이용하여 곡식을 착취하고 있었고 제멋대로였다. 다와의 버릇을 고치겠다는 타쉬는 다와하고 거칠게 다투었다. 다와가 가면 "어떻게 이 곡식을 팔고, 이 골짜기까지 누가 오겠냐!"며 화가 난 장인은 속임수가 있더라도 다른 방법이 없으니 팔자는 태도였지만 타쉬는 이를 받아들이지 않았다. 그래서 타쉬는 장인에게 "도시로 나가 팔겠다"고 제안하였다.

깊은 산골 마을에서 주어진 대로만 살았던 페마와 가족은 타쉬의 용기와 새로운 도전으로 새로운 전환기를 갖게 되었다. 타쉬와 장인은 버스 정류장까지 무거운 곡식을 지고 나가 화물차에 힘들게 싣고 도시로 나갔다. 판값은 두 배가 넘었다. 뭉치 돈을 갑자기 만지게 된 장인은 현금이 많아 수표로 바꾸기도 하고 의복도 사고 안경도 사고 모자를 사기도 하였다. 깊은 산골로 보아 장인의 치장은 새로운 패션이었다.

세속의 삶은 타쉬에게 속임수가 판을 치고 흥정이 지배하는 형태였다. 마을에 돌아온 타쉬를 보고 자마양은 "왜 전통을 바꾸지? 다와에게 대항하는 일은 위험해!" 다시 산골 마을에 온 다와는 "곡물을 도시에 내다 팔아도 내게서 벗어나기 힘들 걸. 저놈이 마을을 망치고 있어!" 하고 마치 사탄의 짓인 것처럼 마을 사람들에게 들어라고 타쉬를 비난하고 욕을 하였다.

장을 갔다 온 날 자마양은 기타처럼 생긴 악기를 연주하고 있었고 타쉬는 돈을 분배하였다. 그 사이 페마가 남자 아이를 낳자 타쉬는 무척 기뻐하였다. 그리고 품앗이 일꾼으로 여자 힌두교도인 수자타가 마을에 들어와 추수 때 일을 도와주고 있었다. 추수가 끝나 겨울이 돌아오니 마을을 떠나겠다며 수자타는 "자신의 돈을 맡아 달라"고 매년 하듯이 페마에게 돈을 맡기고 갔다. 그때 19세의 미혼 힌두여성이었다. 거의 가슴이 솟고 상체가 보이는 의복을 입고 있었다.

제법 세월은 흘러 페마와 타쉬는 행복한 결혼생활을 유지하고 있었고 아들의 이름은 카르마(행동의 뜻)로 지었다. 제법 커 7, 8세가 되었다. 만두속 고기를 본 카르마는 고기가 염소고기인 줄 알고 "염소를 죽여? 죽여요? 배우기는 곤충도 죽이지 말랬는 데!" 그러자 타쉬가 "우리가 죽인 것이 아니고 딴 사람이 죽인다"며 응답하였다. 이로보아 아들 카르마는 아직 불심에 노출되지 않은 나이지만 현실 삶과 사회적 규범의 차이를 아직 알지 못하는 나이였다.

그해 겨울 참혹한 추위로 어렵게 해를 넘겼다. 다음 해 추수 때 수자타가 다시 품앗이로 와 배꼽이 나오는 힌두 의복을 입고 물가에서 몸의 일부를 씻고 있었다. 이를 우연히 몰래 훔쳐보게 된 타쉬는 잠시 유혹을 느꼈다. 그러자 페마가 "외국인 일꾼이 너무 많아 일 삯이 많이 나가요. 줄여야 할까 보아요." 타쉬는 "왜 불쌍한 사람들을 자르려 해요?" 라며 불교의 자비심과 베푸는 공덕을 상기시켰다.

타쉬의 아들 카르마가 타쉬에게 "아빠! 어릴 때 뭘로 놀았어요?"라고 묻자 갑자기 아들이 가지고 놀던 장난감을 내 팽개치는 페마의 행동을 타쉬는 의아하게 생각하였다. 타쉬의 동자 생활이 혹여 아들에게 영향을 미칠까 걱정이 된 듯싶다.

추수 때가 다가와 자마양, 다와, 타쉬가 또 충돌을 하였다. 타쉬는 자마양에게 도시로 가자고 하였지만 다와 등은 "너 때문에 되는 게 없어"라며 분노의 얼굴로 타쉬의 처사에 노골적인 불쾌감을 보였다.

그날 저녁 잠자리에 들었던 타쉬는 페마와 사랑을 나누고 있었다. 그날따라 아들 카르마는 자신이 잔줄알고 아빠와 엄마가 옆에서 사랑을 하자 그들을 향해 웃는 얼굴로 바라보다가 잠이 들었다. 이들은 아들에게 들켜 잠시 쑥스러웠지만 하던 일을 계속하였다. 너무나 이들의 행동은 자연 그대로였다.

자다가 이상한 낌새에 잠을 깬 타쉬는 창문을 통해 들어오는 붉은 빛을 보고 벌떡 일어났다. 창문 넘어 추수가 끝난 곡식에 불이 붙은 것을 발견한 타쉬는 들로 뛰어 나갔다. 이어 마을사람들이 달려 와 온 힘을 다해 불을 껐다. 마을 전체가 품앗이로 공동체 생활을 하였던 관계로 마을 모두가 뛰어 나와 있었다. 큰 화재였다. 곡식은 거의 반이상 타버렸다. "누가 불을 질렀나?"라는 생각에 미치자 타쉬는 순간 말을 타고 다와가 있는 읍내로 달렸다. 타쉬의 분노는 거의 광적이었다. 그는 다와의 보복으로 생각하였다.

다와의 보복은 또 다른 보복을 불렀다. 다와의 곡식창고와 사무실에

도착한 타쉬는 거칠게 다와를 몰아 세웠고, 마침 그곳에 있던 다와의 아들을 말없이 들고는 벽에 걸었다. 그리고는 다와를 폭력적으로 몰아 세웠다. 그는 거의 제정신이 아니었고 그의 행동은 한때 스님으로 보기에 어려울 정도로 폭력적이고 위협적이었다.

타쉬는 마치 자연인 그대로 행동에 거침이 없었다. 그의 성적인 정열, 들판에서 일에 대한 열정, 아들의 생산, 끝없이 일어난 욕구와 욕망, 불의에 대한 분노 등은 5세 때 출가하여 한번도 세속의 생활을 해본 경험이 없는 관계로 자연 그대로의 열정과 순박한 모습 그대로였다. 마치 그의 행동은 솟구치는 충동과 열정에 사로잡힌 어린아이와 같았다.

장인과 페마가 오면서 싸움은 막을 내렸다. 이미 타쉬는 다와의 일꾼들에게 잡혀 창문 밖으로 내동이 쳐 피투성이가 되어 있었다. 집에 실려 온 타쉬는 몸이 회복되기를 기다리며 집에서 요양을 하게 되었다. 그 사이 아들과 장인, 페마가 타쉬 대신에 곡식을 팔러 도시에 나갔다.

혼자 집에 있게 된 타쉬는 힌두 여성 수자타가 마침 페마에게 돈을 맡기려고 들리는 순간 그녀와 단둘이 마주보게 되었다. 누가 먼저랄 것도 없이 둘은 엉켜졌다. 업보였다. 수자타는 자신의 붉은 스카프를 천정의 들보에 걸고 스카프에 의지하여 몸을 꼬았다. 그야 말로 힌두교 성의 카르마 그대로였다. 그녀의 주도적 성적 카르마는 힌두교 카르마 행위 그대로 온몸으로 요가처럼 타쉬의 욕정과 정열을 지배하였다. 성적인 달마가 있다면 수자타의 행위는 카르마 그대로였다. 그와는 달리 타쉬의 욕정은 전생의 업보로 보였다.

그 순간 멀리서 돌아오는 페마의 목소리가 타쉬의 귀에 들렸다. 당황한 타쉬는 황급히 수자타를 내 보내려 하였다. 둘은 너무 급하게 옷을 입는 바람에 천정에 매달려 있던 수자타의 붉은 스카프를 미처 처리하지 못하고 그대로 두게 되었다. 수자타는 "진정해요! 페마는 이미 예상했던 일이니까요!"라며 오히려 타쉬를 다독였다. 페마가 이미 예상을 하였다니? 타쉬는 후회와 양심의 가책으로 페마에 대하여 어쩔 줄 몰라 하였다.

티베트에는 마을 어귀 언덕에 성황당 비슷한 곳이 있었다. 돌이 탑처럼 싸여 그 위에 오색천이 늘어진 무속의 풍경이 있었다. 이는 민간에게는 신성한 장소로 샤머니즘의 흔적이었다. 무속과 같은 샤머니즘은 현대의 티베트 삶을 여전히 지배하고 있었다. 그곳에서 페마는 과거 한때 타쉬와의 운명을 예감하고 그와의 결혼을 신의 계시처럼 받아들였다. 이제 페마는 다시 운명의 순간에 이곳을 찾고 있었다.

그리고 얼마 지나지 않아 사막을 건너 타쉬의 동료 승려였던 소남이 말을 타고 타쉬를 방문하였다. 소남은 타쉬의 스승이 입적할 때가 되었다고 알렸다. 임종을 앞둔 스승 아포 일로 그에게 동행을 요구하였다. 소남으로부터 아포 스님의 유언을 타쉬는 들었다. "내 임무는 끝나지 않은 것 같다. 삼사라를 위해 귀의하게 되었구나. 곧 너하고 만나게 될 것이다. 재회하는 그날 만나게 될 것이다. 수천가지 욕망과 한가지 욕망 그 어느 것이 중요하느냐?"

아포 스님은 윤회의 법칙에 따라 다음 생은 세속의 세계가 될 것으로 자신의 모습을 보았던 듯싶다. 아포는 입적하기 전 삼사라의 세계에서 해탈하지 못한 타쉬를 생각하며 욕망은 다 같은 것이고 그 형태만 다르다는 불가의 원칙을 깨닫지 못하는 타쉬에게 마지막 가르침을 전달하였다.

수자타는 인도로 돌아가 시집을 가야한다면서 마을을 떠났다. 그 순간 천정에 매달려 있던 붉은 천 조각이 바람에 휘날리며 방바닥에 떨어졌다. 색즉시공, 공즉시색, 깨달음은 경험으로 온다는 타쉬의 사고 또한 한순간 바람에 해체되는 공(空 - sunyata)이었다.

타쉬는 이제 마을과 페마를 떠나고자 하였다. 새벽 타쉬는 가족 모르게 잠을 자고 있는 아들의 빰을 어루만지며 올 때처럼 갈 때도 배낭 하나와 자루하나를 매고 다시 구도자의 길을 떠났다.

타쉬의 구도의 길은 다시 수행과 고행의 길이었다. 그는 다시 건너왔던 강에 이르렀다. 어쩌면 세속세계와 열반의 세계를 가르는 경계처럼 보였고, 다시 열반의 세계로 들어가는 문으로 비쳤다. 강에서 몸을 씻고 마음을 씻었다. 정화를 통해 새로운 인간으로 환생하는 순간이었다.

타쉬의 행보는 마치 단테의 『신곡』을 연상시키고 있다. 지옥, 연옥, 천국의 세 여정을 말한다. 하지만 타쉬의 행보는 5세 때 출가를 하였기에 천국(열반의 세계)에 먼저 들어갔고, 연옥(고행과 정진의 시기)을 거쳐 지옥(삼사라의 세속세계)에 떨어졌다. 서양 기독교적 천국에 이르는 길은 동양 불교적 천국에 이르는 길과 반대로 보였다.

그리고 타쉬는 삼사라로부터 다시 극락의 세계를 향하였다. 삼사라, 윤회의 법칙이 지배하는 세상은 연옥, 카르마의 업보와 주어진 직에 대한 의무, 달마의 임무를 말하는 것으로 남자로서 남편으로서 아버지로서 의무를 다 행하고 이제 힌두교의 전통적 구도의 길인 해탈을 향한 구도자의 길을 선택하였다.

탈속에서 환속으로, 환속에서 다시 탈속으로, 그 과정에는 삼사라의 업보에 대한 의무와 행동이 필요하였고, 세속에 대한 그의 자비와 사랑이 함께 하고 있었다. 머리를 다시 깎고 법복을 입은 타쉬는 세속의 모든 것으로부터 초월하려는 고난의 길을 택하였다. 그때 페마가 그에게 찾아 왔다.

법복을 입고 서 있는 타쉬를 본 페마는 울고 있었다. 그리고는 슬프게 싯다르타의 부인 야소다에 관한 이야기를 타쉬에게 하였다. 싯다르타가 아내 야소다와 아들 라울을 두고 새벽에 히말라야 산으로 떠난 고사를 이야기하고 있었던 것이다.

왕자로서 모든 것을 버리고 아내를 버리고 아들을 버리고 혼자 득도하여 부처가 되려고 한 싯다르타! 말없이 떠났던 그에게 진정으로 그에게 사랑이 있는가? 왕자님이 부처가 된 것은 부인 야소다의 공덕이 아닌가! 한 여인의 슬픈 감정과 고통은 어디에서 찾아야 하는 가?

말없이 듣고 있던 타쉬의 귀에는 지나가는 바람만 불고 있었다. 페마는 보따리 하나를 두고 떠났다. 그녀가 남기고 간 보따리를 보며 고뇌하고 괴로워하는 타쉬! 맨발로 사막을 횡단하려는 타쉬! 삼사라 세계의 윤회의 법망 속에서 여전히 고통을 받고 있는 타쉬! 아내와 자식을 버리고 새벽에 득도하겠다고 떠난 타쉬는 사원을 떠날 때처럼 아내와 아들을 훌쩍 떠났었다. 싯다르타가 아내와 자식을 버리고 떠났다는 설법에 동자가 울음을 터트린 처음 이야기는 이제 타쉬의 이야기가 되고 있었다.

타쉬가 환속을 하여 페마와 결혼을 하고 아들을 낳은 삶은 마치 부처가 세속에 환생하여 자비를 베푸는 과정처럼 보인다. 그리고 이야기의 결말에 타쉬가 출가한 행위는 다시 현세로 돌아 와 설법을 하는 부처를 연상시킨다.

모든 사건들이 전생에서 현세로 인과관계를 맺고 있어 보인다. 세속은 속임수가 넘치고 자신의 분노를 억제하지 못해 폭력이 넘치고, 세속의 관습과 규범을 따라야하고, 점과 미신이 지배하는 삼사라의 세계였다. 이 세속세계에 부처의 연민과 자비가 필요하기에 부처가 다시 환속하는 것이리라.

페마가 떠난 곳에 돌담이 있었다. 돌에 새겨진 글이 있었다. "어떻게 해야 한 방울의 물이 마르지 않을까? 바다에 던지면 되느니..." 이에 대한 해답이었는지 머리를 들어 보니 푸른 하늘을 배경으로 새 한 마리만 창공을 유유히 그리고 고요하게 날고 있었다.

한 마리의 창공의 새! 자신의 모습 아닌가. 그 새 속에 자신이 있고 자신 속에 새가 있어 모든 만물은 존재의 변화일 뿐, 그 근원은 하나일 뿐. 모든 것이 헛되도다. 하지만 헛된 속에 진리가 있다는 부처의 가르침으로부터 페마의 세계 또한 존재의 변화일 뿐 그 또한 같은 근원이거늘. 어떤 다른 깨달음이 필요할 것인가. 삼사라! 즉 한 방울의 물을 바다에 던지면 되는 일을 그렇게도 멀리 돌아오다니.

용수(Nagarjuna)의 중관사상, 부처의 악기의 줄, 타쉬의 3년3개월3일간의 금욕적 고행과 페마와의 성적 욕망의 그 중간은 너무 타이트해도 안되고 너무 느슨하여도 연주를 할 수 없다는 불교적 삶의 원칙을 『삼사라』의 스토리는 전하고 있다. 누구나 부처가 될 수 있다는 평범한 불교적 원칙은 세속이든 탈속이든 그 안에 부처가 있다는 메시지이다. 여기에 힌두교의 카스트 계급구조를 벗어나는 해탈의 법칙이 있다.

산스크리트어의 '삼사라'는 본래 전생과 현생사이의 윤회라 한다. 기원전 600년경 힌두 『우파니샤드』에서 비롯되어 대중에게 전파되었다고 한다. 불교에서는 지옥에 사는 아귀, 짐승으로 태어난 축생, 연옥을 연상시키는 아수라, 그리고 마지막으로 열반의 육도가 있다고 말한다. 결국 오리나 염소 등도 전생에는 인간이었던 것이 바뀌어 태어났는지도 모르며, 또 장차 우리들이 저승에서 오리나 염소로 태어날 수도 있다는 것이다.

어느 세계에 태어나느냐 하는 것은 우리들 자신의 행위(카르마)와 그 행위의 결과와의 총체인 업보에 따라 결정되는 것이라 한다. 여기에 권선징악의 엄격한 룰이 적용된다. 삼사라는 이러한 엄격한 룰이 적용되는 곳이기도 하며 동시에 그 룰을 초월하는 곳이기도 하다.

타쉬의 이야기는 사실 탈속한 승려로 고뇌하는 한 남성의 이야기이다. 또한 그의 배우자 페마는 세속에 사는 여성으로 동시에 탈속의 경지를 보여주는 타쉬의 포일 캐릭터(foil character)이다. 포일 캐릭터는 남을 돋보이게 하는 인물로 타쉬의 참된 깨달음에 이르는 데 공덕을 베푼 또 하나의 부처 캐릭터이다.

아마 부처의 『본생경』에 따른다면 타쉬가 부처가 아니라 페마가 부처의 전생의 모습이었을 것이며 왕게에 다리를 물려 죽게 되었던 왕자 코끼리를 구한 아내 코끼리였을 것이며 나라를 구한 명마였을 것이다.

현대판 불교적 이야기. 페마와 타쉬를 중심으로 이끌어지는 스토리는 매우 종교적이다. 페마와 타쉬의 운명을 설명하는 불교적 종교성은 결국 세속을 알아야 포기도 할 수 있는 삶의 법을 가르치는 일이다. 그 과정은 타쉬의 운명을 잘 설명하고 있다. 지나친 고행 방식과 지나친 쾌락의 방식을 피하는 중간의 길은 반드시 사원에 되돌아오지 않아도 되는 일이지만 타쉬가 집을 떠난 일은 이제 출가를 한 싯다르타의 고행을 의미하는 일이기도 하다.

그것은 어느 곳에나 있는 이야기, 사랑하는 두 사람의 결합은 쾌락과 환희의 연속이지만 세속에서 살아간다는 것은 그리 단순하지 않다. 그 작은 산골 마을도 질투와 슬픔, 유혹과 시련, 부조리와 외압이 엄연히 존재하는 사회였다. 세속의 복잡 다양한 가치를 모두 경험한 타쉬는 이제 선택의 기로에 선다.

자신의 호기심을 위해 사원을 떠나고 자신의 욕망 때문에 혼인 약속이 되어있는 페마를 자기 것으로 만들고 자신의 앎의 욕구를 위해 모든 것을 버리고 떠난다는 불교적 스토리는 어쩌면 힌두교의 오랜 전통과 관습에서 온 것인지 모른다.

타쉬 역시 어쩔 수 없는 인간일 뿐 깨달음도 열반도 없는, 스스로 침범했던 페마와의 행복을 버리고 그녀에게 혼란만을 준 후 싯다르타처럼 자신의 깨달음을 위해 탈속한 타쉬에게서 의무를 포기한 산속 생활만을 통해 열반하려는 불교의 모순을 목격한다.

삼사라의 세계는 개인의 욕구와 욕망과 번뇌와 거짓과 유혹이 넘친다. 그 안에서 어떻게 살까? 어떻게 살아야 가장 불교적 이상이 되며, 그러한 이상적인 인물이 살아가는 이상사회를 만들 수 있을까? 『삼사라』 스토리는 여기에 대한 일말의 답을 주고 있어 보인다. 거기에는 타쉬에게서 보다 페마에게서 답을 찾고 있어 보인다.

산골 농촌에서 정숙함을 강요하는 가정에서 자랐고 결혼할 남자도 있었던 길과 운명적으로 타쉬와 결혼해 아들 카르마를 낳고 남편을 지극히 사랑하는 길 가운데서 택한 페마의 길은 항상 놀랄 정도의 현명하고 바른 판단을 하던 중용의 길이었다.

타쉬는 승려로서 산속 수행을 마칠 정도로 대단한 승려였지만 결국은 인간의 욕망 앞에 무릎을 꿇는다. 우연히 한번 마주친 페마에 대한 욕망을 포기하지 못하고 세속을 경험하지 않으면 세속을 포기할 수 없다고 결론을 내린 타쉬는 환속하여 페마와 결혼하여 아이를 낳고 평범한 가정을 꾸린다.

그러나 세속의 삶이라는 것이 그저 욕망과 사랑만으로 이루어지는 것이 아니고, 무수하게 많은 고통과 번뇌와 또 다른 욕망의 연속이다. 그 사이에 갈등하고 방황하던 타쉬는 다시 가족을 등지고 승려의 모습으로 되돌아온다. 그의 스승 아포가 입적하며 남겼던 유언, "나의 임무가 끝나지 않은 것 같다. 삼사라를 향해 귀의하게 되었구나. 수천가지 욕망과 한 가지 욕망, 어느 것이 중요한가?"

사원을 향하는 타쉬 앞에 나타난 페마는 진정한 도를 닦고 깨달음을 얻었다는 싯다르타에게는 그렇게 뒷받침하고 보좌해준 아내가 있었기에 깨우침을 얻었다고 말하며 가족을 등지고 말없이 떠난 타쉬를 비난한다.

"가족을 버리는 건 여자는 할 수 없는 일이다. 가족을 버리는 건 오직 남자만이 가능하다."라는 페마의 말에 타쉬는 자신의 그릇된 도를 보았고, 참회하며 다시 돌아가겠다고 말하지만 그런 타쉬를 페마는 냉정히 버리고 홀로 가족에게 돌아간다.

결국 타쉬는 어느 쪽에서도 자신이 원하던 깨달음과 해답을 찾지 못한다. 그 깨달음은 어느 곳에도 있지 않았고 모든 곳에 있었다. 가히 유비쿼터스적이다. 스승 아포가 남긴 말은 어느 욕망도 중요하지 않고 모든 욕망이 모두 중요하다는 말일 수 있다. 타쉬는 마지막에서야 그 말의 뜻을 이해한 듯싶기도 하다.

인도사상의 핵심인 달마와 카르마! 그 안에 힌두의 해탈인 모크샤, 불교의 열반인 니르바나가 있었다. 불교적 신은, 이상은 인간의 삶 속 어디에 있는가? 불교는 공덕에 있다고 말하고 싶어 한다. 결국 삼사라 속에서 페마와 같은 자비와 사랑을 말하고 싶어 한다. 그곳에 모든 해탈이 들어 있었다.

참고문헌

권민섭 옮김. 『신곡』. 단테 저. 을지출판사, 1975.

길희성 역. 『바가바드기타』. 현음사, 1998.

김니선 옮김. 『아랍인의 눈으로 본 십자군 전쟁』. 아민 말루프 저. 아침이슬, 1999.

김상일. 『한철학』. 전망사, 1985.

김용옥. 『여자란 무엇인가?』. 통나무, 1989.

김용옥. 『절차탁마대기만성』. 통나무, 1987.

김용옥. 『달라이라마와 도올의 만남』. 통나무, 2002.

김재성 옮김. 『힌두교의 그림언어: 인도 신들의 세계와 그들의 상징체계』. 동문선, 1994.

김헌수 옮김. 『기독교 세계관과 현대사상』. 제임스 사이어 저. 한국기독교학생회출판부, 1988.

남수영 옮김. 『용수의 공사상 연구』. 프레데릭 J. 스트렝 저. 시공사, 1999.

류민화 옮김. 『성서속의 붓다』. 정신세계사, 2000. (Roy C. Amor, *Two Masters One Message*, Abingdon, 1978).

민희식. 『오리엔트문명과 불교』. 산방, 1989.

박미영 옮김. 『막달라 마리아 복음서』. 장 이브 를루 저. 루비박스, 2006.

박영관 역. 『비교종교론』. J. 앤더슨 저. 기독교문서선교회, 1991.

석지현 역주. 『우파니샤드』. 일지사, 2000.

손명현 역. 『고대신화』. 벌핀치 저. 정음사, 1974.

손민규 옮김. 『금강경』. 오쇼 라즈니쉬 저. 태일출판사, 1996.

압둘 와합 자이드. "What Did Jesus Really Say?" 「예수는 진정으로 무엇을 말했는가?」 김장호 번역. 1997.01.

양선아 옮김. 『다빈치코드』. 댄 브라운 저. 베텔스만, 2003.

유령 역. 『일리아드/오디세이』. 호우머 저. 정음사, 1974.

윤선효. 『붇다와 우바이』. 한진출판사, 1980.

이기영 역해. 『반야심경/금강경』. 한국불교연구소, 1997.

이동주. 『아시아 종교와 기독교』. 기독교문서선교회, 1998.

이미령 역. 『본생경: 석존의 전생』. 민족사, 1995.

이수영 역. 『유대교의 기본』. Milton Steinberg 저. 동인, 1996.

이영순 옮김. 『그리스 로마 비극과 셰익스피어』. 로우라 젭슨 저. 동인, 1999.

이윤기 역. 『장미의 이름』. 움베르토 에코 저. 열린책들, 2002.

이은구. 『힌두교의 이해』. 세창출판사, 2000.

이준학 역. 『문학과 종교연구 서설』. David Jasper 저. 동인, 1999.

장일선. 『구약성서의 문학』. 대한기독교출판사, 1980.

정진홍. 「문학적 상상의 구원론적 함의 - 멀치아 엘리아데의 『만툴리사거리』를 중심으로」. 『문학과 종교』, No. 4 (Winter 1999). 한국문학과 종교학회, 1999: 67-96.

조철수. 『수메르신화』. 서해문집, 1996.

조철수. 『메소포타미아와 히브리신화』. 길, 2000.

조희선. 『아랍문학의 이해』. 명지출판사, 1999.

최종수. 『기독교단편소설의 이해』. 크시스챤다이제스트, 2002.

『코란』. 한글번역본. Po Chin Chai Printing Co., Ltd. 서울, 1988.

허문순 옮김. 『깨달음에 이르는 길』. 자유문학사, 1988.

Attar, Farid Al-Din. *Muslim Saints and Mystics.* Trans. A. J. Arberry. London: Arkana, 1966.

Bancroft, Anne. *Twentieth-Century Mystics and Sages.* London: Arkana, 1976.

Brown, Dan. *The Da Vinci Code.* New York: Random House, 2003.

Campbell, Joseph. Ed. *Myths Dreams and Religion.* Dallas, Texas: Spring Pub. Inc., 1989.

Dawood, N. J. Trans. *The Koran.* London: Penguin Books, 1990

Eco, Umberto. *The Name of the Rose.* Vintage Classics, 2004.

Fitzgerald, R. F. Trans. *The Aeneid Virgil.* New York: Vintage Books, 1983.

Forster, John Burt, Jr. *Heirs to Dionysus.* Princeton: Princeton UP, 1981.

Fox, Matthew. Ed. *Western Spirituality.* Santa Fe, NM: Bear & Company, 1981.

Frazer, J. G. *The Golden Bough.* New York: Macmillan Publishign Co., 1950.

Golding, William. *Lord of the Flies.* A Wideview/Perigee Books, 1954.

Hardy, Thomas. *Jude the Obscure.* Norton, 1999.

_____. *Tess of the D'Urbervilles.* A Signet Classic, 1964.

Hinnells, John R. Ed. *A Handbook of Living Religions.* London: Penguin Books, 1984.

Johnson, Deborah. *Iris Murdoch.* Bloomington: Indiana UP, 1987.

Johnson, Paul. *A History of the Jews.* New York: Harper & Row, Publishers, 1987.

Lattimore, Richmond. Trans. *The Iliad of Homer.* Chicago: U of Chicago P, 1961.

Mascaro, Juan. Trans. *The Dhammapada.* London: Penguin Books, 1973.

Murdoch, Iris. *The Bell.* Penguin Books, 1962.

_____. *The Sovereignty of Good.* London: Routledge, 1985.

Nicholson, Reynold A. *The Mystics of Islam.* London: Arkana, 1989.

O'Flaherty, W. D. Trans. *Hindu Myths.* London: Penguin Books, 1987.

_____. *The Rig Veda: An Anthology*. London: Penguin Books, 1981.

Segal, Erich. Ed. *Greek Tragedy*. New York: Harper & Row, Publishers, 1983.

Selden, Raman. Ed. *The Theory of Criticism: From Plato to the Present*. London & New York: Longman, 1988.

Sen, K. M. *Hinduism*. London: Penguin Books, 1987.

Shipler, David K. *Arab and Jew*. New York: Times Books, 1986.

Welborn, Amy. *De-coding Mary Magdalene*. Huntington, Indiana: Our Sunday Visitor Publishing Division, 2006.

White, Hayden. *Tropics of Discourse: Essays in Cultural Criticism*. Baltimore: The John Hopkins UP, 1985.

양병현

상지대학교 영문학과 교수
문학과종교/문화비평/역사해석

저서: 『T.S. 엘리엇과 동양사상』(동인, 2000) 편저
『유비쿼터스시대: 이젠 교육도 경영이다』(범론사, 2006) 공저
『韓의 코드: 대한민국의 비밀코드 - 예한민국 I』(한빛문화, 2007)
『韓의 코드: 대한민국의 비밀코드 - 예한민국 II』(한빛문화, 2007)
『문학과 종교 I』(한빛문화, 2008)

문학과종교 관련 논문 다수
동서비교문학 관련 논문 다수
문학과비평 관련 논문 다수
디지털문학 관련 논문 다수
T.S. 엘리엇 관련 논문 다수

스토리텔링으로 본
문학과 종교 II

2008년 5월 23일 초판인쇄
2008년 5월 31일 초판발행

저 자: 양 병 현
발행인: 정 영 기
발행처: 한빛문화
서울특별시 성동구 금호1가 1597-1
전화 : 02) 2291-9761

값18,000원

ISBN 978-89-91432-35-2 93840